序

吴棠是清末中兴名臣群体中的重要成员。但既往的研究多系以曾国藩、左宗棠、李鸿章等人为中心而展开，也即以湘淮集团为对象，缺少对吴棠这类非湘淮系人物的深入研究。迄今为止，关于吴棠仅有数篇论文论及。顾建娣的书稿《吴棠与咸同政局》，是第一部较为深入地研究吴棠的学术专著，对晚清咸同“中兴”全局的深入探讨作出了贡献。

顾建娣的这部书稿，系在其博士论文《从知县到总督——晚清“中兴”名臣吴棠研究》的基础上增改而成。书稿重点论述了吴棠从知县成为漕运总督的经历，不惜花费整整三章的篇幅，相当详尽地论述了在太平天国兴起之后，吴棠如何在清淮一带全力以赴对抗捻军，又是如何以练达勤能的政绩投身于清廷至关重要的“东南三大政”（漕、盐、河），又是如何掌握节制江北的实权，与以曾国藩、李鸿章为首的湘淮集团既相互支持，又有所钳制的微妙关系。

书稿对吴棠在闽浙总督、四川总督任上的事迹，也利用现有档案文献，作了认真的爬梳抉剔，并以充分的篇幅进行了论述。此外，作者还专门各用一章对吴棠如何积极践行儒家文化，以及与慈禧太后关系的传闻进行阐述，从而使得吴棠其人的形象更为丰满，他与咸同政局的关系也更为清晰了。

需要强调指出的是，吴棠之从知县到漕运总督，也即自道光二十四年（1844）以大挑知县分发南河，到咸丰十一年（1861）署理漕运总督（同治二年改实授），再到同治五年（1866）调任闽浙总督，前后23年间，除去两次丁忧及短暂调任他职外，基本上都是在清淮任职。所谓清淮，是清江浦与淮安府城的合称（两地相距仅30里）。咸丰五年（1855）黄河改道前，运河与黄河在此交汇。清廷对此维系南北交通命脉的枢纽之地十分重视，除沿袭明制在淮安府城置漕运总督外，又在清江浦置河道总督

（后改称江南河道总督）。清代为此而有“天下九督，淮居其二”的说法。常驻江宁府城的两江总督，也因漕运河务的需要，以清江浦为其临时驻地，甚至关防的交接，安徽、江苏两省政务的处理，也每在清江浦进行。至道光年间，两江总督之前往清江浦已成定例。

关于漕运总督，也有必要多说几句。漕运总督，一称淮扬总督，其全称是“总督淮扬等处地方，提督漕运海防军务”，常驻淮安府。清初曾管辖淮扬等处地方，在凤阳巡抚（驻泰州）裁撤，其辖地分隶江苏、安徽两巡抚后，方专督七省漕务，并习称为漕运总督。咸丰十年（1860），江南河道总督裁撤。漕运总督兼理河务，节制江北镇道以下各员，并移驻清江浦。而接手漕运总督、负责处理相关事宜的正是吴棠。光绪三十年末（1905 年初），改漕运总督为江淮巡抚，即以所驻之清江浦为省会，以江宁布政使所属各府州归其管理。三十一年三月江淮省裁撤。这已是吴棠身后之事了。

还需要交代的史实是：太平天国定鼎江南之初，曾两度派兵“扫北”，但都远避清淮而走安徽境内。太平天国北伐的失败，未能占据清淮也应是其重要原因之一。

本书作者写作态度极为认真，有一分依据说一分话。因而书稿于相关史实的爬梳也很有其特色。可以说是愈探愈出，很是耐读。

作者身为双胞胎幼子的母亲，做学问自是大不易，内中的甘辛本不足为外人道，但却是我愿意为她作这篇序文的缘由。

姜涛

2014 年 3 月 24 日

目　录

绪　论

吴棠是咸丰、同治“中兴”时期一位重要的历史人物。他由举人大挑一等，掣签南河负责河工，更由知县升至漕运总督，一直在江北剿捻。其权力鼎盛时期，以漕运总督节制所有江北文、武各员及军务、地方一切事宜，并负责江北粮台的筹饷以及饷项的支配。在曾国藩、李鸿章因镇压太平军和捻军而总督两江或巡抚江苏之时，吴棠一直掌控着江北淮、扬、徐诸府州，实际上在江苏境内已成分庭抗礼之势。同治五年（1866），吴棠调任闽浙总督，次年，迁四川总督。其后在川督任上九年之久，直到因病开缺回籍。

作为中兴名臣群体中的一员，吴棠对于咸丰、同治年间的政局，起了相当重要的作用。他对江北的保全，使曾国藩、李鸿章等人得以专心经略江南，也使得清廷有了扶植吴棠对抗曾国藩、李鸿章的资本；在清淮任职期间，他竭力保境安民，使清江浦免受战火破坏；他重视河工建设，于漕运和盐政也尽力为民众考虑；他还注重文化建设，每到一地，都积极兴建书院，延纳名士校刻书刊，保存文化典籍。

目前研究晚清史的学术著作中，关于曾国藩、左宗棠、李鸿章等中兴名臣的成果较多，对其他人物的关注仍显不足。吴棠这样的重要人物，迄今甚至没有一部学术专著，相关的专题论文也很少。欲窥咸同中兴全貌，必须加强对曾、左、李以外其他人物的研究。因此，对吴棠的深入探讨确有必要。

对于咸同之际区域史的研究，目前的成果多偏重于战事冲击较大的地区，如江南、安徽、浙江、湖北等，对江北尤其是清淮地区的社会状况则鲜有涉及。本书通过研究吴棠在江北的情况，力图弥补这方面的不足。

目前对吴棠研究用力最多，成果亦较丰者，当数安徽明光市政协的贡发芹先生[①]。贡氏将吴棠史料作了扼要梳理，形成小传《天下治平第一人——晚清封疆大吏吴棠》，在《吴棠与王茂荫》一文中，他对吴棠与王茂荫的关系，也作了简要的论述（两文均收入资料集《吴棠史料》，珠江文艺出版社 2006 年版）。他与杨木庆合作的《吴棠与捻军》（《四川理工学院学报》（社会科学版）2006 年第 21 卷）一文，排比史料，研究了吴棠在江北与捻军作战的情况。吴棠与慈禧的关系，一直为很多野史演义津津乐道。二者是否有关系？贡氏在《吴棠与慈禧》（《滁州学院学报》2009 年第 1 期）一文中对此也进行了论述和辨析。对于这一问题，值得一提的是俞炳坤的《慈禧身世》（收入论文集《西太后》，紫禁城出版社 1985 年版）一文的相关论述。该文据中国第一历史档案馆所藏档案，对慈禧的身世进行考证，兼及一些与身世有关的传闻。虽不是专门论述吴棠的文章，但其中对吴棠与慈禧的关系论述甚详，史料翔实，论证有力。[②]

由以上的回顾可以看出，目前对吴棠的研究尚处于起步阶段。吴棠从政几十年，对清朝、对任职的地方皆有贡献，仅这几篇文章远远不能涵盖其一生所为，很多地方值得深入研究。笔者曾就其剿捻之外的行为作了梳理，除了在《吴棠在清淮》[③] 一文中有初步论述外，本书还将进行进一步探索。

但研究吴棠还有相当大的难度，原因在于资料不足。相关资料主要有以下几种：

第一，编撰于吴棠生前身后的资料。同治十三年，吴棠在川督任上，将自己一生的著述整理汇刻成集，名《望三益斋诗文》《望三益斋杂体文》。去世后，后人又将其一生遗稿，整理刊刻，名《望三益斋存稿》。让人遗憾的是没有收入私人日记、公私往来函牍以及奏疏、咨、札等公文，而这些资料对研究人物非常重要。吴棠在四川镇压农民起义的奏稿，当时有人将其整理编入《游蜀疏稿》，但川督以外的奏稿则无人整理。

第二，吴棠逝世后，陈庆年应其家人之请，编纂了一部《吴勤惠公年谱》。原藏镇江市图书馆，后经整理以《吴棠年谱》发表在《近

---

① 贡发芹，安徽明光人。现任明光市政协常委、政协文史资料委员会副主任。

② 此外，还有朱树谦的《有关吴棠对慈禧太后微时有恩的传说不可信》（《扬州大学学报》2009 年第 1 期）一文对相关问题也有所论述。

③ 见《晚清国家与社会》（第一届晚清史国际学术讨论会论文集），社会科学文献出版社 2007 年版。

代史资料》总第75号上。这为研究吴棠生平事迹提供了重要的线索和资料。

第三，今人编纂的史料集。贡发芹编撰的《吴棠史料》，是第一部有关吴棠的资料集。该资料集将吴棠文集中的一些内容，吴棠家谱以及吴棠后人文集中的相关内容收录其中。此外还收录了一些笔记、小说中关于吴棠的著述。

第四，散见于他人文集和档案馆中的资料。吴棠的朋僚所撰的私人文集里也存有一部分资料。吴棠作为一方大员，和很多人有书信往来。这些书信有些分散在曾国藩、李鸿章等人的文集里，但大部分不知所终。

第五，奏稿。奏稿除《清实录》（咸丰、同治、光绪）（中华书局1986—1987年影印版）中有摘录外，主要保存在中国第一历史档案馆、台湾故宫博物院图书文献馆以及四川、福建等省的档案馆里，利用起来虽然不太方便，但总算是有迹可寻。值得庆幸的是，中国第一历史档案馆将馆藏档案进行整理出版，其中也包含了一些吴棠的史料。这些档案如下：

《咸丰同治两朝上谕档》（广西师范大学出版社1998年版）、《光绪宣统两朝上谕档》（广西师范大学出版社1996年版）、《光绪朝朱批奏折》（中华书局1995年版）、《清政府镇压太平天国档案史料》（社会科学文献出版社1992—2001年版）、《同治初年各省督抚藩臬履历》（上）（丁进军编选，《历史档案》1995年第4期）、《清末教案》（中华书局1996、1998年版），还有台北中研院近代史研究所编辑出版的《教务教案档》，1974—1981年陆续发行。

第六，吴棠的升迁和“剿平”捻军有很大关系，清朝由奕䜣主持修撰的《钦定剿平捻匪方略》（同治十一年刻本）提供了有关吴棠和捻军的史料。中国史学会主编的中国近代史资料丛刊《捻军》（1—6）（上海人民出版社1957年版），也收录了一些吴棠的史料。

第七，方志。在吴棠任职的地方，江苏、四川、福建等省的方志中也保存有一些史料可资利用。

以上资料的杂散、不集中，给研究带来了一定的难度。但正是有这些零散资料的存在，为进一步研究吴棠提供了可能。为了掌握尽可能全的资料，本书除了广泛搜集已出版的相关资料外，又想方设法搜集未出版的档案资料，比如，国家清史工程网站的数字资源，台湾故宫博物院图书文献馆所藏的原始档案（这里要感谢近代史所给笔者提供了去台湾查阅上述档案的条件），等等。这些资料，为本书的写作奠定了坚实的基础。

研究人物，或以时间为序，用编年体的方式，对传主的一生行事进行叙述，一目了然；或分专题，以纪传体的方式，对人物的主要事迹和思想进行比较深入的发掘和探讨。这两种方法各有千秋。本书则将上述两种方法合二为一，即以时间为经、事件为纬，大的脉络上仍按时间顺序编排，但在每一个大的时间段里又以专题研究为主，将人物的生平活动、重大事件和重要思想交织起来进行研究，这样既顾及人物的一生行踪，也能对人物的思想言行进行比较深入的剖析。就吴棠来说，他由牧令起家，擢升督抚，在多年的任职生涯中，他和咸同“中兴”时期的主要人物曾国藩、左宗棠、李鸿章等都有交往接触，与他们之间的关系体现了咸同政局中地方派系之间、朝廷和地方之间错综复杂的矛盾和争夺。如果只以时间来研究，就无法深入地探讨他在重要事件中的角色；若只以事件为主，则无法兼顾系统性。本书将时间和事件兼顾，经纬交织，可以较为系统地、多侧面地深入研究人物的生平、活动和思想，从而弥补了以往学术界对吴棠研究的不足。

本书对原来史学界未注意到的，或有疑惑、有争议的一些问题，也提出了自己的看法。比如，对于湘淮集团和清廷的关系，原来的研究注意到了清廷抑湘扬淮、抑曾扬左扬李扬沈等举措，但对于清廷利用吴棠和湘淮集团争夺两江总督则未能充分注意到。本书认为清廷曾扶持吴棠以平衡曾国藩和李鸿章，并试图以吴棠取代李鸿章任江苏巡抚和两江总督，但因为湘淮集团的软抵抗而失败。对于吴棠在闽浙总督任上与左宗棠、沈葆桢的矛盾，现有研究受沈葆桢和左宗棠奏折的影响，皆认为吴棠是反对福州船政的保守派。本书全面考察了吴棠在闽浙总督任上的作为，认为吴棠并未反对船政，吴棠不用左宗棠推荐的周开锡等人任藩司等职务，只是因为行政理念不同而导致的正常人事纠纷，并不涉及保守和洋务之争。对于吴棠和慈禧的关系，现有研究表明吴棠有恩于慈禧的传说是毫无根据的。本书在此基础上更进一步分析了传闻出现的原因，认为传闻主要由吴棠的谥号“勤惠”而引发。本书通过对这些问题的研究、分析和阐述，既丰满、丰富了对吴棠的研究，也加深了对咸同政局的理解。

本书还有需要深入的地方，如果有日记或者书信之类的资料，则能对其仕宦生涯中的人际关系、执政思想进行更深入的阐释。但正因为研究还有诸多缺憾，才激起了研究者更深入研究的热情。

第一章

生平概况

第一节　青少年时代

吴棠，字棣华，号仲仙或仲宣、春亭，安徽泗州盱眙（今属江苏）人。生于嘉庆十八年七月二十四日（1813 年 8 月 19 日）[①]，卒于光绪二年闰五月二十九日（1876 年 7 月 20 日）。幼年家境贫困，"读书恒在雪月光明之下"。道光二十四年（1844）以大挑知县分发南河，历任桃源、清河等县知县。咸丰二年（1852）署邳州知州。咸丰十年，任淮海道、徐州道、淮徐道，帮办江北团练及徐宿军务。十一年，授江宁布政使兼署漕运总督，同治二年（1863）补授漕运总督。同治四年二月，命署两广总督，力辞不就。五年十月调任闽浙总督，六年十二月补四川总督，直至光绪二年卒。

一　少时家境

吴棠祖先居于徽州新安、休宁，明中叶时从休宁迁至滁州，"始卜居于滁、定、盱之三界市。三百年来，世以耕读相守"。[②]

吴棠父名洹，字圣基，号北山，母为定远县武庠生程夔光之女。吴棠有兄一人，姊妹二人。兄名检，字玉生，太学生，过继给吴棠三伯父为嗣，长吴棠七岁。

---

① 朱彭寿编著：《清代人物大事纪年》，北京图书馆出版社 2005 年版，第 1281 页；陈庆年：《吴棠年谱》，《近代史资料》总 75 号，中国社会科学出版社 1989 年版，第 106 页。

② 吴棠：《重修盱眙吴氏族谱叙》，贡发芹编《吴棠史料》，珠江文艺出版社 2006 年版，第 275 页。

吴父性情恬淡，不事生产，贫苦无以为生，矢志力学，以谕蒙为业。在外戚胡氏家设馆授徒时，常借斗米煮粥喂哺吴棠兄弟俩，而“自啖藜藿”。吴父有兄长三人，大兄二兄早殁。吴棠父亲在外设馆授徒时，家事主要依赖三兄。

吴母每日辛劳操作，鸡鸣即起，寒暑不辍。“操井臼，治酒浆醯醢、女红以佐生计。”如仍不敷用，则命吴检学做生意以助求学费用。遇上饥荒年岁，其母置水磨做豆腐，命吴检拿到集市上出售，“博升斗资”。曾对吴棠兄弟俩说：“使长儿坚苦自力于衣食，以佐次儿读，汝父馆榖所入，吾经营之难，贫可不匮矣。”夏日天旱，吴棠兄弟早晨汲水，很久不能汲满一瓮。其母说：“时暂毋废学。”命吴棠将书带到井旁读。吴棠先后就学于从叔父卫川、从兄凝芳、辟之、族母舅程瑞轩等人。因无钱付学费，吴棠从学一段时间，其母必以家釀馈老师，说：“吾家不能致束脩，聊以将敬先生之意也。”

吴棠十二岁（此为中国传统所惯称的虚岁，下同）时，其兄娶其母从侄女，能帮助其母勤苦持家。于是家境渐好，“居积渐余一月粮”。后来家里又添置了马磨，每日可得百钱。其母举宋儒王禹偁咏磨诗曰：“但存心里正，何愁眼下迟。”“谓古贤之业此者而居心如是，小子志之。”于是吴棠更加勤奋学习。

每当夜深人静的时候，吴检“挂瓦檠壁间，双足踏麦，柜手一编”，陪吴棠一起读书，读书声与磨声相呼应。有时对吴棠说：“弟好为之，勿令坡公笑谋生拙也。”吴棠补中生员后，因有其兄理家，遂能专心读书，终举于乡。吴棠常说：“吾赴春秋闱旅费不赀，赖吾兄展转一磨驴中。得有今日，实吾兄之力也。”①

可见，吴棠出身非常贫苦，靠父亲设馆授徒，母亲和哥哥勤俭持家、做点小生意维持一家人的生计。小时候至多维持温饱，长大后才稍宽裕，但也就是能供给吴棠应试的旅费而已。这种贫穷的生活和家人的教诲，使得吴棠为官后能自觉地关注民生。所到之处，以能为民办实事而得民心。

---

① 本节资料来源：方濬师：《驰封荣禄大夫盱眙吴君玉书传》，贡发芹编《吴棠史料》，第275页；吴检、吴棠：《先妣程太恭人述略》、谭祖同：《显考北山府君行述》，《望三益斋存稿·杂体文》卷1，同治十三年成都使署刊，第9—14页；黄云鹄：《诰封光禄大夫北山吴公传》，《望三益斋存稿·杂体文》卷1，第5—8页。

选用官吏时，主要标准也是能否为民着想、实心办事。因此，有时能容别人所不能容。但不符合他的用人标准的则坚决不用，如不顾多方压力，不用周开锡。这在下文将有论述。

二　求学生涯

吴棠少时不苟言笑，被人呼为“二痴”。

六岁开始进入家塾，跟随族兄庠生吴榜学习。八岁时又跟随族叔祖贡生吴泰学习。

道光元年（1821），吴棠九岁，其三伯父去世。其父在家设馆授徒，并亲自为吴棠兄弟授课。先授以朱子《小学》，尤服膺《陈文恭五种遗规》，视作处世居家之要。[①] 当地的文人学士常在他家聚谈，兄弟俩日受熏陶，愈发勤奋学习。吴棠诵习程课尤为刻苦用功，寒暑皆随鸡声起。采择前贤名言，将窗楹几榻皆粘贴殆遍。曾说：“第少时，以此浇灌，胸次满则善根固，仕与否，皆有所成。”[②] 可见，吴棠对程朱理学是怀着敬畏和虔诚之心的。

十岁时离家，跟随凤阳县庠生万文渊学习。因为没有书，“写书自诵”。其母用女红所换的钱，为他买纸笔。吴棠颇知勤学，除夕夜还就着邻居家的灯火读书如故。

13 岁到 19 岁这几年，吴棠频繁更换业师。先后从学于族兄吴榜、舅舅庠生程瑞轩、族叔庠生吴洛、族兄庠生吴桀、定远贡生邵儆等。

从以上吴棠的求学经历来看，他开始读书后，老师是自己亲族中的庠生或贡生，并不固定，进一步提升学业的机会很少。15 岁时，“以文就正族兄次山”。吴次山，名楷，盱眙县举人。22 岁时，“以文就正于定远陶琴坡先生”。陶琴坡，名杰，举人。这是大挑之前仅有的两次提升学业的机会，年谱里特地列出来。

多年的学习也得到了一定的回报。道光十一年八月，吴棠 19 岁时，补县学生员。十五年八月，应本省恩科乡试，中式第 62 名举人。主考官为大学士卓秉恬，编修单地山（名懋谦），房师溧水县[③]刘眉士。应试文

---

① 谭祖同：《显考北山府君行述》，《望三益斋存稿·杂体文》卷 1，第 10 页。

② 黄云鹄：《诰封光禄大夫北山吴公传》，《望三益斋存稿·杂体文》卷 1，第 5—6 页。

③ 《近代史资料》总 75 号第 108 页原文误作“漂水县”，本书已改。

题为《君子不以言举人》。

道光十六年、十八年、二十年、二十一年、二十四年，即吴棠24、26、28、29、32岁时，五赴礼部试，皆不售。道光二十年在京时得以住在杨殿邦家，有机会读到以前没有接触过的大量经史书籍，又得杨殿邦亲自指导，“以真西山《大学衍义》、王伯厚《困学纪闻》、顾亭林《日知录》为宗”，眼界有所扩大，于学“稍知准的”，也就是对读书应试做学问才稍开窍。

道光二十四年应试后，吴棠有资格参加大挑，以一等赴部引见，掣签以知县分发南河。从此开始了官宦生涯。

吴棠是幸运的，在科举的路上走了26个年头就开始为官。其中花了13年时间补中生员，花了4年时间博得恩科乡试题名，又过了9年，得以大挑一等为官。32岁，正是风华正茂、报负满怀之时，对恩科、科举给他的命运带来的变化，吴棠满怀感激，后来为官时不止一次在谢恩折子中表露这种感情。相比于曾国藩、李鸿章等人以进士出身，相比于左宗棠等人的恃才傲物，吴棠对清政府表露出的谦卑和忠诚有加无减。

三 成长经历对吴棠的影响

一个人的生活经历对他的人生观、价值观的形成影响很大。吴棠的少时经历对他的影响，主要表现在两个方面。

第一，重视学习，人品敦厚。这是家庭环境对吴棠的影响。父母是孩子最早的老师，父母的言传身教对孩子日后的行事风格有很大影响。吴父认为：“吾家有读书声，不为贫也。”①

由于吴父常年在外设馆授徒，吴棠兄弟受其母影响更多。吴棠于道光十二年补上生员后，开始设馆授徒，首在外戚李家。十五年，设馆于同邑高氏家。十七、十八、二十一年三次赴礼部试皆不售后，回乡设馆于同邑姚氏家。初设馆时，只有20岁。其母告诫曰：“尔为人师矣，未有不力学而可以课弟子者。自误误人。勿徒为修脯计也。”吴棠中举后，其母“愀然”曰：“吾见亲族中力学者多也。汝学浅而成名，非幸事。且将来与仕途近，吾惧汝以不学之身而轻世事也。”吴棠被大挑后，其母又训曰：“吾闻古之君子，不以仕而废学，汝宜以学治，万勿以官自居。且朝

① 谭祖同：《显考北山府君行述》，《望三益斋存稿·杂体文》卷1，第10页。

廷设官以为民也，常记吾家之辛苦，则百姓之疾苦可知矣。”① 正因为吴棠父母对学习的重视，使得吴棠为官后每到一处都积极兴学。

吴棠父母谦恭待人，对吴棠日后的为人处世也有影响。其父在家设馆授徒，当地士人时往聚谈，其母皆“恭礼之”。吴棠中举后，其父谆谆告诫：“吾族蕃衍，贡成均列膠庠者，常数十人，而吾本支未显，及汝乃以浅学成名，汝其善承之。”② 咸丰三年，吴棠回清河县任仅三日，而扬州失守，清淮震动，吴棠日夜巡防。其母勉励说：“勿惧。士穷见节义。家贫何患？汝为守土官，惟宜自定。”此话传出，清淮士民信心大增，不到十天时间，吴棠即招集城乡团练、民勇以万计。

在处理官场人事的时候，也能看出吴棠的谦恭。吴棠保住了清河，并能一直受到上级官员的保举而稳步高升，而同样守城有功的六合知县温绍原却因干预保举被革职。吴棠在和曾国藩、李鸿章等大吏相处的时候，内敛敦厚，所以后来在川督任上，被人劾以贪污纳贿，李鸿章奉命查处时，私下对其兄李瀚章说吴棠决不至如此之甚。曾国藩也对李鸿章评价过吴棠忠厚。这在后文将有详细论述。

第二，深知书籍对学子的重要，在漕督和川督任上刻了大量书籍。吴棠在第三次赴礼部试不售时，留京住在翰林院庶吉士、同乡前辈杨殿邦家，得到杨殿邦的器重和指点，读到很多在家读不到的书，学业大进，自称对学问似乎有点入门。因此，他后来在漕督任和川督任上，利用政务闲暇，组织刻写了很多书籍。“求先贤有益学治书刊之。故至闽则刊《谢金銮教谕语》《泉漳治法论》，补刊《张清恪正谊堂全书》。”③

吴棠为诸生时就对入仕为官之道十分留心，阅读过相关的书籍，为官后也一直没有荒废。其父在家设馆授徒时，课吴棠兄弟俩以朱子《小学》，吴棠守之终身不衰；又授以汪龙庄《治说汇纂》一书，认为此书“非独做官宜然，做人亦宜若是”。④ 吴棠为砀山令时，即以汪氏之书试行。其后为牧令时，即以汪氏书为课程，所至一处即以此书分致僚属。吴棠为诸生时，又以《谢金銮教谕语》一书，置案头，时时诵习。为牧令

① 吴检、吴棠：《先妣程太恭人述略》，《望三益斋存稿·杂体文》卷1，第16—17页。

② 谭祖同：《显考北山府君行述》，《望三益斋存稿·杂体文》卷1，第10页。

③ 《近代史资料》总75号，第132页。所刻部分书目见陈庆年《吴棠年谱》，《近代史资料》总75号，第128、132页。

④ 吴棠：《重刊汪龙庄先生遗书叙》，《望三益斋存稿·杂体文》卷3，第9页。

时，尤其服膺该书中的“论亲民之旨”。[①] 由此可见，早年的学习对吴棠后来的为官之道影响很大。

第二节　仕宦之旅

鸦片战争后，清政府陷入了内忧外患的境地。太平天国起于南，捻军起于北。在曾国藩为长江以南的太平军心力交瘁的时候，长江以北的捻军也正日益壮大，清淮以其重要的地位和富饶的物产，成为太平军和捻军都想夺取的地方。吴棠初入仕途即在清淮，之后长期任职于清淮一带，任漕督后又一直驻扎于清淮，为官江北20年的主要功绩就是保住了清淮。清淮对吴棠仕宦生涯的发展具有重要意义。从官私两则履历可以看出吴棠仕宦生涯的轨迹。

一　“南河知县”

这里的“南河知县”是指吴棠被分配到江南河道总督辖区内，以知县用。

中国第一历史档案馆所藏军机处全宗档案中，有同治初年吏部造报的各省督抚藩臬履历清册，其中也有吴棠的。以下是吴棠道光年间的任职经历：

> 道光二十四年大挑一等，引见以知县用，签掣南河试用。二十七年十月十五日奉上谕：潘锡恩奏，遵保防汛抢险出力各员，大挑知县吴棠著免其借补，以沿河知县补用。二十九年四月十二日奉上谕：李星沅、陆建瀛奏拣员请补沿河要缺知县一折。江苏桃源县知县员缺，准其以吴棠补授。

同治十三年，吴棠尚在四川总督任上的时候，其侄儿吴焘负责修撰的家谱里也有一份吴棠的履历，其中任职南河知县的一段是这样的：

> 道光乙未恩科举人。甲辰大挑一等，分发南河。补桃源知县，署

---

① 吴棠:《重刊教谕语叙》,《望三益斋存稿·杂体文》卷3，第26页。

理邳州知州，调补清河县知县。

以上两则履历都未涉及吴棠摄砀山令一事。在吴棠自己的文集中，不止一处提到摄砀山令之事：

> 甲辰大挑南河，初摄砀山篆。即以汪先生之书试之。甫三十五日而去。迨补桃源令……①
>
> 道光丁未春，借署砀山县丞；道光丁未秋，棠摄砀事。②

在别人的传记、著述中，也有吴棠为砀山令的记载：

> 以大挑出令南河，摄砀山，补桃源。平生养士恤民之政，自兹始。③
>
> 以大挑官南河知县……逾年，署邳州州同，摄砀山知县，任事一月，清积案百数十起。④

可见，吴棠在任桃源县知县前，确在砀山任过知县，大概因为任期只有35天，所以在官方的履历表中都没有记载。但是，就是这正史中不见详细记载的短暂的任期，在吴棠却是一个十分重要的时期。

砀山为河南、山西、陕西各省饷道必出之路，关系匪轻。就在道光二十七年秋，在砀山县任上，上司王梦龄勘灾来砀，吴棠得到了王梦龄的赏识，屡获推荐，保举升迁，这对他后来的仕途具有十分重要的影响。此后“监司徐海，督师漕河，圩砦经营，军储筹划，一守萧规”。

吴棠作为南河知县，做了不少河工方面的事。从前引同治初年吏部造报的履历中可窥其一斑：

> 二十七年十月十五日奉上谕：潘锡恩奏，遵保防汛抢险出力各

---

① 吴棠：《重刊汪龙庄先生遗书叙》，《望三益斋存稿·杂体文》卷3，第9页。

② 吴棠：《望三益斋存稿·归田诗草一卷》，第9页。

③ 黄云鹄：《吴勤惠公传》，《望三益斋存稿·诗文钞》，第1页。

④ 光绪《盱眙县志稿》卷9《人物·吴棠》，第70页。

员，大挑知县吴棠著免其借补，以沿河知县补用……咸丰元年三月奏调补清河县知县。十一月，管永丰坝事。二年九月，江苏桃源二次堵筑支河，议叙给予加衔一等。三年三月初八日奉上谕：杨以增奏，遵保丰工出力员弁开单呈览，升衔知县吴棠著以直隶州、同知升用。

以上履历说明，吴棠在南河任知县期间，防汛抢险、堵筑支河、丰工出力，河工工作是卓有成绩的。事实也是如此。

从上引履历中可以看出，吴棠仕途的起点和河工紧密相连。他以举人大挑一等，旋挑河工引见，奉旨以知县用，签掣南河。道光二十四年五月二十四日到工，二十六年试用两年期满。按大挑规定，试用期满后，督抚可择优保举，补实缺知县。

道光二十七年三月，吴棠借署砀山县丞，随河道总督杨以增阅河工。因安澜防守出力，十月十五日奉旨免其借补，以沿河知县补用。此后以年强才稳，办事勤明，屡经杨以增等以“于河工地方均有裨益”为由，向朝廷奏保。

该年正值饥荒，吴棠就道途所见，作五律一首：“昔闻古芒砀，于役此经过。大泽虹堤绕，饥民鹄面多。草芜怜野旷，麦熟盼时和。吴豫岩疆接，持权在斧柯。”这首诗作虽不是那么文采斐然，但“殷然有尤世之志”，让人印象深刻。多年后，作者从川督任上回乡，途经砀山，旧时小吏万炳来谒，谈起这首诗，作者自己都已忘过半，而小吏尚全记得。①

二十九年补桃源县知县时，丰工决口未塞。吴棠督民夫“筑长堤御湖涨，购风车泄积潦”，勘灾散赈，奔走于烈日中。“民阂其劳，为流泪。”

三十年八月，黄河盛长，南岸于公堤溃。于工堤为南岸险工。堤溃，黄河入卜家湖，湖水大涨，威胁桃源县城。吴棠即促率民夫堵御，滨湖筑长堤护之，百姓号为“吴公堤”。县城终获保全。②

咸丰元年调补清河知县，时河决丰北口，水势纡折而下，“涨骆马，出尾闾，全归六塘”。次年春，吴棠捐钱修补南堤，及秋水大至，南堤得

---

① 吴棠：《望三益斋存稿·归田诗草一卷》，第9页。

② 陈庆年：《吴棠年谱》，《近代史资料》总75号，第109页。

免漫溢。三年，丰北再次决口，“涨漾如故”[①]。吴棠为丰工合龙，出力许多，经杨以增奏保，以同知直隶州升用。

清河县境内的便民新河，挑筑于道光十三年，自县西三庄三柯集，绕渔沟入包家河。咸丰初，吴棠再次挑筑，由三柯集西南入盐河。吴棠又在盐河岸建永丰闸，寻圮，同治九年修复。便民新河河身遂延长，北自渔沟镇七孔桥头接包家河起，东南至永丰闸入盐河止，长6400丈。[②]

吴棠的工作得到了上司的充分肯定，连连获得保举。上司在保奏吴棠时，也毫不吝惜赞美之词。

道光二十九年三月二十九日，两江总督李星沅、江苏巡抚陆建瀛会同江南河道总督杨以增在奏请吴棠补授桃源县知县的奏折中，认为桃源县知县缺系冲、繁、难兼三沿河要缺，“该县地处冲途，民情强悍，时有枭匪出没，且当黄运两河，要工林立，及催儧铜铅、漕运均关紧要，必须精明强干之员方足以资治理”“河工候补知县吴棠年三十七岁”“年强才稳，办事勤明，以之请补桃源县要缺知县，洵堪胜任，与例亦符……于河工地方均有裨益”[③]。

事实证明，吴棠勤修吏治，确实很胜任桃源知县。二十九年九月，吴棠将父母迎养在公署。桃源靠近黄河，土地贫瘠，人民生活困苦，“人伉直，易讼”。常常处理民讼的时候，其母前往，看吴棠如何决断。有时说：“此可训而化也。”桃源有淮滨书院，其母常命吴棠助益膏火，增加课程，说：“汝爱士，士即知自爱，士自爱，民俗变矣。”[④] 果然，几个月后，以诉讼解决问题的人渐渐少了。

陆建瀛升任两江总督后，对吴棠依然十分赏识。咸丰元年二月二十日，吴棠在桃源县任上未满三年，陆建瀛和江苏巡抚傅绳勋、江南河道总督杨以增又会奏，请调他任更为重要的清河县令。“查清河县系冲、烦、疲、难沿河最要之缺，若得精明强干，熟悉河务之员，方足以资治理。”“该员才情明敏，讲求修防，以之调补清河县知县，洵属人地相宜。”虽

---

① 荀德麟等点校：光绪《淮安府志》卷7《河防三·清河县河防·六塘河》，方志出版社2010年版，第195页。（以下版本同）

② 光绪《淮安府志》卷7《河防三·清河县河防·便民新河》，第197页。

③ 李星沅、陆建瀛：《奏请以河工候补知县吴棠补授桃源县知县事》，国家清史工程网站的朱批档案，档案号04—01—12—0471—114，缩微号04—01—12—087—0554。

④ 吴检、吴棠：《先妣程太恭人述略》，《望三益斋存稿·杂体文》卷1，第17页。

然明知吴棠“惟历奉未满三年，至以繁调繁，与例稍有未符”。请求朝廷“念员缺紧要，准以吴棠调补清河县知县，于清河要缺有裨”①。

吴棠任清河县知县期间，以无积狱被百姓称为“吴青天”②。咸丰二年，因河决未塞，邳州饥民遍野，盗风日炽。九月，吴棠调署知州，一面截漕赈饥，一面募民捕盗，擒斩数百人。③ 有人曾作捕盗谣颂其“善缉捕，有方略”，讥讽“前官养盗如骄子”，吴棠来了是“云霾拨尽见天日”。④ 咸丰二年，原广西巡抚、寓居宿州的周天爵奏称“清河县知县吴棠廉干爱民”，怡良奉命利用职务之便，对吴棠暗为察访，向清廷汇报道：“惟清河县知县吴棠近在清江，于奴才到浦时谒见一次，见其朴实安详，并访其官声尚好。现经两江督臣陆建瀛调署邳州知州。”⑤ 正因为有了这次的良好印象，才有了后面的保举。

咸丰三年十一月初六日，革职留任江南河道总督杨以增、两江总督怡良、署江苏巡抚许乃钊又奏请以吴棠升补海州直隶州知州。他们认为：“该州系繁、难兼二沿海要缺，管辖沭、赣两县，界连东省，俗悍民强，时有匪徒出没，兼之淮北盐场在治，缉匪查私在在均关紧要，非精明强干、实心任事之员难以胜任。”而吴棠“干练有为，舆情爱戴”。“本年二月贼匪窜扬之际，清淮一带人心惶惧。当将该员赶紧（从署邳州任上）调回清河本任。督率乡镇团练壮勇，协同官兵严拿土匪，稽查渡口及要隘，盘诘奸细，且自行练勇数百名。亲历巡缉，宵小潜踪，居民安堵，实为州县中不可多得之人。以之升补海州直隶州知州，实堪胜任”。⑥ 咸丰三年十一月十七日，吏部奉朱批议奏。十一月二十六日，吏部尚书柏葰等覆奏：

---

① 陆建瀛、傅绳勋：《奏请吴棠调补清河县知县事》，国家清史工程网站的录副奏折，档案号03—4084—024，缩微号275—0617。

② 陈庆年：《吴棠年谱》，《近代史资料》总75号，第109页。

③ 光绪《清河县志》卷17《仕迹》，第11页。

④ 民国《邳志补》卷13《名宦·吴棠》，第15—16页。

⑤ 怡良：《奏为遵旨查明山东江南事件请旨将前任江苏臬司查文经照例议处事议奏（附件：报清河知县吴棠官声片）》（咸丰二年八月二十一日），台湾故宫博物院图书文献馆藏朱批奏折，档案号406002469。

⑥ 杨以增、怡良、许乃钊：《奏请吴棠升补海州直隶州知州事》，国家清史工程网站录副奏折，档案号03—4097—141，缩微号276—1428。

州县应调缺出，例应于现任人员拣选调补，如无堪调之员，始准以候补人员题补，如候补无人，方准以应升人员请升。又州县以上应升缺出，俱先尽劳绩应升人员拣选升用，如实因人地未宜，亦必于折内声明，方准于合例各员内照例请升。吴棠因丰工合龙出力，咸丰三年三月初八日奉上谕以同知直隶州升用，海州直隶州知州毓彬因丰工合龙出力，咸丰三年三月初八日奉上谕开缺以知府升用。均系同日行文同日接到部文，不得作为升案。因江苏省尚有劳绩应升人员，该督等折内尽声明现任候补，未将劳绩应升人员详细声叙，系例准声明，该督等折内遗漏声叙，应照奏定章程查明具奏，请旨恭候钦定。如奉旨准，以吴棠升补海州直隶州知州，应令该督等给咨该员赴部引见，其所遗清河县知县员缺，令该督等另行遴员调补；如不准行，该督等遗漏声叙，应请交臣部议处，其海州直隶州知州一缺仍令该督等另拣合例人员升调。

咸丰帝阅后，朱批："著不准行。"① 吴棠未能升任海州直隶州知州。

海州情况，据时人记载："海属与东省毗连，盗贼繁多。"② 如此难治之地，而吴棠又以善治盗闻名，怡良等人当然希望吴棠能去治理。但因为不合部议，没能升任海州直隶州知州，而是继续留在清河知县任上防堵太平军和捻军。这是战争初起之时，官员升迁调转还循部例。随着战事日紧，清廷迫切希望早日平定太平天国、捻军，常常要求官员不拘常例保举可堪任用之员，像吴棠这次因为不合部例而不能任职的情况就少了。

吴棠自道光二十四年分发南河始，至咸丰十一年任漕运总督前，所做的与河工有关系的事情主要集中在咸丰三年以前，其时太平天国运动在南方影响很大，尚未严重影响北方。因此，漕督、河督尚有时间对河工作出反应。也就是这短暂的几年，吴棠的努力和能干，给王梦龄和杨以增留下了深刻印象，日后二人对他屡次奏保，为他逐步登上高位打下了基础。及至咸丰三年以后，捻军起；咸丰五年，河决铜瓦厢，黄河北徙，江北大的河患已很少。吴棠的主要精力都用在了对付起义军上，他的命运便主要和

---

① 柏葰等：《奏闻臣等遵旨议奏两江总督奏请以吴棠升补海州直隶州知州员缺事》（咸丰三年十一月二十六日），台湾故宫博物院藏朱批档案，档案号 406005552。

② 黄均宰：《金壶七墨·遁墨》卷 1《陈玉标》，第 12 页。

防堵起义军联系在一起，对河工已无力兼顾。

二　两次丁忧

咸丰三年，太平天国定都天京，捻军四起。吴棠的官宦生涯进入了另一个时期，即和太平军、捻军作战的时期。因为战争，即使先后两次丁忧，也没有造成吴棠官宦生涯的中断。这从官修的履历可以看出：

> 四年六月，丁母忧，开缺治丧，于百日后，仍著署理清河县事，一俟军务告竣，即饬令回籍守制。十一月十四日奉上谕：杨以增奏，遵查练勇有效之署知县，请旨鼓励。等语。署清河县知县吴棠著俟服阕后免补知县，以同知、直隶州知州即补，并赏带〔戴〕花翎。钦此。六年五月，接丁父忧。七年五月二十四日奉上谕：福济、郑魁士奏查明剿办棚匪出力人员开单请奖一折。前任江苏清河县知县吴棠著免补本班，俟服阕后，仍留江苏以知府补用。等因。钦此。七年八月十八日奉上谕：邵灿、庚长奏查明徐州官兵攻剿捻匪并清江、安徽等处剿捻出力开单呈览一折。江苏候补知府吴棠著俟补缺后，以道员用。等因。钦此。八年五月初四日奉上谕：福济等奏击退临淮捻匪，协同克复六安、来安，并捻匪窜扰怀远，现筹堵剿一折。升用道、即补知府吴棠着准其免补知府，留于江苏，以道员遇缺即补。钦此。

仅四年时间，就从署知县升到道员遇缺即补。

吴焘所修家谱中的履历简洁明了，看得出吴棠丁忧时也在忙着和捻军等起义军作战：

> 七年剿匪案内保奏，奉旨免补本班，以知府补用。又获匪保奏，奉旨补缺后，以道员用。八年，克复五河、来安案内保奏，奉旨免补本班，以道员补用。

吴棠还做了别的事。比如，咸丰七年春、夏间，滁州、泗州饥荒，吴棠倡赈，劝乡里平粜。①

① 陈庆年：《吴棠年谱》，《近代史资料》总75号，第112页。

光绪七年，安徽巡抚裕禄在奏请于盱眙县城及三界镇两处地方捐建吴棠专祠时，在奏折中比较详细地列举了吴棠对家乡的守土之绩，可以补充履历档案之不足：

> 安徽盱眙县所居三界镇，系盱、定、滁接壤之区，自粤捻倡乱以来，地方残破，人无固志。咸丰四年，该故督臣于江苏清河县任内丁忧回籍，经前抚臣饬令集团御贼。维时大兵之后，贼踪遍地，继以荒年，筹划之难，较之江北为棘手。该故督臣一以清河办团成法施诸乡里，既筹饷以足兵，复倡款以济赈。是年秋，来安棚匪作乱，接连发逆窥及盱境，势甚岌岌。该故督臣率团痛剿，数日即定。盱、来境上得以无患者，实该故督臣之力。追捻匪陷五河，骎骎内犯，该故督臣于急迫之际，率练收复县城。嗣发逆麇聚，连陷滁、全等处，四出焚掠。三界镇距滁尤近，该故督臣虑无圩寨可守，乃集团修寨，晓以大义，裹粮而助战者万余人。屡薄滁城，使贼不得逞志，俾淮浦诸军得以扼堵三河，并力扫荡。其后该故督臣奉调赴江，历由监司荐擢封疆。江北辖境与滁、来、天、盱等处在在接壤，该故督臣择要扼守，不分畛域，苦战连年，使贼踪不敢窜越为害，屹然为两境保障，卒收底定全功。推其苦心经画，实合江、皖以并筹，而有功于桑梓者为尤巨。其余惠及乡里之事，如捐廉俸以恤流离，散牛种以裨耕作，建文庙考棚以兴学校，筹应试资斧以惠士林，凡有善举无不具备，应系地方应为之事，未及缕陈。兹谨就该故督臣御灾捍患之大者而论，盱眙至今得以生聚安堵，虽在妇孺咸知感念。①

对于建祠之请，清廷照准，由此也可看出清廷对吴棠两次丁忧期间所做事情的肯定。

从以上履历可以看出，吴棠的仕途是一帆风顺的，即使两次丁忧也没有影响他继续高升。

---

① 裕禄：《为已故督臣保障桑梓功德在民，谨具情吁恳天恩俯准建造专祠以顺舆情恭折仰祈圣鉴事》，《望三益斋存稿·诗文钞》，第11—12页。

三 升为总督

吴棠丁忧服阕后，迎来了宦途生涯的另一个高峰。两年时间，从候补道升到署理漕运总督，又一年三个月后，升为漕运总督。吏部官修履历对吴棠这一段时期的情况记载得很详细：

> 九年十二月，邵灿等片：再，清河团练人数众多，查有丁忧服阕尚未赴省之江苏候补道吴棠，檄调来浦，督率委员绅董认真教练，俾缓急可持，实于地方军务良有裨益。九年十二月十八日奉朱批：知道了。钦此。十年，署理徐州道。四月，补授江南淮徐道。五月二十九日奉上谕：著派大理寺卿晏端书作为江北督办团练大臣，驰驿前往，并著淮徐道吴棠帮办团练事宜。钦此。十月二十六日奉上谕：徐宿剿匪事宜，江南淮徐道吴棠暂行帮办。钦此。十二月二十日奉上谕：淮徐道吴棠著帮办徐宿剿匪事宜。钦此。十一年正月初六日奉上谕：帮办徐宿剿匪事宜徐州道吴棠，帮办粮台，悉心筹画，并劝捐粮石、接济练勇，著赏加按察使衔。钦此。十一月二十六日奉上谕：江宁布政使著吴棠补授，并著兼署漕运总督，督办江北粮台，其江北镇道以下各员弁，著归吴棠暂行节制。钦此。十一年十二月二十九日，到布政使任。同治元年七月初八日奉上谕：漕运总督仍著吴棠署理。钦此。二年三月二十一日奉上谕：吴棠补授漕运总督，所有江北文武各员及军务、地方一切事宜，仍归吴棠节制。钦此。[①]

同治十三年，吴棠在四川总督任上的时候，吴焘负责修撰的家谱里吴棠的履历更全面，将吴棠任职漕督后的情况也列了出来：

> 十年正月，奉旨补授徐州道，兼署徐州府知府。十一年正月，奉旨赏加按察使衔，十二月，奉旨补授江宁布政使司，兼署漕运总督，帮办徐、宿剿匪，督办江北团练，节制江北镇道，管理江北粮台，兼管河务。同治二年三月，奉旨补授漕运总督。三年七月，奉旨赏加头品顶戴。是年十月，奉旨署理江苏巡抚。四年二月，奉旨署理两广总

---

① 丁进军编选：《同治初年各省督抚藩臬履历》（上），《历史档案》1995 年第 4 期。

督。五年八月，奉旨补授闽浙总督。七年正月，奉旨调补四川总督。十年正月，奉旨兼署成都将军。[①]

署理江苏巡抚和两广总督，吴棠虽然没有实际就任，但是在官阶上已经取得了进一步晋升的资格。以此为基础，同治五年，调任闽浙总督，七年赴四川总督任，直到光绪二年因病开缺回籍。

四 仕途顺利的原因试析

（一）保举的重要

从以上的两则履历可以看出，吴棠的官衔中，通过保举而得的候补衔多，实授的少。在署理漕运总督之前这种情况表现得尤其明显。先是因河工屡得保举。“河工向来比照军营法，故河督下至河厅得罪，有枷号者，有正法者。而年年安澜，皆有保举。凡堵合决口，有特保花翎及免补本班者，同知即可升道，道即可升河督，多破格为之。然乾嘉时，人皆以河工为畏途，盖赏虽重而罚亦严耳。”[②] 在此情况下，吴棠以河工劳绩连连得到保举，也就不足为奇了。

道光二十九年的桃源知县和咸丰元年的清河知县是实授，丁忧之后署理知县，其后因军功又屡被保举，从同知、直隶州知州、知府到道员，仅用了四年时间，都是候补衔。一直到咸丰十年，才署理徐州道。四月，补授江南淮徐道。其后的按察使衔也是虚衔，十一年实授布政使，兼署漕运总督。实授漕督后，一任多年，其间曾署理江苏巡抚和署理两广总督，但都未实际到任。一直到同治五年八月赴任闽浙总督，七年八月再履任四川总督。这么多年的为官生涯，只有知县、道员、布政使、漕督、闽浙总督、四川总督是实授，其余都是候补。在同治五年任闽浙总督之前的宦海生涯中，大部分升迁官阶都是通过保举所得候补衔完成的。可见，保举对吴棠一生的升迁实有重要作用。

（二）人际关系

吴棠从一个举人出身的大挑知县，最后跻身总督行列，其间的成长历程是如何完成的？是否有特殊的人际关系？

---

① 吴焘：《吴棠家传》，《重修盱眙吴氏族谱》，转引自贡发芹《吴棠史料》，第284页。

② 欧阳兆熊、金安清：《水窗春呓》，中华书局1984年版，第57页。

吴棠大挑之前的人际关系，主要是授业时的师友关系。比较重要的几个关系是中举时的师生关系，主考为内阁学士卓秉恬和编修单懋谦（号地山）、房师溧水县刘佳。从现有资料看，吴棠后来和单懋谦有交往，二人曾有书信往来，但联络并不频繁，因此对吴棠仕途的影响很有限。

曾任漕运总督的杨殿邦对他帮助最多，吴棠称其为师。杨殿邦(1773—1859)，字翰屏，号叠云，泗州人，后迁居盱眙，和吴棠同乡。嘉庆十九年进士，选翰林院庶吉士，在京任官多年。有说其“天资聪慧，善书画，工诗词古文，精武术骑射”。道光二十四年任漕运总督。鸦片战争中曾在沿海抵抗外国入侵有功。咸丰年间又在扬州邵伯镇一带阻击太平军，因军事失利被清廷罢官，在军中戴罪作战，咸丰九年卒于军中。吴棠于道光二十年28岁时第三次赴礼部试后，“留京寓泗洲阁学杨叠云先生（讳殿邦）宅”。[①] 在《杨叠云师诗集叙》中吴棠比较详细地叙述了和杨殿邦的交往情况。在杨殿邦家中，吴棠不仅能够阅读杨家大量的藏书，而且经过杨殿邦这个进士、翰林院庶吉士的指点，学术达到了更高的层次。这种条件是吴棠在家读私塾时无法比拟的，在家时文章充其量也就是被举人、贡生指点过。因此多年以后吴棠回忆此事还很感激：

> 犹忆庚子、辛丑计偕。时棠补被入都，先生招留京邸，饮食教诲，日课诗文，并勖以远大之学。先生多藏书，指示切要，以真西山《大学衍义》、王伯厚《困学纪闻》、顾亭林《日知录》为宗，由是于学稍知准的。[②]

杨殿邦不仅在学术上对吴棠亲加指点，还在仕途上给予吴棠关照指导。“迨甲辰筮仕南河，先生丙午冬督漕淮安，招入节署习吏事。”显然是有心栽培吴棠，为吴棠积累官场人脉。因此吴棠为官后，杨殿邦十分关注吴棠的政绩和形象。“己酉至壬子，棠任桃源、清河、邳州，先生漕舟过境，闻民间说牧令事，辄喜动颜色。”“戊午南北军事方亟，每谒先生，辄勉以驰驱报国。”[③]

---

① 陈庆年：《吴棠年谱》，《近代史资料》总75号，第108页。

② 吴棠：《杨叠云师诗集叙》（壬申），《望三益斋存稿·杂体文》卷3，第37页。

③ 同上。

杨殿邦曾写梅诗赠吴棠，诗云：

无心云正出山时，有脚春多到处知。
记得京华风雪里，一窗疏影伴吟诗。

诗中回忆吴棠在他家读书的情况，肯定吴棠为官地方的成绩，勉励吴棠好好作为。

两家的交往从父辈延续到后代子孙，杨殿邦的孙子杨味春后来成了吴棠的女婿。由此也可看出，杨殿邦对吴棠的提携和影响应该是很大的。

江南河道总督杨以增对吴棠也十分赏识，屡次荐举。道光二十九年、咸丰元年、咸丰三年，杨以增三次奏保吴棠。前两次和两江总督、江苏巡抚联名奏保，咸丰三年单独奏保。三年三月初二日，杨以增奏：

谨将丰工出力文武官员缮具清单恭呈御览。委管丰工总局淮徐道王梦龄、委管丰工分局淮扬道曹文昭均请赏戴花翎……清河县知县吴棠同知衔。[①]

前引吏部履历中也提到吴棠的这一经历：

初八日奉上谕：杨以增奏，遵保丰工出力员弁开单呈览，升衔知县吴棠著以直隶州同知升用。

也就在咸丰三年，还是杨以增将吴棠从署邳州任上调回清河，从而使吴棠因保全清江浦而“天子知名”。值得注意的是，杨殿邦任漕运总督时，杨以增正任南河总督，两人曾就如何阻止太平天国北伐军由清淮北上达成共识，漕运总督杨殿邦从扬州“退至高邮、宝应，谋用水制贼。赴清江浦密商河督杨以增，启淮安坝闸，泄淮流，使贼船不利上驶。又谋，设窜至高、宝，则竟决放洪泽湖水灌贼”。[②] 二杨配合如此默契，私交应

---

① 杨以增：《奏为保举丰工出力各员事》，国家清史工程网站录副奏折，档案号03—4494—024，缩微号320—0810。

② 李滨：《中兴别记》，《太平天国资料汇编》第2册，中华书局1979年版，第102页。

也不错，那么对吴棠都有提携之意也是情理之中。

曾任徐州道的王梦龄对吴棠亦颇为欣赏。吴棠在自己的文集中曾述及，“道光丁未秋，棠摄砀事，值公勘灾来砀，遂蒙赏识，屡邀推荐”①。吴棠在清河县任知县时，王梦龄任淮徐道，是上下级关系，二人皆因丰工出力得到杨以增的奏保。咸丰九年十二月二十日，两江总督何桂清、江苏巡抚徐有壬奏请以吴棠署理徐州府知府事。时王梦龄任徐州道。咸丰十年王梦龄升任江宁藩司署漕运总督，于四月二十五日交卸道篆后，所遗徐州道篆并经理徐州粮台事宜，均由吴棠署任并接办。② 这也是王梦龄的推荐。

吴棠对王梦龄很感激。光绪二年，吴棠由蜀归里，经过砀山，恰逢五月二十二日王梦龄生辰，特意到王梦龄祠祭拜并作诗一首，以“追思时事之艰，怅触知己之感”。诗云：

忆从下邑垂青日，直到危疆保赤时。
荐鹗孔融劳志愿，闻鸡祖逖共心期。
残黎命续沟中瘠，坚壁功收枕上师。
只恐乂安忘患难，为公濡泪志崇祠。③

诗中回忆了受王梦龄赏识的事，以及军事危困时两人相互支持的情景，表示不忘知己之感。同治五年二月，王梦龄病逝于乡。八月，吴棠尚在漕运总督任上，奏请在徐州地方为王梦龄建专祠，获准。奏中说：“王梦龄于咸丰元年莅徐，值水灾之后，继以兵燹，首办赈抚，筹饷倡团，为坚壁清野之计，俾民心固结，得保安全，至今守御有资，皆其诫谕经营之力，至于勤政爱民，兴利除弊，捐廉施济，谳狱公明，功在民生，报宜崇祀，请为该故员建立专祠。”④

任何时候，出官为仕，如果希望仕途顺利，一方面需要个人的能力，另一方面也需要一定的人脉。人脉的积累，有的是靠世交，有的是靠金

① 吴棠：《彭城谒前漕帅王公雨山祠》，《望三益斋存稿·归田诗草一卷》，第9页。

② 傅振邦：《奏报署漕运总督王梦龄赴淮日期并吴棠接办徐州粮台事》，国家清史工程网站录副奏折，档案号03—4152—042，缩微号282—0172。

③ 吴棠：《彭城谒前漕帅王公雨山祠》，《望三益斋存稿·归田诗草一卷》，第9页。

④ 《王梦龄列传》，台湾故宫博物院藏，文献编号701001643。

钱。吴棠是否靠了金钱，不得而知。但从前面吴棠的家世来看，并非富家，应没有大量富余的金钱供他在官场上打点，因此，吴棠只能通过别的途径，那就是有人提携。杨殿邦应是对其提携最重的一个人，他留吴棠在京亲自指导读书，任漕督时，又招为幕友，习吏事，对仕宦之事加以指点，使得吴棠在日后从政的过程中，能少走很多弯路。而杨殿邦的为仕为宦经历，所积累的官场人脉，对吴棠的仕途顺利，也应有一定的帮助。而杨以增和王梦龄对吴棠有直接提携之功，对吴棠的顺利升迁也功不可没。

据说，咸丰初，天下州县官员中最为太平军畏惧的有七人。这七人是：六合县知县温绍原、天津县知县谢子澄、济宁直隶州知州黄良楷、清河县知县吴棠、柘城县知县祝垲、上海县知县刘郇膏、河内县知县裘宝庸。据说李开芳曾对林凤祥、曾立沧说过，自起事以来，转战十余省，得名城以数百计，唯独六合、天津、上海、清河、柘城、河内、济宁七城最不易得。[①] 从我们所掌握的史实看，作为太平天国北伐军统帅之一的李开芳不可能有此言论，显系后人附会，但由此可见，吴棠个人是有能力的。然而同样为太平军所畏惧的六合县知县温绍原，后来升为江苏候补道，仍留六合防堵，却以“干预保举”，受到德兴阿的奏参而被革职。[②] 与之相反，吴棠却因连连受到保举而高升。因此，不能不说吴棠在官场中，在处理上下级的关系上确有自己的独到之处。这也是他能够连连升迁的一个重要的个人因素。

（三）清廷希望培植湘淮以外的势力以求权力平衡

吴棠在四川总督任上时，吴焘所修的家谱显示，同治“三年七月，奉旨赏加头品顶戴。是年十月，奉旨署理江苏巡抚。四年二月，奉旨署理两广总督”。奉命署理江苏巡抚时，已交卸起程却又因清廷改变主意而罢；署理两广总督时，因为接署漕运总督的湘军大将彭玉麟坚辞，拒不到任，吴棠无法交篆漕篆。后来吴棠以清淮士民相留为辞，请求继续留在漕督任上剿捻。获清廷批准。

但该年九月，清廷突给曾国藩、李鸿章、吴棠谕旨，以钦差大臣曾国藩在徐州督兵剿捻，命署理两江总督李鸿章带兵赴河洛一带剿捻，李鸿章

① 邓之诚著，邓瑞整理：《五石斋读书笔记·黄观察传》，《中国典籍与文化》第36期，第97页。

② 《清文宗实录》卷218，咸丰七年正月壬午。

走后，拟以吴棠署理两江总督，命三人就此相互函商回奏清廷。曾国藩和李鸿章将吴棠排斥在外，二人相互商量的结果就是不同意。清廷只好同意李鸿章不调兵出省，吴棠不署理两江总督。清廷两次想以吴棠取代湘淮势力的努力都没有成功，于是只好作罢。失败的原因就是吴棠只有地方团练，没有自己可供征调的军队。清廷只能倚赖湘淮军，人员安排上不得不顾及湘淮集团的利益。下文对此将有详细论述。

第二章

“天子知名淮海吏”
——对抗捻军

吴棠从大挑知县一直升到总督，历经约20年，这20年都是在江北度过的。但严格说来，除短时间在徐州府外，其他时间都是在清淮一带。他在清淮因对付太平军、捻军而“天子知名”，为日后攀上高位奠定了基础，李鸿章赞其为“天子知名淮海吏”。“淮海”，地理概念上指淮安府和海州直隶州，这里称赞吴棠在任职的地方乃至更大的范围内都很有名气。

第一节　清淮的重要地位

“清淮”一词，既可指水，即清江浦（里运河在清河县境内的一段，原为宋代沙河）和淮河入洪泽湖的一段；又可指地，即清江浦与淮安府城（也即山阳县治）。而在《清实录》等清代文献中，在乾隆以前凡提及清淮者，多系指水。乾隆二十六年（1761），原在黄河以北的清河县治毁于洪水，原属于山阳的清江浦一带划归清河，清江浦且成为清河县治。此后清淮连称，多指地名。本书所论清淮，系指地名，也即清江浦和淮安府辖区。

淮安府包括山阳（今淮安市淮安区）、桃源（今泗阳县）、安东（今涟水县）、清河（今淮安市区）、盐城、阜宁六个县。北连徐州府、海州直隶州，南接扬州府，西邻安徽省之泗州直隶州，东傍大海。境内河流众多，有黄河、大运河、淮河、洪泽湖、射阳湖、白马湖等。随着京杭大运河通航，淮安府城作为运河沿岸城市，其交通枢纽地位得到空前提高。[1]

一　漕、河、盐、榷毕萃于此

清江浦在淮安府清河县境内。12世纪末黄河夺淮入海，淮安府境成为黄、淮、运三河的交汇之处。明永乐年间，陈瑄任漕运总督，开凿了清江浦河，使运河由此入淮，并修建船闸，清江浦城市因而兴起。因其濒临运河南岸，为淮安府境内的一个重要的交通要道，在清代建有船厂和漕仓。当时由于北方运河水量不足，政府规定清江浦以北的运河只允许漕船通过。在海道未通以前，南来北往的旅客必须在此进行“南船北马”交通方式的变更。由于地处三河的交汇之处，又是京杭大运河上重要的交通枢纽站，清江浦一度曾有“七省咽喉”“九省通衢”之称。帆樯林立，盛极一时。地方志载：“清江浦建节之区，地当孔道，官署栉比，冠盖辐辏，司牧者趋走应接，日无暇晷，民事有不及过问者矣。”[2] 由此可见清江浦当时之繁盛和地位之重要。据《清河县志》载：

> 乾隆二十七年而（清河）县治迁于清江浦。初，清江浦为山阳重镇，总河驻节之地。官省吏舍，阛阓万家。自割隶以来，户口增十之三，田亩十之二，征科十之二，学额惟旧而士籍增，驿传惟旧而廪粮增，丞簿有增设，营有增伍，关有增口，坛庙有增祀，河防有增工，日益繁多。乾隆三十九年以后，河变益多决，老坝开陶庄；及嘉庆中，而北有李工减坝之启放，南有佘坝云坛口之漫溢，高下异形，曲直异势，通塞异宜。爰于道光丁亥、辛卯之交，漕运改为灌塘，盐政改为票贩，于是国家大政若河、若漕、若盐课、关税，毕萃于此矣。[3]

这一段话将清江浦如何成为集盐、漕、河、榷于一体的经过叙述得很清楚。因此，清江浦得以成为江北重要的政治经济中心也就通过其境内的

---

① 朱士光：《论历史时期淮安在运河水运中的地位与作用》，《淮阴师范学院学报》（哲社版）2009年第3期。

② 光绪《淮安府志》卷27《仕迹·唐汝明》。

③ 吴棠：《重修清河县志叙》（甲寅），《望三益斋存稿·杂体文》卷3，第4页。

盐、漕、河、榷体现出来。

淮安府城首为漕运总督所驻地。为了保障京师的漕粮供应，明朝加强了对京杭大运河的管理，专门设置了漕运总督府，兼巡抚地方，驻地就在淮安府治所山阳县。漕运总督府是统掌全国漕运的最高机构，其最高长官漕运总督为从一品官员，所掌管的文官武校及漕标督兵等官兵有两万余人。咸丰十年，江南河道总督裁撤后，漕运总督于同治元年正月初一日将治所从山阳县迁移至清河县清江浦，此地“实为绾毂水陆之冲，北顾徐宿，南顾淮扬，地既适中，势尤扼要”。[①] 清江浦的地位得到进一步加强。

漕运总督的职权概而言之，即总揽漕务，兼理民政，承担军务。因此，使得漕运总督的驻地也成为重要的政治军事中心。“山阳特设大臣督漕事。凡湖广、江西、浙江、江南之粮艘衔尾而至山阳，经漕督盘查以此出运河。虽山东、河南粮艘不经此地，亦皆遥禀戒约。故漕政通乎七省，而山阳实咽喉要地也。”[②]

“秋夏之交，西南数省粮艘衔尾入境，皆停泊于城西运河，以待盘验牵挽，往来百货山列。”[③] 漕艘每年南来北往，带来了南北货物的大交流、大荟萃，押解漕粮的漕丁的繁多，带动了清江浦城市服务业的繁荣。南船北马交通枢纽地位的确立，南北客商的川流不息，南北货物的云集，使得清江浦乃至淮安府的经济空前繁荣，淮安府也因为其政治和经济地位而成为运河沿岸重要的城市。

清江浦又为江南河道总督所驻地。河道总督负责督办辖区内的河工堤防、疏浚工程等，特别是要保证漕河的通畅。最高长官河道总督的官阶为从一品或正二品。顺治元年（1644），设总督一人，又简称总河。雍正二年（1724），因河南堤工紧要，设副总河一人，管理河南河务，驻山东济宁州或河南武陟。至雍正七年河道分段管理，改总河为江南河道总督，简称南河，驻清江浦。副总河为河南、山东河道总督，简称东河，驻济宁。清江浦自河督入驻且两江总督每年须定期前往办公，已具有准省会的地

① 《清穆宗实录》卷11，咸丰十一年十一月辛亥；朱寿朋：《光绪朝东华录》，中华书局1958年版，总第5282—5283页。

② 光绪《淮安府志》卷8《漕运》，第229页。

③ 光绪《淮安府志》卷2《疆域》，第48页。

位。道光二十年，道光帝即谕令闽浙总督仿清江浦之例驻扎泉州。①

咸丰五年，黄河在河南铜瓦厢决口改道，其下游不再流经江苏境内。咸丰十年，捻军陷清江浦。此后，清廷裁撤了江南河道总督一缺，淮扬道、淮海道两缺也一并裁撤。淮徐道改为淮徐扬海兵备道，仍驻徐州。所有淮扬、淮海两道应管地方河工各事宜，统归该道管辖。以清江地方紧要，添设总兵一员，作为淮扬镇总兵，驻劄该处。待军务平静，再改驻扬州。“所有江北镇、道以下各员，均著归漕运总督暂行节制。”② 即河务改由漕运总督兼管。

河道总督驻在清江浦，对清江浦最直接的影响就是带动了清江浦城市的繁荣。“河督开府清江浦，文武厅营星罗棋布，俨然一省会；帮工修埽，无事之岁，费辄数百万金，有事则动至千万。与郡治相望于三十里间。”③ 如此多的官员，如此大的资金消费，对淮安的经济产生了极大的促进作用。

淮安还是重要的食盐产地和集散中心。“自府城至西北关厢，由明季迨国朝，为淮北纲盐顿集之地，任鹾商者皆徽扬高资巨户，役使千夫，商贩辐辏。”④

淮安府的安东县“非直淮扬之襟喉，亦齐鲁之门户”，是历时最久的淮北食盐集散中心，历时约一千年以上。明万历时有御史称“安东为河、淮入海之路，淮北锁钥，且百万盐策辐辏于此”。“淮北盐贾集于安东者，每岁不下二十万。”⑤

清朝雍正中期，两淮盐运使司淮安盐运分司驻地由安东迁移到山阳县河下镇。山阳县又成为一个重要的食盐转运中心。

这么一个重要的食盐产地和集散中心，造就了一大批高资巨户的盐商。盐商的存在造就了淮安城市空前的繁荣。“方盐策盛时，诸商声华煊

① 姜涛：《清代江南省分治问题——立足于〈清实录〉的考察》，《清史研究》2009年第2期。

② 《清文宗实录》卷322，咸丰十年六月庚辰。

③ 光绪《淮安府志》卷2《疆域》，第48页。

④ 同上。

⑤ 文震孟：《创筑安东城垣记》，光绪《重修安东县志》卷2《建置》第2页。

赫，几如金、张、崇、恺[①]。下至舆台厮养，莫不壁衣锦绮，食伕珍错，阛阓之间，肩摩毂击，袂帷汗雨，园亭花石之胜，斗巧炫奇，比于洛下。每当元旦、元夕、社节、花朝、端午、中元、中秋、蜡腊，街衢巷陌之间，以及东湖之滨，锦绣幕天，笙歌聒耳，游赏几无虚日。而其间风雅之士，倡文社，执牛耳，招集四方知名之士，联吟谈艺，坛坫之盛，甲于大江南北。”[②] 而盐课收入更成了清政府一项重要的财政来源。

漕、河、盐的存在为淮安榷关的存在提供了合理的依据[③]。淮安榷关始设于明宣德四年。但清代的淮安关是明末清初关、仓、厂三关合而为一的结果。淮安仓、清江厂设于明末，康熙九年应漕督之请，将仓、厂归并淮关，雍正五年又将宿迁关归并淮关，七年将原属江海关的庙湾口（海关）也并入淮关。淮安三关中，宿迁关为工部关，淮安关与海关为户部关，但三关统一管理。

淮安三关统共应征正额及盈余银364363两有奇。还有其他几项经费收入，如提存办公银、火耗节余银、漏报货税罚倍银、饭食银，等等。淮安关的关税收入在嘉道年间位列第四，仅次于粤海关、九江关、浒墅关。（或许与崇文门关不相上下，但因崇文门关数字短缺，无法逐年比较。）嘉庆朝税收最多的年份是嘉庆五年，为854170.273两，道光朝税收最多的年份是道光十二年，为662831.873两。平均年税收道光年间约在28万多两。[④] 尽管嘉道时期，由于自然灾害、黄河决口以及运河淤塞，影响了经济发展，使淮安关税收较前有所减少，但淮安关的税收仍是一笔巨大的收入。

黄钧宰《金壶浪墨》对淮安关也有记述：“淮关税额二十万，而岁征于商者，莫知其数。自监督左右，下至环关而居者，靡衣鲜食，咸取给焉。”[⑤] 也可见证淮安关的收入之巨。

驻扎在淮安辖区内的这些官署衙门，体现了淮安政治经济地位的重

---

① 按：金、张，指汉代金日磾和张安世；崇、恺，指西晋石崇和王恺。他们都是争豪斗富的官僚贵族。

② 民国《淮安河下志》卷一《疆域》，方志出版社2006年版，第23页。

③ 关于淮安关的论述，参见倪玉平《清朝嘉道关税研究》，北京师范大学出版社2010年版。

④ 参见前揭倪著第151—161页的《图5—1：嘉庆道光年间关税收入总表》。

⑤ 冒广生著，荀德麟等点校：《淮关小志》，方志出版社2006年版，第470页。

要。南来北往的商品在此汇集、交换，繁荣了经济，增加了钞关税收；两淮盐业的转销运输以及大量盐商的进驻，直接推动了城市的繁荣。在全国性的商业市场形成过程中，淮安扮演着重要的角色。

明清的淮安，由漕运、河道而兴起，借两淮盐商而繁荣，“榷关居其中，搜刮留滞所在，舟车阗咽，利之所在，百族聚焉，第宅服食，嬉游歌舞，视徐海特为侈靡”。① 淮安成为南船北马、舟车辐辏、商贾云集、铺户绵延的财富汇聚之地，成为大运河沿线乃至全国重要的政治经济城市。

二 咸同时期清淮的战略地位

淮安府重要的地理位置，使其境内漕、河、盐、榷毕集，不仅成为重要的政治、经济中心，还是兵家的军事重镇。地方志云：

> 淮盖江北大都会云。二城雄峙，辅车相依。跨淮南北，沃野千里。淮泗环带于西北，湖海设险于东南。左襟吴越，右引汝汴，水陆交通，舟车辐辏。昔之献策乘吴者，屯以足食；誓清中原者，屯以铸兵。所谓中国得之，可制江表；江表得之，足患中国者。况盐、安濒大海，则维扬之藩屏也；沭、赣枕沂水，则齐鲁之门户也；海州东望无际，乃秦皇立石处，高丽、百济、日本诸国，风帆可达。孤屿绝岛，环列后先，东西二城，足备守御。清口、桃源、宿迁、睢宁，皆近下邳。下邳近彭城，唐晋以来英雄必争之地……淮真南北至襟喉、天下之控扼哉！②

同治元年之前，漕督居淮安府城，仓司屯卫，星罗棋布，俨然省会。夏秋之交，粮艘衔尾入境，皆停泊于城西运河，以待盘验。③ 河督未裁之前，山阳的漕运总督府与清河的河道总督府相距不到30里。当时，全国有9个总督府，淮安一地就占其二，故时有“天下九督，淮居其二”之谓。淮安关、盐运司等衙门机构，不仅提高了淮安府在全国的政治和经济地位，更凸显其军事地位的重要。

---

① 光绪《淮安府志》卷2《疆域》，第48页。

② 荀德麟等点校：《天启淮安府志》卷2《形胜》，方志出版社2009年版，第82—83页。

③ 光绪《淮安府志》卷2《疆域》，第48页。

清代，清江浦曾为两江总督的临时驻地。两江总督之常驻地为江宁府城，也即江南省会。但因漕运、河务的需要，又以清江浦为其临时驻地，甚至关防的交接，乃至安徽、江苏两省有关政务的处理，也常在清江浦进行。“嘉庆、道光年间黄河防汛之时，两江总督出驻清江半年，或暂驻徐州数月，至催趱漕船，并有至韩庄、台庄之时。总督出省本有成例。”因此，同治五年，曾国藩奏请清廷同意李鸿章“携带两江总督关防驻扎徐州，专顾本辖之徐、海、淮、泗各府，并与山东抚臣商办山东军务……俟东路军务稍松，仍当回驻金陵或驻清江，竭力筹饷，乃足以固军心而维大局”。[①] 清江浦地位之重要，于此已可见一斑。

对于清淮在军事上的重要性曾国藩深有体会。同治三年七月，御史陈廷经条陈善后事宜一折，内有疆舆略为变通一条。“请以徽州、宁国、池州、太平四府割属江苏，与江宁、苏州、松江、常州、镇江为一省。以扬州、淮安、徐州、海州、通州割属安徽，与安庆、庐、凤、颍、泗为一省。江南、江北分设科场。”也即将“跨江、淮而为省”的苏、皖“划江而分南北两省”。清廷命曾国藩、李鸿章、乔松年酌度形势，妥筹具奏。曾国藩表示反对。此议遂罢。[②] 曾国藩认为，历史上唐、宋都曾将江南、江北截然分而为二，“然唐自中兴以后，声教不行于河北；宋自中兴以后，号令并不行于江北。画疆太明，未必果能久安。论形势控扼之道，守江南者必须先固淮甸，弃淮则江南不可保”。“疆吏苟贤，则虽跨江跨淮，而无损于军事、吏事之兴。疆吏苟不贤，则虽画江分治，而无补于军事、吏事之废。此等大政，似不必轻改成宪。”[③] 可见，曾国藩之所以反对画江分治的重要原因就是因为清淮对江南的军事屏幛作用。

道光时期举人山阳人丁晏曾这样评价清淮：“故淮阴一郡，不过数百里之地，然无事则飞刍挽粟，引漕渠以供上都，而为西北之所仰给，如人身之有肠胃也；有事则秣马厉兵，设岩险以固中原，而为东南之所依庇，如人身之有咽喉也。至于鬻盐榷关，商贾辐辏，转输阜通，衣被宇内，财用赋籍于是乎在。统观天下之郡县，其为天地之奥区，古今之扼塞，九州

① 《曾国藩全集·奏稿》(九)，岳麓书社 1991 年版，第 5361 页。

② 《清穆宗实录》卷 109，同治三年七月己酉；卷 113，同治三年八月己丑。

③ 曾国藩：《复奏谕旨垂询诸事折》(同治三年八月十三日)，《曾国藩全集·奏稿七》，岳麓书社 1986 年版，第 4325 页。

四海之钤键，系边腹之安危，控门户之出入，未有如淮阴者也。”①

清淮重要的政治、经济、军事地位，使得驻守在清淮的官员，尤其是漕运总督，无论在平时还是战时，都成为极其重要的人物。

第二节　制胜之术

吴棠一生的宦途从河工开始，以剿捻发迹。他的剿捻行为主要在江北。服官江北近20年，可以说就是与捻军作战的20年。他从知县开始，一直到漕督，都没中断过和捻军的交战。他的剿捻行为是多方面的，最初躬亲上阵，积极防御；后来调兵遣将，运筹帷幄。不管他使用什么方法防堵捻军，都对捻军活动的方向和进程产生了很大影响。

一　躬亲上阵②

吴棠任职漕运总督之前，应该说官运很好，从其履历可以看出。道光二十九年四月十二日奉补江苏桃源县知县，咸丰元年三月奏调补清河县知县。二年调署邳州知州。之后因军功保举而成为候补同知、直隶州知州、知府、道员，一直到咸丰十年，署理徐州道兼管徐州府事，四月又补授淮徐道。十一年正月被赏加按察使衔，十一月实授江宁布政使，并兼署漕运总督。③ 这一段时期，吴棠的剿捻多是亲历亲行。

咸丰二年，时任两江总督陆建瀛以邳州多盗调吴棠署邳州知州。吴棠去后，“擒斩数百人”④。时山东捻党靳豹等进入邳州，联络当地失业船夫，伺机起事。吴棠带领乡勇驰往堵拏，在郯城、沭阳交界之高唐沟将其击败，并“获犯五名”。⑤ 这是吴棠第一次与捻军交手，也是他一生事业辉煌的起点。

三年二月，太平军定都天京，建立政权。受到太平军声势的鼓舞，安

① 丁晏：《淮阴说·上》，谭其骧编《清人文集地理类汇编》第二册，浙江人民出版社1986年版，第164页。

② 此部分写作参考了贡发芹《吴棠与捻军》，《捻军研究》第二辑。

③ 丁进军编选：《同治初年各省督抚藩臬履历》（上），《历史档案》1995年第4期。

④ 光绪《淮安府志》卷27《仕绩·吴棠》，第811页。

⑤ 《清文宗实录》卷77，咸丰二年十一月丁卯；朱学勤等撰：《钦定剿平捻匪方略》卷2，同治十一年铅印本。

徽捻军起。张乐行带领捻军横扫皖、豫间。咸丰帝诏曰：“知县吴棠，团练乡勇，甚得民心，若令其带勇击贼，必当得力。”此事被称作吴棠“受知之始”[①]。他也因此受到保举。四年十一月十四日，吴棠奉上谕：“杨以增奏，遵查练勇有效之署知县，请旨鼓励。等语。署清河县知县吴棠著俟服阙后免补知县，以同知、直隶州知州即补，并赏带花翎。”[②]

咸丰六年夏，吴棠丁父忧守制在家。盱眙、来安棚民在盱眙清明山起事，距三界东六十里。攻破了来安县城，又连破周围自来桥、涧溪、仇集、河梢桥等十多处村镇，控制盱眙西南、西北方圆近百里地区。吴棠率领练勇配合清军兜剿，防堵棚民于盱、滁交界处。六月，斩棚军首领盖天王，盱眙、天长、来安境内的“棚匪”被镇压。吴棠再次因剿办“棚匪”而受到保举。七年五月二十四日上谕：

> 福济、郑魁士奏查明剿办棚匪出力人员开单请奖一折。前任江苏清河县知县吴棠著免补本班，俟服阙后，仍留江苏以知府补用。[③]

尽管此处吴棠的交手对象不是捻军，但因为棚民主要是受捻军起义的影响而起，且吴棠剿灭棚民也是间接支持了官府的剿捻行为。因此，仍将吴棠的行动纳入“剿捻”一起考察。

咸丰六年七月，吴棠至定远要击海、沭逸捻。七年五月十七日，漕运总督邵灿、江南河道总督庚长奏言：

> 捻匪……十二日窜近沭阳县城十余里……此次攻扑沭阳县城，经兵勇乘夜设伏，一战而胜。其分窜之匪，搜捕殆尽……其在逃捻首陆退龄、陈玉标据探仅存数骑，窜至安徽泗州潜匿，已派知县吴棠就近密拿，务期弋获。[④]

此后，吴棠又因为剿捻有功受到保举。七年八月十八日奉上谕：

---

① 陈庆年：《吴棠年谱》，《近代史资料》总75号，第110页。

② 丁进军编选：《同治初年各省督抚藩臬履历》（上），《历史档案》1995年第4期。

③ 同上。

④ 朱学勤等撰：《钦定剿平捻匪方略》卷28，第18、20页。

> 邵灿、庚长奏查明徐州官兵攻剿捻匪并清江、安徽等处剿捻出力开单呈览一折。江苏候补知府吴棠著俟补缺后，以道员用。[①]

九月，张乐行、张龙自凤阳、临淮渡河北上，占领五河县城，杀清知县狄融，围攻泗州，准备顺淮东下，谋攻清淮地区。吴棠带兵在盱眙浮山击退东进的临淮捻军，使捻军无法继续进攻清、淮地区。

八年正月，捻首李成率捻军进军五河县，骑兵到达黄家嘴附近。三月，捻军张龙部由六安经蒙城、怀远，合李成部攻陷五河县城。警报迭起，城乡惊恐。时吴棠奉讳里居。定远横山集练总李贯、马芝、蒋雄、锁元庆等以三百人请会各练赴五河。吴棠又率团练随江北大营帮办、候补侍郎翁同书、记名副都统富明阿等进攻来安，捻众“闻义练起，即望风遁”。四月十二日李成放弃来安县城退回滁州，吴棠“收复”来安。[②] 因此，吴棠再次受到保举。五月初四日，福济、德安奏言：“惟东路贼势亦重，粤捻合股连陷滁、全、来安，现经臬司张光第令道员吴棠等分带兵勇，于三月二十五日克复五河县，旋即调往来安。初八日会同翁同书所带之兵合力环攻，立将来安县城克复。”[③] 即日奉上谕：福济等奏击退临淮捻匪，协同克复六安、来安，并捻匪窜扰怀远，现筹堵剿一折。升用道、即补知府吴棠着准其免补知府，留于江苏，以道员遇缺即补。

四月初旬，太平军南来，配合捻军李兆寿[④]相继攻陷全椒、滁州、来安，盱、定、滁、来练众以“寇氛逼近，共矢讨贼”。初八日，吴棠集各练于张八岭，旋进沙河集。清河千总张一鹏、安东文汉升由清淮来总练事。时练丁数千人，皆裹粮而从，势不能持久。恰好按察使张光第派水勇三百名至滁，练气益振，亟思一战。四月二十一日战于滁州北门外，千总张一鹏、水勇营把总刘万福率先入阵，李贯、马芝燃大炮轰骑马者，击毙数十名。文汉升手刃执旗红衣头目一人。李贯复率众齐进，共歼灭三百余名。捻军不支，退回城内。练勇刚准备收队，滁西忽出现捻军部队，绕截各练之后。清河千总张一鹏、安庆把总刘万福、安东练总文汉升、定远李

---

① 丁进军编选：《同治初年各省督抚藩臬履历》（上），《历史档案》1995年第4期。

② 吴棠：《滁州新建忠义祠碑铭》，《望三益斋杂体文·诗文钞》卷4，第23—24页。

③ 朱学勤等撰：《钦定剿平捻匪方略》卷44，第7页。

④ 即李昭寿，归顺清廷后赐名李世忠。因行事专断，且为地方害，被曾国藩设法解除兵柄。告老还乡后，清政府令地方官严加管束，但最终以不能安分守己被处死。

贯、马芝力战，殁于阵。吴棠率领的练勇也被击溃。此战共计死亡练勇八十余名，水勇三十余名。①

滁州失陷后，吴棠一直希望收复。七月初二日，福济奏言：“据参将尹廷善禀称，滁、全捻贼三股，一扑清凉关，一扑马鞍山，一扑龙亭口，又有贼数千由北关抄过关山之后……江苏候补道吴棠督带练勇约会副都统富明阿于五月二十六、二十七、二十八、二十九等日连出马队，四面攻滁，牵掣贼势，并截杀关山掳粮之贼，斩获无数。”② 但吴棠兵势过单，八月十一日，庚长奏言：“庐州失守后，贼焰愈张，滁州一路仅有候补道吴棠带勇堵御。”③ 因此，吴棠心有余而力不足，还是无法收复滁州。

十二月初八日，经漕运总督邵灿会同两江总督何桂清、江苏抚臣赵德辙上奏请求，吴棠又回到清河督办练务。④ 这是当时任徐州道的王梦龄向上推荐的。

九年八月二十三日盱眙失守以后，署漕运总督袁甲三等拨派张金榜、吴棠会同安勇等严防蒋坝。八月二十九日，据袁甲三、江南河道总督庚长等奏言，“捻军在九湾之顺河集，填河抢渡，饬灵、泗、宿、桃各州县严防确探，并饬候补道吴棠督率团练一体堵剿”。⑤ 袁甲三、庚长九月初二日奏：“据探南路逆匪围扑明光张得胜营盘……续接蒋坝在防文武来禀，盱眙于二十三日失守……臣袁甲三飞调张金榜管带炮船三十只，水勇五百名由湖路星夜驶赴蒋坝，随同安勇等严密防范，并以张得胜既已退至蒋坝，即饬令收集溃兵与安勇等协力扼守，复令吴棠驰往会办。”⑥

十二月，两江总督何桂清等奏请以吴棠署理徐州府知府事。原因是徐

---

① 吴棠：《滁州新建忠义祠碑铭》，《望三益斋存稿·杂体文》卷4，第23页。

② 朱学勤等撰：《钦定剿平捻匪方略》卷46，第6页。

③ 朱学勤等撰：《钦定剿平捻匪方略》卷47，第9页。

④ 对于吴棠督办清河练务的时间，前引丁进军编选的吴棠履历档案上记载为咸丰“九年”。原文为：“九年十二月，邵灿等片：再，清河团练人数众多，查有丁忧服阙尚未赴省之江苏候补道吴棠，檄调来浦，督率委员绅董认真教练，俾缓急可持，实于地方军务良有裨益。八年十二月十八日奉朱批：知道了。钦此。”根据《吴棠年谱》所记“八年五月，服阕。以五河、来安克复，得旨著免补本班，仍留江苏，以道员遇缺即补。十二月，督清河练务”，以及档案邵灿等人的奏片《奏请江苏候补道吴棠来浦督率团练事》（十二月初八日）（国家清史工程网站的录副奏折）得知，吴棠服阙是在咸丰“八年”，咸丰“九年”是错的，且根据该履历后的朱批时间，得知此错极有可能是后来的编辑排版错误。

⑤ 朱学勤等撰：《钦定剿平捻匪方略》卷66，第20、23页。

⑥ 朱学勤等撰：《钦定剿平捻匪方略》卷67，第10、16页。

州一府“襟带江淮，浮藩齐豫”，所属八州县地方靠近捻军处所，“时有枪匪出没”，必得精明强干、声望卓著之员，方足以资表率。而江苏候补道吴棠“前在清河县任内办理团练，为江北之冠”。两次丁忧期间，表现很好。“嗣丁母忧，经前任河臣杨以增等奏，奉谕旨何必署清河县事。旋因员缺遴补有人，交卸回籍守制。咸丰六年二月接丁父忧，于练勇、捕匪、剿办棚匪、捻匪及克复五河、来安县城出力案内四次保奏，奉旨可留江苏以道员遇缺即补。经前漕臣邵灿并河臣庚长会同臣何桂清、前抚臣赵德辙以该员业经服阙，于八年十二月奏明调赴清江督办团练……该道在淮徐服官经年，情形最为熟悉，平日实心任事，深洽舆情。”① 因此以吴棠署理徐州府知府最为合适。十年正月初十日朱批：“知道了。”

吴棠赴任之后，亲带小分队并铜山、邳州各练协助官军击剿刘平捻军。据十年二月初七日傅振邦奏，不久“西路各捻由永城以西驶至虞夏等县，北趋草单，浍南各圩亦复装旗啸聚，潜窥宿徐”。吴棠又受命“调其旧部睢、宿、邳、海、沭阳民练数万随同田在田进剿兼顾”。“西北续回贼股，甫至徐北，闻宿军前往扼剿即乘夜东趋，查东路清淮一带急须设法兼顾，已饬吴棠等务将后股截杀净尽。”②

十年二月清江浦被捻军攻破。“正月，宿永捻首李大喜纠众东下。二月朔，连陷王家营、清江浦。”③ 二月初八日钦差大臣袁甲三接到漕河督臣联英、庚长咨，大股捻军阑入清江，河臣庚长退守淮城。捻军在对清江进行烧杀抢掠后撤出。“贼既至，奔北死亡，莫之能救，以故焚掠独惨。北起小营，南极淮岸，数百年之积，但有赭垣。”④ 二月十三日，清军“收复”清江。捻军过洋河，“由宿迁、睢宁分扰，冀图两路归巢，胡元昌等先带步队驰抵宿迁，十六日会同吴棠等团练并力击退”。⑤

捻军撤出清江浦后，清政府开始查处防守不力之文武官员。两淮盐运使乔松年参奏河督庚长，清廷派刑部右侍郎文俊前往江苏查办。接着湖广

① 何桂清、徐有壬：《奏为委令吴棠署理徐州府知府事》。国家清史工程网站录副奏折，档案号 03—4149—019，缩微号 281—2055。

② 朱学勤等撰：《钦定剿平捻匪方略》卷 74，第 14、17、18 页，咸丰十年二月初七日傅振邦奏言。

③ 《王家营志》卷 2《军政警卫》，第 209 页。

④ 同上。

⑤ 朱学勤等撰：《钦定剿平捻匪方略》卷 76，第 8 页。

道监察御史薛书堂又弹劾联英、庚长，并请裁汰河员。于是清政府首先裁撤了江南河道总督一职，河务由漕运总督兼理。

捻军撤出清江浦后，吴棠带领邳、宿一带民团分路将捻军击回，不使攻取桃源，捻军转向徐州府杨庄方向撤退。

文俊到清江后，首先察访清江的修防情况，吴棠因修筑圩工再次被提及。五月初六日，文俊奏言：

> 钦奉谕旨查清江西北沿河一带挑濠筑圩等工，均系紧要，地方藉防捻窜扰，自杨庄头坝起由清河而南至张福口引河高堰十四堡止圩工一段，系庚长督率官绅倡捐兴办，并未动用正款钱粮，现在已报工竣……臣访查朱善张、吴棠素得民情，实心办事，将来工竣后即由该道等就近查勘以昭覆实。①

吴棠修筑圩寨的认真态度再次上达清廷。

咸丰十年三月，吴棠署淮海道。闰三月，又署徐州道，兼摄徐州府事，办理徐州粮台。五月，奉旨补授淮徐道。淮徐士民争相攀留。吴棠上任淮徐道不久，又得到新的任命。五月二十九日壬戌，大学士彭蕴章、大理寺少卿潘祖荫、鸿胪寺少卿曹毓英奏请“以本省绅士练本地团勇，庶于自卫身家之中，兼收众志成城之效”。吴棠遂又有了新的任命。清廷任命大理寺卿晏端书作为江北督办团练大臣，“并著淮徐道吴棠帮办团练事宜”。② 此后，吴棠又奉命帮办徐、宿剿捻事宜。十月二十六日奉上谕：“徐宿剿匪事宜，江南淮徐道吴棠暂行帮办。”十二月二十日又奉上谕：“淮徐道吴棠著帮办徐宿剿匪事宜。”③ “暂行帮办”和“帮办”从字面上看，似乎有“权宜”和“正式”之别，是战时清廷给予的一种荣誉。咸丰七年，太平军围六合的时候，吴棠就曾帮办过浦、六防务。④

咸丰十一年三月到五月，时苗沛霖军并亓县王玉科等起义军联合蒙城、亳州捻军围困宿州，断宿州饷道，吴棠带领徐州团练，配合官兵联合

① 朱学勤等撰：《钦定剿平捻匪方略》卷79，第15页。

② 同上书，第30、32页。

③ 丁进军编选：《同治初年各省督抚藩臬履历》（上），《历史档案》1995年第4期。

④ 陈庆年：《吴棠年谱》，《近代史资料》总75号，第112页。

进攻苗军、捻军，力解宿州围，并设法疏通饷道。

七月，沂州兰山捻军进逼徐州，踞铜山之汴塘，东路捻军进至栏杆山。十月，吴棠自将攻剿，饬副将胡元昌等夹击，败之。另股捻军由奶奶山溃窜，吴棠派兵将其击败，跟踪追击捻首刘平于侯孟山，破其寨。皖捻赵克元等进图濉口民圩，联合蒙、亳捻军数万围宿州，总兵张得胜等为捻困。吴棠督军驰援，解其围。

纵观吴棠历次和捻军作战，依赖的主要是民团。这些民团，都是他在桃源、清河县任上所练成的。他常常亲自督带民团与捻军作战。咸丰十年，在淮徐道任上，吴棠带兵解总兵张得胜宿州围的时候，《吴棠年谱》中述道："会大雪，藉薪沮洳中，与士卒同卧起，受湿成癣，终身不瘳。"①《吴勤惠公传》也有类似说法："以与士卒同卧起，沮洳中，感受湿成瘸风，终身不愈。"② 谱由陈庆年完成于光绪十九年七月，传由黄云鹄作于光绪四年八月。国史馆的《国史列传》则是这么说的："尝剿贼汴塘，与卒伍同卧起者数月，致患湿疾，终身不瘳。"③ 国史列传成文最早，或许黄传和年谱都参考于此，但不管如何，吴棠"与士卒同卧起"这一事件肯定是真的。在这一阶段，吴棠尚未手握重权，亲自带兵上阵，常与士卒为伍，毫不奇怪。这也是他官运亨通、屡获升迁的资本之一。

二 积极防御

吴棠对付捻军、太平军的办法除了直接带兵击剿，就是坚壁清野。咸丰三年，传闻太平军要来，吴棠即约苏、皖八属百姓：

> 小村并大村，堑而守之；小堡并大堡，堑而守之。五里一小聚，十里一大聚。聚少百家，多及千户。昼穫于野，暮藏于室。丁壮处外，妇子处内。警至鸣鼓，连众毕集。不集者罚。④

这段话将坚壁清野的方式、方法说得明白易懂。十年，捻军出没于铜

---

① 陈庆年：《吴棠年谱》，《近代史资料》总75号，第113页。

② 黄云鹄：《吴勤惠公传》，《望三益斋存稿·杂体文》，第2页。

③ 王钟翰点校：《清史列传》卷53《吴棠》，中华书局1987年版，第4209页。

④ 吴棠：《敌忾同仇八约》，《望三益斋存稿·杂体文》卷2，第4页。

山、沛县、萧县、砀山间，吴棠时署徐州道驻徐州，遂饬徐州府属坚壁清野，修筑圩寨，以精壮守卫，犄角相救助。要求“圩寨墙子筑得高，濠挑的宽而又深，粮食全搬入圩寨”，这样可使捻军“粮也掳不着，人也掳不着，牛马牲畜也掳不着”。守圩之法是以“三四成精壮，平日练习技艺，预备各圩联络，贼来时迎头，不必打尾打他；白日不必打，黑夜打他”。[①] 要求“近城五六十里内村庄，概不许堆积粮食，以绝贼念”。又派员赴东西南北乡各庄，沿村沿户稽查，“但有存粮，限日内就近搬运，或入府城，或入圩寨，并谕以官绅乡董，不准科派分毫”；如有观望之家，“定将粮食入公并治该户以接济盗粮之罪”[②]。如此布置后郑重许诺：“我们八属百姓只要听本署府的话，大家合力齐心，先将各圩各练预备齐整……将来圩子守好，粮也有了，人也有了，马也有了。”并发誓，“现在我们虽然受贼的气，日后总有报仇雪恨的日子”。[③] 经过动员，萧县共筑圩寨30余处，铜山20余处，“俱系深沟高垒，多容数万人，少容万人”[④]。吴棠将坚壁清野的好处用通俗易懂的话表达出来，传达给民众，拉近了和民众的距离，也让自己的意图易被接受。

为了从制度上保证各乡村修圩寨，吴棠又上书总督、巡抚，建议通饬淮海徐各府州县修筑民圩，“以民圩之多寡，科州县之勤惰；以守圩之多寡，定州县之优劣。总以无不入圩之民，无不入圩之粮为州县课最之举”。[⑤]

咸丰十年，吴棠以特旨由署徐州道升淮海道，从徐州移驻清河，又劝谕淮海各属筑圩保卫并订立章程12条。其中规定筑圩之人“由筑圩之处周围数里内外各练按户造册出丁”，共同兴筑。“团练之勇，即筑圩之丁，领队之人，即督工之董。”

规定圩寨的规模：“圩基宜小不宜大，圩隍宜宽不宜窄，圩墙宜高不宜矮，圩垛宜密不宜疏，圩之外坂宜陡峭不宜平坡。”圩寨的形状是“圩外有濠，濠宜宽深，不宜浅狭”，“内濠既成，再挑外濠，尤为得力”；为了兼顾圩寨的防守：“圩之四面宜出角，每角安设枪炮，盘旋施击，则角

① 吴棠：《劝谕徐属各圩坚壁清野示》，《望三益斋存稿·杂体文》卷2，第11页。

② 吴棠：《分委员董督令四乡力行清野札谕》，《望三益斋存稿·杂体文》卷2，第13页。

③ 吴棠：《劝谕徐属各圩坚壁清野示》，《望三益斋存稿·杂体文》卷2，第11页。

④ 吴棠：《上各大府请通行坚壁清野书》，《望三益斋存稿·杂体文》卷2，第15页。

⑤ 同上。

之正面、左面、右面皆可兼顾。圩内宜多备枪炮、子药、旗帜。”守圩费用“或由某某分备，或由同圩众练共捐制造，惟圩长及练董等捐办宜公，不可以偏袒科派，致失人心而伤和气”。

圩寨修好后，对于如何坚壁清野也作出了规定：“或于无事之先或于有警之日，同圩者将所有粮草牛驴锅碗一切等件，全行搬运入圩”；至于各家粮草入圩，“毋许圩长科派，违者许本户鸣官理直”。对于防守特别强调“守圩宜静”。他认为，深沟高垒，野无所掠，“贼至时，势必多方以诱之曰：济我粮草，我必去；又多方以恐之曰：不济必攻，攻破必杀之且尽。此时远者以枪炮击，近者以矛刺，爬圩者以刀砍，定能万无一失。若于此时见贼喧哗，交头接耳，不能静以待动，致贼乘虚而入，直是自破其垒”。“至于妇女孩童尤不许上墙眺望，恐胆小见贼必致大惊小怪，扰乱人心。”

又对守圩之人进行规定：“圩内除守墙之人，各按各方站立向外不动，仍宜添立游兵或二三百名，或数百名，以防何处吃紧即往何处策应；守墙之人，脚跟宜定，务须各守各方，片刻不离，以防被声东击西。”又对圩众进行约束：“不许讹言惑众。恐吓谣言，必致败坏大局。即由圩长查明，如出以无心，则随时共同棍责；如别有他故，则事后送官严办，以敬其余。”“严防内匪：倘有素不安分者及早回头，勿追既往；若始终不悛，甘心为匪，并希图勾结外匪，乘机劫夺者，该董等随时指名禀送，定按军法不贷；如因素有嫌怨，诬良为匪，以图报复，一并治以诬良之罪。”

为了保障圩内的正常生活：“圩内于无事时，凡在事各家，须先在圩内苫盖草屋以备粮草囤积，妻小居住，屋顶及四围一概俱用泥墁以防贼火。守圩时，圩内除守墙壮丁及游兵外，宜另设火夫数十名，专司救火，以防圩内遗火引起惊溃。圩内务须多挖土井以资饮吸，恐贼围日久，圩内缺水，虽有粮草亦为大患。”

又规定了圩寨之间的联络策应：“如贼攻一圩，其余相近各圩各出二三成队，分路救援，或牵制其后，或牵制其左右，俾贼不得一意进攻，则守者所恃无恐，更属得力；若贼向救援之练接战，则各队即抱住队伍缓缓退入本圩，被围之圩，再行拨队，尾追其后。如此往来，反覆互相控制，各圩皆然，则不战而贼智自穷，贼力自乏矣。”①

---

① 吴棠：《劝谕淮海各属筑圩保卫示并章程十二条》，《望三益斋存稿·杂体文》卷2，第17—20页。

为了使筑圩之举明白易懂，又画出圩寨示意图，配以详细说明。圩的规模，“大不过四里，小以二三里为度，门留二处，须安吊桥”；圩基用地“宜就集镇大村庄，挖废地亩”。修圩用资由“大户捐办，中户给半价，下户给全价”；圩寨防守用的枪炮“宜二百根”，“圩寨安设的炮台，定须出角，可打三面”。圩寨的形状是在“圩墙底挖濠土，上用泥墙作垛，高宜丈许，圩隍宽宜三四尺，垛口约五尺一个，濠深如之，外濠宽宜一丈五六尺，深一丈底，宽丈许。萧、铜濠有三道、四道者”。“直沟谓之线沟，挑成令贼马不能远，圩挑宽四尺，深六尺，其长处愈远愈妙。”特别强调“圩内盖屋宜用泥墁防火，积粮、挑井尤为紧要”。[①]

吴棠的这一套圩寨理论可谓有始有终，有守有攻，阐述起来也是不厌其详。至于修筑圩寨的效果，萧县、铜山圩寨 20 余处，“俱系深沟高垒……贼至无食，即行窜去；邳、睢二属民圩亦有四十余处壁未甚坚，野亦不清，贼始得饱；宿桃不知民圩之利，被扰最深，贼亦得以从容饱飏”[②]。由此可见，是否有圩寨，是否坚壁清野效果大不相同。因此，吴棠于辖境内尽可能地修筑圩寨。

吴棠署漕运总督后，于同治元年正月移驻清江浦，因其地向无城郭，战时不足以资战守，用了四个多月于运河南北两岸分筑土圩两座，后又于南岸内建砖圩，北滨运河，其余三面皆环以深堑。调邳州、睢宁、宿迁漕河标兵一千名守之。同治二年六月，清江南北两岸圩工竣，吴棠又绘图呈进，得到清廷褒奖：

> 清江扼南北之冲，其地向无城郭，实不足以资战守。经吴棠相度地势，筑建圩墙，挑成濠堑，仅四阅月，巨工告成。足见该署督办事认真，甚属可嘉。[③]

同治三年，复于南岸建城以为县治。二月，捻军进薄清江，吴棠饬淮安属州县仿徐州属县坚筑圩寨。四月，接筑桃源成子河长圩。又督饬绅董

---

① 吴棠：《筑圩图说》，《望三益斋存稿 · 杂体文》卷 2，第 21 页。

② 吴棠：《上各大府请通行坚壁清野书》，《望三益斋存稿 · 杂体文》卷 2，第 15 页。

③ 朱学勤等撰：《钦定剿平捻匪方略》卷 151，第 30 页；王钟翰点校：《清史列传》卷 53，第 4203 页。

鲍桂生等修筑涧河圩，自府城东门外延至盐城荡口，袤延百余里，“里下河恃为大防”①。

为了维护涧河长圩，吴棠特拟定善后章程：关于圩寨保护方面，长圩宜妥为保护，饬附近居民分段看守，毋令翻越损坏；圩工若因风雨剥蚀，责成各乡居民出赀修补；长圩修守即派前次挑河各董事专司其事。关于圩寨保卫方面：每遇寇警，即以守圩之夫分段防地，以期声势联络；涧河桥梁一律改设活板，遇警即行撤去；严饬船埠遇有警报将船尽泊南岸以防抢渡，圩外粮食闻警尽行运入圩内。其他方面：守圩绅董如果实有劳绩，随时酌予保奖。军装器械由富户捐赀预为筹备。为便行舟来往，严禁居民于荡口垫淤筑埂，以慎重河防。②

为了在麦收之际防捻军出扰，吴棠又要求各圩练总“传知练长练丁，凡有田地之家，各就本界挑沟，宽以四尺为度，深以六尺为度。凡有地之人，即系挑沟之户，接连挑筑，不准一户不挑”；如有不遵示谕之人，“即由该练总指明到麦熟之时，罚其粮食，作为本圩团练之用”，这样便可保“贼马永远不敢横冲直撞”，吴棠视此挑沟之举为“保全民食第一要件”。③ 既有深沟陷马，又有游军巡逻，捻军无从得到粮食，不得不离开。

地方志对此有记载：

> 当同治元年正月，捻首李成尝再东犯。时援师猬屯，贼安渡盐河趋清江浦。时为二月六日。于是镇民皆汹惧，乃遵漕臣清野之策，筑圩寨，实穑牧其中。六年冬，捻首赖文光自沭阳挟众南奔，所过皆莽墟，竟无所得食，卒饥困颠踣以去。过王营时为十二月初八日。则圩寨之效也。④

吴棠修筑圩寨的方法得到清廷的肯定，经过清廷的宣传，后来在其他省份又得到广泛推广。例如，河南团练大臣毛昶熙就不折不扣地参照吴棠的方法，在河南境内遍修圩寨。⑤

① 陈庆年：《吴棠年谱》，《近代史资料》总75号，第115页。

② 《清穆宗实录》卷41，同治元年闰八月癸卯。

③ 吴棠：《劝谕徐属各圩挑沟以陷贼马示》，《望三益斋存稿·杂体文》卷2，第14页。

④ 荀德麟等点校：《王家营志》卷2《军政警卫》，第209页。

⑤ 顾建娣：《咸同年间河南的圩寨》，《近代史研究》2004年第1期。

咸丰十一年十一月，吴棠在营次，奉旨补授江宁布政使，兼署漕运总督，督办江北粮台，江北镇、道以下各官弁均暂归节制。旋清廷命其驻扎清江浦，此后吴棠剿捻不一定需要亲自带兵上阵了，而是更多地充当一个指挥者的角色。

因“清淮为南北冲要，密迩贼氛，水陆均须防遏”，吴棠即于同治元年正月初一日驻扎清江，筹办一切。“藩司宜表率群僚，漕督复兼筹军务”，吴棠集二者于一身，因此清廷总以“筹兵筹饷训诲谆谆”。[①] 而吴棠在这两件事上做得也很出色。

三 调兵遣将

咸丰十一年十一月，吴棠从江南淮徐扬道升为江宁布政使兼署漕运总督。在带兵剿捻途中升官，吴棠无法立刻履任。十二月，运北捻军刘双印援汴塘捻军，总兵龚耀伦破走之，副都统德楞额复破捻首李成等，遂克汴塘。十二月二十日，吴棠卸淮徐道篆。二十九日，接漕督、江宁藩司篆。

咸丰年间发生的两件事情促进了河臣的裁撤：“河决铜瓦厢，云帆转海，河运单微，贸易衰而物价滋；皖寇陷清江浦，河员裁而帑金绌，向之铜山金穴，湮为土灰。”[②] 这两件事也进一步成就吴棠成为史上最有权力的漕运总督。吴棠上任伊始即奉谕旨：

> 所有漕、河两标兵丁，本为押运防河而设。现在运漕既经暂停，河工亦无防可办，则两标兵丁，正堪为剿贼之用。著吴棠督饬各营，挑补足额，实力操演，以资堵剿。[③]

除了“督办江北粮台，江北镇、道以下各官弁均暂归节制”外，吴棠还有“漕、河两标兵丁”可用。此时吴棠手中掌握的军事力量就不仅是民团了，而是正规军，是有武器装备的正规军。而且，还有权力协兵协饷。因此，漕运总督的地位得到空前的提高。以淮安地势较偏，而清江浦扼南北之冲，“系冲、繁、疲、难四项兼全沿河要缺，南北通衢，差使络

---

① 吴棠：《恭报接漕藩篆日期谢恩折》，《望三益斋存稿·奏谢折子》，第3—4页。

② 荀德麟等点校：光绪《淮安府志》卷2《疆域·风俗》，第48、49页。

③ 《清穆宗实录》卷11，咸丰十一年十一月辛亥。

绎”。咸丰十年失守后，“经捻匪窜扰，地方凋敝，抚绥巡防，在在均关紧要”。[①] 清河县知县黄寿豹即因失守降调。因此，清廷又谕令吴棠将漕运总督驻地由淮安府城移到清江浦，以便“北顾徐宿，南顾淮扬”。

同治元年正月，捻军先后至沭阳、安东、阜宁并淮安、清江等处，吴棠派总兵龚耀伦等带领兵练剿击获胜，解安东围。[②] 捻军李加英等流动至山阳泾河等地，吴棠派兵一路追剿，将其逐出桃源、清河、山阳、宝应。

吴棠将漕运总督驻地由山阳移至清河后，捻首李成已率部来攻。吴棠一边加紧筑堤，一边派兵抵挡。派参将朱光庭、副将袁吐功等驰屯钱家集六塘河，扼住捻军不使进向东南。二月六日，捻军骑兵偷袭清河圩。吴棠集练丁巡圩墙，并亲自指挥应敌。又派清兵换上捻军的衣服混入捻军中，刚抵北濠外，大呼“杀贼”，将捻军骇退。又派都司张从龙与袁世功前后夹击，七日，捻军回踞桃源境众兴集。吴棠派陈国瑞连同游击杨得荣、守备郭宝昌等自南岸渡河，破众兴集捻圩，捻军西退。在这次清河保卫战中，吴棠从容调度，不避艰险，将捻军击退，受到朝廷嘉奖。

三月，捻首李加英等为僧格林沁所败，自河南率三万众进向宿迁。吴棠檄总兵黄开榜等分扼各隘。捻军自武家墩进至山阳泾河，副将陈国瑞迎击败之，追至新河堤殊死战，捻军自相拥挤，很多人溺于水中。余部进至宝应八浅争渡，被黄开榜率水师击败，在平桥又被龚耀伦击败。捻军败走桃北五堤头，又遭参将姚广武拦截追击四十里，余部数千西走，离开桃、清、山、宝。

而捻军韩老万等又率部自泗洲向东进发，计划攻取蒋坝以与太平军相通。吴棠檄龚耀伦等扼运河而守，黄开榜统舟师巡邵伯湖，南驰至衡阳、蒋坝，阻遏捻军。捻军进攻武家墩，进发高良涧，均为清军所阻，遂改趋至山阳西乡汊河，又遭陈国瑞清军之创；在周桥古沟又遭清总兵安勇等截击，捻军无法到达蒋坝，只好撤走。

四月，接筑桃源成子河长圩，在圩上架设炮台，阻遏东进捻军。以总兵鹤龄统军二千六百余名守之。灵璧捻首任中显绕至桃源屠家花园，侦知

① 《拣员拟补沿河要缺知县折》（同治三年二月十二日），《曾国藩全集·奏稿》（七），岳麓书社1989年版，第3966页。

② 朱学勤等：《钦定剿平捻匪方略》卷132，第28—29页；卷133，第7—9页；卷134，第5—7页；卷135，第10—15页。

清军严备，向西走。鹤龄派都司连福跟踪追击。海州羽山欧大兴等聚众起事。五月，被袁世功等率军击破。吴棠又派游击张祖云屯兵海州、赣榆，抓捕捻军余部。

六月，山东捻首高归为总兵陈国瑞击破，乞降，陈国瑞纳之。西捻李成等率党三四万众进至邳州，在沙庄被陈国瑞击破。运南捻军设栅绵亘六七里，亦为黄开榜所毁。捻军希图进攻桃源成子河，又遭姚广武击败；再进宿迁，又被黄开榜击败。捻军只得由睢宁回奔皖北老家，不再活动于邳、宿、运河南岸。

七月，捻众万余进攻宿迁，黄开榜部水师扼守运河，捻军踉跄不得渡，被清军破于古城、耿车，捻军只得撤退，离开邳、宿、运河以南地区。

早在四月二十八日，礼科给事中卞宝第曾上奏弹劾总兵田在田：

> 闻总兵田在田驻军徐宿，不能御贼而为民害。咸丰十年间捻扰清江，危急求救。该总兵节节逗留，处处掳掠，绕道安东，杀死民团三百余人。捏报杀贼获胜，冒功邀赏，营弁田蓝田在睢宁肆扰，该总兵徇纵不问。本年捻逆东窜，田在田不即赴援，始终不过运河一步，止知索饷。擅将接济扬州营饷剿耽延十余日始行起程，及起程后只到徐东七十里之房村地方，又复折回徐州。藉迎养之名往接家眷，滥用马队数百护送，骚扰地方。凡其所至，部兵抢掠，居民纷纷逃避，甚于畏贼。且性耽安逸，日晡不起，营务极形废弛，防剿实难得力。①

清廷命吴棠偕僧格林沁详查，寻得实覆奏，田在田被褫职。清廷命吴棠遴将接统，吴棠奏以九江镇总兵黄开榜代之，进军宿州。

八月，前往桃源勘圩工，檄邳、宿沿运各练军防捻军北窜，很快又回驻清河。闰八月，江阴太平军计划北渡，吴棠命黄开榜严防高邮、宝应，檄参将杨得荣率水师驻札南通、海州严备。

十一月，山东教、幅二军活动于兖、沂间，吴棠遵旨饬陈国瑞赴东会剿，以游击梁桂芳防高邮、宝应，副将蔡勤贤防蒋坝、衡阳，以顾扬防后路。

十二月，黄开榜攻下孙疃南之钟阳集，捻首李成败走，清军占领了浍

① 朱学勤等撰：《钦定剿平捻匪方略》卷145，第38—39页。

北各圩，又进攻宿州孙疃圩，陈国瑞亦占领了郯、兰各圩，进攻山东长城圩。

同治二年正月，太平天国忠王李秀成渡江，计划接应和、含捻军向东发展，吴棠檄三河、高邮、宝应诸军严备。

二月，黄开榜克孙疃圩，捻首任福得死。时陈国瑞围长城圩急，捻首李成、宋三岗等赴援不及，长城圩被克，捻首刘兆青等遭擒斩，李成被歼灭，依附捻军的各圩皆降清军。惟捻首孙化祥（号六十四寨主）据兰山中村圩，凭险与清军对抗。清廷命陈国瑞联合兖军进攻。吴棠疏言："国瑞由郯兼进，可顾邳、宿后路；若遽赴兖州，不惟悬军贼中，腹背受敌，尤虑沂、兰群盗伺间南扰，海、赣策应不及。郯境新抚各圩官兵一去，势又被逼从贼，数月苦战之功，仍同虚掷。"因此檄陈国瑞移师攻中村，清军攻破了救援朱留屯等圩的捻军及箕山捻军根据地。

三月，陈国瑞等克费境各贼圩，遂破中村，孙化祥被杀，清军"肃清"沂州。

也就在这个月，即同治二年三月二十一日，吴棠奉命补授漕运总督，所有江北文武各员及军务、地方一切事宜，仍归其节制。吴棠的权力更大了。

捻首张乐行失败被杀，其侄张宗禹带领捻军余部运动于直隶、山东、安徽。怀远练总苗沛霖见张乐行死，兔死狐悲，解散练勇，谋划叛乱。吴棠上疏具陈苗沛霖叛逆情状。四月，清廷下诏各路统兵大臣要求联合会剿。吴棠派徐州镇总兵姚广武攻宿南苗圩，以顾涡北；派知府田竣镇抚淮北各民圩，以防勾结；令陈国瑞进剿滕县白莲池教匪。吴棠又遵旨筹备临淮军饷，并上疏陈奏剿除苗沛霖的机宜。疏言：

> 欲拯临淮之急，必须一军由宿、蒙，直捣怀远北路，则苗逆急于回顾，临淮要地或可保全。且将来削平苗逆之策，尤必数道进兵，方可制贼死命。①

五月，太平军围攻天长，吴棠派黄开榜驰援，击破太平军，天长围解。陈国瑞攻破白莲池起义军的老家，捻首刘双印等被杀。

---

① 王钟翰点校：《清史列传·吴棠传》，第4205页。

六月，苗沛霖陷寿州，窥蒙城。吴棠疏陈剿苗策，言苗沛霖意图结捻为患，宜饬僧格林沁南征捻军，方可合军剿苗。清廷从之。陈国瑞进军援蒙城。八月，吴棠疏请饬下陈国瑞帮办淮、徐军务。十月，陈国瑞连克苗圩，连营二十余里，包围苗营东、西、北三面，会同僧格林沁督师南下，以炮队联合援蒙各军，自蒙城转战而西，苗军大溃，苗沛霖伏诛，蒙城危解。十一月，陈国瑞攻寿州、颍上，旬日克之，苗练平。

三年三月，吴棠派遣陈国瑞屯徐州，阻遏捻军东进。五月，捻军自湖北计划东进，陈国瑞移军进逼临淮。六月十六日，两江总督曾国藩克复江宁省城。二十九日清廷下诏，对克复江宁“有功大臣”特加懋赏，“漕运总督吴棠，剿办清、淮一带窜匪，并扫除徐、宿捻逆，地方赖以安谧，着赏给头品顶戴，仍交部从优议叙”。①

十月，吴棠署江苏巡抚。十一月初三日，委员赍漕运总督关防等件由浦赴扬交富明阿接任，起程赴苏。旋奉旨毋庸署理江苏巡抚，仍回本任办理淮、徐善后事宜。十一月二十日，接篆回漕督本任。又疏言：“江苏肃清，督臣已驻江宁，所有江北事宜，臣可无庸兼管。”奉旨：“曾国藩尚难兼顾，仍著吴棠管理。”②

四年二月，清廷调其署两广总督。三月，捻军张宗禹等联合太平天国遵王赖文光进攻山东曹州，吴棠饬副将张从龙等率部防戍子河五堤头及邳、宿运河。江苏巡抚李鸿章派总兵欧阳利见率军来会。清廷命道员张树声一军迅速赴浦，归吴棠调遣。吴棠因念捻军逼进，恳请收回署任两广总督成命，以便专办清淮防剿。朝廷嘉其“体国公忠，不肯避难就易”，命仍暂留漕运总督任，继续在清淮布置防剿行动。俟此次“贼匪”扫净，再赴两广署任。③

四月，捻军由宿迁进向邳境，吴棠檄诸军严防运河。不久，僧格林沁追捻军，战殁于曹州，捻军聚集于濮、宛、菏泽一带。两江总督曾国藩以钦差大臣赴东省督师，吴棠令总兵赵三元统炮船赴济宁。

五月，李鸿章遣总兵周盛波等军至清、淮。吴棠复疏辞署理两广总督任，力筹淮、徐防务，与各路官军协办灭贼。奉谕：“览奏具见悃诚，吴

① 《清穆宗实录》卷107，同治三年六月戊戌。

② 陈庆年：《吴棠年谱》，《近代史资料》总75号，第120页。

③ 朱学勤等：《钦定剿平捻匪方略》卷229，第11、13页。

棠著专心办理漕督本任一应防守事宜。两广总督现有瑞麟兼署，一俟简放有人，该督即毋庸署理矣！”

时捻军正往宿、亳，吴棠饬张树声、姚广武等分道遮贼，令周盛波等扼泗滩成子河。

闰五月，安徽布政使英翰困于雉河集，吴棠命张树声派兵濉溪口，姚广武等以军逼雉河集。六月，淮军打败雉河集捻军，解雉河集围。八月，捻军连败于沈邱、阜阳，流动至曹州。吴棠饬诸军守成子河圩，檄淮、徐各属民圩严备，命游击唐高凭等扼守瑶湾旧邳城运河南岸，添调漕标兵1200余名防清、桃，以参将吴凤柱等从曾国藩剿捻。十月，捻军西趋归德。吴凤柱等仍回驻宿迁。

同治五年二月，疏请以淮扬镇左营参将移驻王营，宿迁营游击移驻新安镇。

三月，赖文光自豫东联合张宗禹进攻运河，吴棠饬徐海道张树声防湖团、王团，杨鼎新逼台庄，姚广武屯黄林庄，欧阳利见守窑湾，提督邓长里扼韩庄。

四月，姚广武于旧邳击败捻军前队，张、赖各股屯踞丰、砀间，亦为提督刘铭传所破，遂奔走东、豫、灵、宿间。吴棠自清江溯流而上，观察沿河形势，筑运河北岸长圩遏之。捻军流动到邳、睢，吴棠急筑炮垒五座于运河北严备。捻军以三四万众东逼五堤，逼近成子河长圩，从北进犯运河沿线的仰化集镇、扬工，吴棠令各军严备，捻军计划未能实现。

七月，江北大水，湖河盛涨，高邮清水潭迤南堤决，吴棠下部议处。八月，清廷命其补授闽浙总督。

九月，两江总督李鸿章将至徐州督师。清廷命李鸿章未出省以前，淮、徐防务仍著吴棠办理。吴棠派吴凤柱等驰赴睢宁，联络运河南岸乡团守御。

十月初八日，吴棠卸漕督任，疏请病假，并回籍省墓。恰在此时，东捻任、赖等意图再次进攻淮、徐，清廷遂诏吴棠专办淮、徐防务，命即在营调理，俟防务事竣，赏假二十日回籍省墓，即行赴任。因淮军屡败捻军于鱼、丰间，捻军撤回归德。

十一月初一日，李鸿章署理钦差大臣关防。十二月，吴棠离开清江浦，回籍省墓，之后再赴闽督任。从此离开了剿捻前线，结束了剿捻生涯。

在这一阶段，吴棠剿捻已经不需要自己频繁上阵，与士卒同起卧了。他充分调动手中的军队，依赖得力将领陈国瑞和黄开榜等，积极向朝廷请求支援，竭力将捻军阻在清淮以外，为清朝江北的稳定立下汗马功劳。

四 运筹帷幄

吴棠在带兵打仗的同时，积极向清廷献计献策，多次提出一些富有远见的意见和建议。内容涉及战时一些制度上的变更，以及军事上对付李世忠、苗沛霖的策略等。

军事方殷时，旧章往往有量为变通之处。吴棠对制度上的建议包括旧章的变通，新章的增设等。咸丰十年，捻军连陷王家营、清江浦后，朝廷在查处驻淮官员失守之责时，御史薛书堂请汰河员，部议增设淮扬镇总兵，改河营为镇标，暂归漕运总督节制。并酌改修防，留操防，定营制，裁官并兵。吴棠疏陈部议未尽事宜，请以营兵128名、部议新设安东营221名为清江城守营，以河中营都司，改为城守营都司。其安东营留兵350名，改为安东汛，以城守营辖之。部议肖、睢营909名，改为镇标左营，设参将领之。以河标中营副将，改为镇标中军游击，部原额兵689名，与城、左两营共兵1947名，同驻清江。部议设蒋坝、宿迁、桃源三营，宜改桃源营为桃源汛，以右营辖之。至苇左、苇右两营，照部章定议统计，连河标原额之右营、洪湖、佃湖、庙湾，共11营，共兵7153名。其清水7营，险工如旧，留弁兵700余修守，仍去河营名目，令兼习水师，以新设同知及淮、扬两丞倅辖之。至部议之澧沛营，应改为西路汛，近隶徐州镇标。均经部议行。[①] 恰好镇人张海筹等亦请求加强防守力量，于是同治二年，吴棠奏请将河标原额，悉隶镇标，别增设镇标左营参将于王家营，领萧、睢营兵909名，分防渔沟、杨家庄一带。下置中军守备、千总、协防外委、把总各一员，以事巡微资镇捍。[②] 得到清廷同意。

本来江北镇道各官并地方公事归两江总督、江苏巡抚管理。吴棠于咸丰十一年署漕运总督后，因战时无漕可运，朝廷便命他节制江北镇、道以下文武官员兼管军务、地方一切事宜。同治三年，吴棠奏请无庸兼管江北

---

① 陈庆年：《吴棠年谱》，《近代史资料》总75号，第118页。

② （民国）张煦侯编著，荀德麟点校：《王家营志》卷2《军政警卫》，方志出版社2006年版，第209页。

事宜，以符旧制。朝廷命其将清淮善后事宜次第举办，俟金陵及江苏善后完竣，再循照旧章办理。[①] 同治五年五月，吴棠以金陵已复，又疏言江北镇道各官宜复旧制，归两江总督节制。朝廷又以江北防务吃紧，命吴棠仍旧节制，俟军务大定，再行奏明办理。[②]

吴棠也曾奏请更改旧章，以便行军作战。同治元年五月，吴棠奏请将原属淮徐扬海道管辖的扬州府属刑民案件、地方事务，暂归两淮运司就近管理，其河务及淮、海两属公事统归徐州道兼辖。待军务平定，再归旧章。下部议行。[③] 因淮徐扬海道的治所徐州，距扬州约700里，在捻军活动频繁时，若有紧要事件，深虞迟误。同治三年十月，以江苏省已安，一切应规复旧制，吴棠偕两江总督曾图藩等疏言："现在江省乂安，一切应规复旧制，请仍设淮扬道员缺。"[④] 下部议行。后又与曾国藩会奏拣补徐海、淮徐两道缺，均如所请行。[⑤]

咸丰十年，清廷裁南河总督，设淮扬镇，改河营为镇标，暂归漕运总督节制。吴棠遵旨拟定淮扬镇营制：一、改淮扬河营游击为蒋坝游击，隶以外南、海防、海阜三营，以外北营改隶清江城守营。其原设之中河、运河、堰盱等营，仍酌留修防弁兵，归新设之徐州、淮安两同知管辖。二、高邮营毋庸另设，仍于裁撤之高宝、江防二营内酌留修防弁兵，归扬州府同知管辖。三、改淮徐河营游击为宿迁营游击，以河右营守备为该营中军守备，改河右营游击为镇标右营游击，以桃源营守备为该营中军守备。四、改河标中军都司为清江城守营都司，以新设之安东营守备为该营中军守备。五、改河标中营副将为镇标中营游击，以里河营守备为该营中军守备。六、里河营弁兵，除改并裁撤外，仍酌留修防弁兵归淮安府通判营辖。七、将议裁之江南河营参将复设，改为镇标左营参将；改丰沛营为西路汛，拨归徐州镇标中营兼辖。[⑥] 得旨允行。

清政府镇压了太平军和捻军后，吴棠又奏改清淮筹防局为善后局，以便专办清淮善后事宜。

---

① 《清穆宗实录》卷123，同治三年十二月己巳。

② 《清穆宗实录》卷174，同治五年四月丙申。

③ 《清穆宗实录》卷29，同治元年五月乙巳。

④ 陈庆年：《吴棠年谱》，《近代史资料》总75号，第120页。

⑤ 《曾国藩全集》（八），岳麓书社1990年版，第4834—4836页。

⑥ 《清穆宗实录》卷71，同治二年六月丙申。

有时吴棠对改制的建议也进行抵制。同治元年六月，光禄寺卿潘祖荫奏请在江苏、安徽、山东、河南四省边界“添设四界镇总兵一员、四界分巡兵备道一员”，四省“沿边州县，悉归节制，以专责成”。吴棠认为没有必要：

> 捻匪起于蒙亳，扰及江、皖、东、豫，出没之区，四通八达。即使四界添设镇道，仍不过兼顾一隅。徒更旧章，无裨全局。须俟大兵剿办，地方肃清，再议随地制宜。①

清廷表示同意。

吴棠在剿捻和剿苗上的建议也得到清廷的支持。同治元年，徐州捻军至沭阳，趋阜宁、山阳，吴棠派总兵龚耀伦等联合乡团击退捻军。不久，众兴集捻军败退泗州。吴棠虑其回攻，督饬淮安县属筑圩扼之，并奏言：“窜捻不下数万，清、淮防兵及所调各军无多，众寡已属不敌。且炮船利于水，而不利于陆，步队宜于扼守，而不宜于野战。请调拨科尔沁亲王僧格林沁所统马队赴淮援应。”② 得到清廷支持。

同治二年，吴棠认为苗沛霖猖獗，原因在于未能从四面遏制其力量。疏言：“欲拯临淮之急，必须一军由宿、蒙，直捣怀远北路，则苗逆急于回顾，临淮要地或可保全。且将来削平苗逆之策，尤必数道进兵，方可制贼死命。”十月，苗沛霖攻蒙城，吴棠派陈国瑞领兵进剿，斩逆首刘报柜等五人。蒙城围解。苗沛霖被平后，吴棠又命裁撤了清淮的团练，与民休息。

李昭寿投降清廷后，改名世忠，擢提督，屯军滁州，一直与江宁将军都兴阿失和，部卒时至里下河。早在同治二年四月，李世忠准备派遣李显发前往里下河巡查游勇，吴棠派袁世功随从。都兴阿担心李世忠以巡查为借口，目的实为寻仇，接连上奏章入告清朝廷。清廷诏旨诘问。吴棠复奏言：“世忠此次意在修好，似知愧励；时事艰难，宜激励使为我用，不宜激之生变。”得到朝廷认可。后李世忠以所部五千人攻克苗沛霖老巢。

---

① 王钟翰点校：《清史列传》卷53《吴棠传》，第4204页；《清穆宗实录》卷31，同治元年六月己巳。

② 王钟翰点校：《清史列传》卷53《吴棠传》，第4203页。

“论者谓公协和为之效云。”[1] 苗沛霖伏诛后，十一月，吴棠又密陈皖北隐患，略言：“淮北盐务疲敝，悉由李世忠把持盘剥所致。其勇队在怀、寿一带，盘踞六年之久，焚掠之惨甚于盗贼。苗平而淮北粗安，李存而淮南仍困。请早为办理。”清廷认可，命僧格林沁等会商筹办。从这可见吴棠对李昭寿先利用后铲除的用心。

四年五月，捻军北上，河南巡抚吴昌寿奏请添兵渡河，严防北岸。清廷命吴棠檄催水师迅赴济宁策应。吴棠奏：“江湖水师不便入黄，请就黄河船只添置炮位，配以滨黄兵弁熟悉地形者，入黄驾驶，庶于军事有济。”如所请行。

总之，吴棠的很多建议和意见都得到了清廷的重视和支持。

五　知人善任

咸丰十一年十一月二十六日奉命署任漕督，同治二年三月二十一日补授漕督后，所有江北镇道以下各员弁，都归吴棠节制。[2] 因此，吴棠的兵权随之扩张。手下有了可以调动的将兵，还可以奏请协剿，手中的机动部队大大增强。吴棠欣赏的是有勇有谋的人。任知县时，曾以副都统伊兴阿为太平军、捻军所忌惮，四次上书督师大臣袁甲三，请奏起之。任漕督后，他依赖的主要将领是陈国瑞和黄开榜，尤以陈国瑞更得其赏识。陈国瑞是一个充满争议和传奇的人物，吴棠对陈国瑞的驾驭，显示了他知人善任的能力。

陈国瑞，湖北应城人。他是一员猛将，有勇有谋。幼为太平军所掠，出投九江镇总兵黄开榜营，改姓黄氏，屡与太平军、捻军作战有功。乃吴棠麾下的第一得力大将。

从一些具体战役可以看出陈国瑞的计谋和胆略。同治元年正月，捻军进攻淮安车桥，吴棠檄令迎剿，国瑞率五百人绕捻军背后，出其不意击之，总兵龚耀伦遏捻军前，捻军溃。四月，泗州捻首韩老万等万余众，谋渡顺清河，为陈国瑞所阻，退踞汉河。国瑞突入其圩，捻军撤至观音寺、吕梁桥。越日，捻军再来攻，国瑞且守且战，相持未下，国瑞别选精壮数十人陷阵，大队继之，捻军败退。六月，渡河至新村，捻众亘三十里。国

① 陈庆年：《吴棠年谱》，《近代史资料》总75号，第118页。

② 丁进军编选：《同治初年各省督抚藩臬履历》（上），《历史档案》1995年第4期。

瑞分三路与捻军战，收复附近十余村，斩捻军首领王春玉，掷其首于捻阵中，捻军骇乱。清军乘机出击，俘虏捻军人数甚多。捻军虽屡受挫，仍恃众抵抗，斫树作栅。国瑞商之黄开榜，夜冒雨袭毁其三营，别栅趋救，适遇败退的捻军，疑为官军，辄自相杀，清军自后蹙之，捻军又被击毙数千，其势遂衰。吴棠“以国瑞军务机宜最为敏练”[①]，请令带所部千人移扎高、宝，专办湖防，清廷允之。

但是，没过多久，陈国瑞就不再由吴棠调遣，而改隶僧格林沁调遣了。同治二年二月，陈国瑞奉吴棠令进剿沂州起义军，叠歼渠魁，国瑞遂隶僧格林沁军。五月，陈国瑞率军进击兖州凤凰山棍军，饬副将郭宝昌、参将康锦文分路设伏。自率小队抵白莲池圩门，诱棍军首领刘双印出圩。引至五里外，陈国瑞返身与战，棍军中埋伏，被截为二截，刘双印被擒，数百名棍军兵士被击毙。陈国瑞连日逼攻，棍军弃圩夜撤，陈国瑞分兵追击，尽歼义军。六月，偕副都统舒通额复凤凰山，棍军退至红山。七月，陈国瑞由山北云蒙寺进，各军继之，遂毁其巢。科尔沁亲王僧格林沁驻军淄川，闻捷入奏，清廷以陈国瑞“奋勇可嘉”，赏穿黄马褂，寻又赏头品顶戴。[②]陈国瑞请归宗复陈姓，清廷许之。“赏穿黄马褂”和“头品顶戴”，充分体现了清廷对陈国瑞平复棍军的欣喜和鼓励和对其本人谋勇的赞赏。同治三年，太平天国首都天京被清军克服后，曾国藩和曾国荃、吴棠等都被赏加头品顶戴。而克服金陵和平复棍军这两件事对清廷的重要性是无法相提并论的。这应是陈国瑞生平最得意、舒心的一段时期。

苗沛霖就抚复叛，进扰安徽蒙城，僧格林沁檄国瑞赴援，吴棠请敕陈国瑞帮办军务，驻蒙、宿之间，徐、宿、蒙城各军均归节制。安徽巡抚唐训方上奏朝廷请以蒙城剿务专委陈国瑞，授以调遣之权，清廷悉如所请。[③]吴棠虽然不再节制陈国瑞，但仍在适当的时候为陈国瑞谋取兵权，显示了吴棠对陈国瑞的信任和器重。

在剿灭苗沛霖、疏通蒙城饷道这件事上，陈国瑞也立了大功。三年九月，清军侦知苗军结捻李大个仔等扰江苏睢宁，阻蒙军饷道，分兵往护之。安徽巡抚唐训方以陈国瑞所部仅四千人，拨以总兵宋庆一军。陈国瑞

① 王钟翰点校：《清史列传》卷56《陈国瑞》，第4428页。

② 同上书，第4429页。

③ 同上。

认为制胜之术必先渡河立营，截捻军陆运粮路。于是饬总兵郭宝昌等自全家集凫水抵南岸，支浮桥，令宋庆守之。陈国瑞亲自督军渡河，接连攻下捻军五营。捻军数次回攻，均不得手。至十月，清军陆续攻下二十余营，斩运粮捻军徐汝璧等，焚其屯粮之所。捻军势窘，被清军乘机接连攻破营垒。苗沛霖夜遁，为清总兵王万清所杀。蒙城以安。

陈国瑞的谋勇也保证了清军免受更大的损失。四年正月，捻首赖文光、张宗禹等流动到鲁山，护军统领恒龄、副都统舒伦保阵亡。国瑞见前敌失利，当机立断，率军士扼桥口，捻军不能合围，剩余的清军得还。清廷旨令僧格林沁传谕嘉奖。

虽然陈国瑞在僧格林沁的节制下，屡立战功，但常受僧王的抑制，事业并不顺，心情已不复从前。据对陈国瑞极其赏识的张之万所言：

> 陈镇国瑞猛将也，性刚直而好杀，不能尽守法度。然重义好施，于人一饭不忘。至临阵身先士卒，号令严明，驻军之地秋毫无犯，即比之古名将，当不过如此。故所在有功，山东白莲池之克实其一人之力。然其好杀，且每卑夷僧邸诸将，已不为僧邸许可。蒙城之捷，又其首功；而复与英藩司、富将军均不相下，以故又为僧邸所抑，此其所以抑郁谢病而去也。①

其“病”在下文将有涉及。

三年四月，陈国瑞授浙江处州镇总兵。六月，驻军正阳关，僧格林沁以太平军和捻军进入湖北麻城，檄令陈国瑞由商城兼程赴援，而安徽巡抚乔松年亦嘱陈国瑞由英山进规罗田。七月，僧格林沁劾陈国瑞“辗转迁延、贻误戎机”。下部严议，降三级调用，暂停开缺，其所部改隶郭宝昌管带。“国瑞怨望，人遂言其将反。”② 所谓“人遂言其将反”，其实也是郭宝昌等人的造谣。

张之万给友人信中详述了陈国瑞“迁延”和“将反”的原委。太平军和捻军大队人马进入河南和湖北后，陈国瑞向僧格林沁禀请带兵攻打。“非其人忽热中也，盖其人尝受前安徽藩司张学醇提拔，欲以此次战功为

① 许宝蘅：《南皮张文达论陈国瑞书》，《夬庐杂记》（上），《历史档案》2005 年第 4 期。

② 王钟翰点校：《清史列传》卷 56《陈国瑞》，第 4430 页。

该革司开复免罪地步，以报知己。”因此，刚至军营即请僧格林沁将张学醇留营，遭驳斥。“其本念已灰，已有自悔出山之意。此其所以少迟也。”这时僧格林沁可以催其进兵或参其迟延，却突下一札，令其来营听候查办，不准携带一人一骑。且解其兵柄，部众尽由郭宝昌统带。“且此札之到，并非在未进兵之时，乃在既进兵之后，并适当其一战破贼之际。”陈国瑞惊疑也是“人情所必至也”。所谓陈国瑞“将反”，乃因“英藩司欲藉此泄夙愤，郭镇欲乘此得兵柄，于是两人会衔通禀各路统兵大臣，而谓其叛矣。且知该镇粮台辎重尽在商城，该镇必入城检查也，乃飞行商城，谓其将袭商城，嘱令闭门开炮击之，激之使变，以实其言。而商城之劣幕蠹役以为此奇货也，乃悉抢其资”。事实证明陈国瑞并未“反”：“该镇之过商城也，周观察稍稍抚慰，乃痛哭枵腹而去，其相随数百人，无一人敢掳掠者。由商城而至光州，州牧任重光心疑其未叛，单骑出城觇之。该镇乃与之握手流涕，寓居城外。任牧为之备糇粮，以食其众，而于是人共知其不叛矣。”十月，陈国瑞以病为由请假，于光州就医，而官军与捻军交战失利。于是时任河南巡抚的张之万疏言：“国瑞骁勇过人，每战必捷。所部不过三千，而数万之贼当之辄北。宜令速赴僧格林沁军营办贼。”清廷从之。陈国瑞很快病愈。①

四年四月，捻军进军曹州。陈国瑞与郭宝昌随僧格林沁迎战于高楼集，陷捻军埋伏，僧格林沁死，清军死伤惨重。陈国瑞也受重伤，突出重围，所部仅余百余人，退入西南民寨。僧王之死，令清廷失去最后一支王牌之师，此后，剿捻等军事行动不得不依赖汉族官僚。因此，清廷在丧痛之时，处罚了很多大员。当时因为僧格林沁战死而受处罚的人员，上至地方督抚，下至下级带兵员弁。正如曾国藩所言：“郭宝昌奉旨革职拿问，起于翼长成保以下各官未能救护者，发遣降革有差。即山东抚臣阎敬铭、布政使丁宝桢等，亦均交部议处，予以应得之咎。”但陈国瑞并没有受到任何惩罚，清廷认为：“陈国瑞未能救援僧格林沁，本属咎有应得。姑念其从来打仗奋勇，屡著战功，且此次身骑俱受重伤，困苦情形，不无可悯，姑免置议。”② 这很不可思议。只能理解为清廷真的记得陈国瑞的果

---

① 许宝蘅：《南皮张文达论陈国瑞书》，《夬庐杂记》（上），《历史档案》2005年第4期。

② 曾国藩：《补参陈国瑞折》（同治四年七月二十四日），《曾国藩全集·奏稿八》，第4968页。

敢善战而网开一面。

闰五月，钦差大臣曾国藩饬陈国瑞赴河南听候调遣。六月，河南巡抚吴昌寿调陈国瑞援归德，陈国瑞驰抵睢州，阻断捻军北进，又由通许、尉氏追捻军至郾城，斩首无算。当时陈国瑞有众五六千，奉曾国藩批饬所部不得过三千，遂遣散五营。想当初安徽巡抚唐训方以陈国瑞手下四千人，还虑不够用，将宋庆一军拨归调遣。现在曾国藩只允许存在三千人。对于以士兵为生命的带兵将领来说，无疑是不能坦然接受的。于是陈国瑞生病请假，其众由参将黄祥兴统领。以生病来推脱带兵本是将帅常用的伎俩，并不是就真的不能带兵。曾国藩曾给陈国瑞写过长长的批牍，详细剖析他的优缺点，想将他造就成一代将才。然而结果令曾国藩很失望，于是曾国藩旧事重提，上疏劾奏。“国藩疏劾国瑞曹南之役，与郭宝昌分统左右两翼，宝昌不顾主将，革职拏问；国瑞饰词巧脱，逍遥法外。请撤去帮办军务，褫去黄马褂，暂留处州镇总兵，责令带罪立功。诏如所请。”① 同时附片密陈“其私罪多端，并无悔过之诚”，之所以不“列款明参”，是因为“河南实乏良将，稍留陈国瑞体面，冀收鹰犬之才，一策桑榆之效”。② 僧格林沁之死是清廷的不可触碰之痛，不提犹可，既有劾奏，如何不准！陈国瑞因此劾而心情大坏。在淮安就医时，欲杀其义子陈振邦。吴棠派员劝谕，又率勇十余人闯漕运总督衙门，肆口詈辱，攻击督署。十一月，吴棠疏陈总兵陈国瑞患病疯狂，滋闹衙署等状。请褫职，押送回籍，饬令地方官管束。清廷从之。③ 但仍以陈国瑞战功迭著，吴棠命该管官随时派员妥视。吴棠念旧情，对陈国瑞还是十分照顾的。陈国瑞屡次“生病”，诚如张之万所言，应该是心情压抑所致，不是真的有病不能带兵。

同治六年八月，漕运总督张之万、户部左侍郎谭廷襄疏列陈国瑞战绩，请加录用，清帝召之。张之万也很赏识陈国瑞，在豫抚、漕督任上都请朝廷用其才。张之万的墓志铭上曾称“骁将陈国瑞勇冠三军，气凌其上，独感公知，恂恂执弟子礼”。④ 十二月，赴部引见，赏头等侍卫。其后陈国瑞的宦海几度沉浮，又遭左宗棠的弹劾，缘案遣戍。随着僧王之

① 王钟翰点校：《清史列传》卷56《陈国瑞》，第4431页。

② 曾国藩：《曾国藩全集·奏稿八》，岳麓书社1990年版，第4969页。

③ 陈庆年：《吴棠年谱》，《近代史资料》总75号，第121页。

④ 许宝蘅：《南皮张文达论陈国瑞书》，《夬庐杂记》（上），《历史档案》2005年第4期。

死，吴棠赴闽督之任，陈国瑞屡遭弹劾，心情败坏，屡做出格之事，最后终于戍死边荒。

光绪十九年，山东巡抚福润以“陈国瑞前随忠亲王僧格林沁来东剿贼，大小数百战，多立奇功，而于滕县为尤著”，请于山东地方建立专祠，列入祀典，以顺舆情。安徽巡抚沈秉成复以“国瑞为僧格林沁善战勇将，其在安徽战胜、攻取之劳，大有造于长淮全局，绅民感颂。请附祀蒙城、寿州僧格林沁专祠，以伸报飨”。[①] 均如所请行。

曾国藩在用人方面，一度责人过严，受保举的人很少，属员很不满意，很多人因此觉得出仕无望，离他而去。而胡林翼深谙保举之道，多方保举属员，士皆乐从，有的人离开曾国藩而就胡林翼，这种情况使曾国藩很苦恼，促使他反省自己，改变了自己保举属员的标准，士人纷纷离去的情况才有所改善。曾国藩晚年曾检讨自己在用人方面的苛求，是否也曾念及陈国瑞，不得而知。但是，吴棠能知人善任，用人所长，则是肯定的。张之万就曾私下对友人说，僧格林沁对陈国瑞“乃动辄绳之以法，且欲加之罪，是岂足以驭英雄服将士耶！有功者诛，无功者无罪，谁复图功；受诬者含冤，诬人者得志，亦谁不可诬耶！万于僧邸敬礼有加，敬朝廷功臣也；于该镇亦敬礼有加，惜朝廷勇将也，岂有所厚薄。而有不能不为知己详述者，亦欲当时公论知天下之负屈者有如此，天下人情之叵测有如此也。盖不第惜李广之不侯，而深恐曲端之见杀也。陈镇性情过刚，惟吴漕督能容之，能用之。现时即此股发捻荡平，颍、亳、淮、徐之间仍恐伏莽复起，若留此人以为镇，抚驭之以吴，济之以河南之饷，必可为东南保障。弥患未萌，若终以之为僧邸驱策，恐久难见容也”。[②] 在这里，张之万爱惜陈国瑞之才，为陈国瑞鸣不平，谴责僧格林沁用人不当，敬佩吴棠用人之度的心情溢于言表。清代最后的军机章京许宝蘅曾这样评价吴棠道：“观黄云鹄撰公传及张文达论程（应为“陈”，原文如此——引者）国瑞书，知公之为政，亦自有过人者。”[③] 吴棠驾驭陈国瑞所显示的知人善任、用人所长的能力，是其能成功晋升的又一重要原因。曾国藩对人则求全责备，不如己意则严加弹劾，甚至不惜秋后算账，当年对待李元度也

---

① 王钟翰点校：《清史列传》卷56《陈国瑞》，第4433页。

② 许宝蘅：《南皮张文达论陈国瑞书》，《夬庐杂记》（上），《历史档案》2005年第4期。

③ 许宝蘅：《吴勤惠公》，《夬庐杂记》（上），《历史档案》2005年第4期。

是如此。吴棠能用人所长和李鸿章倒有相似之处，尚有曾国藩所不及之处，并不是同治五年曾国藩所评论的“用兵之道，知人之明，实非所长”。

六 劝捐筹饷

咸丰十年五月，吴棠接替王梦龄任徐州道并兼办徐州粮台，任漕督时负责江北粮台，因此，在筹饷劝捐、接济兵勇特别是淮海兵勇方面不遗余力。除了例向各省协济外，又多方罗掘。因为吴棠筹饷卓有成绩，咸丰十一年正月初六日傅振邦奏道：“徐州道吴棠总理粮台以来，正当饷绌之际，独能竭力筹画，维持大局，并劝捐粮石，接济练勇，得以屡克各圩。”于是吴棠就因“办理粮台，悉心筹划”，并“劝捐粮石，接济练勇”，清廷赏加其按察使衔。① 后来，又因此多次受到嘉奖。同治元年正月，建议移泰州江北粮台于宝应，以便随时查察。得旨报可。同治元年三月，奏请设通源分局于邵伯、清河、桃源，仿市面流通的钱票以济饷，如淮城总局制，并请“暂缓南河督臣例贡绢笺”。② 皆报可。盐城县境范堤外有放荒草地七百余顷，民间往往私垦争讼。同治元年闰八月，吴棠奏请以三百顷招领征粮，其余仍留民樵。③ 同治二年五月，奏改江南、江北粮台为扬州、镇江水陆粮台，以便管理。

厘捐为军饷所赖，在事涉厘金时，吴棠总是为军饷着想。同治元年，御使丁绍周奏陈江北厘捐积弊，奏请各省厘捐归地方官经理。清廷谕吴棠照部定章程，严禁扰累。吴棠奏陈不便，仍用委员在仙女镇扬关及扬州等地筹防。④

同治二年正月，江宁将军富明阿以亲身经历又参奏江北厘卡。折中称：“沿江各港口及里下河一带南北台所设捐卡，大小约有百余处。有一处而设数卡者，有一卡而分数局者。委员多而局费滥，每月局用，少者二百金，多者至千余金。”清廷认为“若能将厘局归并，委员裁撤。浮费可减，商旅亦便。于军饷民情，均有裨益”。据此谕令吴棠严行裁汰厘局并

---

① 朱学勤等撰：《钦定剿平捻匪方略》卷91，第3页；《清文宗实录》卷340，咸丰十一年正月乙未。

② 陈庆年：《吴棠年谱》，《近代史资料》总75号，第115页。

③ 同上书，第116页。

④ 同上书，第117页。

严查各卡委员，“本日谕知吴棠认真裁汰，着都兴阿、富明阿悉心筹酌，应如何归并以裕军饷之处，即咨商吴棠办理，不必稍存越俎之嫌”。[①] 而吴棠于奉旨后数月内并未遵照办理，被清廷“严行申饬”。吴棠这才奏参厘局委员知府严邈等，请摘去顶戴。[②] 并为自己辩解道：“军兴以来，费用繁巨，抽厘助饷，实万不得已之举。惟查各厘卡，均设于水陆要隘，商贾往来之区，离县治远近不一，地方官共识殷繁，断不能躬亲驻局，势必委之胥吏家丁，蠹蚀侵渔，流弊滋甚。其厘捐设立处所，陆路固有扰越之处，水路亦多港汊，必须择要分卡，以杜旁趋。均系明定章程，一处收捐，一处验放，并无一局一卡而征至数次者。捐项既难多裁，惟严饬各局抽厘委员廉谨者留，贪冒者去，务期厘剔固习，以资实用。”[③] 同治二年二月，奏请设立厘捐总局，将北台、清淮各局并归一局，统收分解。同治三年，将扬州、南通各属厘局、厘卡裁并 72 处，仍留一部分正局、分局以供应扬镇两营并江宁、清淮等军月饷，“俟军事方定再撤”。[④]

亩捐也是一项重要的饷项来源，因此也受到吴棠的关注和庇护。山阳、盐城两县所辖之市河、十字河，淤垫日甚。该县官绅禀请调土筑圩，公议按亩捐资出夫，遂有亩捐之名，后来也成为军饷之源。有人奏请停止江北亩捐，称此项亩捐“从不造册报销，户部无从稽考”，且有“派捐逼胁情事”。同治二年四月，吴棠奏称江北亩捐也在粮台收款之列，之所以有人参劾，只缘“局外未悉底蕴，以为到处有捐，捐名不一。但见进款之巨，而不知出款之多；但见征收之繁，似觉漫无稽考，以致视为利薮”。且“受灾之区、贫乏各户均免派夫，并无派捐逼胁情事”。他认为亩捐难以骤停：“第待哺方殷，未能因噎废食。现饬随时接续造报，以备稽核而释群疑。”[⑤]

盐课和漕粮都是清廷的要政。其中盐政收入是清廷的一大财政收入，而漕粮则是京师的命脉。在军兴时期，这两大政也不可避免地让位于军事需要，表现为盐政收入直接充作军饷，漕粮改征折色，所得现银仍充军

① 《谕严防江北里下河等处及裁并厘局委员》（同治二年正月十一日），《曾国藩全集·奏稿六》附录廷寄，岳麓书社 1989 年版，第 3143 页。

② 《清穆宗实录》卷 55，同治二年正月壬戌、癸亥。

③ 《清史列传》卷 53《吴棠》，第 4204 页；《清穆宗实录》卷 55，同治二年正月壬戌。

④ 《清穆宗实录》卷 113，同治三年八月己丑。

⑤ 《清史列传》卷 53《吴棠》，第 4205 页；《清穆宗实录》卷 60，同治二年三月己酉。

饷。同治元年六月，以镇江防军缺饷，奏筹泰坝盐厘，每引划分三百文解交镇江军营充饷。[①] 同治元年十月，奏请以改拨皖营淮南盐课，仍解北台济军。淮北商人捐盐助饷，吴棠奏请免提饷盐经费，按应纳课税，作为清淮军需。

同治二年春，吴棠又奏请淮北盐由江运赴淮南、湖北销售。因“皖楚军饷向恃淮北盐课为大宗，臣上年因清淮饷需支绌，又奏明劝捐恒盐，运售持济，均望淮河通行，销路方畅。现在苗逆反复，盐船不能上驶，北卤竟片引难销，不特皖饷无出，即臣劝捐之盐亦复无从运售，当此防剿吃紧之际，所关实非浅鲜”。因此打算将淮北由江运改为湖运的八万余引盐仍改为江运，原因“江路不通，改为湖运。今湖北路梗塞，而原定江运赴销之舒、桐、吴、庐等处均无贼踪，自可仍循旧制由里运河连江运售，庶几得尺则尺。如能试行有效，于皖浦军需之时不无小裨。一俟湖路能行，仍由湖运，以归简便”。又建议重新议定湖运改江运章程，得到朝廷认可。[②]

战时江安道里下河漕粮提前折征充饷，后部议新漕改征本色运通。吴棠奏言“扬营恃漕折济饷已历十年，现计上下两忙，至十月后业已提罄，若新漕起运本色，则春、夏之交，竟无可提之款；部臣虽照数拨给实银，设协解愆期，何堪设想”[③]。请求仍征折色济饷，以维全局。

同治元年三月初六日，吴棠与江苏巡抚薛焕奏淮扬各属漕粮无可酌收本色起运，仍征折色。因户部筹办新漕时“声明江苏淮扬道所属里下河一带漕粮，现在每石折银二两充饷。唯该处地方完善，且系产米之区，征收起运当易为力，刻下筹备京仓，果能征收本色，由江运赴海口，搭运赴津，即将该处新增银数拨款，拨给以充军饷等因。奉旨依议，钦此”。吴棠等转行江宁藩司、江安粮道筹议，结果认为“军兴以来，江北粮台饷需专赖淮扬所属漕米变价供济。若收本色解京，另行拨给，实属缓不济急。且近年军饷万分支绌，均系提前征收变价，所有里下河一带州县，咸丰十一年分漕粮早于是年冬初开仓征收，继时变价解充军饷，现实无可酌

① 《清穆宗实录》卷31，同治元年六月癸亥。

② 吴棠：《奏请改江运为湖运行销淮北盐引接济皖饷事》（同治二年四月十八日），国家清史工程网站录副奏折，档案号03—4882—018，缩微号360—2928。

③ 陈庆年：《吴棠年谱》，《近代史资料》总75号，第116页。

收本色起运”。因此请求仍征折色。同治元年三月二十四日议政王军机大臣奉旨“户部知道，钦此”①。也就是说清廷只好同意。这也是清廷财权下移、内轻外重的一个表现。

吴棠还多次捐廉助饷，得到清廷嘉奖。咸丰十一年正月，捐解京饷养廉银一千两。同治二年六月，捐廉蒙城、临淮军饷。诏议叙。八月，续捐廉助临淮饷。诏议叙。九月，请将先后捐廉一万余两，援例请加广盱眙永远文武学额各一名。奉旨俞允。

吴棠在任漕督之前，其剿捻行为主要是带兵亲自上阵，以一个战斗参与者的身份参与对捻军的作战；升任漕运总督以后，吴棠更多的是发挥指挥才能，调兵遣将，运筹帷幄，知人善任，从军事和后勤调度上保证对捻军战斗的胜利，是以一个决策者的身份参与对捻军的作战。吴棠扼守要冲，频年与起义军特别是捻军苦战，内保“里下河完善之区”，外靖淮、徐、海三府州之地，“江北辖境，与滁、来、天、盱等处，在在接壤。该故督臣择要扼守，不分畛域，苦战连年。使贼踪不敢穿越为害，屹然为两境保障，卒收底定全功”。② 曾国藩能不受捻军牵制专意江南军务，吴棠“实有赞助之力”。③ 曾国藩也对吴棠的功绩大加褒奖，曾在复吴棠的信中这样评价：“自该逆窃踞名都，江北伏莽，所在响应。嗣经大旆扼驻清淮，与杨镇各防共相犄角，北岸新复诸城，又承分兵协守，俾南岸诸军得以一意围攻，幸而蒇事。兴怀舟谊，企佩靡涯。”④ 对于吴棠的功绩，清廷也很清楚。同治三年正月，在选将前赴扬州接统都兴阿所部扼守江北时，清廷在二十九日的上谕中曾向曾国藩推荐吴棠，“现在江北文武大员，惟吴棠剿捻向称得力……恐该漕督一离清河，则徐、宿一带即有鞭长莫及之虑”。⑤ 因此，在清军克复金陵后，吴棠也和曾国藩、李鸿章一样，

① 吴棠、薛焕等：《奏为陈明淮扬各属漕粮无可酌收本色起运缘由事》（同治元年三月初六日），国家清史工程网站录副奏折，档案号03—4862—007，缩微号358—2198。

② 安徽巡抚裕禄、两江总督刘坤一：《盱眙县城、三界奏建专祠疏》，《望三益斋存稿·诗文钞》卷首，第12页。

③ 文彬：《漕运总督臣文彬跪奏为已故督臣功德在民谨胪陈事实吁恳天恩宣付史馆并准建专祠恭折仰祈圣鉴事》，《望三益斋存稿·诗文钞》，第8页。

④ 曾国藩：《复吴棠》（同治三年七月初十日），《曾国藩全集·书信七》，岳麓书社1994年版，第4626页。

⑤ 《都兴阿调援绥远富明阿尚未销假扬防接统需才孔亟饬考察遴选得力之员奏派并调度都兴阿余部》（同治三年二月初七日），《曾国藩全集·奏稿七》，岳麓书社1989年版，第3964页。

得到了清廷的嘉奖。

同治三年六月二十九日奉上谕：漕运总督吴棠剿办清、淮一带窜匪，并扫除徐、宿捻逆，地方赖以安谧，著赏加给头品顶戴，仍交部从优议叙。吴棠死后，清廷御制碑文中也高度评价了吴棠保卫江北的业绩："当夫粤匪猖狂，皖疆骚动，练勇则咸成劲旅，翠羽锡荣；运筹则迅扫妖氛，丹毫纪绩。命襄戎幕，固徐宿之民心；力济军需，壮江淮之兵气。"①

可见，吴棠在江北对捻军的作战，其成绩在当时是颇受肯定的。吴棠两次抵挡住了捻军对清江浦的进攻，一定程度上保卫了清江浦免受捻军更大的冲击，保护了当地的民生物产免遭更多的损害。站在清廷的立场上，是保住了清朝对清江浦的统治；站在民生的角度讲，对民生是有利的。

第三节　保卫清河

捻军在作战过程中，因闻清河境内清江浦的繁富，多次到过清河县；由于淮安府地位的重要，太平军也曾几次逼近，对当地的守土官员造成威胁。清河县城的保全与否，与先任清河县令后升任漕运总督的吴棠有很大关系。

吴棠在江北任职近二十年，亲身经历了三次清河之危。第一次是咸丰三年，太平军陷扬州，清淮震动，吴棠时任清河知县，因为措施得当及时，清河县城转危为安；第二次是咸丰十年，吴棠任职徐州，捻军攻陷了清江浦；第三次是同治元年，吴棠任漕运总督，驻扎清江浦，捻军来攻而未下。这三次危机中，第一次和第三次吴棠都亲身参与了清河的保卫，对清河县城的安全起了至关重要的作用；第二次吴棠提供了捻军的动向，但因其不在清河防守，最终清河县城被攻破。吴棠的在场与否对清河的安危具有十分重要的作用。

一　第一次清河之危

第一次清河之危出现在咸丰三年。其年二月初十日，太平军破南京，在此建都，改为天京。二十二日占镇江，二十三日渡江陷扬州，准备出师北伐。当时，南京到北京有东西水陆两途：东路乘船东下，由瓜州入运

① 《御制头品顶带原任四川总督吴棠碑文》，《望三益斋存稿·诗文钞》，第2页。

河，经扬州、清江等地北上；西路由旱路自浦口、滁州、临淮关而前。起初，领导层打算走水路，即由扬州北上。后来太平军前锋探得清军云集扬州，遂决定放弃从运河北上，转由扬州乘船至浦口入安徽境内。[①]

四月初八日，太平军天官副丞相林凤祥、地官正丞相李开芳、春官副丞相吉文元率领北伐军，从浦口出发；左三检点朱锡琨、右十六指挥黄益芸率左二军等从天京出发。朱锡琨等取道六合县，宿营失火，延烧弹药，伤亡惨重。

当太平军陷扬州时，游骑达于邵埭之南，传将由高邮、宝应北上。因清河扼南北咽喉，得此消息，“淮郡戒严，民大震，人心思动”。“淮人将迁，贵者叹于室，富者忧于门，贫而强者喜于道，奸谋诡计，至有不忍言者。”[②] 其时吴棠任清河县知县，调署邳州。南河总督杨以增急将吴棠从署邳州知州任上调回。吴棠回任清河后，认为“是不可口舌争也”。杀掉两名鼓动闹事者，率数百人急忙赶到郡城淮安，还传言：“大兵至矣!”到处张贴示谕，准备供具等待军队到来。清河人看见知县如此准备，觉得“贼从南来，县令方迎往，吾无忧矣”。淮安府城的人也听说了这件事，认为“吴公不妄言，必有大兵，姑且止”[③]。据说，吴棠父母闻清河有警，催促吴棠道：“朝廷命官，民戴官正为此日。今寇在五百里外，民恂惧。如此吾夫妇当入署，以安民心。”即日从清江浦寓所“盛威仪入署，观者如堵，民乃定”。三日后，扬州失守，吴棠又“倡捐集练丁于宝应，扬言大兵且至”[④]。民人见知县父母俱在公署，且大兵将至，人心遂定。此时“清河无城郭、无兵”，吴棠“徒以忠义号召士民，仓卒设团，募勇誓死守。不数日，闻风响应者，数万人，声威大振”[⑤]。在其同年山阳举人鲁一同的相助下，“招集民勇，申明纪律，乡镇立七十二局，练勇数万，首尾联络”[⑥]。“贼自下浔皖，所向无前。至是，徘徊瓜、扬间，不敢进。”[⑦]

---

① 徐川一：《太平天国北伐军在皖北》，《安徽史学》1989 年第 4 期。

② 黄钧宰：《金壶七墨 · 遁墨》卷 1《清河》，第 6 页。

③ 同上书，第 6—7 页。

④ 谭祖同：《显考北山府君行述》；吴检、吴棠：《先妣程太恭人述略》，《望三益斋存稿 · 杂体文》卷 1，第 11 页。

⑤ 黄云鹄：《吴勤惠公传》，《望三益斋存稿 · 诗文钞》，第 1 页。

⑥ 吴昆田：《四川总督吴公事略》，缪荃孙：《续碑传集》卷 26，《清代碑传全集》下册，上海古籍出版社 1987 年版，第 932 页。

⑦ 黄云鹄：《吴勤惠公传》，《望三益斋存稿 · 诗文钞》，第 1 页。

太平军改道后，逃离的人也回来了。“向之强而喜者，嗒然释械而归。”①于是，伏莽潜消。十一月，扬州被清军“克复”。太平军的威胁暂时得到解除。

其实，太平军占领镇江后，清朝钦差大臣琦善、直隶提督陈金绶、内阁学士胜保正率军从西面向扬州赶来，副都御史雷以诚也正准备率军从北面南下，绥远将军托明阿也将统率部队驻扎于清江浦以防堵太平军北上。对此军事行动吴棠不一定十分明了，但是作为地方官守土有责。鉴于清河的重要地位，即使大兵没有即刻就至，但迟早要来，他的职责就是想尽一切办法拖延时间，支撑大局，不使内乱。何况，清河并不是完全没有一兵一卒，漕河军队都可暂时充数，还有民练可供驱使。七十二局的数万练勇，首尾联络，声势浩大，也为太平军所忌惮。后来，太平军北伐时不由水路自瓜州经扬州、清江沿运河北上，而是改行陆路。经过六合时，六合知县温绍原在城内以练勇苦苦支撑，终于盼得围解，为此也得到王茂荫的保举。对于温绍原的“英勇”事迹，吴棠也有所闻，他成为第二个温绍原也有可能。太平军“掠滁、来，走凤、宿”，攻下临淮，清淮再次危惧，鲁一同又捉刀代笔，发布《敌忾同仇八约》檄文，连衡苏北、皖东、皖北之凤、颍、滁、泗、淮、海、徐、扬八州郡相为固守，共同抵御。“淮扬数百里间，隐然恃若长城”②。这是第一次清河保卫战，吴棠以一出空城计吓退了令许多官兵闻风丧胆的太平军，为清江浦赢得了暂时的安宁，更为吴棠赢得了很多的机遇，以至后来屡受赏识，屡获升迁。

受赏识的表现之一就是不能回籍丁忧守制。咸丰四年正月二十四日，吴棠母亲在清江浦寓所病逝。其父悲痛之余，决定回乡。当时太平天国北伐援军正活动在徐州砀山、萧县一带，意欲北进。清淮兵民听说吴棠即将丁忧去职，十分忧虑，请鲁一同向其父请求。后来清廷只准吴棠百日假治丧，一直到咸丰五年十月军事略定才回乡终制。吴棠自己对此曾回忆道：

> 清淮兵民猝闻不孝棠当大故，行将去职，奔走号告街衢，人人自危。是日，缙绅、父老数百人，相率具牒大府请留。大府既定计入告，而虑不孝棠义不可强留。于是淮海道梁公、管河库道娄公以下五

① 黄钧宰：《金壶七墨·遁墨》卷1《清河》，第7页。

② 光绪《淮安府志》卷27《仕绩·吴棠》，第811页。

> 六君者，介鲁孝廉一同致语府君。鲁君入拜床下具述：“天子明圣，廷寄嘉奖，德音之厚且渥。与缙绅兵民攀留，呼号之不忍重达。”府君良久叹曰：“吾岂为其私顾于礼不可？然幸为我告诸公，勿以我故挠大计也。”大府既入告，奉旨，准给百日治丧。不孝棠忍痛返葬。百日复以墨绖视事……年余，会高唐、连镇相继克复，逆氛渐平。哀吁陈情，乞请终制。大府允准。[①]

由此可见，吴棠本拟丁母忧去职回乡，因“士民攀留”，经河道总督杨以增疏请，诏令开缺治丧，百日后仍署清河知县，以墨绖视事。杨以增在正月廿六日的奏折中这样陈述：

> 上年春间扬州失守后，清淮震动，经臣饬调清河县知县吴棠回任，该员惩暴安民，练勇御寇，事事实心，不辞劳瘁。兹接报丁母忧，例应交卸，旋据阖邑绅耆呈请留任前来。臣查吴棠之有益清淮，久在圣明洞见之中，惟该员甫遭母丧，臣仰体皇上孝治天下，心未便遽夺其情，亦不敢违例具奏。然贼氛不远，防兵无多，该员所练募勇及为乡民勇必须钤制得宜，一时接手殊难其选，除委海防同知李万杰代理外，拟恳圣恩准令该员交卸治丧，俟百日后仍以该员署理清河县事，俟军务完竣再令回籍守制，以符定例。

咸丰帝回复得很快，四年二月初五日即奉到朱批“钦此”[②]。也就是知道了，同意了。

吴棠回任后，继续与捻军作战，所练之勇出力颇多。“清淮震动时练勇御寇，惩暴安良，民心赖以维系”，“剿办海匪，该员所练之勇颇为出力”。因此，当咸丰四年十一月杨以增将“弭盗安民、始终不懈”这样的考察结果上报朝廷后，咸丰帝准“升用同知直隶州署清河县知县吴棠俟服阕后免补知县，以同知直隶州即补并照恩赏戴花翎”[③]。原来早在咸丰

① 谭祖同：《显考北山府君行述》，《望三益斋存稿·杂体文》卷 1，第 12 页。

② 杨以增：《奏请清河县知县吴棠丁母忧百日后仍回署帮办防堵事》，见国家清史工程网站录副奏折，档案号 03—4099—104，缩微号 276—1972。

③ 杨以增：《奏请奖励署清河县知县吴棠等弭盗安民始终不懈事》，见国家清史工程网站录副奏折，档案号 03—4570—021，缩微号 327—1624。

三年五月，太常寺少卿王茂荫就上奏酌保人才，开列呈览，其中有“江苏署邳州知州吴棠，捕盗认真，士民称颂”等语。上谕“著杨以增就近察看。该州如能弭盗安民，著有成效，即著据实保奏”[①]。杨以增回复“迄今时阅年余，该员始终不懈”。这样的地方官，正是在军需时急需的人才，咸丰帝自然会格外施恩嘉奖。

吴棠受赏识的另一表现就是受命专门负责督办清河团练。咸丰八年十二月初八日，漕运总督邵灿会同两江总督何桂清、江苏抚臣赵德辙上奏请求调吴棠到清江浦督率团练，奏中言道：“再查清江设防以来，除官兵募勇外，本境团练颇为得力。惟人数众多，散处各乡，必得舆望素孚之大员，专心督办，庶期有勇知方。臣等查有丁忧服阕尚未赴省之江苏候补道吴棠，前在清河县任内倡办团练，为江北之冠，人品朴实。拟即檄调该员来浦督率委员绅董，认真教练，俾缓急可恃，实于地方军务良有裨益。”十二月十八日奉朱批：知道了。[②] 于是吴棠又回到清河督办练务。

咸丰九年，袁甲三署漕运总督并代胜保署钦差大臣，督办安徽军务，将以团练对付捻军。“袁端敏公督漕，江北兴团练之役，将以棠任其事。当路又不许，去守徐州。”[③] 吴棠去徐州后，发布了《劝谕徐属各圩坚壁清野示》《劝谕徐属各圩挑沟以陷贼马示》《上各大府请通行坚壁清野书》等一系列告示，积极整顿团练，修筑圩寨，厉行坚壁清野。

对于吴棠办团练的成效，袁甲三心里没底。九年八月初七日，他在上奏朝廷时也不讳言：

> 查蒋坝为清淮门户，数年以来，防范未敢稍懈。本年五月，贼氛突入盱眙……据各路探报均称，该逆等聚众数万，意将水陆齐下，径闯清淮。以陆路而论，自五河之张家沟上下逾淮而北，由泗、睢直达桃宿，已入清淮地界。臣等前派候补道吴棠驰往该处整饬民团，修筑圩寨。能否齐备，实无把握。[④]

---

① 《清实录》卷93，咸丰三年五月丁未。

② 邵灿等片：《奏请江苏候补道吴棠来浦督率团练事》（十二月初八日），见国家清史工程网站录副奏折，档案号03—4215—122，缩微号288—2420。

③ 光绪《清河县志》卷17《仕绩·吴棠》，第11页。

④ 朱学勤等撰：《钦定剿平捻匪方略》卷65，第10页，署漕运总督袁甲三、江南河道总督庚长奏。

其实袁甲三的担心有些多余，吴棠办团修寨的效果很好。萧县、铜山圩寨二十余处，“俱系深沟高垒……贼至无食，即行窜去；邳、睢二属民圩亦有四十余处壁未甚坚，野亦不清，贼始得饱；宿桃不知民圩之利，被扰最深，贼亦得以从容饱飏”。[①] 后人论之曰：

> 咸丰十年，捻踪出没铜、沛、萧、砀间，公以贼志在摽掠，饬徐属坚壁清野，筑圩寨自保，守以精壮，犄角相救助；复于田塍为深堑，陷贼马，游军巡其外，使农民收获其中，贼至无所得，乃去。[②]

咸丰九年十二月，两江总督何桂清等奏请以吴棠署理徐州府知府事，这是当时任徐州道的王梦龄竭力推荐的。原因是徐州一府“襟带江淮，浮藩齐豫”，所属八州县地方靠近捻军处所，“时有枪匪出没”，必得精明强干、声望卓著之员，方足以资表率。而江苏候补道吴棠“前在清河县任内办理团练，为江北之冠”。两次丁忧期间，表现很好。“嗣丁母忧，经前任河臣杨以增等奏，奉谕旨何必署清河县事。旋因员缺遴补有人，交卸回籍守制。咸丰六年二月接丁父忧，于练勇、捕匪、剿办棚匪、捻匪及克复五河、来安县城出力案内四次保奏，奉旨可留江苏以道员遇缺即补。经前漕臣邵灿并河臣庚长会同臣何桂清、前抚臣赵德辙以该员业经服阙，于八年十二月奏明调赴清江督办团练……该道在淮徐服官经年，情形最为熟悉，平日实心任事，深洽舆情。”[③] 因此以吴棠署理徐州府知府最为合适。清廷同意了。咸丰十年正月初十日朱批：“知道了”。

吴棠督办的团练给了他在军事上极大的帮助。吴棠赴徐州任之后，借助练勇多次打消了捻军对徐州的觊觎。亲带小分队并铜山、邳州各练协助官军击剿刘平部捻众。刘添幅、刘添详等股捻军在邳州、宿迁一带经吴棠等督饬兵练击退，遂在宿迁、铜山交界等处盘踞筑圩。

由上可知，吴棠在咸丰三年守卫清江浦的过程中，借助练勇，不战而

---

① 吴棠：《上各大府请通行坚壁清野书》，《望三益斋存稿·杂体文》卷2，第15页。

② 陈庆年：《吴棠年谱》，《近代史资料》总75号，第113页。

③ 何桂清、徐有壬：《奏为委令吴棠署理徐州府知府事》，见国家清史工程网站录副奏折，档案号03—4149—019，缩微号281—2055。

屈人之兵，成功地阻住了太平军前往清江浦的脚步。自太平天国北伐军及北伐援军败亡之后，太平天国无力北顾，清淮一带已无太平军行踪。但吴棠的善于练勇之名因此远扬，为他带来了更多的施展才能的机会和升迁机遇。

二　第二次清河之危

第二次清河之危发生在咸丰十年。据《王家营志》记载：

> 正月，宿永捻首李大喜纠众东下。二月朔，连陷王家营、清江浦。[时]承平日久，民无守志，其始率宴然行乐，谓贼终无来犯理，官军尤癃怯不可恃。贼既至，奔北死亡，莫之能救。以故焚掠独惨，北起小营，南极淮岸，数百年之积，但有赭垣。①

警报至淮城，因为河督正夜宴，不敢禀告。二十六日，清军才急忙募勇防河。“河在湖滩，绵亘数十里，兵勇少不能周，且又浅窄，褰裳可渡也。”于是清江浦居人迁徙将空。二十七日，捻破桃源，二十八日入淮安府境，焚掠湖滩。二十九日，都司德兴阿以为剿捻获胜。“捻已退，报居人，逃者复二三归。”三十日，捻军从小桥径自渡河，此处即德兴阿所报获胜仗的地方。二月初一日，捻军入清江浦放火结营，其众四处出击，东入山阳境，南至蒋家坝，西至杨庄，西北至渔沟，北至刘皮，东北入安东境，到处肆意焚掠。又从南集、板浦、大伊山诸镇分股回驻地。一路走沭阳，一路走安东。走沭阳的一支，至钱家集遇官兵，被官兵击败，北渡沭河后撤退；走安东的一支，至蔡工遇官兵，捻众被击杀数百人，以多寡不敌抢渡中河，穿过安东境，西走云家渡，乡人调集练勇与之战，练勇败退，死数十人。捻军沿河寻找渡河机会，焚烧其所掠衣物，终因官兵不能禁止，抢渡而去。②

清江浦失陷，这在当地的历史上是一件大事，对吴棠来说也是一件大事。二月初八日钦差大臣袁甲三接到漕河督臣联英、庚长咨信：大股捻军

① 荀德麟点校：民国《王家营志》卷2《军政·警卫》，方志出版社2006年版，第209页。

② 同治《清河县志》附编卷2《杂记》，第33—34页。

阑入清江，河臣庚长退守淮城。其实河督手里的官兵并不少，“江南河道总督统辖三道二十厅文武员弁数百员，操防修防各兵数千名”。[①] 这些兵比吴棠手里的兵多得多，也正规得多，失利只缘未事先预防。袁甲三以“清江为南北锁钥（无城可守），关系江淮全局”。遂派克蒙额、向得聪等统带马步队一千余名驰赴清江堵剿，但因“贼势甚重”，清军“尚嫌单薄”，不能取胜。两淮盐运使乔松年也积极防堵：“二月初二日，接到探报，捻匪大股扑陷清江，臣即函商福建提督李若珠派兵往援。”[②] 清政府接到清江浦失守的禀报后十分着急，传谕联英、庚长：

> 清江为南北咽喉，地当冲要，必须赶早克复，方不致蔓延腹地……倘令捻逆日久盘踞清江，致南北道途梗阻，甚至窜往东南，朕惟联英、庚长是问，决不宽贷。[③]

捻军对清江浦抢掠焚烧，典籍里对这方面的描述俯拾皆是：

> 贼之初至也，乱民起，挟梃操刀，百十为群，以要于路，遇逃难者颠越，取其尤桀者迎贼为之导，故虽村落间亦搜括无遗。清江浦素号繁富，且南北之冲，舍舟登陆，车货溢通衢，故是役贼所得为独赢。归，出黄金以市一两易钱四、五缗而已。至于千金之裘，连城之璧，素为高明之家所宝贵者，一旦贱若土苴矣。[④]
>
> 贼既至，奔北死亡，莫之能救，以故焚掠独惨。北起小营，南极淮岸，数百年之积，但有赭垣。[⑤]
>
> 皖寇陷清江浦，河员裁而帑金绌，向之铜山金穴，湮为土灰。百事罢废，生计萧然。[⑥]

捻军在对清江浦进行烧杀抢掠后撤出。二月十三日，清军“收复”

---

① 《清文宗实录》卷322，咸丰十年六月庚辰。

② 朱学勤等：《钦定剿平捻匪方略》卷75，第17页。

③ 同上书，第8、17页。

④ 同治《清河县志》附编卷2《杂记》，第34—35页。

⑤ 张煦侯编著，荀德麟点校：《王家营志》卷2《军政警卫》，第209页。

⑥ 荀德麟等点校：光绪《淮安府志》卷2《疆域·风俗》，第49页。

清江。捻军过洋河，“由宿迁、睢宁分扰，冀图两路归巢，胡元昌等先带步队驰抵宿迁，十六日会同吴棠等团练并力击退”。①

对于此次清江浦失陷和淮安府的防守，四品封职、前侍读候补内阁中书、山阳人丁晏咸丰十年六月廿四日在给曾国藩的信中这样记述道：

> 本年春初，吴观察棠自徐来信，捻匪出巢，必然东窜。晏闻之遍告同乡，各出资费，整练民团。而清江优觞宴会，绝不防维。署漕宪联帅于正月二十七日传集官绅，议守淮郡，以总办属晏主持……是时清江已陷，城外火光烛天，马队成阵，郡城万分危急。晏登陴固守，民团万有余人，火器齐全，烛光夜如白昼……在城仅弁勇二百余人，每日出队，奋身杀贼，迭获胜仗，共杀贼数百名。贼兵远窥，不敢直薄城下，得以转危为安。

此前在咸丰三年，“金陵、镇、扬相继失守，淮郡城又一空。晏与今淮徐道前清河县尹吴棠交深骨肉，捍御同心，又获安谧”。②

所以此次清淮紧急，吴棠身在徐州，未能亲自保卫清江浦，但对保卫淮城的安危还是起了一定的作用的，只是吴棠在场与否，结果大不一样。

时人曾将清江浦的失陷归咎于吴棠被调离清江，赴任徐州。“袁端敏公督漕，江北兴团练之役，将以棠任其事，当路又不许，去守徐州。十年，皖捻李大喜遂陷清江浦。始檄署淮海道。道路经过，火壁灰灶，残肢剩体，与民相视而泣。方整顿伤夷，诛锄蕴孽，粗有纲纪而已。”③ 言辞之间，对袁甲三调吴棠离淮颇有怨言，认为如果不是吴棠被调走，捻军或许不会攻破清江浦。第一次清江浦的防守，吴棠不战而屈人之兵；第二次吴棠不在，结果清江浦就被焚掠甚惨，不由人不产生联想。

清江浦的失陷导致了一系列未曾预知的后果。捻军撤出清江浦后，清政府得以喘过气来，同失守的官员秋后算账。三月二十二日，清廷命军机大臣传谕何桂清、联英曰：

---

① 朱学勤等：《钦定剿平捻匪方略》卷76，第8页。

② 中国社会科学院近代史研究所资料室编：《曾国藩未刊往来函稿》，岳麓书社1986年版，第193—194页。

③ 吴昆田：《四川总督吴公事略》，缪荃孙：《续碑传集》卷26，第932页。

清江虽已克复，而桃源、宿迁一带民不畏官，恃强抢夺，总由地方官见贼先逃，致为百姓藐视，此风断不可长。……著何桂清会同联英查明失守之文武各员，从严参办，勿令偾事之员忝居司牧，贻患地方。清淮一带防守事宜，即著妥筹布置，勿致临事周章。[①]

此谕一出，两淮盐运使乔松年参奏河督庚长。清廷派刑部右侍郎文俊前往江苏查办。文俊复奏：

江南河道总督庚长，当清江防堵吃紧之时，辄因酬神演戏，已属不知缓急。犹复观剧终日。迨闻贼警，仓惶出队，迎剿失利，遽行退入淮城。尤属畏葸无能，有负委任。[②]

接着湖广道监察御史薛书堂又弹劾联英、庚长，并请裁汰河员。于是清政府首先裁撤了江南河道总督一职，河务由漕运总督兼理。这为吴棠日后成为晚清最有权力的漕运总督铺垫了基础。后来王大臣会同刑部定拟庚长之罪为“斩监候，秋后处决”。咸丰帝改为“从宽发往新疆效力赎罪”。[③]

清江浦失陷对吴棠又是一个机遇，此后的任命凸显了他练勇的成绩和个人的能力。吴棠这时候的官职只是署徐州府知府。因为在捻军扰淮期间，不畏艰险，带领兵练协同官军作战，既没有闻风先逃，也没有借口兵力单薄而避其锋芒。因此，在清江浦收复以后，吴棠又得到了一系列的保举和升迁。首先，负责清淮军务的云南提督傅振邦在奏折中提到了吴棠的作用。二月二十五日傅振邦奏言：

据田在田函称，连日派队督同桃源县知县张朝珍号召民练攻取桃源，旋因贼股由邳、宿窜扑，当即回军迎剿，并饬吴棠招集邳、宿一带民团分路将贼击回，贼向徐郡杨庄窜去，官军于二月初三日折回桃

① 朱学勤等：《钦定剿平捻匪方略》卷76，第23页。

② 《清文宗实录》卷318，咸丰十年五月己亥。

③ 《清文宗实录》卷346，咸丰十一年三月乙巳。

源，迭次进剿，知县张朝珍带勇驰至，将桃源收复。①

刑部右侍郎文俊到清江后，首先察访清江的修防情况，在奏报中又提到吴棠。五月初六日己亥，文俊奏言：

> 钦奉谕旨查清江西北沿河一带挑濠筑圩等工，均系紧要，地方藉防捻窜扰，自杨庄头坝起由清河而南至张福口引河高堰十四堡止圩工一段，系庚长督率官绅倡捐兴办，并未动用正款钱粮，现在已报工竣……臣访查朱善张、吴棠素得民情，实心办事，将来工竣后即由该道等就近查勘以昭覆实。

咸丰帝命军机大臣传谕徐州道王梦龄曰："尚未完竣（圩工）著王梦龄即饬朱善张等妥为劝导，赶紧修筑，以资捍卫。其应如何严定守圩章程著王梦龄相度情形悉心筹议，详细具奏。"② 吴棠修筑圩寨的认真态度借此再为咸丰帝知悉，吴棠的官职和权力得到快速提升。

咸丰十年三月，署淮海道。闰三月，署徐州道，兼摄徐州府事，办理徐州粮台。四月，始赴任所。五月，奉旨补授淮徐道。吴棠来往于淮徐两地，练团修寨，保城卫民，深得淮徐民心。"去，淮海之民争互攀留，致相仇疾。"③

署任徐州道刚一个月，就又离徐赴淮履新任，徐州士民攀留，吴棠特留诗一首慰徐民：

> 示尔徐民，俾知我意。我去尔留，至再至四。既尽私情，须识大意。设官分职，自有位置。士民保留，本属违例。日夜守候，失尔生计。贼烽逼近，不应远离。各人早归，时时预备。几句好言，赠尔须记：存心靠天，养生靠地。富莫贪财，贵莫恃势。根本所在，父母兄弟。谦和取福，骄亢致戾。贼骑窜扰，留心保卫。守可万全，战防失利。指日大兵，扫清丑类。凿井耕田，即还元气。他日好逢，莫劳记

① 朱学勤等：《钦定剿平捻匪方略》卷75，第22页。

② 朱学勤等：《钦定剿平捻匪方略》卷79，第14、15页。

③ 吴昆田：《四川总督吴公事略》，缪荃孙《续碑传集》卷26，第932页。

忆。绅董明理，一一指示。毋得阻违，致贻后累。[①]

吴棠在署徐州道任上虽然只有一个月的时间，但是这一个月却又为他带来了荣誉，他得到了新的、关键性的一次保举，即负责清淮军务的云南提督傅振邦的保举。在次年即咸丰十一年正月初六日傅振邦奏道：“徐州道吴棠总理粮台以来，正当饷绌之际，独能竭力筹画，维持大局，并劝捐粮石，接济练勇，得以屡克各圩。”[②] 吴棠因此被赏加按察使衔。

吴棠上任淮徐道不久，就又得到新的任命，这和他以前的练勇成绩有关。五月二十九日壬戌，大学士彭蕴章、大理寺少卿潘祖荫、鸿胪寺少卿曹毓英奏请“以本省绅士练本地团勇，庶于自卫身家之中，兼收众志成城之效”，“绅士固必须公正而地方官亦须慎选贤能帮同办理”。“查有现任大理寺卿晏端书、候补盐运使潘铎均曾任封疆，才识练达，该员等籍扬州、江宁二府，可否简派一员督办江北团练？淮徐道吴棠谋勇兼优，舆情爱戴，可否即以该员帮办江北团练？”清廷据此谕令吴棠帮办江北团练：“著派大理寺卿晏端书作为江北督办团练大臣，驰驿前往，并著淮徐道吴棠帮办团练事宜。”[③] 此后，吴棠又奉命帮办徐、宿剿捻事宜。十月二十六日奉上谕：“徐宿剿匪事宜，江南淮徐道吴棠暂行帮办。”十二月二十日奉上谕：“淮徐道吴棠著帮办徐宿剿匪事宜。”[④] 此前在咸丰七年，太平军围六合的时候，吴棠就曾帮办过浦、六防务。[⑤] 而清廷之所以任用其帮办军务，追溯其源，还是咸丰三年吴棠练勇保卫清江浦的成绩。

三　第三次清河之危

吴棠经历的第三次清江浦危机是在同治元年。此前咸丰年间发生的两件事情促进了河臣的裁撤：一是“河决铜瓦厢，云帆转海，河运单微，贸易衰而物价滋”；二是“皖寇陷清江浦，河员裁而帑金绌，向之铜山金穴，湮为土灰”。[⑥] 这两件事也进一步成就吴棠成为晚清最有权力的漕运

---

① 吴棠：《赴淮海道任慰徐民攀留》，《望三益斋存稿·杂体文》卷 2，第 16 页。

② 朱学勤等：《钦定剿平捻匪方略》卷 91，第 2、3 页。

③ 朱学勤等：《钦定剿平捻匪方略》卷 79，第 30、32 页。

④ 丁进军编选：《同治初年各省督抚藩臬履历》（上），《历史档案》1995 年第 4 期。

⑤ 陈庆年：《吴棠年谱》，《近代史资料》总 75 号，第 112 页。

⑥ 光绪《淮安府志》卷 2《疆域·风俗》，第 48、49 页。

总督。

咸丰十一年十一月，吴棠奉旨补授江宁布政使，兼署漕运总督，督办江北粮台，江北镇、道以下各官弁均暂归节制。吴棠上任伊始即奉谕旨：

> 所有漕河两标兵丁，本为押运防河而设。现在运漕既经暂停，河工亦无防可办，则两标兵丁，正堪为剿贼之用。著吴棠督饬各营，挑补足额，实力操演，以资堵剿。①

除了“督办江北粮台，江北镇、道以下各官弁均暂归节制”外，吴棠还有“漕河两标兵丁”可用。此时吴棠手中掌握的军事力量就不仅是民团了，而是正规军，是有武器装备的正规军。而且，还有权力协兵协饷。因此，漕运总督的地位得到空前的提高。以淮安地势较偏，而清江浦扼南北之冲，“系冲、繁、疲、难四项兼全沿河要缺，南北通衢，差使络绎”。咸丰十年失守后，“经捻匪窜扰，地方凋敝，抚绥巡防，在在均关紧要”。② 清河县知县黄寿豹即因失守降调。因此，清廷又谕令吴棠将漕运总督驻地由淮安府城移到清江浦，以便“北顾徐宿，南顾淮扬”。吴棠也认识到“清淮为南北冲要，密迩贼氛，水陆均须防遏”，受命后即于同治元年正月初一日驻扎清江，筹办一切。“藩司宜表率群僚，漕督复兼筹军务”，吴棠集二者于一身，因此清廷总以“筹兵筹饷训诲谆谆”。③ 而吴棠在这两件事上做得也很出色。很快他就有了一个表现的机会。

吴棠将漕运总督驻地由山阳移至清江浦后，即接手修建运河南、北岸圩。圩工未成，捻军来攻，吴棠急忙带勇迎战。战斗经过，同治《清河县志》记载得很详细。该年正月，宿、永捻首李成率部踞沭阳，计划东进，捻军二万多人至蒋家坝接应，绕至清军背后，准备袭击清淮。时清河知县万青选，始倡议筑围，工未及半，吴棠任署漕运总督，驻于清江浦。而捻军已来。吴棠一边招集人夫昼夜兴筑汰黄堤，上新土尺余，一边派兵抵挡。派参将朱光庭、副将袁吐功等驰屯钱家集六塘河，扼住捻军不使进

---

① 《清穆宗实录》卷11，咸丰十一年十一月辛亥。

② 《拣员拟补沿河要缺知县折》（同治三年二月十二日），《曾国藩全集·奏稿七》，岳麓书社1989年版，第3966页。

③ 吴棠：《恭报接漕藩篆日期谢恩折》，《望三益斋存稿·奏谢折子》，第3—4页。

向东南。捻军已至安东，大队人马十六日进往王家营河北岸，直逼王营。吴棠“亲督兵勇，于石马头固守，贼马纵横在目，而人无去志”。时兵马不过二千。捻军扑向渡口，遭都司吴凤柱抵挡。相持间，捻军马兵百余骑穿上清军的号衣，伪装成清军突然渡河。吴棠急令清军去头巾，捻军失利，余部退走阜宁东沟、东坎。吴棠率军快要到淮安时，捻军大至，游击陈国瑞等败之于车桥。捻军分屯淮安城外，清军分道环击，捻军惊逃。捻首聚集于百子堂，凭堤自保。吴棠夜率敢死队顺着河堤，急行抵达清江。二月初五日，捻军逼近河堤时，来援清军中，都统德楞额的三千吉林马队最称劲旅。对于如何防守，众议在沿河派兵防守。德楞额对众人说：“吾在此，贼必不渡河求死也。”二月六日，捻军渡过盐河直趋清江浦，于黄河滩遭遇清军。正逢大雾，捻军骑兵偷偷至王营西，袭清河圩。吴棠召集练丁巡视圩墙，捻军以万余众来扑，众无人色。“吴棠亲携胡床出坐圩门外，指挥应敌，炮丸如雨至。又派清军轻骑紧涉其后，掩旗帜，命清兵换上捻军的衣服混捻军中，甫抵北濠外，大呼‘杀贼’。”捻军大惊，赶紧撤退，被清军追赶十余里。清军袁世功等追至渔沟遇捻军埋伏，苦战得脱；吴棠派都司张从龙等追逐捻军之后，袁世功等整队反逼，将捻军击退。初六日，捻军径自渡河，德楞额整师迎击。“见贼骑蔽野，几堕马。麾其骑返走，贼乘之，直薄围堰下。德楞额狙伏缘壁以入堰，马落于沟中。从骑奔进，守围堰。屹立不动，发枪炮击贼，贼退。”① 七日，捻军回踞桃源境众兴集。捻首魏坤等派二千余人自睢宁境达高作，计划联合东撤。吴棠分军迎击。陈国瑞连同游击杨得荣、守备郭宝昌等自南岸渡河，直逼众兴集捻圩。破之，捻军西退。时清河四乡“圩砦半就，受害不深”，亦得力于陈国瑞的认真防守。吴棠又发布《劝谕淮海各属筑圩保卫示并章程十二条》，饬淮安府属坚筑圩砦以阻捻军回窜，坚壁清野如徐州制。清淮之民没想到时隔两年，捻军再次来攻，于是王营镇“民皆汹惧，乃遵漕臣清野之策，筑圩寨，实稿牧其中”。②“嗣境内圩寨全筑，邻县亦俱成。捻军东来者，以不得食而散，故未入境也。”③ 而在这次保全清江浦的战斗中，吴棠不避艰险，将捻军击退，受到朝廷嘉奖。“诏以用少击

① 同治《清河县志》附编卷2《杂记》，第34—35页。

② 《王家营志》卷六《杂记叙传》，第261页。

③ 同治《清河县志》附编卷2《杂记》，第35页。

众，奖录将士有差。”①

此事吴棠曾向其座师做过汇报：

> 棠受圣人特达之知，命驻扎清江，于岁首即移驻浦上，五日后即闻警信，今廿余日。残破之余，幸文武官民彻夜扼守，捻贼五六万盘扰清淮，十五六日竟已勉强支持，诚万幸也！仰记庇荫，可冀无事。此处圩工未成者千余丈，日夜赶做，至此方有六七成把握也。②

经过惊心动魄的战斗，清江浦化险为夷。吴棠仍不敢松懈。六月，清江南、北岸圩建成，吴棠调邳、睢、宿河兵一千名守之。又在南岸内建砖圩，北滨运河，余三面皆环以深堑。工竣后，上报朝廷。上谕曰：“清江浦扼南北之冲，吴棠相度地势，筑建圩墙，巨工告成。足见该署督办事认真，甚属可嘉。”③

江南河道总督裁撤后，部议增设淮扬镇总兵，归漕督节制，并酌改修防，留操防，定营制，裁官并兵。恰好镇人张海筹等“亦以重戍为请”。于是，同治二年，吴棠奏请将河标原额，悉隶镇标，另外于王家营增设镇标左营参将，领萧、睢营兵909名，分防渔沟、杨家庄一带。下置中军守备、千总、协防外委、把总各一员，“以事巡微资镇捍”。得到清廷同意。④ 这些布置也为吴棠更好地防守清江浦提供了保障。

清江浦的第三次之危被成功解除，主要得益于吴棠不畏艰险地亲自督战，严防死守。吴棠带领清兵、团练，同时借助未修好的圩寨，不畏艰险，对县城进行严防死守，最终得以保全。如果吴棠也是闻风先遁、不做预防之辈，那么清江浦的命运可想而知。

总结三次清江浦的防守情形：第一次太平军攻陷扬州，威胁清淮，吴棠迅速结集练勇，加之太平军业已驻守南京、镇江等地，一时无力分兵北进，清淮得以保全。第二次吴棠在徐州府，没有亲自参加对清江浦的保卫，但他写信给丁晏，告知捻军动向，对保卫清江浦和淮安府起了一定的

---

① 陈庆年：《吴棠年谱》，《近代史资料》总75号，第114页。

② 吴棠：《禀单地山夫子书（壬戌）》，《望三益斋存稿·杂体文》卷2，第22—23页。

③ 朱学勤等撰：《钦定剿平捻匪方略》卷151，第30页。

④ 张煦侯编著，荀德麟点校：民国《王家营志》卷2《军政警卫》，第209页。

作用。第三次正修筑圩寨之时，捻军来攻，吴棠亲自督兵，严防死守，苦苦支撑，因这时候吴棠已是漕运总督，清河有了县城和圩寨，可以调动的资源远多于第一次任知县时候，因此，最终将捻军击退。第一、第三次危机，吴棠都做了积极的防御或抵抗，最终危机被化解；第二次吴棠不在现场，在场的其他清朝官员没有组织起有效的防守和抵抗，导致清江浦被捻军攻破；第三次的防守可以说是对以前准备的所有防守因素的大动员，大检阅，那么，第三次清河得以保全，就是对吴棠练兵练勇、修筑圩寨城墙的成绩的最大肯定。因其对清江浦等江北地区防守的功绩，吴棠在清淮成了无可替代的角色。同治六年十二月初八日，捻首赖文光率众千余人自沭阳南奔，于夜半冲漆家渡，过六塘河南走，天明至五里庄。自漆家渡至王营，六十余里长，四五里宽，放火十数处。“所过皆莽墟，竟无所得食，卒饥困颠踣以去。”日落之时已过王营，“则圩寨之效也”①。其时吴棠已离开清江浦，在闽督任上。但他在清淮时倡导修筑的圩寨仍在发挥着至关重要的作用。时人将咸丰十年清江浦的失守归结为吴棠被调离清河，还是有一定道理的。

为什么吴棠在就能守住清河县城？只要看看第二次清河之危时，县城是怎么失陷的就知道了。河督庚长请漕督联英、榷使饮酒观戏，捻军来的时候并不在意，既未布置，也未防守。等城池失陷时，仓皇撤退至淮城，虽急忙布置防守，但为时已晚，清江浦已大火为墟。清政府一直视为钢铁长城的八旗、绿营暮气已深，早已不足恃；很多官员未经阵战，临阵胆怯。如咸丰三年，李鸿章代吕贤基拟奏请回乡办团练，抵御太平军。吕贤基对李鸿章说：“君祸我，上命我往；我亦祸君，奏调协行。”于是李鸿章和吕贤基一同回安徽办团练。这对李鸿章来说是一生事业的起点，他在办团练和太平军作战的过程中积累了经验，也积累了官阶，为后来组建淮军和独当一面奠定了基础；而对吕贤基来说，却是他官宦生涯和生命的终点，他最终死在与太平军作战的战场上。八旗、绿营被迫退出历史舞台，这才有后来湘淮军的崛起。

三次清河之危表面上反映的是吴棠个人在场与否的抵御结果，但更深层次反映的却是当时清朝整个官僚体制的腐朽老化，清朝经制军和起义军

---

① 张煦侯编著，荀德麟点校：民国《王家营志》卷2《军政警卫》、卷6《杂记叙传》，第209、261页。

一触即溃的现实只不过是这种制度腐朽老化的一个表现而已。在和太平军、捻军交战时期，所有的官员都暴露了自己的面目。有的官员认真防守，有的得过且过，有的望风即逃。就清淮的防守官员来说，漕督杨以增、吴棠都是认真防守的，漕督庚长和南河总督联英、总兵田在田则是虚应故事，还有带兵将领如都统德楞额等则是一触即溃。这种情况也是晚清官场的一种普遍现象。吴棠的节节升迁，反映的也是清廷对他这样的敢于、善于抵御起义军的官员的一种渴望。只要能保住清朝的江山，清廷是愿意用钱和权去交换吴棠这样的官员为它卖命的。这也是湘淮集团崛起的原因之一。

第三章

"练达""勤能"

——亲历"东南三大政"

"东南三大政，曰漕，曰盐，曰河。"[①] 吴棠在江北多年，亲身经历了河工、漕运和盐政三大政。因为在河工上的出色表现，他从知县节节高升；任漕运总督后，又兼管河务。两淮盐政本归两江总督专管，漕督没有涉足之权，但战时淮北盐务混乱，吴棠负责江北粮台的筹饷和饷项的分配，也抽盐厘作为兵饷。战事稍靖后，曾国藩实行两淮盐政改革，也牵涉到吴棠。作为漕运总督，战时吴棠力主将漕粮改征折色，战事稍靖后，又力主江北漕粮海运，并亲自实践。以谕旨中的"老成练达，办事勤能"来概括吴棠对"三大政"的作为，是恰如其分的。

第一节　投身南河河工

吴棠投身南河河工以咸丰三年为界，可分为两个时期。在咸丰三年以前，其工作除了知县的日常事务外，重点就是河务。咸丰三年后，太平军和捻军起，吴棠的工作重心发生转移，主要是对付起义军，河务已降为次要。加之咸丰五年黄河改道后，江南河道总督辖区内已没有黄患，因此，吴棠所做的河工防患的作用减弱，主要为水利灌溉。咸丰十年江南河道总督裁撤后，吴棠虽以漕运总督兼管河务，但主要任务是对付捻军，河工已无暇兼顾。

---

① 德庆：《序》，嘉庆《重修扬州府志》。

一　咸丰三年前经办的河工

吴棠仕途的起点就和河工紧密相连。他以举人大挑一等，旋挑河工引见，奉旨以知县用，签掣南河。道光二十四年五月二十四日到工，二十六年试用二年期满。

道光二十七年三月，吴棠借署砀山县丞，随河道总督杨以增阅河工。因安澜防守出力，十月十五日奉旨免其借补，以沿河知县补用。此后以年强才稳，办事勤明，屡经杨以增等以"于河工地方均有裨益"为由，向朝廷奏保。

二十九年补桃源县知县时，丰工决口未塞。吴棠督民夫"筑长堤御湖涨，购风车泄积潦"，勘灾散振，奔走于烈日中。"民阂其劳，为流泪。"①

三十年八月，黄河盛长，南岸于公堤溃。于工堤为南岸险工。堤溃，黄河入卜家湖，湖水大涨，威胁桃源县城。吴棠即促率民夫堵御，滨湖筑长堤护之，百姓号为"吴公堤"。县城终获保全。②

咸丰元年调补清河县，时河决丰工北口，水势纡折而下，"涨骆马，出尾闾，全归六塘"。次年春，吴棠捐钱修补南堤，及秋水大至，南堤得免漫溢。三年，丰北再次决口，涨漾如故。③ 吴棠为丰工合龙，出力许多，经杨以增奏保，以同知直隶州升用。

清河县境内的便民新河，挑筑于道光十三年，自县西三庄三柯集，绕渔沟入包家河。咸丰初，吴棠再次挑筑，由三柯集西南入盐河。吴棠又在盐河岸建永丰闸，寻圮，同治九年修复。便民新河河身遂延长北自渔沟镇七孔桥头接包家河起，东南至永丰闸入盐河止，长 6400 丈。④

吴棠自道光二十四年大挑一等，分发南河，至咸丰十一年任漕运总督前，所做的与河工有关系的事情主要集中在咸丰三年以前，其时太平天国运动在南方影响很大，但尚未严重影响北方。因此，漕督、河督尚有时间对河工作出反应。也就是这短暂的几年，吴棠的努力和能干，给王梦龄和

---

① 光绪《盱眙县志稿》卷 9《人物·吴棠》，第 70 页。

② 陈庆年：《吴棠年谱》，《近代史资料》总 75 号，第 109 页；吴棠：《望三益斋存稿·杂体文》卷 1，第 15—20 页。

③ 光绪《淮安府志》卷 7《河防三·清河县河防·六塘河》，第 195 页。

④ 光绪《淮安府志》卷 7《河防三·清河县河防·便民新河》，第 197 页。

杨以增留下了深刻印象，以后二人对他屡次奏保，为他日后登上高位打下了基础。至咸丰三年以后，捻军起，加上咸丰五年，河决铜瓦厢，黄河北徙，江北大的河患已很少。吴棠的主要精力都用在了对付起义军上，他的命运便主要和防堵起义军联系在一起，间或对河工作出一些贡献。

二 咸丰三年后经办的河工

（一）兼管河务

咸丰五年元月，黄河从河南兰阳县铜瓦厢决口，由长垣、东明至张秋穿过运道，注入大清河入海，正河随之断流。清政府因忙于太平天国和捻军战争，无暇顾及河道整治，只好维持黄河北流入海的现状。此后，江南河工已是无河可防、无工可修。江南河道总督在河防上变得多余。其时捻军经常出没淮、徐一带，清廷希望河督能承担一部分军事堵剿、防御的责任。其时任江南河道总督的杨以增在这方面让清廷很欣慰。据地方志记载：“时粤贼破金陵，镇、扬相继失陷，清、淮岌岌不自保。以增督防江北，镇之以静，整顿卒伍，搜缉淮、徐乱民，河北大定。”[①] 杨以增将吴棠从署邳州任上调回清河知县任，协力防守，清河得以保全。杨以增死后，其继任者在这方面做得显然不够。

十年正月，宿、永捻首李大喜纠众东下。二月，连陷王家营、清江浦。

清河失陷，使得防守不力的江南河道总督成了众矢之的，清廷内外臣工交章弹劾。三月二十六日，湖广道监察御史薛书堂奏言：“清江浦为南北冲途，七省车航往来辐辏。自江淮盗起，屡奉谕旨责成河漕总督布置防剿。数载以来，淮扬徐海捐输厘金以及滩地报领各项，何下数百万。该督等率以养勇为词，销磨净尽。”当捻军来犯，庚长、联英却还在酬神演戏，薛书堂愤愤然：“庚长开门揖盗而不得诿咎于贼众兵单也。”[②] 于是奏请清廷裁汰河员。二十八日，两淮盐运使乔松年又奏劾，河臣庚长办理防堵数年，一旦有警，仓皇失守。[③] 仓场侍郎宋晋表示支持，认为南河河臣所辖之区皆漕臣督运必由之地，南河又无工程，“或须仍添一二防河河

---

① 光绪《淮安府志》卷27《仕迹·杨以增》，第808页。

② 朱学勤等撰：《钦定剿平捻匪方略》卷76，第27页。

③ 同上书，第31—33页。

员，亦有各道分辖，似可不再设河督矣”。[1]

御史尹耕云也上奏弹劾河督：

清淮为东南七省咽喉，关系大局。其地运河贯其中，黄河襟其北，东、南、西三面滨湖。如宿迁之归仁集，桃源之金锁镇，清河之马头镇、天妃闸等处，风樯迅利，顷刻可通，无论贼窜何方，皆将直趋清淮。河督庚长数年以来，未尝真养一兵，练一勇，所谓领地升科、抽厘助饷等项，尽为劣员侵吞。居民商贾，敲骨吸髓，士庶寒心，军民解体。使贼窜清、淮，必弃之而走。请将庚长罢斥，篆务交袁甲三兼摄，责其团集水勇，控扼全湖，调集马步，招练壮勇，庶可补救于万一。[2]

尹耕云又奏请改河营为操防：

黄河改道，下游已成平陆，无工可修。淮、运各厅亦以河运未复，闸坝、堤身久不葺治，大小文员本可裁撤。因地当孔道，必设重兵扼守，故河员仍旧岁拨银二十万、钞票数千万，以治河之人为防贼之用。无如河臣等丧心已久，积习难除，无事则冒功邀赏，有事则闻警先逃。即另简大员往代，锢蔽把持，终所不免。惟有请将河督及黄河各厅悉行裁撤，酌留清水数缺以司启闭。其河标官数千人，一律改归操防，汰其老弱，加以训练，以岁拨之银为之饷糈。复任文武大员专司统带，于邳、宿扼置南、北两营，以为门户。[3]

清廷经过会议，认为“江南河道总督，统辖三道二十厅文武员弁数百员，操防修防各兵数千名。原以防河险而利漕行。自河流改道，旧黄河一带，本无应办之工，官多阘冗，兵皆疲惰，虚费饷需，莫此为甚”。因此决定将“所有江南河道总督一缺，著即裁撤，其淮扬、淮海道两缺，亦即裁撤。淮徐道著改为淮徐扬海兵备道，仍驻徐州。所有淮扬、淮海两

---

① 宋晋：《请简王梦龄暂护漕督吴棠署理徐道片》，《水流云在馆奏议》卷上，转引自倪玉平、荀德麟《明清时期的全国漕运中枢淮安》，中国书籍出版社 2008 年版，第 429 页。

② 《劾河督请筹大局疏》，荀德麟、周平等点校：光绪《淮安府志》卷 34《桃源县人物·尹耕云》，第 1043 页。

③ 同上。

道应管地方河工各事宜，统归该道管辖”。“清江地方紧要，著添设总兵一员，作为淮扬镇总兵，驻劄该处。俟军务平静，再行改驻扬州。”“所有江北镇道以下各员，均著归漕运总督暂行节制。”① 这次调整，与江南河道总督一并裁撤者，计“河厅10缺，佐杂64缺，武员76缺。新添总兵1缺，改24营为10营，留旧操防兵2 700余人，以修防改为操兵5 900余人，每年省工程银一百三四十万两，省廉俸三万余两”。② 简言之，就是裁河员以漕督兼管河务，改河营修防为操防。其时由江宁藩司王梦龄兼署漕运总督。咸丰十一年十一月，清廷命王梦龄进京，以五品京堂候补，擢江南淮徐扬道吴棠为江宁布政使，兼署漕运总督。③ 督办江北粮台，并暂行节制江北镇道以下各员弁。吴棠的职权范围较其前任王梦龄多了“督办江北粮台，并暂行节制江北镇道以下各员弁”，即多了筹备粮饷权、江北的军事权和人事权。同治元年七月初八日清廷谕令漕运总督仍由吴棠署理。二年三月二十一日又谕令：吴棠补授漕运总督，所有江北文武各员及军务、地方一切事宜，仍归吴棠节制。④ 这一道谕令较咸丰十一年的署漕督上谕更为明确具体。因此，吴棠就以漕督节制原属于河督的官兵，兼管河务，实现了漕、河一体。

兼管河务后，吴棠根据实际需要，提出一些建议，以便河防官兵更好地为防堵捻军服务。同治二年，吴棠奏，河标原额，今宜悉隶镇标，另外增设镇标左营参将于王家营，领萧、睢营兵909名，分防渔沟、杨家庄一带（由河营参将改），下置中军守备（中河营守备改）。千总、协防外委千总改把总各一员，以事巡微资镇捍。部议可其奏。⑤ 又奏，原设之修防中河营管理清、桃运河，修守埽坝堤岸，现有工程非乾河可比。其中河营兵299名，与运河兵274名内，共酌留240名，以千总一员、把总一员、协防一员分汛驻防，工作归新设徐州府同知管辖；又里河营管理山、清两岸长堤，上乘束清坝；中运河来源工段险要，修守不可偏废，请留修防。将原额兵290名内，酌留120名，以千总1员、把总1员、协防1员分汛驻

① 《清文宗实录》卷322，咸丰十年六月庚辰。

② 陈康祺：《燕下乡脞录》卷13第13页；沈云龙主编：《近代中国史料丛刊》第56辑，台北文海出版社1970年影印，第514页。

③ 《清穆宗实录》卷11，咸丰十一年十一月庚戌。

④ 丁进军编选：《同治初年各省督抚藩臬履历》（上），《历史档案》1995年第4期。

⑤ 张煦侯编著，荀德麟点校：民国《王家营志》卷2《军政·警卫》，第209页。

防，归淮安府军捕通判管辖，其余兵丁裁撤，堡夫亦裁。经部议覆如奏。[①]

同治三年，江北军事稍靖后，吴棠希望复设淮扬道员缺。商之于曾国藩，曾国藩复函表示同意："淮扬道一缺，有河务地方案件，徐道相距太远，运司鹾务日繁，均难兼顾。似应复设淮南道员缺，即请尊处主稿见示，核定后再行会奏。"吴棠很快草拟了奏疏，寄达曾国藩，曾国藩认为"复设淮扬道员缺一疏，大稿详明周妥，请即挈衔由尊处缮发"。[②] 在人选上，双方又经过多次往返函商，最后决定由吴世雄担任。四年五月，曾国藩、李鸿章、吴棠就此联合上奏，获得清廷批准。吴棠又以里河蓄宣关键均在清江以上，军捕通判驻札淮安恐难周顾，疏请移归淮安同知专管，驻札清江浦，其同知所遗堰盱汛地改归通判兼管。[③] 清廷从之。

（二）拆堤修城

吴棠兼管河务的时候，最为诟病的就是拆堤修城这件事。咸丰五年元月，黄河从河南兰阳县铜瓦厢决口，由长垣、东明至张秋穿过运道，注入大清河入海，正河随之断流。在淮安境内已无河决之患，因此，清廷一直强调的河防工程也遭到了前所未有的忽视。加之军兴以后，漕粮海运或者征收折色，漕运通道也随之荒废。

清河境内的高家堰在黄河北徙之前一直是重要的河防工程。高家堰，据说为汉广陵太守陈登筑，故又号"陈公堤"。长30里，上自武家墩，下迄老堆头，为洪湖大堤之最初部分。当日湖西为淮，本不相通。筑堰原藉资灌溉，非用以捍水患。"自河与淮合，二渎并高，于是淮浸诸湖，汇而为一，洪水直抵堰下，冲荡激射，危险可虞，加高增厚，屹若长城。"其后明、清加筑石工，皆为高堰之整理与延长。民间有谚语曰："倒了高家堰，清淮不见面。"其实此堰岂只是清、淮，亦为"高、宝、兴、泰诸邑之生命线也"。[④] 潘季驯曾将它用作开敞式溢洪道，即天然减水坝，相

① 同治《清河县志》卷1《川渎》，第12页。

② 《复吴棠》（同治三年八月十六日、九月十五日），《曾国藩全集·书信》七，第4680、4744页。

③ 同治《清河县志》附编卷1《川渎》，第12页。

④ 张煦侯著，方宏伟、王信波整理：《淮阴风土记》，方志出版社2008年版，第393—394页；李如枚等续修，荀德麟等点校：《续纂淮关统志》卷4《乡镇》，第67—68页。另，冒广生据《宋史·河渠志》考证，高家堰不是陈登所浚，"登所浚在真州东二十里"（冒广生著，荀德麟等点校：《淮关小志》，第472页）。因资料所限，在此不做考证，姑存此说。

沿了100年。其后，靳辅在此处筑副坝，其溢洪作用改由人工减水坝代替，靳辅大筑高堰，堵塞翟坝，使淮水入河，河水入海，运道通行无阻。张鹏翮坚筑高堰，广辟清口，使淮水畅流汇黄。[①]

但是，黄河改道后，高家堰的作用也渐消退。

于是在“拆堤公案中”出现“一件荒唐故事”，不见正史记载，而是广泛流传于民间。据《淮阴风土记》记述：

> 自同治间漕督吴棠筑清江城，拆石为基。于是头堡以西五里内之条石，在堤为毁，在城为成，此七十年前公案也。当启用时，淮安人深以东堤不固，惧郡城危险。然案经奏可，又不敢公然干预，遂伪为刘伯温预言碑，埋诸头堡，有掘得者，闻于吴公。公读其文曰：“刘基造，吴棠拆，拆到此处拆不得。”公一时心动，遂命辍锸。[②]

笔者老家就住在高家堰下，自小就听过这个传说，后面还有三句：“拆一块，还十块，心里不自在。”

清江浦修城还用了王营石坝。据《清河县志》记载：“黄河既徙，黄河之堤工、埽工、坝工不复增修，其堤工之在闲旷者，居民闲犁为田，扫工渐次朽败，唯坝工具存。同治三年清江浦筑城，将磊石为基，以旧黄河之减水石坝无关修守，疏请拆用，报可。”[③]“于是坝工存者亦希。”[④]

（三）其他河工

根据前引尹耕云的说法，黄河改道，河运未复，大小文员本可裁撤。

---

① 光绪《淮安府志》卷27《仕迹·靳辅张鹏翮》，第797页。

② 张煦侯著，方宏伟、王信波整理：《淮阴风土记》，第377页。

③ 同治《清河县志》附编卷1《川渎》，第12页。

④ 张煦侯编著，荀德麟点校：民国《王家营志》卷1《建置·河渠》，第203页。又见于民国笔记史料。“清吴棠由清河知事起家，未十年间擢至漕运总督，始终未离清河县城……吴升至漕运总督时，发捻之乱已平，清江城曾经失守，虽属县城而地当南北水陆之冲，颇关重要，吴拟修城，又恐砖工不坚，乃将上河堆石工拆去数里用以修城。按石堆建自明初，四五百年来洪泽湖身渐已移向西南，工实属置之无用之地，方拆至清水墩地方，忽得小石碑一方，上刊大字数旬，云：‘刘基造，吴棠拆，拆到此处拆不得。’督工员弁即以献吴，吴遂停止未拆。现清江城基址均系石工，崇墉屹然，甚为坚固，而青田先生能前知，亦令后人信仰不置云。”蔡云万：《敏惠公吴棠》，《蛰存斋笔记》，上海书店出版社1997年版，第125页。

南河河工花费巨大，咸同之前据说“岁需以三百万为率”[①]。军兴后，“南河工需久无拨款接济，该处工段逐渐废弛”。其实还是有银两拨给，“因地当孔道，必设重兵扼守，故河员仍旧岁拨银二十万、钞票数千万，以治河之人为防贼之用”。据同治六年开具的一份清单显示，每年至少有60万两的额解银两。具体数目如下[②]：

江宁藩司每年额解河工银十八万五百二十两。

江苏藩司每年额解河工银二万六百十七两。

安徽藩司每年额解河工银二万二千五百五十二两。

两淮运司每年额解河工盐课银三十万两。节省沙工银五万两。拨船生息银五千七百六十两。筹增生息银六千两。剥船生息银二万两。中河料银三千八百三十二两七钱。

扬州关每年额解河工并加增银七千六百六十六两六钱。

淮安关每年额解河工银二万六千八百二十四两。

其中只有淮安关因“近年税务减色，未能拨解”。

尽管每年拨了60万的银两，但是用于河工的很少，都用于军事上，也就是这些银两的作用发生了变化，从“治河”变成了“防贼”。

吴棠在漕运总督任内主持兴修的河工，主要为山阳县境内的市河挑筑。市河的挑筑经历了一番波折。

市河上通郡城文渠，由山阳流入盐城，十字河、小市河皆其分支，蜿蜒百里，东注于马家荡入海。沿河民田数千顷，旱则资其灌溉，潦则资其宣泄。自乾隆八年大挑以后，至同治元年已有一百余年，河淤田废，水旱均易成灾。同治元年，山阳士民以河淤田废，水旱均灾，援引府志所载知府卫哲治论述，于故沙河侧，另建石洞，以便灌溉。又拟立章程，呈请挑浚筑墟引运河水入市河。所定章程为：

其工段，自市河头迤下二腹三尾，入盐城界，又并挑新城北濠

① 光绪《淮安府志》卷27《仕迹·黎世序》，第806页。

② 《附抄发各省历年额解南河银两清单》，《曾国藩全集·奏稿九》，岳麓书社1991年版，第5591页。

河，共计工长二万七千余丈，分九段挑筑。其夫费，在市河、十字河、小市河南北两岸五里内受益田亩摊派，计田三千一百余顷，折除板荒；极贫之户，实得田二千四百余顷，每时田一顷派夫五名，每名挑土二十方，提出大户一百余顷科钱作费，计夫应派万六千五百余名，计田得夫万二千余名，工多夫少，除河身一律深通外，其口、底丈尺暂从减估，以俟续挑。嗣洞费未集，由漕督拨钱二千串以作经费。其市河南五里以外，至涧河北岸为止，经县委勘明，实受宣泄之益，议明不出挑夫，由涧业津贴钱三千串，交委雇夫，助市挑浚。[自] 此以后，无论相距远近，从中画分，一半挑涧，一半挑市，免至一田两派。①

经淮安府知府批准，并转呈漕督勘工，于二年正月兴工。但是有御史劾奏，山阳县捐款挑筑市河，有地方官严刑追比带勇威胁等事发生。清廷谕令吴棠严行查参。经吴棠查明，“山阳县捐挑市河一案，现未举办，并无勒捐威胁情事，请免查参”。② 但经此波折，工即停止，而承办官绅，遂亦畏累迁延，导致“要工久悬”。同治三年，江苏士民殷自芳等赴都察院，呈诉自家田亩，坐落于市河、十字河、小市河等处，需要灌溉。但要工久缓，恳请兴办，以收灌溉、宣泄之利而苏民困。清廷认为“该处市河等渠，关系民田数千顷，淤垫日久，小民生计维艰，自应赶紧兴修，藉资灌溉。著曾国藩、吴棠、李鸿章迅速查核办理”。接着，又有盐城士民赵含生等呈诉殷自芳等捏撰水利。称山阳县之市河、十字等河并不在盐城境内，一经挑筑，必致阻遏水道，盐邑全受其害；且殷自芳等并未遵旨，仍强行敛钱兴工，等等。清廷要求曾国藩、吴棠、李鸿章等将此事一并查明。

经曾国藩、吴棠、李鸿章等核查各种方志并采访耆民，所得证据皆说市河、十字等河由山阳流入盐城，达马家荡入海，若下游淤阻则有害民田。又查明，“殷自芳等禀请由府县筹议挑浚，经吴棠亲诣勘明，委员酌度另埋涵洞，引运河水以益来源，疏浚尾闾以免阻遏”。“现在工程已竣，数千顷民田藉资灌溉，于地方水利不无裨益。至酌捐经费，系另举殷实董

① 光绪《淮安府志》卷6《河防二·市河》，第150页。

② 《清穆宗实录》卷60，同治二年三月己酉。

事经理，殷自芳等并无敛费情事。”赵含生等不清楚县志记载，所以呈控怀疑，已经到案具结。因未固执己见，免于议处。

同治元年，吴棠为了防御捻军，饬令淮安府、山阳县传谕东、南两乡士民，大挑涧河全河，又督促绅董鲍桂生等修筑涧河长围，自龙光阁起，至张公堤止，共长60余里，“照业食佃力旧章”。九年，田业再次请求挑浚涧河。十年春开工，自兴文闸起，至盐城界止，计用土7.5万余方，派人夫7 050余名，提夫二成作费。四月收工，共挑河长1.32万余丈。下游河身在盐城界内，由淮安府饬盐城县接办。光绪三年，两江总督又拨银2.8万两兴挑，山、盐两县涧河自兴文闸起，至流均沟止，一律流通，两岸民田均受其利。①

为了维护涧河长围，吴棠特拟定善后章程：关于保护方面，长围宜妥为保护，饬附近居民分段看守，毋令翻越损坏；围工若因风雨剥蚀，责成各乡居民出资修补；长围修守即派前次挑河各董事专司其事。关于长围保卫方面：每遇寇警，即以守围之夫分段防地，以期声势联络；涧河桥梁一律改设活板，遇警即行撤去；严饬船埠，遇有警报将船尽泊南岸以防抢渡，围外粮食闻警尽行运入圩内。其他方面：守围绅董如果实有劳绩，随时酌予保奖；军装器械由富户捐资预为筹备；为便行舟来往，严禁居民于荡口垫淤筑埂，以慎重河防。② 涧河围自府城东门外伸展至盐城荡口，袤延百余里，“里下河恃为大防”。③

同治三年冬，吴棠以高邮湖以下西堤为东堤保障，栏御全湖，为里下河民命所系，饬下河受益各州、县劝捐协济，并拨清淮捐输一款助工。四年四月，工竣。④

（四）清水潭决口

同治五年春，江北各属州县，因阴雨连旬，湖河猛发并涨，积长不消。在事人员虽将车、南两坝启放，旁泄水势，而正河溜势如常，此筑彼漫，导致高邮汛清水潭以南二牐南墙，于六月二十九日漫掣倒卸，带塌正堤过水。下河平地水丈余，田庐尽没。高邮、兴化、宝应、泰州、盐城、

① 光绪《淮安府志》卷6《河防二·涧河》，第149—150页。

② 《清穆宗实录》卷41，同治元年闰八月癸卯。

③ 陈庆年：《吴棠年谱》，《近代史资料》总75号，第115页。

④ 同上书，第121页。

山阳、阜宁各属，悉被淹没。

清水潭堤决，本在意料之中。自咸丰五年，黄流北去后，淮水出清口者很少。黄水南出者依赖礼字河为通道，经白马诸湖入江。自道光二十九年吴城六堡决后，洪湖高垫，不足以吸纳诸水。“故盛涨必旁骛以害运，下游之民恒惴惴焉。清水潭之决，独灾之著名而已。”①

因为灾情重大，清廷认为河汛各员，究竟是疏于防范，于是对管河官员进行惩处。署淮扬道刘咸，被摘去顶戴；扬州军捕同知兼管河务范志熙，革职留任；永高汛千总袁定标、协防徐顺，均革职留汛效力。吴棠于灾后即自请处分，清廷以其负有督率之责，未能先事筹划，咎亦难辞，被交部议处。②

其实吴棠并非没有筹划，他知道淮河淤塞，冬春阻浅，夏秋汛溢。因此，早在清水潭决口之前，就商量于曾国藩，计划将上年所挑黄河，加深数尺，并浚引河，导湖出坝，这样高、甘堤防不至十分吃重。而且盐艘出湖，不须起旱盘剥，同时淮渎可以渐复故道。曾国藩赞为一举数得。③但计划赶不上变化，没几天，水灾就发生了。被水灾黎，荡析离居。吴棠于灾后赶紧捐廉动款，赴清水潭勘工，并派员奔赴口门上下，捐廉助款，妥为抚恤。④清廷谕令李鸿章、郭柏荫等，遴委妥员，分头前往高邮、兴化、东台等处，勘灾赈济。李鸿章向清廷估算，“计今岁冬赈，并来春接济，约需银十余万两。其堵筑漫口堤工，约需银二十余万两”。清廷准其将江宁藩库存银十三万余两尽数拨充，以济要需。不敷银两，准由李鸿章等委员设法劝捐办理。捐输银数，即照筹饷新例递减二成报捐，并准其移奖子弟。⑤

而吴棠也于这件事后，很快被调离清淮。八月，奉上谕补授闽浙总督，命其即赴新任，毋庸来京请训。

九月，吴棠疏请另派大员负责漫口堵筑事宜。修堤渠，增筑堤岸，以

① 张煦侯编著，荀德麟点校：民国《王家营志》卷1《建置·河渠》，方志出版社2006年版，第203页。

② 《清穆宗实录》卷180，同治五年七月庚午。

③ 《复吴棠》（同治五年六月二十七日），《曾国藩全集·书信八》，岳麓书社1994年版，第5848页。

④ 《清穆宗实录》卷180，同治五年七月庚午。

⑤ 《清穆宗实录》卷184，同治五年九月庚午。

工带赈。清廷命两淮盐运使丁日昌就近督工。次年决口堵塞。

吴棠于疏中还提出恢复淮水故道的办法，即将“前挑黄河加深数尺，再将张福口引河一律挑浚，并于清口岔加挑引口一道，以通吴城七堡，即将该堤刷放，导淮入黄，堵闭顺清河，使淮水会中运河水，并力刷黄，可期渐复淮水故道。”至于所需挑河等费用，吴棠建议“仍援上年盐捐成案，每纲收捐以四万八千为率，并请敕各省将额解南河银两，照旧按年征解，以济工需”。吴棠希望恢复淮水故道，但他很快就赴闽浙总督新任，并赴浙江勘估海塘工程，恢复淮水故道的事情一直都未办，后人为此惋惜。[①] 次年，两江总督曾国藩呈请清廷，复淮故道，规划工费银百四十六万余两。清廷确实按照吴棠所请，要求曾国藩将历年额解河工银两，造册呈报，照旧征解，以济要工。九年，曾国藩将设导淮局，但很快卒于官任。此后，直到民国，这件事都没办成。[②]

因为堵筑清水潭工程，吴棠怠慢了曾国藩要求修筑防捻用的桃、宿长圩。工程都需要钱，作为漕运总督，又兼管河务，吴棠自以清水潭工需万紧，桃、宿圩工则无款可动。因此吴棠以无法完成桃、宿圩工回复曾国藩。曾国藩强调“桃、宿长圩关系齐、豫大局”。于是向吴棠传授经验：“敝处前在东省兴办运防，继于豫省举办沙河、贾鲁河防，均系按派防河各军分段修筑，不用民夫，亦不另筹工费。”清淮刻下尚无战事，要求吴棠“饬派运防各营分段办理，以次兴修。欧阳健飞添兵二千，给夫百二十名，当可竭力修筑。望阁下亲临指示一切”。[③] 但这件事情可能最终也没由吴棠完成，因为吴棠调离清淮了。如果换了湘淮集团的人担任漕督，那么曾国藩的指令肯定能得到很好的贯彻。从这件事也可以看出吴棠和曾国藩在利益上的不一致。

清水潭决口影响了当年冬漕的征收。十月，李鸿章因江北奇荒，奏请将本届额漕1.4万余石拨补江宁，充作督、协、狼、漕、淮、徐六标兵米，免其起运。[④] 于是，当年“仅征扬、通等府所属熟田漕米1.4万余

---

① 陈庆年：《吴棠年谱》，《近代史资料》总75号，第123页。

② 光绪《淮安府志》卷5《河防一》，第142页；卷40《杂记二》，第1248页；张煦侯编著，荀德麟点校：民国《王家营志》卷1《建置·河渠》，第203页。

③ 《复吴棠》（同治五年八月），《曾国藩全集·书信八》，岳麓书社1994年版，第5913页。

④ 光绪《淮安府志》卷8《漕运》，第237页。

石，奏准全数截留，拨补江宁各标营兵米”。[①] 漕粮改征本色一直是清政府希望的事，因此清廷是否借口这件事，迁怒于吴棠，而将其调离经营多年的江北，也未可知。

综观吴棠在漕运总督任上的河工行为，实在缺乏可圈可点之处。清淮以四冲之地，长期处于战争氛围中，剿捻、练兵、筹饷是第一要务，其他事务都服从于这三件事，河工也不例外。清水潭决口不是偶然，地方官员长期忙于征剿起义军，无法顾及河工，最终河决泛滥，这也是当时的大环境使然。

第二节 特殊的漕运总督

一 军兴前漕运总督的地位

“国计之有漕运犹人身之有血脉，血脉通则人身康，漕运通则国计足。”一语道破了漕运在中国历史上的重要地位。[②] 漕粮为天庾正供，总理漕事者为漕运总督。分辖则有粮储道。监兑押运则有同知、通判。趱运则有沿河镇道将领等官。漕运总督负责佥选运弁、修造漕船、派拨全单、兑运开帮、过淮盘掣、催趱重运、查验回空、核勘漂流、督催漕欠诸务，管辖直隶、山东、河南、江西、江南、浙江、湖广七省文武官吏经理漕务者。[③]

在漕运的每一个环节，从漕粮收缴、起运，到漕船北上过淮、抵通，漕运总督都要亲自稽核督查。康熙二十一年（1682）规定，粮船过淮后，漕运总督应随船北上，率所属员弁视察运道情况，调度全漕。如果运输过程中出现重要情况，需要随时向皇帝报告。粮船过津后，总漕即入京觐见述职，而后回淮办理下年之征收起运诸事。

同治元年以前，漕运总督府一直驻扎在江苏省淮安府的山阳县。“山阳特设大臣督漕事，凡湖广、江西、浙江、江南之粮艘衔尾而至山阳，经

① 曾国藩：《奏报本年江北新漕征解实数及筹办来岁漕粮情形并拟改由海运折》（同治六年十二月初三日），《曾国藩全集·奏稿九》，岳麓书社1991年版，第5797页。

② 王宗沐：《乞广饷道以备不虞疏》，（明）陈子龙编：《明经世文编》卷343，第5册，中华书局1962年影印版，第3681页。

③ 赵尔巽：《清史稿》卷122志97食货3《漕运》，中华书局1977年版，第13册，第3576页。

漕督盘查以此出运河。虽山东、河南粮艘不经此地，亦皆遥禀戒约，故漕政通乎七省，而山阳实咽喉要地也。”①

漕运总督的权力除了总理漕务外，还有其他的权力，如军权。漕运总督统辖各卫所外，复统辖旗、绿、漕标三营，兼辖淮安城守营、海州营、盐城水师营、东海水师营等营。漕标三营为中营、左营、右营。② 漕督所辖军队主要用于护漕。在发生人民起义时，漕军也是一支得力的镇压力量。

漕运总督还曾有一定的民政权。顺治二年，设立淮扬总督即漕运总督。又设凤阳巡抚（庐州来隶后又称凤庐巡抚），驻泰州。顺治六年，首度裁凤庐巡抚，后曾一度恢复，其首度裁撤期间之巡抚及海防事务即由漕运总督兼理。康熙四年，凤阳巡抚再度裁撤后，海防仍归漕运总督管理，但所辖地方分别划归安徽、江苏两巡抚，漕运总督不再过问地方事务。③

北京，自元以来皆为国都，漕运资乎东南。“江南全省则漕米并杂项居天下强半。”④ 由东南将漕粮运到北京，有河运和海运两种途径。据地方志记载：

> 元之海运，岁漕多至三百万，然多漂溺之患。明初则海陆兼运，一由江入海出直沽口，由白河运至通州，为海运；一由江入淮、黄河至阳武县，陆运至卫辉府，由卫河运至蓟州，为河运。后用济宁同知潘叔正言，复浚元会通河，筑坝遏汶水西南流，至南旺中分，北达卫水，南出济宁而运道通，遂罢海运。专命平江伯陈瑄疏山阳之宋故沙河，由城西南堰湖筑堤至于河口，建坝造闸，以时启闭，粮艘南自仪征、瓜州二江口入运河，出河口，由黄河入会通河，出临清北接卫河，至直沽溯潞河，达于京、通仓。⑤

经由古运河，河运路线经过城市大致为：由杭州经江南河、古邗沟至

① 光绪《淮安府志》卷8《漕运》，第229页。

② 赵尔巽：《清史稿》卷131志106兵2，第14册，第3910页。

③ 姜涛：《清代江南省分治问题——立足于〈清实录〉的考察》，《清史研究》2009年第2期。

④ 光绪《淮安府志》卷8《漕运》，第233页。

⑤ 同上书，第229页。

淮安，经会通河，从淮安直经山东至天津，由天津经惠通河达通州。河运路线基本固定。

大运河的贯通，对于漕运及南北物资的交流，起了巨大的促进作用。隋大运河在今淮安市境内总长约300里①，在清代的淮安府境内当大于此。宋以后，黄河夺泗入淮，徐州以下的泗水水道和泗口以下的淮河河道，成为黄、淮、泗共用的河道。明刘大夏筑太行堤阻断黄河北支，迫使黄河全线夺淮，自小清口入淮。淮河上、中游来水泄流不畅，经常威胁运河的通航；淮河下游的河道日渐淤高，淮河支流逐渐失去了入淮道路，遂在淮北一带漫流，水灾频频发生，使得淮安城成为控制南北漕粮运道的唯一通道。在黄河北徙之前，形成了淮、黄、运三河聚于淮安一城的局面。② 淮安由此成为漕运要津。

漕运太依赖于一条运河，也有不便。如果运河河道淤塞，漕粮运道不畅，那么只能改为海运或者改征折色。咸同年间就是如此。

二 军兴后漕运总督的地位

（一）无漕可运

无漕可运一方面源于漕粮海运。漕粮海运自元朝就有。因为“多漂溺之患”，所以时用时废，后来一度停止。但海运还是有河运不可比拟的优点，所以恢复海运的要求一直存在。明成化二十三年（1487），礼部侍郎邱浚奏复海运：

> 河漕视陆运费省十三四，海运视陆运费省十七八。盖河漕虽免陆行，而人挽如故。海运虽有漂溺之患，而省牵率之劳、拨浅之费、挨次之守。其利害盖也相当。今国家都燕，盖极北之地，而财赋之入，皆自东南而来。会通一河，譬人身之咽喉也。一日食不下咽，立有死亡之祸，迂儒过虑。请于无事之秋，寻元人海运故道，别通海运一路，与河漕并行。江西、湖广、江东之粟，照旧河运，而以浙西东南一带由海通运，使人习知海道，一旦漕渠少有滞塞，此不来而彼来，

---

① 参见倪玉平、荀德麟《明清时期的全国漕运中枢淮安》，中国书籍出版社2008年版，第18—19页。

② 范金民等：《居天下之中的淮安榷关》，中国书籍出版社2008年版，第193页。

亦思患预防之计也。[①]

邱浚所说的海道，到了清道光年间，终于由陶澍调查清楚。道光六年二月，江苏巡抚陶澍奏《海运图说》：

> 查元、明入海之道，或由浏河转廖角沙，或由灌河口至鹰游门，今俱壅塞。惟吴淞口至十滧一路为宜，由此运米入海，实创自今年。每遇熟习海洋之人，详加询问，证以记载，得其径道，绘图贴说。自上海县开行至十滧内洋，达外洋至佘山，北向铁槎山，历成山西，转之罘岛，稍北抵天津，总计水程四千余里。

海道通后，或因运道浅阻而筹海运，或因河运烦费而办海运，议者多谓海运之便利矣。[②]

道光朝曾因运河河道淤塞严重，河运不畅，漕粮有两次由海运通。道光六年，苏、松、常、镇、太四府一州163.3万余石漕米从海路顺利运到天津。一年后，运河修浚，又恢复河运。道光二十八年，苏、松、太二府一州应征道光二十七年漕粮108.3万多石由海路运往天津。[③]

咸丰元年，苏、松、常、太三府一州上一年份的白粮数万石改由海运。二年，苏、松、常、镇、太四府一州上一年份的漕粮100万石改行海运，浙江漕粮也改由海运，自是遂以海运为常。此后，清政府对太平天国和捻军的战争对漕粮河运产生了很大影响。湖北、湖南、江西、安徽等有漕省份相继沦为战场，无法再进行漕粮运输。

漕粮海运使得漕运总督可有可无，地位突然尴尬起来。于是，裁撤漕督的呼声起。咸丰元年七月初四日，陈若木给冯桂芬写信，陈述自己的想法：撤裁总漕，漕标改归绿营。通仓则仿海运之例，专派钦差大臣监收。“若能裁去一总漕，加派一钦差，其余悉照嘉庆年间旧章，而漕无起色，民不稍苏，我不信。”[④] 这是咸丰元年的想法，此时军事方起，漕运尚通。

---

① 龙文彬撰：《明会要》卷56《食货四·漕运》，中华书局1956年版，第1070页。

② 荀德麟等点校：光绪《淮安府志》卷八《漕运》，第233页。

③ 穆万娟：《道光朝两次漕粮海运》，东北师范大学硕士学位论文，2009年，第15、20页。

④ 苏州博物馆等编：《何桂清等书札》，江苏人民出版社1981年版，第212—213页。

无漕可运还缘于漕粮改征折色。咸丰三年，太平军陷扬州，清淮震动。漕运河道被人为切断。统兵大员截留江宁、安徽应运米石，抵作各该省兵饷银两，各省漕粮，除山东外，全行停运。经户部奏准：“江南、湖广等省漕粮及江安粮道所属粮米，均令折色解京。”江安漕运全数径解折色自此始。① 以后的漕运情况曾国藩曾作过概括：“咸丰十年以来，苏、浙沦陷，南漕运京，为数廖廖。上年全漕竟未兴办，仅赖李鸿章劝办商捐米九万石，于夏间次第解京。在上海经营甚苦，而在天庾则裨益甚微。”同治元年，“江苏淮扬、通海之米，已由漕臣吴棠奏准仍征折色拨充扬州军饷，湖北之米已由抚臣严树森奏准万难改征本色，江西之米亦由抚臣沈葆桢具奏，仍难改征本色”。② 漕运总督变得无漕可运。

漕折的分配，大概统由曾国藩负责协调，吴棠也须由曾国藩拨款。同治四年，曾国藩曾复吴棠书信一封：“尊处需饷甚殷，月拨津贴之四千金，即饬运司批解。奏请月协万金一款，当于扬防节省项下分拨。然奏定甘饷三万，敝处二万，加以尊处一万，詹营七千，即更不能再还漕折，容当专疏陈明。”③ 可见，漕折不是吴棠可以随便支配的。

战争兴起，百事俱废。咸丰五年六月，黄河在河南兰阳铜瓦厢决口。河水汇至山东张秋，冲毁运河堤防，向东夺大清河北徙，至利津入海。由张秋东至安山，运河阻滞。六年，给事中张修育以河运阻废，奏请拆散粮船以节经费。清廷同意。

既然运道淤塞，接着漕船又废，无法河运漕粮。于是，就有人建议将漕督改为江北巡抚，另设省会。同治元年二月，工部尚书王庆云奏称：

> 自苏、常失陷，巡抚以下驻扎上海偏隅，与江北各属道途中梗，而守令之升调，与夫钱谷刑名，仍须禀详江苏巡抚核办，辗转需时。其公事之棘手，不问可知。曾国藩统领全师，兼顾浙、皖，恐不暇注意地方。都兴阿等运筹军务，于吏治民生，亦无暇讲求，守令功过不明，何以整顿地方，保卫完善？现在南粮未能挽运，漕运总督公事无

① 光绪《淮安府志》卷 8《漕运》，第 236 页。

② 《遵旨复议南漕运京请变通成例并饬王大臣及户部集议新章折》（同治二年九月二十二日），《曾国藩全集·奏稿六》，岳麓书社 1989 年版，第 3574 页。

③ 《复吴棠》（同治四年四月二十三日），《曾国藩全集·书信七》，第 5012 页。

> 多，请颁给敕书，令其巡抚江宁布政司所属地方，仍兼办全漕事务，并于各属适中之地设为省会，将江宁藩司暂移江北。两淮运司兼办江北刑名，驿传事件，与督漕藩司同驻一城。地方公务，均归漕督办理，无须复归江苏统辖。其原设之河标、漕标官弁，改为抚标。所有卫所，漕运员弁，悉调赴省会，严加甄汰。所出乏缺，将曾经战阵之员，参错补用。其前次裁缺之河厅印委各员，并江苏候补人员，均准投效会垣，以供差委。所有江北各属地丁、漕粮、盐课各项，即由该抚藩就近清厘办理，俟苏、常克复，仍复旧制。①

同治元年三月初七日，清廷将此奏寄与曾国藩，令其会商。不久，曾国藩奏称：安庆克复后，水路得以畅通，用轮船递送文书，往返不过旬日，“声息不隔，呼应尤灵”。② 因此，应请毋庸置议。

不管是裁撤漕运总督，还是将漕运总督改为江北巡抚，所透露的共同信息就是漕运总督公事无多，对于河运漕粮来说，这一职位的设置可有可无。

（二）集五权于一身

咸同之际，吴棠任职前的漕运总督有杨殿邦、福济、邵灿、袁甲三、联英、王梦龄等。福济任期很短，只有几个月就改任安徽巡抚了；袁甲三于咸丰九年四月署任漕运总督，十月实授并兼署钦差大臣督办安徽军务，十年实授钦差大臣仍督办安徽军务，同治元年七月因病免去漕运总督职务。但是自咸丰九年十月袁甲三督办安徽军务以后，漕运总督相继由两淮盐运使联英、江宁布政使王梦龄、吴棠署任，联英署任只有半年。对于袁甲三、联英这样的官员来说，漕运总督职位是可有可无的，他们的主要职责并不在此，且任期很短。但是对于吴棠来说，这一职位绝对不是可有可无的。因为，清政府赋予吴棠的权力是其前后任都没有得到过的。他一人兼有漕、河、军、政、粮台五种权力，权重一时。

咸丰十年，捻军陷清江浦，朝议裁河道总督。最终，清廷裁撤了江南河道总督一缺，淮扬、淮海道两缺也一并裁撤。淮徐道改为淮徐扬海兵备

① 曾国藩：《议复王庆云漕督兼巡抚应毋庸议片》（同治元年五月初三日），《曾国藩全集·奏稿四》，岳麓书社 1988 年版，第 2228 页。

② 《曾国藩全集·奏稿四》，第 2228 页。

道，仍驻徐州。所有淮扬、淮海两道应管地方河工各事宜，统归该道管辖。以清江地方紧要，添设总兵一员，作为淮扬镇总兵，驻扎该处。俟军务平静，再行改驻扬州。“所有江北镇、道以下各员，均著归漕运总督暂行节制。”① 但这时候的漕督还不是吴棠，是王梦龄。

王梦龄，顺天大兴人。由监生报捐盐运司运判，分发两淮，旋改捐知县，分发江苏。道光十年，署沭阳县知县。后以缉捕出力，屡获升迁。二十八年，补淮安府知府。二十九年，调署苏州府，旋实授。十月，署苏松督粮道。咸丰元年十一月，调署淮徐道。三年二月，与江苏按察使查文经管理粮台。时捻军攻滁州、定远，逼近徐州，钦差大臣、漕运总督周天爵饬王梦龄相度机宜，于徐州沿堤扼要扎营驻兵，以严防御。四年，溃勇李三闹滋事，王梦龄派员剿办，治如律。徐州有张彦聚众掳掠，铜山、丰、沛数邑骚然，王梦龄派员兜捕，匪首就擒。十二月，克复无为州城，赏加按察使衔。以剿办徐州贼匪出力，遵旨遇有按察使缺出，由军机处题奏。十年三月，授江苏按察使。闰三月，擢江宁布政使，旋署漕运总督。五月，兼署江南河道总督，寻命督同盐运使乔松年办理江北粮台。十一年六月，命督同候补盐运使金安清经理江苏南、北两粮台筹饷事务。八月，因剿办大股捻军，淮海肃清，得嘉奖。寻以承办南河清理工程逾限，下部议处。咸丰十一年十一月二十六日，吴棠和王梦龄同时接到上谕，前部分谕令王梦龄回京以五品京堂候补，后部分谕令王梦龄所遗江宁布政使著吴棠补授，并著兼署漕运总督，督办江北粮台，其江北镇、道以下各员弁，著归吴棠暂行节制。同治二年三月，王梦龄因时逾一年多尚未到京，被勒令休致，而当月二十一日吴棠又奉上谕：吴棠补授漕运总督，所有江北文武各员及军务、地方一切事宜，仍归吴棠节制。② 原来是“江北镇、道以下各员”暂归节制，后来是“江北文武各员及军务、地方一切事宜”仍归节制。显然，同治二年的上谕将吴棠的权力扩大了。王梦龄前期的仕途可谓一帆风顺，位至署漕运总督兼管河务，兼办江北粮台，节制江北镇道以下各员，但后来仕途却急转直下，突然被召回京，又被勒令休致，五年二月在籍病故了，其影响显然无法和吴棠相比。

在王梦龄之前的邵灿，进士出身，多次充任考官。咸丰三年十二月为

① 《清文宗实录》卷322，咸丰十年六月庚辰。

② 丁进军编选：《同治初年各省督抚藩臬履历》（上），《历史档案》1995年第4期。

漕运总督。六年，捻军活动至清淮一带，邵灿兼署南河总督，帮办防堵事宜。因剿平陆遐龄、李月等捻军，被奖调度有方，赏戴花翎。九年三月，因病请假，四月，奏请开缺得准。可见，邵灿虽然也为清政府贡献颇多，但任内与大股太平军、捻军的交战并不多，江南、江北大营还存在，凸显不出他的重要性。吴棠接任漕运总督后，江南、江北大营已经崩溃，曾国藩名义上节制四省军务，但此时并无力分顾江北。吴棠必须和江宁将军一起承担江北的防堵事务。

对吴棠以江宁藩司兼署漕督并管江北粮台，存有不同意见。同治元年十月，有人奏请将江南、江北两处粮台，皆归并许道身办理。又有人建议将南北台归并江宁藩司经办："江南、江北兵勇无多，分设两台，筹饷分歧，彼此争竞。所派道员江清骥、姚仰云、许如骏等，资望尚浅，恐地方官既存藐视，军营中亦不复禀承。每台委员多至一二百员，縻费滋多，实予公事无益。请将南、北台并为一处，责令江宁藩司专办。"但对于吴棠以江宁藩司兼署漕督，论者也以为不妥，认为应"请饬吴棠以署漕督专理军务。藩司一缺，另由江苏巡抚择能请补"。清廷认为，"漕运总督一缺，近因全漕停运，几为虚位。吴棠办事尚能结实，是以简任江宁藩司，专司筹饷，于江北一带，呼应较灵。并令兼署漕督，藉资坐镇"。[①] 充分肯定了他的军事和筹饷能力。后来江南、江北粮台并没有合并，但吴棠藩司一职由乔松年接任。许道身因办理不善不再办理粮台。争论到最后，同治三年，清廷决定："江南、江北粮台，着责成曾国藩、吴棠办理……各省巨万军需，由该大臣督抚一言而定。"[②] 赋予了吴棠绝对的筹饷权，而且与曾国藩分管江南、江北粮台，对江北的粮饷分配拥有绝对的话语权，曾国藩也无法干涉。权力和义务是成正比的，吴棠所任的漕运总督权力和困难比前后各任都大。

吴棠拥有了军、政、粮台大权，虽然不是江北巡抚，但其职权范围相当于江北巡抚了。在漕督无漕可运、权力式微、清廷内外一片裁撤之声的时候，清廷赋予了吴棠如此大的权力，充分肯定了吴棠的个人能力，并且希望他能不受限制地发挥这个能力，为清廷保全江北里下河完善之区，以便曾国藩、李鸿章等人能专意对付江南的太平天国。事实上吴棠做到了。

① 《清穆宗实录》卷46，同治元年十月癸巳。

② 《清穆宗实录》卷112，同治三年八月戊子。

这在前文已有论述。

继吴棠任漕督的张之万，在军事上的权力已经没有吴棠大了。张之万上任之初，曾国藩就建议他不要过问江北军事，将江北的军事调度权交与李鸿章，张之万也答应了。在李鸿章决定倒守运河之时，李鸿章希望张之万酌调成子河防军及淮扬镇水师移防清淮及阜宁之射阳湖，布置三闸、杨庄一带，以杜捻军窥窜里下河之路，不得渡运越入湖堤，以固江北根本。但张之万对李鸿章守堤之举不太配合，以至于李鸿章认为张之万“性情怯懦，调度亦不中肯”，张之万只力保清江浦，但宿迁至清江的一段运河，水面宽深，张之万概置不问，万一捻军突破此运河防线，李鸿章只好准备以英翰倒守成子河。成子河在桃源迤西，运河和洪泽湖之间。吴棠任漕督时曾筑有长圩并派兵设守，以防天旱水涸时捻军由湖滩东进。张之万与吴棠相比，没有吴棠的办事能力和实心任事的责任心，因此李鸿章对吴棠评价相对较高，但对张之万则颇有微词。助守的浙军到淮后，张之万欲让浙军驻札杨庄，而李鸿章认为“青翁胆怯……杨庄去清江仅十数里，为彼守门户，似于大局无裨，故咨内拟定接守仰化集下至桃源界。若清淮有警，临时酌度缓急抽行队策应，尚无不可”。[①] 对张之万的要求李鸿章十分生气，称“青帅无理纠缠”“谬极”[②]！由此可见，张之万不仅军事能力不及吴棠，对大局的成败也不若吴棠关注，和李鸿章的配合也没有吴棠紧密，这时候李鸿章应该会怀念吴棠吧。

漕运总督这一职位曾有多次变异，如淮扬总督、江淮巡抚等。从这些称谓就可以看出漕运总督常是民政与军事兼管。因此，吴棠在军政、粮台事务之余，不可避免地要负责民政事务。

同治元年十二月，盱眙兵燹之余，道殣相望。吴棠助种劝耕，运粮接济。同治三年正月，江南军事紧张，很多江南民户逃至江北，吴棠檄沿江州县赈抚渡江难民。

吴棠又多次奏请蠲免粮户。同治元年，已革河道总督庚长奏请开垦湖滩地亩，酌收租息济饷。十二月，吴棠覆奏称：“连年贼匪窜扰，垦户每多失业。湖滩地亩，间有被水淹没。现饬逐一详查，并招佃垦种。请将历

① 《复马中丞》（同治六年七月五日），《李鸿章全集·信函一》29，第524页。

② 《致曾相》（同治六年七月六日），《李鸿章全集·信函一》29，第524页。

年积欠租息蠲免。”[①]

吴棠还力保辖境内治安。同治元年十一月，安东、清河游民万余，冒充兵勇，在里下河一带抢夺民财，并有李世忠营弁庇护。官吏畏惧李世忠，无可奈何。吴棠一面严禁安清道友，一面饬属严行保甲，以靖地方。[②]

为恢复纲纪秩序，吴棠又重建书院、文庙等。清江旧有崇实书院，毁于兵燹，同治元年九月，吴棠筹款兴复，聘请归安钱振伦主讲。使“人知向学，文教日兴”。[③] 同治三年，捐建盱眙文庙，重建考棚。

吴棠以漕运总督的身份所做的这些事，本是督抚等地方官应该做的，后来也无人承担过如许责任。可见，吴棠在江北任漕督的这几年，确实权重一时，这也造成了后来曾国藩、李鸿章的不满。

（三）漕粮改运的倡导者和实施者

自咸丰三年黄河改道，淮水南趋，运河数年无粮船。漕粮也多征折色，冲作军饷。漕运总督无漕可督，只管督军打仗。在军事稍靖后，吴棠没有忘记自己的本职工作。同治三年，积极倡导漕粮河运，并在江北试行。

1. 折色？本色？

自咸丰三年，运道梗阻后，漕粮改征折色。京仓常虞匮乏，因此，清廷希望漕粮能尽早解运本色。咸丰十一年，户部因京仓支绌，要求征漕时，尽量解征本色。江浙被兵日久，恐难照旧办运，“江苏海运尚无梗阻，本届应征漕粮，应即征完本色，[尽] 数运津。山东、河南二省，每次一律起运本色。江西、湖南、北漕折，赶紧筹划，扫数解京。至江苏淮、扬所属里下河产米之区，能否征收本色，由江运赴海口，搭运赴津”。吴棠覆奏：“江防吃紧，里下河一带州县本届漕粮，均已陆续变解济饷，无可起运。”同治三年六月，御史杜瑞联奏请：“漕征本色，宜急改复。”清廷谕令“饬行两江、两湖、江西、浙江、河南各督抚”。而吴

① 《清穆宗实录》卷53，同治元年十二月甲辰；陈庆年：《吴棠年谱》，《近代史资料》总75号，第117页。

② 陈庆年：《吴棠年谱》，《近代史资料》总75号，第117页。

③ 文彬：《漕运总督臣文彬跪奏为已故督臣功德在民谨胪陈事实吁恳天恩宣付史馆并准建专祠恭折仰祈圣鉴事》，《望三益斋存稿·诗文钞》，第9页。

棠又覆奏：“江北各漕暂留缓解，以备遣散、凯撤兵勇。”[1] 江北漕粮还是没能改征本色。

同治二年，李鸿章与吴棠联合奏请将江北各属漕米，仍请改征折色，以济扬营饷需。七月二十七日，清廷寄谕曾国藩，同意将“所有本年江北各属漕米，着仍照向章折征，留充扬饷，以资兵食”。[2]

也在同治二年，三口通商大臣崇厚请筹备京仓，户部议奏请旨饬下曾国藩与官文、沈葆桢、恽世临、严树森等会同筹划。曾国藩于九月二十二日将复议结果上奏，认为漕粮“难于解米者，盖为时势所迫，成例所拘”，并详细分析了“时势”和“成例”：

所谓“时势”有二：一、米价太贵。“咸丰三年，改收折色时，定为每石一两三钱。当时银价，每两换钱二千余文，米价每石不过一千余文。故一两三钱，民犹病其重也。今则情形迥异，价值悬殊，银价每两不过换钱千三百余文。米价虽各省不同，然大致相类……其价亦近三两。若如崇厚原奏，合米价运脚仅及二两，则近年绝无此事。”二、运费贵。“米价既费三两，加以由内河而出江，由江而海而津，船价耗米等费，计亦不下二两。是南省解到天津之米，约计需银四两九钱。”米价贵和运费贵带来的结果就是饷项支绌：“而南省所收民间之漕，部价仅算一两二钱。若解米十万石，即有三十六万金无著之款，部臣不准销，疆臣不能赔。此中窒碍情形，实乏弥缝之术。”而解决的办法，就是朝廷将缺缝补上。“以臣愚见，必求部臣奏请特旨，米价运脚，均准据实报销，不拘原定一两三钱之数。庶江楚本届之漕，尚可设法解京。”[3] 而清廷并不愿掏这个钱。“户部不允报销之说，则试办亦难于创行耳。”[4]

因此，曾国藩认为：

> 复南漕之旧章，定海运之全规，纵使军务大顺，亦须俟诸同治五、六年以后。目下二、三年内，祗可作试行之局，难遽为永定之章。

① 光绪《淮安府志》卷8《漕运》，第236—237页。

② 《曾国藩全集·奏稿六》，岳麓书社1989年版，第3476页。

③ 《遵旨复议南漕运京请变通成例并饬王大臣及户部集议新章折》（同治二年九月二十二日），《曾国藩全集·奏稿六》，第3574页。

④ 《复吴棠》（同治三年十二月二十五日），《曾国藩全集·书信七》，第4877页。

对此，他建议，成例应量为变通。

米石不必征诸民间。民折银而官购米亦可，商捐米而官代解亦可。米色不必拘守成例。江广而参用白粮亦可，苏浙而不尽粳米亦可。数不必其如额。全解不厌其多，三四万石不嫌其少。价不必其尽同。此省与彼省可以参差，前批与后批可以增减。但求有米到京，一切不为束缚，听东南各督抚因地制宜，从容展布。试行一二年后，自然渐讲渐精，中外皆有把握。①

但曾国藩说的只是理论上的可行性，实行起来还有很多的未知数。

2. 河运？海运？

京仓需要漕粮来充实，军事平定以后，漕粮肯定得征本色，争议的只是时间迟早和运输方式，即是河运还是海运？

江北各属州县，距上海较远，如果一律经上海将漕粮由海运入通仓，又多费周折。同治三年十二月，东南军务大局已定，吴棠认为江北各属方便河运，拟雇募民船，于清淮军需捐款内动银购米三万石解赴通仓，试行河运。征得朝廷同意后，即拟定筹办河运漕米章程十条："一、米色红白兼收，粳籼并运，均以干洁为主。二、米价按照市值，牐坝等费事竣核实开报。三、耗米按漕斛每石给民船一升，仓耗二升，随正交仓。四、水脚每石给银六钱。五、用民船径运通州。六、派员分帮押运，并添派大员赴通照料。七、回空船只，须于汛水未落之前南下。八、米船准带货物二成，免其纳税。九、兑交仍用漕斛。十、在清江设立总局，用款概从撙节。"② 朝廷担心雇民船河运漕粮，各地区会因米数太多互相掣肘，谕吴棠"如果不能概由河运，即可划分成数，河海并运"。

曾国藩力主废河运，行海运。认为"规复河运，其难有二：一则黄、运两河之岁修从此加增，必复道光年间五百余万之旧例。一则钉造粮艘数

① 曾国藩：《遵旨复议南漕运京请变通成例并饬王大臣及户部集议新章折》（同治二年九月二十二日），《曾国藩全集·奏稿六》，第3574页。

② 《清穆宗实录》卷126，同治四年正月丁酉。

千，须筹巨款”[①]。“向来三江两湖，皆有官制漕船，分帮编号，水次受兑，各有定所。今则漕船尽坏，将欲全数修复，需银约近三千万两。既难筹此巨款，又值黄河北徙运道久淤之后，又值泰西就抚、海道畅行之时，由江、浙、闽、广以达天津，出入洋面，如履户庭。揆之天时人事，自须全废河运，概行海运。”[②]

他在给吴棠的信中也明确表示“主海运之说”。认为“南漕概改海运，自是天时人事穷变推移之势”。[③] 其实他担心的还是经费问题。“数百年来，修治河道，耗尽帑藏，费尽智力。其间专固河堤以防溃决之工，不过十之三四；益修运道以送漕舟之工，实占十之六七。今若骤复河运，则黄、运两河之岁修从此大增，而钉造漕艘数千，亦需另筹巨款……究竟湖、广、江、安概改海运，有无十分窒碍之处？其海运之费，较之重整运河之费，孰多孰寡？”[④] 对此，吴棠说出了自己的计划：“江北各属及皖北之由洪泽湖北达者，先办河运，以免纡途运沪出洋，而旧制亦不致全废。”此处可见，吴棠恢复河运一方面是避免江北等地运粮到沪，路途遥远，多费周折；另一方面也是为了保持河运漕粮的旧制。后来的实践证明，吴棠的想法是对的，河运一直或主或辅地存而未废。对于修造漕船，曾国藩也提出了自己的看法：“惟修造漕艘，弟意不欲太骤，不欲太大，不欲以例价责成旗丁自造。太骤，则无此巨款；太大，则难于浮送。或者千里深通，一节胶浅，又增无数浚河之费。责成旗丁自造，往往一丁造船，举族敛费。能趁阁下任内，革此虐政为幸。将顾全此三者，则江、广三省，似不能不以海运为主，而河运仅堪为辅。”[⑤]

李鸿章也坦白地向吴棠讲了自己的担心：“海运既无船，河运又无费。”他在给刘松岩的信中也流露了这种担心：“江北折漕已久，骤改运米，万分掣肘。苏漕海运尚不识有无贻误，再加里下河数万石，自更吃

---

① 《复李宗羲》（同治五年五月十七日），《曾国藩全集·书信八》，第5768页。

② 《遵旨复议南漕运京请变通成例并饬王大臣及户部集议新章折》（同治二年九月二十二日），《曾国藩全集·奏稿六》，第3574页。

③ 《复吴棠》（同治三年十月十一日），《曾国藩全集·书信七》，第4782页，

④ 《复吴棠》（同治三年九月十五日），《曾国藩全集·书信七》，第4744页。

⑤ 《复吴棠》（同治三年十月十一日），《曾国藩全集·书信七》，第4782页。

力。仲帅试办河运需费太巨。"[①] 所担心的还是经费问题。吴棠对经费问题不是不知道，而是有自己的规划。

3. 河运本色的实践及结果

吴棠对江北漕粮试行河运早有规划。鉴于漕船已坏，决定不用重新订造，而是雇用民船，可省造船之费。"船身既小，浮送亦易。"曾国藩对此感到欣慰。"试办一年，则一切利弊，上下周知。其不合者，可以徐徐补救，欣慰奚似。"[②]

同治四年，吴棠开始着手试行漕粮河运，"军兴以来，漕粮折征，兼之上游黄河满溢，运道不通，以致粮船拆变，河运将废。现在东南肃清，次第撤防。因筹款采买正、耗米三万三千石，雇用民船，试行河运"。具体操作过程就是"雇民船装运于清江浦，兑收齐集，开行赴京"。运道情况是："江南境内运河无阻，唯山东黄河穿运之处淤浅，须加浚导。计到京以三月为率。"户部对这一次河运漕粮十分重视，上奏清廷："漕臣采买米石试行，虽米数无多，而将来规复运河，即以此举为权舆所关，实非浅鲜。请饬严禁经纪、花户人等勒索，随验随收，以示体恤。"[③]

七月，漕粮抵津。八月，吴棠试办之河运米30 600石全数抵达通仓，核计脚价等项，较海运更便宜。朝廷以河运既方便，对京仓也大有裨益，谕吴棠"将来年江北应运米石，按照本年办过章程，酌增数目，多备船只，如期由河道起运，以复河海并运旧例"。[④] 咸同军兴后，江北河运漕粮遂从此始。

但江北漕粮河运时断时续。四年，清军撤扬防。是年冬漕，各州县仍每石折解银二两四钱。署督臣李鸿章、漕臣吴棠等奏："本年江北各漕，民折官办。一半买米，仍由河运；一半折色，年内解京。又因剔除灾缓，分半起运，为数畸零，请以正、耗米四万石试行河运，其余三万七千余石，仍按例价每石作银一两四钱，另行委员解部。"节存银一两，贴补河

① 《复吴漕台》（同治四年六月十八日夜）、《复刘护院》（同治四年九月初五日午刻），《李鸿章全集·信函一》，第405、428页。

② 《复吴世熊》（同治三年十二月二十五日），《曾国藩全集·书信七》，第4876页。

③ 同治《清河县志》附编卷1《川渎》，第12页；光绪《淮安府志》卷8《漕运》，第237页。

④ 《清穆宗实录》卷124，同治三年十二月庚辰；卷152，同治四年八月丁巳；卷153，同治四年九月甲子。

运之费。五年十月，督臣李鸿章因江北奇荒，奏请将本届额漕1.4万余石拨补江宁，督、协、狼、漕、淮、徐六标兵米，免其起运。[①]

同治五年三月，吴棠偕江苏巡抚李鸿章奏请将“每米一石，给水脚及神福犒赏等银六钱；仍仿照海运沙船之例，准于回空时装载货物，免交北税”。载货纳税的具体办法是“船户免税，以装米轻重价值科算。如装米三百石准带土宜六十石，回空时准带成本银五百两货物，劄令粮道督饬委员按船开单，黏发护照，以便稽查”。[②]但后来因清水潭决口，这一计划没能实施。

同治六年，曾国藩又会同漕运总督张之万、署江苏巡抚郭柏荫奏请将该年征解的漕粮改由海运。该年由于春夏苦旱，秋后西水盛涨，所补种之晚稻又被水淹。根据勘定的歉收分数，除徐州府属变价解充徐台军饷，海州等七属向征折色外，“统计淮、扬、通三属应征熟田起运漕粮正改、兑正、耗米六万九千六百八十余石，内应截留拨补灾缺绿营兵米九千四百石有奇，实应起运本色米六万二百石有奇”。

征解的方式仍是民折官办。因“江北折征已久，民间完纳称便，且各州县酌减收米之价，以恤民艰。并准各州县将应解漕米变价每石减银三钱，实解银二两一钱，仍由官买米办运，盈余之款，即作运米之资”。

至于解运方式，因吴棠已不在江北，曾国藩以河运困难太重，摒弃不用，而改用海运。“黄水穿运，如张秋、南坝头等处，节节浅阻，逐段加挑，而淤垫太甚。仍盼大雨盛涨，始得通行。然同治三年虽得长运抵通，而原船不能回空，船户拆价板料，怨谪滋多。同治四年不能长运抵通，另于临清一带换船剥（驳）送，计运漕及盘剥（驳）等项，每石约合银三两七八钱。山东挑河之需，犹不在内。”[③]同治四年之河运和海运相比，吴棠试行河运，雇用民船，四年漕船至五年五月尚未回空。而海运则早报抵通完峻。五年再开办新漕，而捻氛又逼近运道，种种棘手，使河运难办。因此，曾国藩觉得，同治六年江北六万石之米为数不多，实不敢再耗费巨款，试行河运。他建议，不如仿照苏浙章程，并归海运，在江北虽属

① 光绪《淮安府志》卷8《漕运》，第237页；曾国藩：《奏报本年江北新漕征解实数及筹办来岁漕粮情形并拟改由海运折》（同治六年十二月初三日），《曾国藩全集·奏稿九》，岳麓书社1991年版，第5797页。

② 《清穆宗实录》卷171，同治五年三月庚申朔。

③ 《复李宗羲》（同治五年五月十七日），《曾国藩全集·书信八》，第5768页。

创举，然较河运之费，节省不少。海运所用船只，为上海沙船、卫船。待来年三月南漕头批回空，再装运江北之米。用上海头批回空之船，不过旬日抵津，似较河运犹为迅速。届时万一沙船太少，尚可雇用夹板装载，倘或无船可用，仍可将所买之米变价解京，不致延误。①

此后，江北漕粮以海运为主，河运已降为辅助的地位。或者正如直隶总督王文韶所言，留着河运一途是为了“留此一线通途以备不虞……江安粮道转漕十万余石，经行江南、山东境内，河工例有岁修，重运回空均需兼顾，定江北漕船每年往还一次，已足保此通道而有余，近年复于苏漕项下提拔十万石并入河道，亦同是顾全运道之意”。② 后人评论云：“盖自咸丰五年运道梗塞，停止河运者十数年。同治四年、五年暨九年至十三年江北雇用民船，均经循办，但为数不过十万石，较之起运全漕仅四十分之一，较之近年江浙海运新漕仅十分之一，虽运米无多，而相沿不改者，所以备外海或有不虞，犹可恃此一线以为内地转输之路也。惟运道浅阻，日甚一日，光绪三十四年虽将南北运河分段修浚，然北运河仅挑东昌至临清一段，东昌以南百余里依然淤塞不通。今则专行海运，卫帮久歇，漕督粮道既撤，运艘运费全裁，因时制宜，古今异势。”③

因此，吴棠当时为了避免江北运粮到沪路途绕远，为了保留旧制而试行的战后漕粮河运，在其离开漕督位置后，即被弃置不用。其后偶尔行之，也降为海运的辅助。没有了节制江北文武官员并军事、地方等一切事务这些战时赋予吴棠的特权，漕运总督这一职位的重要性已大不如前。吴棠最终被调离漕督任，倒是成全了他。否则，没有时势造人这一战时的特殊环境，当海运成为大势所趋，河运无法照常进行，漕运总督的地位和作用受到质疑，乃至最终被裁撤，岂不是太尴尬！

---

① 《奏报本年江北新漕征解实数及筹办来岁漕粮情形并拟改由海运折》（同治六年十二月初三日），《曾国藩全集·奏稿九》，第 5797—5799 页。

② （留任直隶总督）王文韶：《奏为河运漕粮拟请酌量变通仍将苏漕统归海运敬陈管见恭折》（光绪二十二年十一月十二日），中国第一历史档案馆编《光绪朝朱批奏折》第 70 册，中华书局 1995 年版，第 859 页。

③ 光绪《山东通志》卷 126《河防志第九运河考》，民国四年排印，上海商务印书馆 1934 年影印本，第 3465 页。

第三节 介入两淮盐务

盐课和漕粮都是清廷的要政。其中盐政收入是清廷的一大财政收入，而漕粮则是京师的命脉。在军兴时期，这两大政也不可避免地让位于军事需要，表现为盐政收入直接充作军饷，漕粮改征折色，所得现银仍充军饷。

两淮盐政归两江总督管辖，漕督无权插手。但是，吴棠负责江北粮台的筹饷事宜，两江总督曾国藩负责江南粮台的筹饷事宜。因此，在非常时期，吴棠为了粮饷需要，将权力伸展到本是曾国藩专属的盐务领域，对盐务多有建议。

同治元年六月，以镇江防军缺饷，吴棠奏筹泰坝盐厘，每引划分三百文解交镇江军营充饷。[①] 十月，奏请以改拨皖营淮南盐课，仍解北台济军。淮北商人捐盐助饷，吴棠奏请免提饷盐经费，按应纳课税，作为清淮军需。

同治二年春，又发生了北盐南运事件。吴棠奏请将淮北盐八万引由江运赴淮南、湖北销售。因“皖、楚军饷向恃淮北盐课为大宗，臣上年因清淮饷需支绌，又奏明劝捐恒盐，运售持济，均望淮河通行，销路方畅。现在苗逆反复，盐船不能上驶，北卤竟片引难销，不特皖饷无出，即臣劝捐之盐亦复无从运售，当此防剿吃紧之际，所关实非浅鲜”。因此打算将淮北由江运改为湖运的8万余引仍改为江运，原因“江路不通，改为湖运。今湖北路梗塞，而原定江运赴销之舒、桐、吴、庐等处均无贼踪，自可仍循旧制由里运河连江运售，庶几得尺则尺。如能试行有效，于皖浦军需之时不无小裨。一俟湖路能行，仍由湖运，以归简便”。又建议重新议定湖运改江运章程，得到朝廷认可。[②] 然而这件朝廷已经同意、吴棠将办成之事最终没能实行。都兴阿、富明阿在专奏中驳道：“惟现在淮南之盐每月仅销万引，若北盐一来，则南盐颗粒不售，实于军饷有碍。且李营所存淮北之盐甚多，一闻此信，必致接踵运办。”“查吴棠运盐之举原为清

---

① 《清穆宗实录》卷31，同治元年六月癸亥。

② 吴棠：《奏请改江运为湖运行销淮北盐引接济皖饷事》（同治二年四月十八日），国家清史工程网站录副奏折，档案号03—4882—018，缩微号360—2928。

淮饷需起见，不知此端一开，非但引界混淆，透私漏课。且淮北场盐无售，里下河数十百万灶丁生计顿灭，所关尤重。况刻下捻股屯聚湖西，沿湖抢掳民船，湖防正行吃紧。若北盐南运，人数既多，船亦难查，该逆夹杂盐艘，泅迹窜扰，尤难防范。”因此要求清廷“饬下吴棠停止北盐南运，另筹妥办”。[①] 清廷因此谕令吴棠“即按照都兴阿等咨明情节，另筹妥办，毋得固执前见”[②]。对此曾国藩叹道：“北盐江运之议，不特都帅奏驳，官相亦谓不便，两淮运司暨鄂省司道均详请停止。敝处两次咨商漕帅，亦请其停办。”[③]“都、富专奏驳之，谕旨亦允准；运使专详驳之，余处亦批准……盖利少而害太多，不能不驳。”[④] 所谓“利少害多”还是与盐的引地征课有关。当时淮南盐正因“楚、西引地未通，盐无去路，是以课无来源”。[⑤] 淮南盐也正到处寻找销路呢，引地如何能再让淮北盐侵入？因此，北盐南运遇到重重阻力自是情理之中事。而清朝国库既然不能提供充足的军饷，就对地方的筹饷措施没有决定权，在谕旨上就表现了一种摇摆不定的态度，最终解决问题还得靠筹饷官员的互相博弈，取得均衡。

淮北因为苗沛霖和李世忠的存在，盐务十分混乱。苗沛霖伏诛后，吴棠密呈皖北隐患，强调李世忠对淮北盐务的破坏：“李世忠查封西坝之盐，至数十万包之多。淮北盐务疲敝，悉由李世忠把持盘剥所致。豫胜营勇，李世忠向不发给口粮，全以掳掠为事。近在怀寿一带，焚掠之惨，甚于盗贼。自五河以下至滁州、来安、全椒、天长及江浦、六合等处，经李世忠勇队盘踞至六年之久。州县官不敢理事，居民搬徙，不敢还乡，以致田亩荆榛，屋庐瓦砾，数百里内，人烟断歇。苗平而淮北粗安，李存而淮南仍困。”[⑥] 曾国藩也向清廷奏劾李世忠的跋扈情状：“李世忠部下赴坝领盐，尤属桀骜，一不遂欲，百般恐吓。甚至因栈盐不足，下场自捆。一营

① 朱学勤等：《钦定剿平捻匪方略》卷190，第9—10页。

② 《清穆宗实录》卷67，同治二年五月庚申。

③ 曾国藩：《复唐训方》（同治二年八月二十四日），《曾国藩全集·书信六》，岳麓书社1994年版，第3992页。

④ 曾国藩：《致沅弟》（同治二年六月初六日），《曾国藩全集·家书一》，岳麓书社1985年版，第997页。

⑤ 曾国藩：《淮南盐运畅通力筹整顿折》（同治三年正月十二日），《曾国藩全集·奏稿七》，岳麓书社1989年版，第3915页。

⑥ 《清穆宗实录》卷85，同治二年十一月辛酉。

开端，各营效尤，护私夹私之弊，遂至不可穷诘。”[①]“捆盐自售，场坝避其凶焰。”[②] 因此，吴棠请求清廷密饬僧格林沁、曾国藩察看情形，宜趁僧格林沁等军全在皖境之时，早为办理。清廷认为李世忠如不能约束，骚扰病民，终为淮南巨患。只因淮南有苗患未除，是以隐忍未发。现在苗练已平，吴棠密筹平李办法“似尚周妥可行”。要求僧格林沁、曾国藩、吴棠、唐训方详细密函筹商。

同治三年，割据一方的苗沛霖被清廷剿灭后，李世忠觉得不能步苗沛霖后尘，遂交出所据城池，遣散所部兵勇。清廷准其开缺回籍，解甲归田。皖、徐平静，淮北盐销路渐通。曾国藩开始着手整顿淮北盐务，以“挽颓纲而裕正课”。他认为，“未办饷盐以前，票贩虽日形竭蹶，而尚能勉力从公；池商虽难免偷漏，而未敢任意售私。迨军营提盐抵课，变易旧规，营员日出于其途，商贩遂闻而却步”。因此要着手“将饷盐截停，招集新旧票贩，照常请票运盐，完纳现课，出湖销售”。提出“必须停止者三，急宜整理者四”。[③]

曾国藩的淮北饷盐改革，使吴棠的军费来源受到了影响。曾国藩认为必须停止的三项事端里就有一项和吴棠有关。“漕臣以清、淮防费支绌，先令场商每包捐盐五斤，每引共二十斤。旋因逐包捐缴，诸多未便，由海分司详改每运盐百包，带缴五包。其应完课银，及售出盐价，虽经吴棠奏明作为清、淮军需，但锱铢而取之，琐屑而派之，殊非政体所宜。此必须停止者一也。”“夫榷盐之法，革其弊而利自兴，饷盐停，则强封害贩之弊除。捐盐停，则科敛病商之弊除，借运朋贩之盐停，则引界混淆，营私充斥之弊无不除。”改革之后的淮盐收入，曾国藩进行了重新分配：“淮北解饷，原案向以十成分摊，临淮军营分四成，滁州李营分四成，安徽抚营分二成，今临、滁两营，业已分别裁并，自可将该两营旧有之饷，改拨金陵一军，稍解燃眉之急。惟漕臣停止捐盐，亦应量于拨济，以资贴补，嗣后所收课厘，臣已咨明吴棠、乔松年，应仍以十成分派，臣营派五成，

① 曾国藩：《截停淮北饷盐并设法整理以复旧制折》（同治三年八月二十七日），《曾国藩全集·奏稿七》，第 4359 页。

② 曾国藩：《迭奉谕旨复陈有关军务各事折》，《曾国藩全集·奏稿五》，第 2971 页。

③ 曾国藩：《截停淮北饷盐并设法整理以复旧制折》（同治三年八月二十七日），《曾国藩全集·奏稿七》，第 4359—4360 页。

抚营派四成，漕营派一成。”[①] 这时候的江苏巡抚是李鸿章，因此九成的盐课收入都归了湘淮集团。曾国藩经过这次改革，将原来的利益重新分配，为湘淮军争得了最大的一块蛋糕，而吴棠只得了很小的一块。因为曾国藩是两江总督，改革盐政是分内之事，别人无从染指。这正如曾国藩自己所说：“两淮盐务，与漕政本不相涉。然崇厚议拨盐课以购南米，亦权宜救时之一策……盐务系微臣专政，目下实无盐课银两，可以拨充漕费。”[②] 三口通商大臣崇厚以盐课购米济京仓的建议他都能拒绝，还有什么他不可以拒绝的？因此，吴棠没有了自主收盐捐的权力，只能服从曾国藩的统一调配，但既然曾国藩考虑到了吴棠的军需，所以也未表示反对。或许换了沈葆桢，情形就大不相同了。这应是吴棠进退有据、顾全大局的一个表现。

第四节　吴棠与“三大政”的历史评价

将吴棠对三大政的作为，与道光时期著名的封疆大吏陶澍的作为进行比较，或许就可以看出吴棠的贡献和不足。陶澍，道光三年出任安徽巡抚，五年调江苏巡抚，十年升任两江总督直至病逝。他在三大政上的作为为人称道。陶澍是两江总督，对三大政都有责任，而吴棠是漕运总督，兼管河务和漕运，对两淮盐政不能兼管，但他在川督任上，是有主动权的。因此，二人是可以比较的。

陶澍对漕运除了兴利除弊外，还大力倡导漕粮海运。道光四年冬，清江浦高家堰大堤溃决，江苏高邮、宝应至清江浦一段漕粮运道不通，严重影响了京畿地区的粮食供应。五月二十九日，时任安徽巡抚的陶澍上《筹议海运折子》，认为英和之议，“诚识时之要着，目前筹运之策，无逾于此”，但不同意漕米改征折色，认为若征折色，会导致“谷贱伤农，有粜无售，比户需银而银不可得，闾阎之气骚矣”[③]。道光帝于是调陶澍为

---

① 曾国藩：《截停淮北饷盐并设法整理以复旧制折》（同治三年八月二十七日），《曾国藩全集·奏稿七》，第4359页。

② 曾国藩：《遵旨复议南漕运京请变通成例并饬王大臣及户部集议新章折》（同治二年九月二十二日），《曾国藩全集·奏稿六》，第3574页。

③ 陶澍：《筹议海运及暂收折色、停运治河各情形折子》，陶澍撰、陈蒲清主编：《陶澍全集·奏疏卷11》第1册，岳麓书社2010年版，第250页。

江苏巡抚，筹办漕粮海运。七月二十日，陶澍发布了《筹办海运晓谕沙船告示》，不仅详细列举了海运对船主的好处：漕粮交兑，沙船不致等候；载米给价，不致赔累；满载之后，俟便放洋，不致掣肘；春初张帆，数日即可抵津，不患风涛；管运不管交，不患收米勒措；装米之外，准捎客货卸载后准往奉天装豆饼等，多有余利；奏请奖励，名利两得。他还郑重承诺：“一切便宜，断不稍滋牵累。”[①] 因而商情踊跃，进展顺利。

六年二月初一日，海运漕粮首次启动，这是清朝历史上的首次漕粮海运。九月三十日，漕粮全部进入通仓。于正额粮米颗粒无损，交兑后还剩粮米，由政府出钱购买。比平常年份的河运漕米便捷而费省。[②]

漕粮海运是对河运制度的变革和创新，雇用商船也省却了官造漕船的诸多滋扰和花费，在当时是有诸多方便的。魏源曾总结海运有“四利”和“六便”，四利即“利国、利民、利官、利商”[③]，六便即“国便、民便、商便、官便、河便、漕便”[④]。从后来漕运的发展趋势看，最终是海运取代了河运。陶澍应是具有远见的。而吴棠出于“在其位，谋其政”的考虑，先是为军饷的需要，在战时抵制漕粮征收本色，在军事稍靖后又积极试行江北漕粮河运，反对海运。在雇募民船，不再重新修造漕船这一做法上是可以媲美陶澍的。但从长远来看，在河运和海运方面还是无法比拟。吴棠在这一点上还是缺少了些魄力和远见。

陶澍在江督任上的最大政绩应是道光十二年试行两淮盐政的改革。他针对纲盐的弊端，在淮北试行废纲改票，废除总商，获得了极大的成功。不仅消除了积引，而且超额完成销售任务，盐课收入也大大增加。盐政改革是江督的本任，他人不得染指，尤其咸同年间曾李集团当权，盐税、盐厘成为重要的饷源时，因此吴棠在漕督任上无法对盐政有大的作为。在川督任上，也只是采取“兵来将挡，水来土掩”的被动应对方式，没有实行积极的改革性措施。

陶澍对河工也十分重视。积极治淮，疏浚江浙境内的多条河道，如吴淞江、运河及练塘、吴县雕鄂河等，积极兴修江南水利工程。陶澍对河工

① 陶澍：《筹办海运晓谕沙船告示》，《陶澍全集·文集补遗一》第6册，第466—467页。

② 李文治、江太新：《清代漕运》，中华书局1995年版，第463页。

③ 魏源：《道光丙戌海运记》，《古微堂集外编》卷7，第12页；《续修四库丛书·集部·别集类》，上海古籍出版社2002年版，第427页。

④ 魏源：《海运全案序》，《古微堂集外编》卷7，第8、425页。

的贡献，造福吴中数十年。

河工是吴棠的起家之本。因此他对河工似乎有一种本能的亲切感，投入了极大的热情。每有水灾，都亲赴一线，勘灾放赈。平时也积极疏浚河道，维修水利工程。但是因为吴棠任漕督时，江北已无黄患，吴棠不仅没有维修水利设施，反而拆了河工的砖石修城。一些水利工程也是日常的维修疏浚，未见有陶澍那样的造福后世多年的工程。他认为不重要的高家堰后来又作为重要的洪泽湖大堤，继续发挥着防洪泄洪的作用。

相比于陶澍改革的大刀阔斧，吴棠经历“三大政”的时期正是咸同军兴的非常时期，尽快地镇压起义军，维持清朝的统治成为清廷内外工作的重中之重。他对三大政的作为显得保守，有时候还有些落后。这些差别应和吴棠的学识和性格有关，即可以做具体的事情，但缺乏远见和战略眼光，缺乏大胆的创新和变革精神。如果说他在处理“三大政”中有特别之处，就是他拆了旧河工堤，修筑了清江石城。从来都是修筑河堤，没有拆堤的，这一举动或许是他任漕督兼管河务时的一大欠缺之处。

总而言之，吴棠恪尽职守，在不同的职位上对“三大政”作出了不同的反应，虽无惊天动地之举，但尽了一个传统士大夫能尽的责任和义务。由吴棠对“三大政”的作为也可看出，在咸同军兴时期，南河河工基本停滞，河运漕粮几乎停止，盐政混乱不堪。尽管战后统治者努力想整顿甚至恢复原来的状态，但已经无力回天了。

第四章

“节制江北”

——与曾国藩、李鸿章的关系

曾国藩、李鸿章都曾任两江总督，吴棠受命“节制江北文武及军事、地方一切事务”，差一点也成了两江总督。两江总督统管江苏、安徽、江西三省，共二十九府九直隶州，幅员辽阔，区域广大，自唐宋以来即为财赋、文教重地。“东南财富地，江左人文薮。”[①]“江南田赋之供，当天下十之三；漕糈，当天下十之五；又益以江淮之盐荚、关河之征榷，是以一省当九州之半未已也。”[②] 因此，两江总督辖区经济地位的重要性无地能出其右。

两江总督辖区内官职数目之多也是其他地区所不及的，仅以江苏一省境内职官为例，除了总督、巡抚外，又有漕运总督、河道总督、江宁、苏州二织造、盐政使、提督、学政以及江苏、江宁二布政使、按察使等数十大吏。军事方面，两江总督统辖督标二营，节制三巡抚、一提督、九总兵，兼辖江宁城守一协、扬州、盐捕二营。督标中营、左营，江宁城守协左、右两营，奇兵营，青山营，浦口营，溧阳营，瓜州营。辖境内的漕运总督统辖各卫所外，复统辖旗、绿、漕标三营，兼辖淮安城守等营。漕标中营、左营、右营，淮安城守营，海州营，盐城水师营，东海水师营。江苏巡抚节制三镇，统辖抚标二营，兼辖苏州城守营。抚标左营、右营，苏

---

① 玄烨：《示江南大小诸吏》，转引自曹虹《阳湖文派研究》，中华书局1996年版，第21页。

② 余国柱：《序》，康熙《江南通志》卷首，第2页。

州城守营。[①] 因此，除了直隶总督所统区域，两江总督统辖之区为全国最重要的政治、军事重地。

两江总督的职权范围还有其特殊性。不愿任署两江总督的彭玉麟认为："天下各直省，惟两江地大政殷，素称烦剧……两江总督以筹划饷糈、充储国课为第一要务。"[②] 两江总督辖境内盐、漕、河、榷并存，其治理重点在钱粮、漕运、治河、盐务等方面。虽然咸同年间无漕、河二务，但盐务和榷关还在。道光十年，裁两淮盐政，由两江总督兼理。两淮盐场为清政府最重要的盐场之一，其征收课额为清廷之首，行销六省。陶澍说："东南财赋，淮鹾为最大；天下盐务，淮课为最重。即如各省地丁钱粮，或数十万，或百余万，极重如江苏亦只三百万，而淮盐内外正杂支款岁需七八百万，已足抵数省之钱粮。即南漕动称六省，亦只额米四百余万，所值仅与淮课相准，而丁粮、行月、赠伍、津贴各项，必须耗费至数十万、百万，始能上达仓储。"[③] 咸同年间的军费，除了厘金，很大部分出自两淮盐课。

咸丰十年二月，两江总督何桂清弃常州奔上海，苏、常连陷。四月，清廷任命曾国藩署理两江总督。六月，实授。此后，两江总督职位长期由湘淮集团把持。十月，"令统辖江苏、安徽、浙江、江西四省军务，巡抚、提、镇以下悉归节制"。[④] 曾国藩的权力又扩大到浙江。

吴棠担任漕运总督则是从咸丰十一年十一月二十六日开始。清廷明谕"江宁布政使著吴棠补授，并著兼署漕运总督，督办江北粮台，其江北镇道以下各员弁，著归吴棠暂行节制"。同治二年三月二十一日奉命实授，"所有江北文武各员及军务、地方一切事宜，仍归吴棠节制"。[⑤] 咸丰十年清江浦失陷后，清廷裁撤江南河道总督一职，河务由漕运总督兼理。河督所属兵员全部由漕督节制，而漕运总督的权力本来就已经增大了很多。现

① 赵尔巽：《清史稿》卷131志106兵2，中华书局1977年版，第14册，第3910—3912页。

② 彭玉麟：《辞署两江总督并请开巡江差使折》（光绪七年闰七月二十日），梁绍辉等点校《彭玉麟集·奏稿》（一），岳麓书社2008年版，第273页。

③ 陶澍：《漕委员弁未便撤回及任带芦盐折子》，《陶澍全集·奏疏卷50》第3册，第281页。

④ 王钟翰点校：《清史列传·曾国藩》，第3549页。

⑤ 丁进军编选：《同治初年各省督抚藩臬履历》（上），《历史档案》1995年第4期。

在清廷又谕令吴棠统管所有江北文武各员及军务、地方一切事宜，尽管曾国藩节制四省军务，但漕运总督并不归其节制，所以曾国藩和江苏巡抚李鸿章都无法直接插手江北的事务。在有些事情上只能和吴棠协商。非常时期，谁掌握的权力更多，谁就有可能获得更大的成功。因此，在咸同年间，围绕着各种权力，江南的两江总督曾国藩集团和江北的漕运总督吴棠之间一直是既协商又争夺。

第一节 两江总督风波前与曾、李的关系

一 与曾国藩的关系

（一）互相协商

在同治四年九月两江总督职位易人风波之前，吴棠和曾国藩一直是遇事先协商。曾国藩的官阶大些，如果是曾国藩管辖范围内的事情，一般是曾国藩说了算。比如，同治二年，在吴棠家乡盱眙县任知县的李金庚官声甚好，曾国藩欲调其往桐城。盱眙绅民先向安徽巡抚唐训方禀求留下李金庚。唐训方去信与曾国藩商量，曾国藩还是坚持调李金庚。于是唐训方专疏具奏，获朝廷批准。盱眙绅民见向唐训方禀求无效，又转请吴棠。吴棠遂去信与曾国藩商量，曾国藩以唐训方已有奏疏，不能另行再奏为由婉言拒绝。最终李金庚前赴桐城署知县。因吴棠负责江北事务，曾国藩负责江南和皖南军务，所以对此事吴棠也无可奈何。[①] 尽管李金庚和吴棠私下还有诗词唱和，李金庚很感激吴棠对盱眙灾荒的救助。

对于曾是吴棠麾下爱将的陈国瑞，曾国藩在处理的时候则照顾到吴棠的感受。曾国藩在同治四年闰五月初一日、闰五月二十二日、六月二十六日、八月初九日的四封给吴棠信中都谈到了陈国瑞。闰五月初一日将陈国瑞因抢枪与刘铭传私斗一事告知吴棠；在闰五月二十二日给吴棠的信中，曾国藩写道：“陈镇劣迹一纸，恐其中有传闻不实之处，求一一批出，冀得真际。”六月二十六日的信中将给陈国瑞的批牍抄给吴棠看，希望“去其外邪，扶其元气”。八月初九日的信中将陈国瑞的复禀抄给吴棠看，认为陈国瑞“毫无悔过之意，恐难望其回心向道”。并告知吴棠将对陈国瑞

① 曾国藩：《复吴棠》（同治二年十一月十二日），《复唐训方》（同治二年十一月二十七日），《曾国藩全集·书信六》，岳麓书社 1994 年版，第 4159、4185 页。

“具疏补参”，将所参奏折抄给吴棠看。[①] 对此，吴棠心有余而力不足。结果陈国瑞终因僧格林沁之死而受到处罚。

在制定某些规章制度时二人也互相协商。非常时期，总有人提出一些意见或建议，希望对大局能有裨益。同治元年，捻军活动于苏、皖、东、豫四省边界。六月，光禄寺卿潘祖荫奏请在江苏、安徽、山东、河南四省边界的徐州“添设四界镇总兵一员、四界分巡兵备道一员”，四省“沿边州县，悉归节制，以专责成”。[②] 清廷令僧格林沁、曾国藩、吴棠及四省巡抚李鸿章、李续宜、谭廷襄、郑元善按照所请，悉心妥议。曾国藩给吴棠去信，希望他与僧格林沁商量后，“挈衔复奏”，并表明自己的观点：“窃意立法非难，得人为难。咸丰四年，议者以皖南地方为江、浙枢纽，请设皖南巡抚，部议照台湾道之例，准设皖南道，假以兵权，专衔奏事，并设皖南总兵会办防剿；嗣后皖南蹂躏殆遍，蔓延五六载，是添设镇道仍复无裨时艰。四界地面辽阔，尤非皖南一隅可比。诚如来示，简派大员尚难克期扫荡，镇道权位较轻，岂足以资控制……苟非其人，徒有更张之名，卒无补救之实。”[③] 吴棠也认为没有必要：“捻匪起于蒙亳，扰及江皖东豫，出没之区，四通八达。即使四界添设镇道，仍不过兼顾一隅。徒更旧章，无裨全局。须俟大兵剿办，地方肃清，再议随地制宜。”[④] 清廷表示同意。

总之，在同治四年两江总督职位风波之前，吴棠与曾国藩之间一直这么有商有量、相安无事地相处着。

（二）争权江北

清廷虽在咸丰十年命曾国藩督办江苏、安徽、浙江、江西四省军务，但是皖北和江北的军务另有专人负责，曾国藩管不着。皖北由钦差大臣袁甲三负责，江北由吴棠和江宁将军都兴阿负责。所以自实际负责军事以来，曾国藩一直希望能统一事权。当同治元年二月，王庆云奏请设江北巡抚，就近暂归漕运总督办理时，曾国藩明确表示不同意。王庆云奏道：

---

① 曾国藩：《复吴棠》，《曾国藩全集·书信七》，岳麓书社 1994 年版，第 5072、5122、5223、5277 页。

② 《清穆宗实录》卷 31，同治元年六月己巳。

③ 曾国藩：《复吴棠》（同治元年八月十四日），《曾国藩全集·书信四》，岳麓书社 1994 年版，第 2976 页。

④ 王钟翰点校：《清史列传》卷 53《吴棠传》，第 4204 页。

> 漕运总督公事无多，请颁给敕书，令其巡抚江宁布政司所属地方，仍兼办全漕事务，并于各属适中之地设为省会，将江宁藩司暂移江北。两淮运司兼办江北刑名、驿传事件，与督漕藩司同驻一城。地方公务，均归漕督办理，无须复归江苏统辖。其原设之河标、漕标官弁，改为抚标。所有卫所、漕运员弁，悉调赴省会，严加甄汰。所出乏缺，将曾经战阵之员，参错补用。其前次裁缺之河厅印委各员，并江苏候补人员，均准投效会垣，以供差委。所有江北各属地丁、漕粮、盐课各项，即由该抚藩就近清厘办理，俟苏、常克复，仍复旧制。

三月初七日，清廷令曾国藩与江宁将军都兴阿会议具奏，曾国藩直接反对：“改漕督为江北巡抚，另设省会之处……应请无庸置议。”① 如果曾国藩同意王庆云所奏，那么，他可能就再也没有机会管辖江北了。

淮扬道员缺在江南河道总督裁撤的时候被一并裁撤。同治三年十月，吴棠署江苏巡抚，与两江总督曾国藩等上疏建议“一切应规复旧制，请仍设淮扬道员缺”。下部议行。在人选上，清廷令曾国藩、李鸿章和吴棠互相协商再具奏。这是一个很好的机会，借着这个机会，曾国藩和李鸿章竭力保举湘、淮军的人物，这样就可以将势力深入江北，蚕食本来属于吴棠的地盘。其实早在咸丰十一年，曾有一个这样的机会，但被曾国藩放弃了。曾国藩当时也深知江北尤其是清淮的重要，“至清、淮一带，无人经理，殊为可惜。该处有苇荡自然之利。若因其所入，练成大支劲旅，北可屏蔽山东，南可联络扬、镇，远可策应临、淮，近可保卫里下河，诚为良策”。当时袁甲三希望复设淮扬道，商之于曾国藩，曾国藩不敢贸然同意，“然镇将善练兵者，实难其选。黄镇现带淮扬水师，未能到任，此外敝营无人可委。应请阁下就近遴员暂署，总以久经战阵，能勤训练，方为称职。淮扬道一缺，未尝不可复设，然置一官，必得一官之力。有缺无人与无缺同，俟得胜任之员，再为疏请。夹袋中如有所储，不妨密示互

---

① 《曾国藩全集·奏稿四》，岳麓书社1988年版，第2228页。

商。”[①] 于是这一次湘淮集团就错过了可以伸手江北的机会。

同治三年复设淮扬道，一开始吴棠提出“以颜、吴两观察请补”，但李鸿章希望以张树声署徐海道，曾国藩也同意。至于扬道，李鸿章认为“颜道长厚无用”，不愿用之，但不便直接拒绝吴棠，遂推给曾国藩决定，“仲帅乃商请题补，已缄复由台端裁夺”。[②] 经过多次往返函商，同治四年五月初九日，曾国藩、李鸿章、吴棠会衔具奏，保举“张树声借补徐海河务兵备道，吴世熊补授淮扬河务兵备道”，认为这样“实于军务、河工两有裨益”。[③] 这个方案保留了吴棠提出的淮扬道人选，否定了徐海道人选。吴世熊是吴棠的爱将，张树声是李鸿章的爱将，算是双方的妥协和平衡吧。但这个方案确实对曾国藩等人的军务有利。因为张树声“谋勇兼优”，“北防所重在徐而不在浦”，“徐州四战之地，值多事之秋，若道员有本部兵将惯战善守者，免致临警之际，再由江南调兵，缓不济急，此亦因时制宜之道”。[④] 因此，先命张树声率军赴徐驻守，再就近赴任，先署后补。虽然吴棠提出的颜道论资排辈，循例理应先补实缺，但非常时期为军务起见，也顾不上了，而且李鸿章觉得他“长厚无用”。

同治三年，金陵克复后，太平军已经不是主要的威胁。十一月十一日，清廷命富明阿将扬防兵勇酌撤，所省之饷用于击剿回民起义：

> 江北之饷计可腾出若干？着曾国藩、李鸿章查明实在数目，以一半分解甘省，以济要需；以一半分济皖军前敌。如甘省待用万分紧迫，即将此有着之款尽力筹拨，不必拘定一半之数。并着妥议章程，迅速具奏。

清廷又担心撤扬防后对里下河一带不利，因此特别声明“里下河一带，现在无事。该处地方本系该抚、督所辖，自应妥筹兼顾，以免疏

① 曾国藩：《复袁甲三》（咸丰十一年十二月十二日），《曾国藩全集·书信三》，岳麓书社1994年版，第2377页。

② 《致曾中堂》（同治四年三月初四日），《李鸿章全集·信函一》，安徽教育出版社2008年版，第371页。

③ 《拣补徐海、淮扬两道折》，《曾国藩全集·奏稿八》，岳麓书社1990年版，第4834页。

④ 《曾国藩全集·书信七》，第4965、4979、4983页。

失”。[①] 其实，里下河一带名义上属于该督抚所辖，但一直都由吴棠、富明阿直接管辖。清廷这样说，无非是在提醒曾国藩、李鸿章，江北现在无专门防兵，里下河一带，虽不由你们直接管辖，万一有事，你们不能袖手旁观。

其实，清廷本意还是希望有人能从曾国藩手中分权，这表现在江北迟迟不愿交给曾国藩、李鸿章管理。同治三年十一月，吴棠奉旨毋庸署理江苏巡抚，仍回本任办理淮、徐善后事宜。二十日，吴棠接篆回漕督本任。他再次疏言：“江苏肃清，督臣已驻江宁，所有江北事宜，臣可无庸兼管，以符旧制。”清廷却命吴棠“将清淮善后事件，次第举办”。并说，“曾国藩现须筹办鄂、豫等省军务及金陵等处善后事宜，其江北地方公事，一时尚难兼顾。仍著吴棠管理，俟江苏善后完竣，再行循照旧章办理”。[②] 于是吴棠继续管理江北。同治五年五月，吴棠“又以金陵已复，江北镇、道宜复旧制，归两江总督节制”。清廷仍说“江北防务吃紧”，令“仍由吴棠节制，俟军务大定，再行奏明办理”。[③] 吴棠一直节制到离开江北，赴闽督任。

其实在同治四年，湘淮集团有一个绝好机会从吴棠手中接管江北事务，但被放弃了。四年二月，清廷命彭玉麟署理漕运总督，吴棠署理两广总督。吴棠愿意接受，但彭玉麟坚持统带水师，屡辞不就。无人接受漕篆，吴棠也不能履新。而且“清淮士民纷然惊骇，分谓此间寇警可虞，而臣去尤可虑”。[④] 吴棠又没有随身得力兵勇可以带去赴任，想调一支李鸿章的淮军随往，李鸿章不愿意，吴棠也不愿只身一人处于多事之地。两方面的原因，使得吴棠最后也力辞署粤督任，专心留在清淮防剿。清廷只好同意二人请求。李鸿章曾为彭玉麟署漕督事数次致函曾国藩、彭玉麟，每次皆言及彭玉麟赴漕督任对湘淮军的种种好处：

> 屈得吴仲翁来书，欣悉阁下荣拜恩纶，简署漕督，有巡防转漕之责，而地方公事较简，捐厘所入，足赡防军，以老兄威望才略，必可

① 《曾国藩全集·奏稿八》，岳麓书社1990年版，第4572页。

② 《清穆宗实录》卷123，同治三年十二月己巳。

③ 陈庆年：《吴棠年谱》，《近代史资料》总75号。

④ 《钦定剿平捻匪方略》卷229，同治四年四月初四日，第9页。

胜任愉快。仰见天心眷倚，俾吾党共事一方，大江南北联为一气，所裨益大局者匪浅。闻信之余，喜跃不置。公宜星速赴任，勿再坚辞，是所切祝。①

曾国藩也深知此中利害，但无奈彭玉麟态度坚决，湘淮系就这样与漕督、与江北失之交臂。从李鸿章的信中可以看出，李鸿章一直未将吴棠视为“吾党”，大江南北也从未“联为一气”，他希望彭玉麟能“星速赴任”，以便吴棠能早日离开。

尽管吴棠的利益不断被曾国藩侵占，但吴棠对曾国藩的军饷所需却给予了积极支持。同治二年，曾国藩为筹军饷，实行盐务改革，吴棠没有了自主征收盐厘的权力，但吴棠并未上疏抗争。曾国藩为筹饷需，曾于同治三年和同治四年在江北办过两次捐。吴棠并不愿曾国藩这样做，为了支持曾国藩军饷，同治三年，吴棠“拟予统捐分解项下，匀拨数成，解济金陵”。② 结果曾国藩这一次劝捐没能举行。第二次，曾国藩借口“善后各务需款更多”，而“目下江北向有之统捐、沪捐、团练筹防筹捐均经停止，民力稍纾而敝处饷源愈匮。裁撤兵勇，欠饷尤巨，亟应筹画”。因此，“札饬司道在于江北里下河再行劝捐一次”。事先未与吴棠商量，只备文咨送吴棠。吴棠也未反对，还给予了足够的支持。在致吴棠信中，曾国藩称：“篪轩面称奉到台函，尊处统捐款项亦已停解，全尽敝处办捐，足纫舟谊。”③

同治三年，曾国藩和江西抚臣沈葆桢争夺江西茶税、牙厘时说：“谓江北淮、扬各属应筹邪？则里下河蕞尔之区，臣与吴棠、富明阿、冯子材四人争剥竞取，其何能给？”④ 自己也向清廷承认从里下河的各种收入中，征收军饷的事实。

---

① 李鸿章：《致彭漕台》（同治四年二月二十八日）《李鸿章全集·信函一》，安徽教育出版社 2008 年版，第 369 页。

② 曾国藩：《复吴棠》（同治三年四月十九日），《曾国藩全集·书信六》，岳麓书社 1994 年版，第 4474 页。

③ 曾国藩：《加吴棠片》（同治四年二月初四日），《曾国藩全集·书信七》，第 4941—4942 页。

④ 曾国藩：《沈葆桢截留江西牙厘不当仍请由臣照旧经收充饷折》（同治三年三月十二日），《曾国藩全集·奏稿七》，第 7 册，岳麓书社 2011 年版，第 85 页。

曾国藩和吴棠在江北的争夺，其实主要是曾国藩对江北的渗透。曾国藩以两江总督之权，挟节制四省军事之威，以军事需要为号召，吴棠并未如沈葆桢一样与曾国藩争夺，而是尽量配合。可以想象，如果吴棠像沈葆桢一样力争，清廷也定会支持吴棠。吴棠这种不争的态度，是否就是后来曾国藩评价他“厚道”“宽和”又“愦愦”的原因？

（三）湖团案

“湖团滨微山、昭阳两湖西岸，南迄铜山，北跨鱼台，绵亘二百余里，广三四十里或二三十里，铜山、沛县属境也。咸丰元年，河决丰工，其下游沛县诸邑当其冲。于是两湖漫溢，合沛、滕、鱼台之地汇为巨浸。居民奔散不复顾恋。五年，河决兰仪，其下游郓城诸邑当其冲，于山东昏垫之众挈家转徙，麕处徐境。是时，向所称巨浸，盖已半涸为淤地矣。无聊之民结棚其间，垦淤为田，立团长，持器械自卫。有司亦以居民亡而地无主也，且虞游民之无生计，遂许招垦缴价输租以裕饷，谓之团民。”①此即指前任江南河道总督庚长设立湖田局招垦，缴价输租充饷。于是山东曹、济等属，鱼台、巨野各县客民，遂陆续前赴该处，创立湖团，相率垦种，屯聚日多。一开始并无民田。其后另有东民，潜至沛县境内，占种民地，创立新团。“其时铜、沛被水之民，先后归故居，顾旧产为客户侵据，势且张甚，乃大怨。构讼团民，恃官符不相下，械斗相击杀，始毙团民二人。”② 六月初三日，突有新团“畜匪”，纠众抢入沛境刘庄寨，“既又杀沛民二十余人，汹汹几至变”。③ 新团屡经官府驱逐不法。“会粤逆北扰，捻贼复大起，往来劫掠，始饬谕团练御寇蟠固滋息。殆及十年，莠民蘖芽，往往接纳凶党。”④ “有私筑新团各圩，濠深圩固，抗拒官军。”⑤同治三年，经漕督吴棠派徐州镇道等带兵剿逐，将新团各圩平毁，“捕斩团民千余人，乃定”。⑥ 余匪逃往西北新团两圩。清廷谕令吴棠“饬令派出各员弁，实力追剿，尽歼丑类。将所立新团各圩，一律平毁，毋令逸匪

① 民国《沛县志》卷16《湖团志·湖团纪事始末》，台北成文出版社1975年影印本，第907页。

② 同上书，第908页。

③ 同上。

④ 同上。

⑤ 《清穆宗实录》卷111，同治三年八月乙亥。

⑥ 民国《沛县志》卷16《湖团志·湖团纪事始末》，第908页。

逃匿。其从前开垦湖荒之东民，如查明实系开种闲田，无碍本境民人生计，且能安分谋生，不致别滋事端，即著饬令该管地方官编成户籍，责令按地升科，输租执业；傥查有侵占民田及勾通新匪情事，即立加驱逐，毋任逗留生事，庶不致贻患将来”[①]。同年九月，吴棠奏，“占种沛地之畲匪，剿逐净尽”。清廷嘉其“办理尚属妥速”。[②]

但是在三年十一月，都察院先后两次接到江苏童生刘际昌和贡生张其浦呈控。刘际昌控诉以唐守中为盟主的“南至铜邑，北至鱼台”的十团，于六月间攻破刘寨，伤毙多人。刘际昌之父亦被杀毙。控经府、道、漕督等衙门。七月，漕督吴棠派官兵赴沛县剿办，仅将新团之人拏究。“至唐团肆恶各情，竟不过问。并唐守中设立湖田总局，为其子唐锡龄捐纳县丞，在清浦候补。”还称“新团焚掠，均系唐守中主使”。[③] 清廷谕令吴棠、李鸿章按照所控各情，遴派妥员，严密查察。张其浦等则联名呈控“奸民唐守中纠众霸占地亩，戕害县令，攻破刘庄寨，杀毙多人。其子唐锡龄捐纳县丞，在清江候补。因此漕督耳目，尽为遮蔽，遂以攻破刘寨之罪，诿之新团等语”。清廷以“唐团肆恶扰民，叠经有人控告”。令吴棠、江苏巡抚李鸿章、山东巡抚阎敬铭等密速查明，严拏惩办，不得稍存回护。[④]

十一月，阎敬铭覆奏，“唐守中久充团长，实无为匪情形。鱼台境内，系旧垦湖荒之人，并无匪众盘踞。畲匪经江省剿平，查无余匪潜来东境勾聚情事”。且唐守中已自投到官。[⑤] 十二月，吴棠覆奏，遵查刘际昌呈控唐守中一案。“湖田各自为团，不尽归唐守中钤制。所控主使焚掠等情，毫无实据。湖田总局，系官设办公之所，并非唐守中所设。唐守中之子唐锡龄，捐纳县丞，验看到省，系属照章办理。鱼台境内，并无匪徒滋扰。现在清丈湖田，编查户籍，并拟派员移扎，以资弹压。[⑥] 显然唐守中并没有不法情事，他们呈控的目的缘是希图将客民概行驱逐。

而江苏巡抚李鸿章因“离徐过远，号令不能远行，只有据实咨请漕

① 《清穆宗实录》卷111，同治三年八月乙亥。

② 《清穆宗实录》卷114，同治三年九月乙巳。

③ 《清穆宗实录》卷120，同治三年十一月庚子。

④ 《清穆宗实录》卷121，同治三年十一月丙辰。

⑤ 《清穆宗实录》卷122，同治三年十一月戊午。

⑥ 《清穆宗实录》卷123，同治三年十二月己巳。

署察办”。但他认为：“沛县湖团一案，从前办法过于含糊。赵守带呈案理，必贻巨患。”①

湖团本身械斗尤可控制，清廷忧虑的是与捻军互相联系，养痈成患，最终无法控制。因此，要求曾国藩会同地方官“将通捻之团，认真惩办，以绝后患”。要求吴棠、阎敬铭“务将东省难民迁徙铜沛者，妥为安插。俾曾国藩无东顾之忧，得以克期赴豫，督剿各匪”。② 曾国藩经过调查，又与地方各官再四筹商，“议定将安分之唐、赵等团留住徐州，将勾贼之王团、容贼之刁团，逐回山东，勒限正月十五以前撤归本籍，如有抗拒迁延，即派兵剿办”。③ 并将查办湖团、分别留遣并酌筹善后事宜详细具奏清廷。奏折中所呈善后办法概括为：对回籍团民酌予抚恤。刁、王两团退出田亩650余顷，抵还侵占之数，计已有盈无绌。凡有印契粮票之失业土著各户，均准其报官认种，以昭平允。其余安分各良团，均不得概行驱逐。所垦地亩，均准其永为世业。该处土民，不得再行争控。屯田之处，派兵驻守，将徐州同知移扎该地方以资弹压。湖团案就此了结。

湖团案从案起到结束共有十多年。吴棠以“快刀斩乱麻”的方式，派兵将新团剿办，但因没有彻底查清原委，以致后来又发生地方生员再次呈控之事。曾国藩查办的时候，分别良莠，区别对待，终于将湖团案彻底清查了结。不同的办案方法、手段导致了不同的结果，体现的也是办案人的性格和行事风格。曾国藩对吴棠的不欣赏是否与诸如此类事情的办理有关，也未可知。

（四）私交

吴棠和曾国藩共事多年，虽然于吴棠对江北的贡献，曾国藩多有正面评价，但私交一般。两个人的经历不同，性格上也没有什么契合、相通之处，成为好友实在不易。公事之余的交往也就是一些礼节应酬。

吴棠在公事之余，喜爱刻书，麾下召集了一批博学名士如缪荃孙等为他负责古籍版本的校勘和刊刻。在漕督任上，吴棠刻了多种书，如《圣祖庭训格言》、咸丰《清河县志》等。这些书有一部分是作为应酬的礼物

① 《致曾中堂》（同治四年三月初四日夜），《李鸿章全集·信函一》，安徽教育出版社2008年版，第371页。

② 《清穆宗实录》卷162，同治四年十二月壬辰。

③ 《奏报湖北捻匪叛勇滋扰吃紧饬刘铭传李昭庆等军分防各处并清办湖团分别撤留》（同治五年正月十四日），《曾国藩全集·奏稿九》，岳麓书社1991年版，第5192页。

送人的。其中就送了曾国藩。据曾国藩日记记载，“同治二年三月初七日。是日将《圣祖庭训格言》读毕，恰吴仲仙送有十册，为之快慰”。[①]《圣祖庭训格言》不仅曾国藩自己喜欢阅读，还向别人推荐阅读，评价它“不特可以进德，可以居业，亦并可以惜福，可以养身却病”。[②]曾国藩也曾创办过金陵刻书局，对刻书也情有独钟。但他喜爱吴棠刻的书并大加褒扬，并不代表他就欣赏吴棠。

前文所述曾国藩将处理湖团案的经过并酌筹善后事宜详细具奏清廷。此奏稿为张树声代拟，上奏前曾国藩将奏稿寄呈吴棠，谦恭地要求吴棠修改，“如有不妥之处，即求签出，迅速见示，弟尚当改削修饰”。[③]当接到吴棠寄回的奏稿后，曾国藩又复函说：“接诵初四日惠书，并寄还查办湖团疏稿，谬承许可……约修改三分之一。实则振轩原稿字字圆稳，亦尽可用。”[④]从中可以看出曾国藩对吴棠所做的修改不以为然。或许是庇护自己人，或许是根本看不上吴棠的文采，此前的谦虚只不过是官场客套而已。

曾国藩在同治二年七月曾给曾国荃讲过写奏折“须用一番工夫”，建议曾国荃在“秋凉务闲之时试作二三篇，眼界不必太高，自谦不必太甚”。同时还给出了榜样和参照对象。“目下外间咨来之折，惟浙、沪、湘三处较优，左、李、郭本素称好手也。此外如官、骆、沈、严、僧、吴、都、冯之摺，弟稍一留心即优为之。”[⑤]此时曾国荃任浙江巡抚，常常需要专折奏事，奏折的文辞高下对个人的仕途也有一定的影响。因此，曾国藩给他指出左宗棠、李鸿章和郭嵩焘做榜样，而对官文、骆秉章、吴棠等人的奏折水平不以为然。

同治五年七月，曾国荃以湖北巡抚身份奉命帮办湖北军务。曾国荃写信问曾国藩“帮办应否疏谢”，曾国藩认为“似可不必具疏”。因为“近年如李世忠、陈国瑞等降将皆得帮办，刘典以臬司、吴棠以道员得之，本

---

① 《曾国藩全集·日记二》，岳麓书社 1988 年版，第 867 页。

② 《加李鸿裔片》（同治四年十月十八日），《曾国藩全集·书信七》，第 5382 页。

③ 《复吴棠》（同治五年二月初二日），《曾国藩全集·书信八》，岳麓书社 1994 年版，第 5596 页。

④ 《复吴棠》（同治五年二月十五日），《曾国藩全集·书信八》，第 5611 页。

⑤ 《致沅弟》（同治二年七月初一日），《曾国藩全集·家书一》，岳麓书社 1985 年版，第 1005 页。

属极不足珍之目，本朝以来亦无此等名目”。如果曾国荃想具疏言谢，“则不可辞，亦不可有微辞”。[①] 在这封信里，曾国藩将吴棠与他极不欣赏的李世忠、陈国瑞等降将相提并论，对吴棠以道员身份得“帮办”头衔嗤之以鼻，因此视为“极不足珍之目”。如果“帮办”头衔像“赏穿黄马褂”“紫禁城骑马”这样的荣耀、难得，曾国藩就会是另一番态度了。

从以上的曾氏两兄弟之间的小事可以看出，曾国藩骨子里对吴棠并没有多少的尊敬，是不太看得起的。

曾国藩在同治二年十月致信吴棠，言同乡欲刊刻《王船山全书》，而昔日金陵写刻各匠因金陵战乱，多寓居淮城。因此请吴棠幕友高伯平挑选写刻高手并请吴棠垫付盘川，前来安庆开工。[②] 十一月，又因为这件事再次致信吴棠，其“写手、刻手须在泰州、东台等处添觅多人，如人数已齐，望早日来皖为感！”[③] 吴棠尽力照办。同治三年正月，曾国藩告知吴棠“梓人抵皖”，并谢其垫发各款。[④] 私交也仅如此，没有更深的交情。

二 与李鸿章的关系

（一）诗文唱和

李鸿章于道光二十四年中举，二十七年中进士，朝考改翰林院庶吉士。咸丰三年，随安徽团练大臣吕贤基回安徽办团练。咸丰五年十月，率团练收复庐州，“奉旨交军机处记名以道府用”。六年，又以克复无为、巢县、含山之功，赏加按察使衔。然而，“功高易遭妒，一时之间，谤言四起，李鸿章几不能自立于乡里”。[⑤] 七年，丁父忧。八年，太平军再陷庐州，李鸿章携家眷出逃，寓居南昌其兄李瀚章处。他本人于九年末投奔曾国藩，充当幕僚。十年秋，师生之间因是否驻军祁门和曾国藩弹劾李元度二事发生严重分歧。李鸿章愤而离营，但无所归依。后来，郭嵩焘劝他说：“此时崛起草茅必有因依。试念今日之天下，舍曾公谁可因依者？即

① 《致沅弟》（同治五年八月十二日），《曾国藩全集·家书一》，第1276页。

② 《致吴棠》（同治二年十月初九日），《曾国藩全集·书信六》，岳麓书社1994年版，第4077页。

③ 《复吴棠》（同治二年十一月十二日），《曾国藩全集·书信六》，第4159页。

④ 《复吴棠》（同治三年正月二十七日），《曾国藩全集·书信六》，第4322页。

⑤ 马昌华：《李鸿章传》，《淮系人物列传·李鸿章家族成员·武职》，黄山书社1995年版，第5页。

有拂意，终须赖之以立功名。"[①] 经此劝说，李鸿章也意识到欲有所作为，必须要借助曾国藩的势力。当曾国藩再次招请后，李鸿章即顺坡下驴，于十一年六月七日重回湘军大营，此后平步青云，节节高升。同治元年三月署江苏巡抚，十月实授。

李鸿章的经历与吴棠有些相似之处，就是二人都在家乡办过团练，都因为军功获得快速提升。但吴棠没有"几不能自立于乡里"的经历。在咸丰六年和八年的时候，以知县身份剿捻有功，受到多次保举，以知府或道员优先补用，处境比李鸿章要好多了，尽管李鸿章的官衔比吴棠大。正因如此，两人之间才有诗词唱和，看起来关系还挺好。

咸丰六年夏，李鸿章在明光镇旅店墙壁上题诗二首：

四年牛马走风尘，浩劫茫茫剩此身。
杯酒借浇胸磊块，枕戈试放胆轮囷。
愁弹短铗成何事，力挽狂澜定有人。
绿鬓渐彫旄节落，关河徙倚独伤神。

巢湖看尽又洪湖，乐土东南此一隅。
我是无家失群雁，谁能有屋稳栖乌。
袖携淮海新诗卷，归访烟波旧钓徒。
遍地枯苗待霖雨，闲云欲去又踟蹰。[②]

诗里流露出对时局的忧虑、满腔抱负无处施展的失意和怅然无所依归的情绪。吴棠六年五月始回家丁父忧，其时正在家乡，因此有可能和李鸿章见过面。他步韵和了四首。

其一：《和李少荃观察丙辰明光题壁原韵》
眼看沧海竟成尘，同此乡关潦倒身。

① 郭嵩焘：《玉池老人自叙》，第7页，转引自朱东安《曾国藩传》，百花文艺出版社2001年版，第335页。

② 《明光镇旅店题壁》（咸丰六年夏），《李鸿章全集·诗文》37，安徽教育出版社2007年版，第71页。

击楫原期涉风浪，取禾甘让擅尘囷。
可怜战哭多新鬼，无那穷途半故人。
望切天戈勤扫荡，莫叫困郁损心神。

那是扁舟泛五湖，中原委贼误偏隅。
恬熙同作处堂燕，纵逸谁乩集幕乌。
但愿旌麾劳大帅，何妨耕钓隐吾徒。
故乡回首他乡远，欲别频教足重蹰。

其二：《再叠前韵》
白羽难麾庾亮尘，关山飘泊转蓬身。
孤军苦忆禽填海，疲卒饥同雀噪囷。
衮衮诸公谁拨乱，茫茫浩劫悔生人。
青莲喜晤长安市，结契文章尚有神。

狂澜仿佛倒河湖，全皖苍生哭向隅。
我是氋氃当座鹤，君多眷恋哺林乌。
田横本自多奇客，剧孟还应访博徒。
闻说义团能杀贼，官军何事重踟躇。①

吴棠的第一首诗主要是安慰李鸿章，“莫叫困郁损心神”，如果时局有人主持，退隐耕钓又何妨。第二首诗里流露出对时事的深切关注，希望国家早日平静，人民早日安居乐业，个人的情绪流露得较少。

咸丰八年七月，李鸿章又两次步前韵回赠吴棠。

其一：
猿鹤虫沙迹已尘，见几悔不早抽身。
破家奚恤周嫠纬，赠策多惭鲁子囷。
蜀岫愁云自终古，梁园咏雪又何人。
愤来快草陈琳檄，鼙鼓无声暗怆神。

① 吴棠：《望三益斋存稿·诗文钞·烬余吟》卷2，第2页。

单衫短剑走江湖，漂泊王孙泣路隅。
大漠风高秋纵马，故山月黑夜啼乌。
治军今有孙吴略，筹饷谁为管葛徒。
闭口莫谈天下事，乡关回首重踌蹰。

其二：
江吕诸公骨作尘，乡邦扶义仗君身。
危疆赤手支三载，饥岁仁恩赈百囷。
天子知名淮海吏，苍生属望涧阿人。
眼前成败皆关数，留取丹心质鬼神。

浮生萍梗泛江湖，望断乡园天一隅。
心欲奋飞随塞雁，力难返哺恋慈乌。
河山破碎新军纪，书剑飘零旧酒徒。
国难未除家未复，此身虽去也踟蹰。①

李鸿章的诗中流露的依然是一种书生报国不得意的情怀。第二首诗的上阕是对吴棠的高度赞扬。江忠源、吕贤基诸公都“骨作尘”，只有吴棠在独力支撑，成了天子都知名的淮海吏。而李鸿章此时在家乡办团练不得意，或许在褒扬吴棠之余，心里也有几分羡慕吧。

李鸿章在乡办团，吴棠在家丁忧，因此两人才可能以同乡的身份，互相唱和。李鸿章这时候还看不到自己的前途，吴棠则已步入事业稳步上升的时期。两人都感叹时势，李鸿章更多地是慨叹时运不济，渴望大展宏图却又报国无门，而吴棠则因已为地方官，诗中更多体现的是忧国忧民的情怀。

多年后吴棠对这一段诗文唱和的感情还很怀念，因此将李鸿章的原诗和唱和的诗都收录进了他的《望三益斋诗文钞》。李鸿章是否也怀有同样的感情呢？从后来的事情发展来看，李鸿章一飞冲天后，没有了这些怀才

① 《庐垣再陷，重过明光，次韵示吴仲仙》（咸丰八年七月），《李鸿章全集·诗文》37，第72页。

不遇的感慨，同时也没有了与吴棠唱和的心情。李鸿章似乎更看重权力和利益。

或许从二人早年的求学生涯也可以看出两个人将来的不同。李鸿章的父亲李文安是进士，家境比吴棠要好得多。道光二十四年，李鸿章中举，二十五、二十六年应会试，不售。二十七年终于考中进士，朝考改翰林院庶吉士。初次会试落榜后以“年家子”的身份，投贴拜曾国藩这个理学大家为师，得到了曾国藩的赏识，在思想上和学业上得到曾国藩的悉心指点，奠定了他一生事业辉煌的基础。李鸿章在京时，不仅拜访了其主考潘世恩、杜受田、孙锵鸣等人，还在其父的引见下，拜访了很多安徽籍京官，为其一生事业的发展拓展了道路。这些机遇和人脉，也是吴棠所没有的。人生际遇的不同，应也是吴棠和李鸿章日后相处而不能引为同道中人的一个重要原因。

（二）南通军山农民起事

同治二年，南通军山地区曾酝酿过一次农民起事，组织者是盛广大和黄朝飏。盛广大是后天教的传教者，在发展教徒的过程中，秘密组织起一帮人，成员有贫苦农民，也有衙门的班房吏役和绿营的弁目兵勇，并与江南的太平天国保持有联系。黄朝飏是盛广大发展的教徒，后来成为通海地区的领袖。到军山起义前夕，教徒已经发展到四五千人。原定在五月十四日接应太平军渡江登陆，十五日起义，因为走漏消息，起义最终流产，组织者四十多人被杀。[①] 这次起义因为发生在江北的通州（现在的南通），官方的处理态度反映了李鸿章和吴棠在江北的争夺。

其实在同治元年，官方已经对起义的组织有所察觉，开始查拿，也知道有兵勇与教徒相通。这年八月，升任给事中顺天府府丞卞宝第奏，江防水师各员，侵吞厘金，纵勇通“贼”。总兵陈国泰、赖镇海、游击张瀚所部皆有通“贼”之事。负责扬防的都兴阿覆奏查拿首犯情形，认为“此案习教匪徒，人数众多。必须速将首要各犯，拏获惩办，方可解散余党”。并对吴棠有意见，说自己“方委员速往查拏，而吴棠则札令折回，且令将已拏各犯讯释。是直有意养奸，为地方官消弭失察处分地步”。于是清廷一边批评吴棠“于此等重案，多方回护，贻误耽延。若果该匪首因此漏网，乘机起事，吴棠能当此重咎否耶？此案若止将首要各犯拏办，

① 参见管劲丞编著《南通军山农民起义史料》，江苏人民出版社1956年版，第2—10页。

被诱愚民，晓谕宽免，亦何至遽兴大狱？”因“案犯经卷”，已“由吴棠提赴淮城”，因此谕令吴棠“严行讯办，傥系邪教，有句结南岸粤匪情事，即著据实陈奏，不准一字讳饰。并著会同都兴阿、将首犯韩富春等悉数弋获，不准一名漏网”。指责“吴棠于此等巨案，并未具奏，是其意存消弭，已可概见。傥始终回护，纵令各首犯逃匿，惟吴棠是问”。[①] 事实证明，这只是清廷惯用的警告而已，并没有影响吴棠的继续升迁。在同治二年三月，吴棠补授漕运总督，清廷并明降谕旨“将江北军务、地方一切事宜均仍归吴棠节制。该漕督责无旁贷。所有蒋坝等处要隘，即著吴棠严饬在防将士实力扼守，不得稍涉大意”，而令“都兴阿等仍随时会筹防剿”。[②] 清廷对吴棠信任依旧。福建金门镇总兵陈国泰，因镇压太平军不力，且于“所部弁勇通贼，失于觉察，实属约束不严”被革职。[③] 而另一个据说有袒护起义军嫌疑的江南狼山镇总兵泊承升，也受到处分。[④] 清廷以其“年已衰迈，难期整顿，即著以原品休致”。“陈国泰、泊承升二员，均著不准留营。”[⑤]

吴棠在是否允许江南难民渡江北徙这一件事情上也和都兴阿有分歧。都兴阿奏报“江阴贼匪，屡有扮作难民渡江北扰之说”，因此“饬水陆防兵一体严查，并密查贼首黄姓务获”。清廷认为“逆匪窥伺里下河，已非一日”，“现当江防吃紧，岂得任令南岸奸民纷纷北渡？且贼踞江南已久，该难民前既相安，何以此时忽欲北渡”。因此肯定都兴阿“所办甚是”。严旨申饬允许难民渡江的江阴令沈方煦和漕督吴棠：“江阴令沈方煦，遽请吴棠准令渡江。该漕督不加查察，且咨行都兴阿等，令水师不得拦阻。市小惠而忘大害，何竟愦愦至此。著即严饬北岸地方官，认真盘察，并将续来难民，一体禁渡。傥漫不经心，致令奸宄溷迹，贻误事机，恐吴棠不能当此重咎也。办理荒谬之江阴令沈方煦，著都兴阿、富明阿、吴棠、会同查明严参。”[⑥]

对于是否允许难民渡江，李鸿章也是赞同吴棠和江阴令的做法的，对

① 《清穆宗实录》卷 41，同治元年闰八月乙巳。
② 《清穆宗实录》卷 62，同治二年三月丁卯。
③ 《清穆宗实录》卷 64，同治二年四月癸巳。
④ 管劲丞编著：《南通军山农民起义史料》，第 82 页。
⑤ 《清穆宗实录》卷 64，同治二年四月癸巳。
⑥ 《清穆宗实录》卷 67，同治二年五月庚申。

都兴阿的做法不满。只是军情紧急，暂时无暇顾及。八月，当淮军在江阴及苏常等地军事得利的时候，李鸿章开始允许难民北渡，甚至用兵船摆渡，以至于清廷责怪：“前因江阴贼匪有扮作难民渡江之谣，吴棠率准江阴令沈方煦之请，任令北渡。叠经严旨申饬，禁止续渡，认真稽查。诚以江北里下河一带完善之区，若令外匪句结，为患非轻。况江南常熟、太仓等处，均已次第肃清。南岸难民，尽可就近迁避，何必定欲涉险过江，上海师船进攻江阴，何以将难民率行摆渡至数千名之多？难保无奸人溷迹。著李鸿章严饬统带水师员弁，嗣后不准再有续渡。如查明实系难民，有家属住居江北，亦须先行咨会江北文武大员，以便派员稽查以重防务。”又令吴棠督同江宁藩司乔松年“饬令各属文武，认真查察，善为抚绥，妥筹安插。如有形迹可疑之人一经盘获，必须随时惩究，不得稍有疏虞，致干重咎”。[①]

克复江阴县城后，李鸿章又上奏清廷，陈述江阴城周围的惨状：“附城一带，贼尸枕藉，即距城数十里地方，亦积骸盈野，秽恶难闻。”指责都兴阿“禁止北渡，大拂人情”。清廷在上谕中对禁渡作了解释：“前因江阴难民纷纷北渡，恐有奸匪溷迹，扰及完善，是以准都兴阿所请，不得率行摆渡。”[②] 一边安抚都兴阿：“都兴阿等前因江阴难民摆渡过江，派兵禁阻。该将军等慎重江防，保全完善，办理甚属认真。”但又不能不显示体恤难民之意，于是话锋一转：“但不分良莠，概禁北渡，小民无辜被戮，固属可惨；或因无处谋生，饥饿倒毙，亦殊可悯；甚至强壮者被贼裹胁，反为该匪添助党与，于军务甚有关系。现在江阴已复，而常州、无锡，正值用兵之际，其孑遗之民，亦必有徙避过江者，自应量为变通，妥筹济渡……著都兴阿、富明阿、吴棠妥速筹商，于沿江要隘，酌设渡口一、二处，分饬防江员弁及地方文武各官，就两岸渡口，严密稽查。如实系避难良民，言貌形迹，并无可疑，或携有家眷，或经南岸带兵大员及地方官先期照会者，均应准其陆续渡江，妥为抚绥安插……如查有形迹可疑之人，该将军等仍当遵照前旨，随时认真查明惩办。”[③] 在给吴棠的信中，李鸿章又提到难民之事，流露对都兴阿的不满，并请吴棠想办法抚恤。

① 《清穆宗实录》卷75，同治二年八月癸未。

② 同治二年八月十七日寄谕，《李鸿章全集·奏议一》，第342页。

③ 《清穆宗实录》卷76，同治二年八月辛卯。

"弟昨过江阴，见远近难民，暴露尸骸，盈野塞路，实缘封江禁渡所致，而都公犹力持不肯开禁之说。忝为司牧，无力抚恤，又无法解救，不得不迫切呼吁于我兄，前议尚不刺谬也。"① 经过又一次请旨清廷，都兴阿最终确定以"六圩港专渡难民，八圩港专渡南岸水陆兵勇采买食物"。②

李鸿章对都兴阿的不满还缘于淮军在攻打江阴、常熟、太仓等城市时，都兴阿在江北并不积极施以援手。李鸿章向吴棠抱怨："刘镇铭传日内拟与三舍弟分队进图江阴，惟地广兵单，置守不易。都公酣卧扬州，坐糜重饷，从前犹借防北窜为名，此时楚军上下夹击，若稍有天良，当拨一旅而南，协助战守，乃欲引疾以退，其志可知。"③ 清廷曾因南岸各军，不敷分布，谕令曾国藩酌量情形，调都兴阿所部渡江协剿。因此李鸿章才对吴棠说"此军应归揆帅调度，鄙人不便搀越"。"引疾以退"指的是都兴阿在五月份的时候自奏"旧疾举发，请开缺离营调理"。这时候正是淮军大举进攻苏南的时候，太平军有可能转战扬州里下河一带，而且苗沛霖在蒙城也有东下之虞，江北正需人督办堵剿，作为江宁将军的都兴阿，负责扬州防务，在这关键时刻离营，即使有人接手军务，也还需要时间来熟悉，难怪李鸿章要对他有意见了。清廷也不同意他的离营请求。"都兴阿所患旧疾，前经具奏，谅系实情。此时富明阿既赴下游，扬营堵剿，正当吃紧，何可遽尔卸肩？都兴阿著俟富明阿回营后，赏假一月，在营调理，候旨遵行。刻下军务正在得手，该将军虽在营养病，仍当督率所部各军，严密防剿，毋稍松劲。"④ 都兴阿只好继续留在大营，但是对军务比较消极。八月，当淮上因剿苗沛霖练军而军情紧急的时候，都兴阿扬营派去王万清援兵二千，李鸿章认为"更不足恃"，建议吴棠"何弗请都公自将援淮耶"。接着又透露说："江阴克复，邗上一军，虚糜无益，但留数千人守之，足扼形胜。闻有密陈此议者。"⑤ 也就是说，都兴阿的军队没有存在的必要了。果然，蒙城解围，苗沛霖伏诛，北路捻军渐可廓清，扬州及里下河一带防务已松，江南军务稍轻，清廷以"甘省回匪鸱张，特命都兴阿前赴绥远城，会同德勒克多尔济办理防务"。除了马队由都兴阿带

---

① 《复吴漕帅》（同治二年八月二十日未刻），《李鸿章全集·信函一》，第253页。

② 《清穆宗实录》卷78，同治二年九月己酉，卷80同治二年九月丙寅。

③ 《致吴漕台》（同治二年六月二十四日），《李鸿章全集·信函一》，第242页。

④ 《清穆宗实录》卷68，同治二年五月壬申。

⑤ 《复吴漕帅》（同治二年八月二十日未刻），《李鸿章全集·信函》一，第253页。

走，其余扬防各军，另外选员接统。在人选上，清廷提出了富明阿、吴棠、詹启纶、陈国瑞等人，但不敢直接任命，而是命曾国藩查看，如果都不合适，“著该大臣于所部各员内，择其谋勇兼全、才能统众者，奏请派赴扬州，接带兵勇。庶江北守御，不至空虚，且与大江以南，联为一气”。[①] 果然，曾国藩找了一番理由，将清廷推荐人选一一排除，最后提出降补藩司唐训方供“圣裁”。[②] 但唐训方很快就被清廷调赴湖北按察使任，并没能接统此军。清廷不愿将江宁将军之权职让与汉族官僚，最终任命正红旗汉军都统、曾帮办江宁将军都兴阿军务的富明阿接统江宁将军之职，似乎并不愿意大江南北联为一气。富明阿也很“不满都兴阿之为人，恒言扬营坐食无事，若我为政，五千人即敷防守矣”[③]。都兴阿不能和这些拥有重权的汉族官僚和衷共处，而清廷又不能得罪这些汉族官僚，最终都兴阿被调离。

李鸿章对都兴阿的不满还在于他对通州地方官的奏参。据谕旨内容：“通州所办投贼斋匪，如果仅系食斋茹素，自不得滥行屠戮。据都兴阿等奏，该地方官已率行正法。”大概都兴阿以通州斋民性质不明，对署通州知州黄金韶不经请示就将所获斋民正法的做法不满，毕竟都兴阿负责江北防务，于理于情都应该先通过他。于是清廷谕令“富明阿现往下游靖江一带察看情形，自应访查确实。并著吴棠饬令乔松年及各地方，确切查明，详慎办理，毋许轻重失宜，致有激变情事”。[④] 其实吴棠对黄金韶的做法也不满。吴棠奉命节制江北镇道以下文武各员，因此，对黄金韶先斩不奏的行为肯定是不能容忍的。于是，在盛广大未被拿获的时候，“署通州直隶州知州黄金韶，辄将已获夥犯蔡之梁等就地正法。经吴棠奏参，将该员交部议处”。[⑤] 李鸿章对都兴阿的做法很反感，请求曾国藩主持公道：“江阴令救渡难民，通州牧搜杀奸匪，都帅先后劾奏，胆小张皇，无当事理。此老近颇乖张，不似在上游时尚有丰镐遗风也。吾师曷弗一言，为地方造福。鸿章责任仅能管及南岸，更不敢轻议老辈。前二事官绅士民公论

① 《清穆宗实录》卷92，同治三年正月庚午。

② 曾国藩：《复陈接办扬州防务大员片》（同治三年二月十二日），《曾国藩全集·奏稿》七，岳麓书社1989年版，第3947—3948页。

③ 罗尔纲、王庆成编：《太平天国》七，广西师范大学出版社2004年版，第221页

④ 《清穆宗实录》卷68，同治二年五月壬申（廿七）。

⑤ 《清穆宗实录》卷78，同治二年九月庚戌（六）。

甚愤，奈无主持公道之人耳。"[①]"责任仅能管及南岸"大概是李鸿章和曾国藩共同的痛。但李鸿章在这里如此说，是希望曾国藩利用他的影响对北岸的经手官员施加压力。

李鸿章对吴棠的做法也不满，"惟江阴救渡难民、通州擒杀奸匪，皆地方官应办之事，并无过举。都公迭次张皇入奏。至通州一案，尊处缘局外之先发，亦附会其词而媒孽之，蒙所未喻"。又劝诫道："我辈纠察属吏，须顺民心之公是非，如以意见为是非，则贤者无所趋向，不肖者加以揣摩，是致乱之本也。闻官绅团练啧有怨言，执事当与乔方伯善为弥缝，以厌众望，否则弟固不能无异议耳。里下河民气浮动，此等重案，不下辣手，复将何以挽回。叨在心交，敢进忠告，伏维鉴亮。"[②]这里他明确地说，如果吴棠不处理好这件事，他要有"异议"了。他要求吴棠将"通州从逆教匪一案，宜早办结"。并向吴棠保证说："弟访闻最真，力持正论，毫无偏徇之处，谅高明必能鉴及。"[③]他所谓的"访闻"，下文将提及，就是他在奏折中解释的原因。

吴棠和都兴阿奏劾黄金韶遭到李鸿章如此反感是有原因的。黄金韶是李鸿章欣赏的人，而其前任是吴棠列保之人，李鸿章称其官声狼藉，不洽舆情，要求吴棠将其撤任。在致吴棠信中说："该处民风近颇刁悍，绅局无人主持，诚为可虑。应速撤依牧，遴委廉正精明之员驰往接替。"并推出两个候选人："黄牧金韶能否卸海入通，否则丹徒田令亦著勤能，希酌办。"[④]又摆出公事公办、必须如此的态度："因阁下素系至好，乃先缄商，否则参撤属员固分内事。苏省吏治，颟顸至此。我辈稍执私见，负心良多，祈再加察为幸。黄牧金韶，务催其迅速莅任。"[⑤]语气中多了一份咄咄逼人，全然不顾吴棠是奉命节制江北镇道以下各官的漕运总督，只强调自己是江苏巡抚，参奏属下为分内之事，有意忽略了他的权限不能达江北这一事实。他的这一态度，对吴棠也有影响。日后吴棠要求将江北归还两江总督和江苏巡抚，不能说和这类事件没有关系。

除了对黄金韶信任外，还有军事方面的考虑。李鸿章曾在一封奏折中

---

① 《上曾中堂》（同治二年六月初九日），《李鸿章全集·信函一》，第238页。

② 《致吴漕台》（同治二年六月二十四日），《李鸿章全集·信函一》，第242—243页。

③ 《复吴漕帅》（同治二年八月二十日未刻），《李鸿章全集·信函一》，第253页。

④ 《复吴漕帅》（同治元年闰八月十六日），《李鸿章全集·信函一》，第123页。

⑤ 《致吴漕帅》（同治元年九月十五日），第138页。

解释道：

> 惟江阴一城，介江海之冲，拊常州、无锡之背，为南贼北窜咽喉。自上年臣军攻剿日紧，忠逆即嗾守贼伪广王李恺顺勾引通州教匪盛广大、黄帼才等纠众数千，谋为内应，献里下河十三城，以断臣军粮路。幸先事发觉，经通州知州黄金韶、团绅编修季念诒等按名擒斩，稍遏乱萌。而臣迭次截获金陵、苏州贼首伪文，皆嘱令李恺顺坚守待援，留备窜路。臣于克复昆、太后，即派李鹤章、刘铭传督带重兵进驻常熟、杨厍。自夏徂秋，时与大股悍贼搏战互争，必欲力克此城，以杜苏、常北窜之路，兼保里下河完善口岸。兹各军锐志攻取，水陆将士血战二十余日，击退援贼各股十余万，先后擒斩贼众两万有奇，弁勇伤亡至一千数百人。仰蒙圣主威福，艰苦经营，久而幸克，守城悍贼几无漏网。①

由此可见，里下河的存在对淮军克复苏南是何等重要，而里下河那些企图暗中和苏南太平军里应外合的危险人物则是军事胜利的最大障碍和威胁，是必须果断清除的。黄金韶的“宁愿错杀三千，不可漏网一个”的做法正是非常时期的非常举动，是很符合李鸿章的“下辣手”的军事需求的，也符合李鸿章的办事风格。因此他为黄金韶鸣不平。在李鸿章的压力下，吴棠在后来的一份奏报中又为黄金韶开脱责任：“盛广大等犯，现已拏获讯明。该员前次正法各犯，并无屈枉。且查拏尚能迅速，功过相抵。”因此清廷谕令“黄金韶前次应得处分，著免其置议”。② 都兴阿也奏：“至所有勾通发逆之教匪盛广大等，经通州知州黄金韶，叠次拏获讯办。”与吴棠所奏相符。于是清廷令“吴棠速饬将所获各匪，于讯明后，即行骈戮，毋久稽诛”。③ 结果，“所有续获通贼谋逆之盛广大即盛裕科(又名盛玉珂)、茅广幅即茅维中、王锦漳、吴正陇即吴城名、董芑香即董帼涓，均著即行处斩，以申国法”。④ 起义最终流产。

---

① 《克复江阴折》(同治二年八月初三日)，《李鸿章全集·奏议一》，第339页。

② 《清穆宗实录》卷78，同治二年九月庚戌。

③ 《清穆宗实录》卷75，同治二年八月甲申。

④ 《清穆宗实录》卷78，同治二年九月庚戌。

南通军山农民起事虽然最终失败了，但从筹备起义到起义失败的这一年多的时间里，清官方各个利益集团围绕处理起义者而引发的权力之争，其影响却远远超出了起义事件的本身。江宁将军都兴阿被远调，吴棠不得不向李鸿章让步，表现得很容忍、克制，毫无野心，一方面因为湘淮军的气焰逼人，另一方面大概是源于吴棠的性格。李鸿章通过这起事件，终于巧妙地将触手伸向了苏北。

（三）苏抚风波

作为清廷信任的官员，同治三年清廷曾想用吴棠替换李鸿章署理江苏巡抚，将江苏从湘淮集团手中收回。

同治元年正月吴棠赴清河履任之时，曾国藩已经担任两江总督。吴棠将担任漕运总督这件事也函告了曾国藩。曾国藩在三月十八日的回信中除表示祝贺外，又谈及派兵去上海与太平军作战以及日后李鸿章驻军地的事。“李少荃廉访督带头批于初八日开船，初十日到沪。其二、三批辘轳装运，计月底可以蒇事……少荃驻军之地，奏明本在镇江府城。今先至沪上，俟沪事稍有头绪，再行移驻镇江，或往来镇、沪，轮驻两处。应办各事，自当随时奉商。阁下与少荃素敦石交，想必奏断金之契也。”[①] 曾国藩回信之日，吴棠已任漕督，节制江北人事，而李鸿章尚未出任江苏巡抚。李鸿章署理苏抚在同治元年三月二十三日，十月十二日才实授。如果李鸿章驻军镇江，当然少不了要和吴棠接触，论官场资历，李鸿章略低。因此，曾国藩在李鸿章未驻军镇江之前先向吴棠套交情，为李鸿章将来入驻镇江、与吴棠友好交往打前站。但这个客套很快就用不上了，因为没几天，李鸿章就在曾国藩的“才可大用”的密保下署任了江苏巡抚，已有了和吴棠平等交往的基础。

同治三年九月，赖文光在湖北蕲水击毙清将石清吉，并将成大吉包围在蕲北。清政府急调曾国藩驰赴鄂、皖交界处救援。十月十三日，曾国藩接奉廷寄，令其交卸江督篆，带兵至皖、鄂交界剿捻，命李鸿章署江督，吴棠署苏抚，富明阿署漕督。[②] 曾国藩对此不太高兴，在家信中两次谈及此事。在给曾国荃的信中，吐露出不高兴的理由：“实不愿赴楚界，更不

① 曾国藩：《复吴棠》，《曾国藩全集·书信四》，岳麓书社 1994 年版，第 2616 页。

② 《曾国藩全集·日记二》（同治三年十月十三日），岳麓书社 1988 年版，第 1068 页。

愿赴他处矣。”[1] 打算“奏明精力已衰，不堪再任军务，趁此解去兵柄”。“苟能不办军务，就此体面下场，斯为万幸。”[2] 因此曾国藩在回奏时说：“遵赴皖、鄂交界督兵，拟仍驻扎安庆、六安等处。派刘连捷等入黄州，归官文调遣，并调刘铭传等率淮勇渡江北剿。”[3]

同治三年十月十三日，李鸿章也接到初七日廷寄，内容相似。此时，李鸿章正好要监临闱试，对权力交接很不放心。对曾国藩说：“苏沪大小庶政，均由鸿章手裁，已非一日，其军务条分缕晰，竟有司道所不与闻、他人不得综理者，尝叹若一更动须数月清理交卸，不谓中途奉诏，既惧艰巨之弗胜，弥恐接替之难速。”于是一面请曾国藩放缓起程，待他出闱：“师门赴皖督剿，但有虎将先驱，或能缓至试事毕后再行启节，鸿章尚可专意监临也。”[4] 一面写信给吴棠，抱怨事情纷杂，信中说：“但三年来，艰苦经营，苏属大小庶政，均系亲自裁决，所部水陆兵将布满各防，头绪纷繁，实有刻不能离之势。初意往还四十余日即回，不料中途被命，如芒刺在背，无从措手，又未便折回清理。拟俟驰至金陵，商酌揆帅，能否缓至出闱再行交卸。贵处经手事多，想亦难克期南下，伏祈示知为幸。”其实是暗示吴棠晚点南下接篆。从这里可以看出李鸿章潜意识里已经把江苏巡抚的职位看成是自己私有的了，或者是湘淮集团私有的了，对于权力交接百般不愿。他又对吴棠说自己署江督时间不宜太长，以及任江督后管理江北的打算，并询问江北的一些事务，毫不隐讳自己要控制江北的欲望。“皖人本不可久代督篆，此系朝廷暂时权宜，弟以菲材遽当重寄，尤深惴惴。惟吴中兵饷及地方事件尚所熟谙，将来履新时，必随事详告妥商，心交多年，定蒙采纳。富帅于吏治恐有隔膜，兼权漕篆，亦不过本任公事与北路防务。现全省肃清，旧章已复，江北各务应由督署主持，庶无纷更掣肘之患，阁下当以为然也。河运能次第筹复，可备洋患。东境渡黄处深浅何若，经费几许，俟查勘确实见示，然待其人而后行，富公能否了然。宜春雨学使何时能来。前咨系万不得已之办法，如可赶到，仍望谆催。文闱

---

① 曾国藩：《致沅弟》（同治三年十月十四日），《曾国藩全集·家书一》，岳麓书社 1985 年版，第 1175 页。

② 曾国藩：《致澄弟》（同治三年十月十四日），《曾国藩全集·家书一》，第 1175 页。

③ 《清穆宗实录》卷 119，同治三年十月丙申。

④ 《致曾中堂》（同治三年十月十三日夜），《李鸿章全集·书信一》，第 346 页。

诸事草创，深不放心，兼有更调之信，弟更无所适从。”[①] 同治二年李鸿章还抱怨“鸿章责任仅能管及南岸”。[②] 李鸿章的这次关心江北事务尤其是其中“江北各务应由督署主持”露骨地表明湘淮集团欲控制江北的欲望。这对吴棠日后的行事也有影响，以后吴棠两次要求不再管辖江北事务，不能说与此无关。

其实，这次调职是清廷对曾国藩的一次试探。曾国藩拖延不走，李鸿章拖延不办交接，于是清廷以湖北军情稍松为由，十月廿九日谕令曾国藩毋庸前赴皖省，李鸿章、吴棠、富明阿也毋庸递署各缺，均各回本任。[③] 十一月初五日，曾国藩接到御旨，这才放下心来，李鸿章也放心了。曾国藩、李鸿章应都很高兴，不高兴的可能只有吴棠。吴棠已将漕督之事交代给了富明阿，“十一月初三日，委员赍漕运总督关防等件由浦赴扬交富明阿接任，起程赴苏”。忽然接廷寄让不要赴署任了。“旋奉旨毋庸署理江苏巡抚，仍回本任办理淮、徐善后事宜。”只好回程。十一月二十日，接篆回漕督本任。经此事件，吴棠更清楚地知道湘淮军的势力之大，足以影响朝廷的决策。受了李鸿章信件的影响，吴棠对仕途或许有些灰心，在十二月给李鸿章的信中吐露“退思”。李鸿章还劝告他勿作此想，“圣明倚重，勿作退思。吾皖京外官，显达无多，早晚量移，尤深企祷”。[④] 回任后即疏言：“江苏肃清，督臣已驻江宁，所有江北事宜，臣可无庸兼管”。清廷回复说：“曾国藩尚难兼顾，仍著吴棠管理。”[⑤] 由此可见清廷并不急着将苏北交给曾国藩、李鸿章管辖，并不愿意曾国藩、李鸿章管理江苏的事权统一。但这次吴棠接篆失败，再一次证明湘淮集团对清廷决策的影响。

在吴棠与李鸿章交往的过程中可以看出，李鸿章对江北的事务一直就有攫为己有的愿望，即使在吴棠奉命节制江北事务时也毫不讳言。吴棠则在可能的范围内尽力兼顾湘淮军的利益，这种“尽力做好自己，尽量配合他人”的藏拙态度，使得他在和湘淮集团成员相处的时候，没有给人

---

① 《致吴漕帅》（同治三年十月十四日），《李鸿章全集·书信一》，第 346 页。

② 《上曾中堂》（同治二年六月初九日），《李鸿章全集·信函一》，第 238 页。

③ 《曾国藩全集·日记二》（同治三年十一月初五日），第 1074 页，《曾国藩全集·奏稿八》，岳麓书社 1990 年版，第 4572 页。

④ 《复吴漕台》（同治三年十二月二十一日），《李鸿章全集·书信一》，第 354 页。

⑤ 陈庆年：《吴棠年谱》，《近代史资料》总 75 号，第 120 页。

咄咄逼人的不安全感，也没有给自己带来不必要的麻烦。

通过调换江苏巡抚将江苏交给非湘淮集团的人控制，清廷这一次没能成功。但机会总是有的，不久就出现了下文所述的让吴棠署理两江总督的又一次试探。

第二节 两江总督易位风波

三江之地，既是清政府的财赋之区，又是剿捻湘淮军的主要饷源。同治四年江督易人之议，引起朝野双方的激烈争辩，心计之深，设词之巧，更是耐人寻味。

现有的关于清政府和地方实力派之间关系的论著很多，但多从宏观的角度进行论述。关于两江总督职位之争，尚无专门论及。本节旨在透过这一事件，揭示咸同时期清政府和地方实力派湘淮集团之间复杂而又微妙的政治关系。

一 谕旨骤至

同治四年九月初十日，湘军攻陷江宁一年零三个月，清政府乘钦差大臣曾国藩在徐州督兵剿捻之机，下旨更换江督。谕旨先肯定曾国藩对赖文光捻军的用兵布置，为防止曾国藩无法兼顾的张宗禹捻军“西趋”“北扰”，必须派兵驻扎豫省。谕旨称：

> 河洛现无重兵，豫省又无著名宿将可以调派。该处居天下之中，空虚可虑。因思李鸿章谋勇素著，且年力壮盛，可以亲历行间。著即亲自督带杨鼎勋等军，驰赴河洛一带扼要驻扎，将豫西股匪迅图扑灭，兼顾山陕门户。俾西路张总愚等股匪，不至阑入，保全完善。一俟西路剿匪事竣，即行驰回两江总督署任。似此东西两路，通力合作，曾国藩既无西顾之忧，得以专注东路，则剿办更易得手……
>
> 至两江总督，事繁任重。李鸿章带兵出省，不可无人署理。吴棠办事认真，且在清淮驻守有年，于军务亦能整顿。即著吴棠署理两江总督。其漕运总督印务，即交与李宗羲暂行署理。江苏巡抚与洋人交涉，事件颇多。丁日昌籍隶粤东，熟悉洋务，以之署理江苏巡抚，可期胜任。

> 曾国藩等接奉此旨，彼此函商。如果意见相同，即著迅速覆奏，再明降谕旨，分饬遵行。将此由六百里各谕令知之。①

谕旨措辞并未直接说江督易人，而是表现出因军情所迫而势所必然的样子。因为“河洛现无重兵，豫省又无著名宿将可以调派。该处居天下之中，空虚可虑”。而曾国藩在徐州调度，鞭长莫及，必须另派他人，恰好“李鸿章谋勇素著，且年力壮盛，可以亲历行间”，又能和曾国藩通力合作，因此饬令李鸿章“亲自督带杨鼎勋等军，驰赴河洛一带扼要驻扎，将豫西股匪迅图扑灭，兼顾山陕门户。俾西路张总愚等股匪，不至阑入，保全完善。一俟西路剿匪事竣，即行驰回两江总督署任”。

但是李鸿章带兵出省的这段时间里，江督不能无人署理，必须另有委任。清廷认为，“吴棠办事认真，且在清淮驻守有年，于军务亦能整顿，即著吴棠署理两江总督。其漕运总督印务，即交与李宗羲暂行署理。江苏巡抚与洋人交涉事件颇多。丁日昌籍隶粤东，熟悉洋务，以之署理江苏巡抚，可期胜任。”人员布置好后，清廷并没有明发上谕，而是又拐了个弯，命“曾国藩等接奉此旨，彼此函商。如果意见相同，即著迅速覆奏，再明降谕旨，分饬遵行”。这道谕旨是同时寄给曾国藩、李鸿章、吴棠三个人的。

这道谕旨通篇所讲都是军事调度、人员配置上的大问题，堂而皇之，看不出丝毫的私心偏见，而且极其体恤下情。心思缜密，无懈可击。然而，再美的措辞也难掩文字背后清廷的良苦用心！

吴棠接奉此旨后如何反应，因为缺少资料记载，不得而知。曾国藩接到谕旨后，很不高兴。当天的日记里写道：“是日接奉廷寄，欲以李少泉赴河洛，吴仲仙任两江及李雨亭、丁雨生等递升督抚。措置太骤，竟日为之不怡。”②

二　谕旨下达的原因分析

清廷为什么急于更换两江总督？这要从曾国藩出任江督之初说起。曾国藩是道光朝的老臣，因受穆彰阿的器重，历任礼部右侍郎、兵部右侍

① 《清穆宗实录》卷153，同治四年九月戊辰。

② 《曾国藩全集·日记二》，第1188页。

郎、工部右侍郎、吏部左侍郎等职。太平天国在南方兴起后，清廷先后委派林则徐、李星沅、赛尚阿、徐广缙、琦善、陆建瀛、向荣、祥厚为钦差大臣，负责军事，但这些钦差大臣都没能剿灭太平军。林则徐出师未捷身先死；李星沅忧愁病死；赛尚阿、徐广缙因镇剿不力被革职拿问，斩监候；陆建瀛以两江总督之尊，闻败先遁，首开逃跑恶例，结果让太平军顺流而下，直取南京，洪秀全占据两江总督署为天王府。陆建瀛和江宁将军祥厚也一起死于太平军的兵锋之下。剩下琦善和向荣，不敢接仗，尾随太平军到南京。琦善在江北扬州，扎下江北大营；向荣在天京城东孝陵卫，扎下江南大营，能否胜算尚无把握。

就在清廷中枢一筹莫展、四顾无人之际，曾国藩的湘军却异军突起，并于咸丰四年九月初三日攻克了被太平军占据了16个月的湖北省城武昌。咸丰帝高兴地授给曾国藩二品顶戴，命署理湖北巡抚，并赏戴花翎。还喜不自禁地对军机大臣说，“不意曾国藩一书生，乃能建如此奇功”，结果一位军机大臣的话却让咸丰帝默然变色良久：“曾国藩一侍郎在籍，犹匹夫耳。匹夫居闾里，一呼蹶起，从之者万余人，恐非国家之福。”① 从以后多年的事态发展来看，这句话成为帝王家永远的警句，成为曾国藩崛起的一大障碍。因此七天后，咸丰帝就收回成命，仍让曾国藩以在籍侍郎衔专办军务。这样的身份让曾国藩饱尝艰辛。咸丰七年六月初六日，曾国藩借丁父忧之机，上了一篇奏折，历呈带兵作战没有地方实权的难处，委婉地向清廷要地方实权：“以臣细察今日局势，非位任巡抚，有察吏之权者，绝不能以治军。纵能治军，决不能兼及粮饷。臣处客寄虚悬之位，又无圆通济变之才，恐终不免贻误了大局。”② 结果无功而返，还赔了兵部侍郎缺，完全成了无职无衔的丁忧人员了。

此后，曾国藩为清政府攻城略地屡建战功，却因内无奥援，不获信任。清廷只令曾国藩带兵，使之能展其能，却不授地方大权。

咸丰十年，太平军二破江南大营，顺势夺取苏、常富庶之区，清政府已经没有可以与太平军对抗的经制军了，陷于兵饷两难的困境，不得不倚

---

① 薛福成：《庸庵全集·庸庵文续编》卷1，《书宰相有学无识》，光绪十三年刊本，第7—8页。

② 《沥陈办事艰难仍吁恳在籍守制折》（咸丰七年六月初六日），《曾国藩全集·奏稿二》，岳麓书社1987年版，第866页。

靠湘军，重用曾国藩。四月十九日，先加其兵部尚书衔，署理两江总督，六月二十四日即实授，并任命其为钦差大臣。

曾国藩集团已经料到会有这一天。曾国藩在一封家书中说："东南大局一旦瓦裂，皖北各军必有分援江浙之命，非胡润帅移督两江，即余往视师苏州。二者苟有其一，则目下此间三路进兵之局不能不变。"① 左宗棠亦感叹道："天意其有转机乎？"有人问其中缘由，左宗棠回答："江南大营将蹇兵罢，万不足资以讨贼，得此一洗荡，而后来者可以措手。"又问"谁可当之"？胡林翼回答说："朝廷能以江南事付曾公，天下不足平也！"②

赵烈文评论说："迨文宗末造，江左覆亡，始有督帅之授。受任危难之间，盖朝廷四顾无人，不得已而用之，非负扆真能简畀、当轴真能推举也。"③ 据说，咸丰帝初欲以湖北巡抚胡林翼移督两江，经肃顺劝告才改任曾国藩。④ 可见两江总督之授与曾国藩实为清廷迫不得已之举。

曾国藩出任江督之后，数年之内，连下安庆、庐州、苏州、杭州、江宁，将太平天国运动镇压下去。清廷转危为安，保住了帝位，但却痛失中央相权与地方军政实权。

清承明制，实行高度集权的中央统治，皇帝集皇权与相权于一身。在中央，为应付太平天国运动带来的非常局势，咸丰帝被迫在用人行政上进行变革，设立御前大臣赞襄政务，由皇家亲贵肃顺、载垣、端华等充任，以改变过去军机大臣有名无实的状况。辛酉政变，肃顺等被杀，赞襄政务制度被取消，但代之而起的恭亲王奕䜣权势有过之而无不及，为议政王、领班军机大臣兼总管总理各国事务衙门，内政外交大权独揽。"太后垂帘"有名无实，主要是"亲王辅政"。

在地方，湘淮集团占据了督抚席位中的大部分。初期清王朝以满洲贵族入鼎中原，对汉人防范严密，"不可轻授汉人以大权，但可使供奔走之

---

① 《致澄弟》（咸丰十年四月二十四日），《曾国藩全集·家书一》，岳麓书社 1985 年版，第 542 页。

② 朱孔彰：《中兴将帅别传》，岳麓书社 1989 年版，第 8—9 页。

③ 赵烈文：《能静居日记》（同治三年四月八日），转引自朱东安《曾国藩集团与晚清政局》，华文出版社 2003 年版，第 38 页。

④ 薛福成：《庸庵笔记》第 1 卷，上海埽叶山房 1922 年石印本，第 10 页。

役”。[①] 因此，军政部门和要害实权，一向以满族官员为主，汉族官员为辅。为防汉人权力过大，尾大不掉，养成对抗朝廷的实力，地方军政大权一直不轻授汉人。

但是太平天国运动迫使清王朝放权督抚，实行以汉制汉。原来军事、行政、财政、司法、人事大权条块分割，负责官员各司其职，互不统属，只听命于中央的职权分配方式，被迫让位于督抚的一人专政。当初曾国藩争一江西巡抚职位而不可得，咸丰十年后，却接二连三地获得新的任命，两江总督、钦差大臣，督办江、浙、皖、赣四省军务，节制巡抚、提、镇以下文武官员，甚至两江附近其他省份的督抚的人事安排都要事先征询他的意见。同治元年，曾国藩曾建议清廷派人主持军事大局，以免自己权力过重，但慈禧太后阅折后却发布上谕说：“刻下在京固无简派之人，环顾中外，才力气量如曾国藩者，一时亦难其选。”[②] 同治三年四月曾国藩在一封奏折中说：“臣所居职位，昔年凡六人任之：钦差驻金陵者一人，总督驻常州者一人，皖江以南徽防统帅一人、宁防统帅一人；皖江以北，下而滁、和、天、六、全、来，归临淮控驭者，为东路统帅一人；上而英、霍、潜、太、桐、舒、六、庐，多隆阿等经管其间者五年，为西路统帅一人。”又说：“微臣谬以庸材兼此六事，曾经两次奏请简派大臣来南会办，未蒙俞允”，“合无吁恳天恩，饬将皖北西路责成（安徽巡抚）乔松年，东路责成（漕运总督）吴棠、江宁将军富明阿共筹防剿”。[③] 曾国藩位高权重，却胆颤心惊，屡次上疏力辞，清王朝却一再慰留。以前是争而不得，后来是不要硬给。[④] 曾国藩集团中人也多身居要职。同治三年，湘军统帅同时任总督者 6 人，而清朝的地方总督总共才 8 席；担任巡抚者有 8 人，而清朝总共有 15 席巡抚。甚至有满族官员说：“官员非由两楚出身不能遽膺优荐，将帅非与楚军结纳不能予以嘉名。”[⑤]

但是，清廷并不甘心皇权如此旁落，一直对曾国藩兄弟防范甚严。在清廷的一再敲打下，同治三年湘军攻陷天京后，曾国藩大批裁撤湘军，曾

---

① 小横香室主人：《清朝野史大观》第 3 卷，中华书局 1915 年版，第 95 页。

② 《曾国藩全集·奏稿五》，岳麓书社 1988 年版，第 2615 页。

③ 《曾国藩全集·奏稿七》，岳麓书社 1989 年版，第 4070 页。。

④ 参见朱东安《曾国藩集团与晚清政局》，华文出版社 2003 年版，第 43 页。

⑤ 第一历史档案馆所存档案：《胜保折》，《太平天国学刊》第 1 辑，中华书局 1983 年版，第 327 页。

国荃也辞职回籍养病。同治四年以后，清王朝开始规复旧制，渐次收回战争中流失的权力。而从湘淮集团手中收回两江财赋之区，则是其中之一。遂以吴棠替署两江总督，以此向曾、李试探。否则，也不会前面做了一番布置，后面再让曾国藩等人商量了。这也是为朝廷留下后路，万一曾、李不同意，朝廷面子上也不会太难看。

如上所述，吴棠一直在苏北任职，与捻军长期作战，为清廷守住了里下河这一江北赋税之区和清江浦这一江北重镇，为曾国藩专心经略江南，作了重要的保障。因此，吴棠以军功从知县一步步升到漕运总督，仕途颇为顺利。甚至有人认为以吴棠这样的出身，仕途如此顺利，是因为早年在清河知县任上对慈禧太后有恩。尽管已经证明此类传闻纯属子虚乌有[①]，但吴棠对清廷忠心耿耿，很得清廷赏识是事实。咸丰十一年十一月二十六日，吴棠补授江宁布政使兼署漕运总督，督办江北粮台，暂行节制江北镇道以下各员弁。同治二年三月二十一日吴棠补授漕运总督，节制所有江北文武各员及军务、地方一切事宜。这时曾国藩已经节制四省军务，巡抚以下官员俱归其节制，但清廷却将江北交与吴棠，既是对吴棠的扶植，也是对湘淮集团的分权。

清廷对吴棠的信任于下面之事可见一斑。对吴棠以江宁藩司兼署漕督并管理江北粮台，有人存有不同意见。同治元年十月，有人奏请将江南、江北两处粮台，皆归并许道身办理。又有人建议将南北台归并江宁藩司经办。但对于吴棠以江宁藩司兼署漕督，论者也以为不妥。但清廷认为："漕运总督一缺，近因全漕停运，几为虚位。吴棠办事尚能结实，是以简任江宁藩司，专司筹饷，于江北一带，呼应较灵。并令兼署漕督，藉资坐镇。"[②] 充分肯定了他的军事和筹饷能力。同治三年八月，清廷决定："江南、江北粮台，着责成曾国藩、吴棠办理……各省巨万军需，由该大臣督抚一言而定。"[③] 吴棠对江北的粮饷分配拥有绝对的话语权，曾国藩也无法干涉。

于是，吴棠拥有了军、政、粮台大权，虽然不是江北巡抚，但其职权范围等于是江北巡抚。在漕督无漕可运、权力式微、清廷内外一片裁撤之

① 俞炳坤：《慈禧身世》，收入论文集《西太后》，紫禁城出版社1985年版。

② 《清穆宗实录》卷46，同治元年十月癸巳。

③ 《清穆宗实录》卷112，同治三年八月戊子。

声的时候，清廷赋予吴棠如此大的权力，充分肯定了吴棠的个人能力，并且希望他能不受限制地发挥这个能力，为清廷保全江北里下河完善之区，阻止太平军沿运河北上。这既是清廷出于军事上的考虑，被迫放权督抚的表现，也是清廷扶植湘淮集团之外的势力以维持均衡而方便操纵控制的一种手段。

太平天国失败后，吴棠又被赏加头品顶戴，并交部从优议叙。

如前所述，作为清廷信任的官员，同治三年清廷曾想用吴棠替换李鸿章署理江苏巡抚，将江苏从湘淮集团手中收回。但此举遭到曾李的消极应对，未能成功。清廷并未就此罢休，不久就出现了前文所述的让吴棠署理两江总督的又一次试探。

三 曾李之应对

曾国藩接奉谕旨，即已明白清廷的深意，一时颇感左右为难，他在家书中说：“顷奉寄谕，欲以李少荃视师河洛，而吴仲仙署理两江。垂询当否，复奏颇难措辞。李不在两江，则余之饷无着矣。”① 但是再为难也得找到回复的措辞。

同治四年九月十九日，曾国藩上了一个长折，详细剖析了形势，阐明了自己的看法：

> 目下贼势趋重东路，不特秦、晋暂可无患，即宛、洛患亦稍轻，自当以全力专顾东路……谕旨饬李鸿章视师河洛，该处现无可剿之贼，淮勇亦别无可调之师。至臣所部楚军，除酌留刘松山等剿捻外，余拟全数遣撤，迭经奏明在案。臣今所倚以办贼者全赖淮勇诸军，供其指麾。李鸿章若果入洛，亦岂肯撤臣布置已定之兵挟以西行，坐视山东，江苏之糜烂而不顾？是李鸿章之无兵带赴西路，时为之也，势为之也……
>
> 谕旨垂询以李宗羲暂署漕运总督，丁日昌署理江苏巡抚。查李宗羲由安徽知府，甫于去年保奏以道员留江补用。本年奏署运司，迭擢安徽臬司，江宁藩司，一岁三迁，已为非常之遭际。该员廉正有余，

① 《致澄弟沅弟》（同治四年九月十六日），《曾国藩全集·家书一》，岳麓书社1985年版，第1217页。

才略稍短，权领封圻，未免嫌其过骤。丁日昌以江西知县，因案革职。三年之内，开复原官，溶保府道，擢任两淮运司。虽称熟习夷务，而资格太浅，物望未孚……抑臣尤有请者，历观前史明训，军事之进退、缓急、战守、屯驻，统帅主之，朝廷之上不宜遥制，庙堂之黜陟将帅，赏罚百僚，天子与左右大臣主之，阃外之臣不宜干预。朝廷而遥制兵事，其患犹浅，阃外而干预内政，其害实深。从古统兵重臣遥执国命，未有能善其后者。同治元年正月，皇上命臣保举封疆大员。臣密片奏称；疆臣既有征伐之权，不当更分黜陟之柄，宜防外重内轻之渐，兼杜植私树党之端等语。仰蒙圣慈令臣等往返函商。如臣愚见，密保尚且不敢，会商更觉非宜。因不俟李鸿章、吴棠商定，直抒管见，未审有当于万一否？所有迭奉谕旨并陈近日军情缘由，恭折由驿驰奏，伏乞皇太后、皇上圣鉴训示。谨奏。[1]

在奏折中，曾国藩首先陈明军情，表明李鸿章无兵可带赴河洛："目下贼势趋重东路，不特秦、晋暂可无患，即宛、洛患亦稍轻，自当以全力专顾东路……谕旨饬李鸿章视师河洛，该处现无可剿之贼，淮勇亦别无可调之师。至臣所部楚军，除酌留刘松山等剿捻外，余拟全数遣撤，迭经奏明在案。臣今所倚以办贼者全赖淮勇诸军，供其指麾。李鸿章若果入洛，亦岂肯撤臣布置已定之兵挟以西行，坐视山东、江苏之糜烂而不顾？是李鸿章之无兵带赴西路，时为之也，势为之也。"然后就人员任命表明了自己的看法："谕旨垂询以李宗羲暂署漕运总督，丁日昌署理江苏巡抚。查李宗羲由安徽知府，甫于去年保奏以道员留江补用。本年奏署运司，迭擢安徽臬司，江宁藩司，一岁三迁，已为非常之遭际。该员廉正有余，才略稍短，权领封圻，未免嫌其过骤。丁日昌以江西知县，因案革职。三年之内，开复原官，洊保府、道，擢任两淮运司。虽称熟习夷务，而资格太浅，物望未孚。"最后阐明疆臣不应干预朝政："抑臣尤有请者，历观前史明训，军事之进退、缓急、战守、屯驻，统帅主之，朝廷之上不宜遥制，庙堂之黜陟将帅，赏罚百僚，天子与左右大臣主之，阃外之臣不宜干预。朝廷而遥制兵事，其患犹浅，阃外而干预内政，其害实深。从古统兵

① 《奉旨复陈近日军情及江督漕督苏抚事宜折》，《曾国藩全集·奏稿八》，岳麓书社 1990 年版，第 5005—5007 页。

重臣遥执国命，未有能善其后者。同治元年正月，皇上命臣保举封疆大员。臣密片奏称；疆臣既有征伐之权，不当更分黜陟之柄，宜防外重内轻之渐，兼杜植私树党之端等语。仰蒙圣慈令臣等往返函商。如臣愚见，密保尚且不敢，会商更觉非宜。因不俟李鸿章、吴棠商定，直抒管见，未审有当于万一否？”这一番话说得冠冕堂皇，令人无法辩驳。这样，曾国藩便从李鸿章毋须驰赴河洛的理由和清廷江督易人的交换条件两方面，将吴棠署理江督之路堵死，并未提吴棠的资格如何与剿捻湘淮军饷源中断之虞，可谓设词妙到了极点。既然李鸿章无须离开，丁日昌和李宗羲的任职资格有问题，不能递任漕督和苏抚，那么吴棠和李鸿章就无法卸任，吴棠就无法署理两江总督。

曾国藩没有撒谎。军队确实不能调动，李鸿章也确实不能离开，他在同治元年也确实说过一番疆臣不可干预朝政的话。同治元年正月，清廷命曾国藩以两江总督协办大学士，保荐疆臣。曾国藩奏言：“封疆将帅，乃朝廷举措之大权，如臣愚陋，岂敢干预？嗣后如有所知，堪膺疆寄者，随时恭疏入告，仰副圣主旁求之意。但泛论人才以备采择即可，指明某缺径请迁除则不可。盖四方多故，疆臣既有征伐之权，不可更分黜陟之柄。风气一开，流弊甚长。辨之不可不早。”① 没想到多年前说过的一番话现在成了曾国藩的挡箭牌，又有机会拿出来作为拒绝清廷谕令的工具。但是他拒绝并不是觉得疆臣不应干预朝政，而是不能赤裸裸地干预朝政，尤其不能让自己置于危险之地地干预。所以尽管说了这一番话，但他还是干预了，不显山不露水、不着痕迹地干预了。结果就是他不同意清廷的决定，并且“不俟李鸿章、吴棠商定”就不同意了。事实真是这样吗？他真的没经过商量吗？

谁都能看出折中“不俟李鸿章、吴棠商定，直抒管见”之语，只是托词，遮人耳目。清廷不会信，别人也不会信。如果只说不和吴棠商量，那还可信。因为吴棠不属于湘淮系，即吴棠不是曾、李集团核心圈子里的人，不是心腹。而两江总督掌握着湘淮军的军饷命脉，大部分的军饷都是从两江总督管理的财赋之区筹措的。曾国藩担心，“李不在两江，则余之

① 王钟翰点校：《清史列传·曾国藩》，中华书局1987年版，第3550页。

饷无着矣”[①]。是否由吴棠担任两江总督这个握有财权的关键人物的人选，曾国藩肯定不能和吴棠商量。曾国藩总不能对吴棠说这个位置太重要，我不信任你，不希望你担任这个职位之类的话吧。如果不是吴棠，而是彭玉麟，曾国藩不与之商量肯定是不可思议的。因此，曾国藩肯定不会和吴棠商量。

不和吴棠商量，并不代表不和李鸿章商量。事实确也如此。九月十四日夜，曾国藩将准备复奏的内容列出大概，与李鸿章商量：“鄙意黜陟封疆将帅，本非阃外之臣所宜干预。昔年密询一人，尚不敢率尔置对。若三臣会商复奏，尤觉非宜。而李、丁二君资望尚浅，亦不宜迁擢太骤，遽跻开府。淮勇大支劲旅业经尽数北调，江南仅留刘、王二军，万不可少。大旆若赴河洛，带去淮军数支，则东路仍不敷剿办。拟即以此数者复奏，折尾声明疆臣不应上干进退大权，故不商李、吴会奏。是否有当，祈裁酌。”[②]

不仅曾国藩和李鸿章商量了，李鸿章也和曾国藩商量了。李鸿章在九月十二日接到廷寄，“反复筹思，似难尽妥”。因此不等接到曾国藩的来信，也在九月十四日夜给曾国藩写了一封长信，“想尊示业已在途，谨就管见所及尤重大者奉陈如左”。李鸿章首先就饷项问题提出了自己的看法。李鸿章在信中写道：

> 吴、丁诸君空拳坐守，素少威望，其何以备缓急？即另换有威略者，另募兵则必多占饷，而东西两路前敌必不足以接济。至购马练骑，筹运设局，展转需时，分任需才，更非可咄嗟立办。此兵事之可危也。鸿章代庖数月，通筹两属所出之饷，酌盈剂虚，移缓就急，似前敌及留防及遣撤各军可以敷衍不匮。兹朝命吾师弟各当一路，兵与饷似宜于合办之中略分界画，目前不致推诿，日后亦易报销。宁、皖入款应请全供师营，苏、沪入款应请全归敝营，某军归师处调遣，即由尊处发饷，如钧意亦以为然，似须奏明定案。宁、皖责成署督，苏、沪责成署抚，师与鸿章各遥为督察。至东师如不足用，再令齐、

① 曾国藩：《致澄弟沅弟》（同治四年九月十六日），《曾国藩全集·家书一》，岳麓书社1985年版，第1217页。

② 曾国藩：《复李鸿章》（同治四年九月十四日夜），《曾国藩全集·书信七》，第5345页。

晋、直隶协济；西师如不足用，再请鄂、豫协济。虽不可靠，而根本在吴，则必须确然可恃，此饷事宜预定也。

李鸿章对朝廷的谕旨也很担心，因此毫不掩饰自己对军饷筹措以及筹措经办人选的忧虑，赤裸裸地就把军饷的划分问题先提出来了。要先和曾国藩划清供饷范围，紧接着又就人员任命说出自己的担忧：

松岩护抚以来，兵饷尚未掣肘，远久必难如常。雨生洋务既熟，与敝军息息相关，朝廷自有深意，惟资望过浅。松岩闻之，当先引退，司道以下亦难翕服。雨亭于江藩最宜。藩、运易人，大营后路恐不顺手。仲帅满腹牢骚，用人行政，或多变局，乃中旨遽先派定，能否另再设法拟议之处，仰乞熟筹密陈。或谓宜请调筱兄为苏抚兼通商，而以雨生为苏藩；或筱兄署江督，而仍以雨生兼苏抚、通商，此非鸿章所敢与闻。或谓宜请松岩署漕督，而雨亭仍留江藩，是否可行？

李鸿章对朝廷的做法也有意见，“惟廷寄未密，并及漕帅，似有成见”。似乎也感觉到朝廷对湘淮军的猜忌和疑虑。但同时又以自己的处世之道讲出自己对人员选择的态度：“欲办事不得不择人，欲择人不得不任谤。仲帅昨已附陈病状，不得此席，必速其去。知师门亦踌躇莫决，然事至此，恐又不可一味隐忍，此尤关系至要者也。”更特别强调如果人员变动可能带来的对军事大局的影响以及自己深深的忧虑：“鸿章办贼之才岂及吾师万分之一，西北迁地弗良，更为不了之局。既奉廷旨，何敢恋要津、闭贤路，即懵懂西去，当索苏饷，中外似可相谅，但于西事无所裨益，东南大局先自掣动。午夜旁皇，不知所届。杨鼎勋本定于十八日拔队，因此变局，姑令暂缓，以俟后命。”① 李鸿章这一番话直截了当，又果敢决断，不似曾国藩那般优柔寡断。李鸿章在潘鼎新的信中也道出自己的忧虑：“惟一离此间，饷运军火，诸形棘手。至豫省形势军政，均非素习，迁地既恐弗良，所部将材劲旅大半北调，相从又无多人，前去后空，万分焦灼。拟与揆帅缄商，仍令杨少铭随往，再檄开、奇及仲良一军偕

① 李鸿章：《致曾中堂》（同治四年九月十四日夜），《李鸿章全集·信函一》，第430页。

行；而苏、宁无一防兵，根本空虚，岂仲翁所能坐镇。”[①] 所谈主要是对吴棠无兵可用、能否胜任江督的能力的忧虑。

尽管曾国藩和李鸿章在同一天就同一问题表明自己的意见，双方没有事先坐在一起协商，但他们师生还是高度默契，所拟意见还是惊人地一致，就是都不同意清廷安排的人事变动。

李鸿章不仅同意曾国藩的意见，并且在一个月后也给清廷上了一个覆奏，与曾国藩的复奏前后呼应。“窃臣前奉九月初六日寄谕，令臣督带杨鼎勋等军驰赴河洛一带防剿，兼顾山、陕门户，饬与曾国藩等会商复奏……臣当即钦遵谕旨函商曾国藩。原拟俟兵饷大端筹有把握再行缕晰覆奏。旋准曾国藩咨钞九月十九日复陈折片内称，河洛现无可剿之贼，淮勇亦无可调之师。李鸿章若果入洛，岂肯撤东路布置已定之兵挟以西行，坐视山东、江苏之糜烂而不顾等语，似属切中事情。曾国藩因业经复奏，未另与臣复信。臣再四筹思，彼复疏中已陈之言，皆臣所欲言而不敢遽言之隐，大局所关，臣未便稍有立异。”曾国藩说未和李鸿章、吴棠商量。李鸿章说和曾国藩商量了，但曾国藩未回信，只以复奏抄示。为遮掩中外耳目，师生二人都对朝廷说未互相协商。李鸿章也未提及是否和吴棠商量。

李鸿章不愿视师河洛，还有一层意思，在给朋友的信中说：“非特迁地弗良，岂忍夺爵相已成之局。诸将闻弟视师，必舍彼就此，一军两帅，牵制殊多，况晌源全恃吴中，付托非人，转运接济终必匮乏，恐于前敌无甚臂助，而东南全局先自动摇。”[②] 即担心多年的辛苦功亏一篑。

然而清廷将曾国藩的奏折留中不发。李鸿章闻此，急切上奏覆称：“不知批旨如何定见，五中旁皇。瞻前虑后，仍有不能已于言者。”并提出“兵势难远分也”“饷源难专恃也”“军火难常接济也”三大忧虑。谓“若令臣去，而平素惯用之健将劲兵不得随行，臣复何能为役。曾国藩筹设徐州、济宁、周家口等处防军，皆臣部最得力者。臣若不调西行，则声势不能大振；若全调他往，则东、皖无以自立。若另图添募马步而随身先无亲信可恃之兵勇，必致败军偾事，而无裨于全局。此兵势不能遽分之实情也”。

---

① 《致潘鼎新》（同治四年九月十二日），《李鸿章全集·信函一》，第 429 页。

② 《复方比部》（同治四年九月二十六日），《李鸿章全集·朋僚函稿卷六》第 5 册，海南出版社 1997 年影印本，第 2496 页。

官文、胡林翼筹鄂饷以供东征。曾国藩进图江、皖，以江西、湖南、广东厘金为饷源。左宗棠以浙饷办闽、浙之贼。臣以沪、苏入款办江、浙之贼，皆能自我为政，转输不匮，幸而蒇事。从古至今言兵事未有不先筹饷糈者也。谕旨虑及皖、豫发捻一日不除，盛京、甘肃势难兼顾，诚以捻灭而后腾出饷需，非徒捻灭而后腾出兵力。有饷则到处兵勇皆可用，无饷则已成劲旅亦无用也。陶茂林、雷正绾均系多隆阿部下百战骁将，昔何勇而今何怯，其一溃再溃之故，可想而知。曾国藩夏间奉命剿捻，臣忝署江督，即以后路筹饷引为己任，以安其心。数月以来，分屯豫、东、苏、皖千余里，湘淮兵勇四万余，粮运供支源源协济，又兼筹苏、松、扬州留防各陆营，长江、外海各水师，皖南北、江西防剿遣撤各湘军之饷，虽以入抵出不敷尚多，竭力匀拨，幸无贻误。臣若奉旨西征，现在前路剿捻、后路分防各军之饷尚无专责之人。即臣带兵远出，饷源当属于何处，筹饷当责成何人，亦未蒙圣明指示。若无确然可指之款，率众前行，必为雷正绾、陶茂林之续。若非切实可靠之人维持后路，亦无以安曾国藩与臣军各将士之心。臣尝默筹熟计，目今大患在捻与回，自须先图灭捻。若以现饷养现兵，约计河南可养战士一万五千，山东可养战士二万，安徽可养战士一万，江苏可养战士六七万，湖北可养战士四五万，各省督抚果皆熟谙韬略，认真筹饷练兵，使一兵得一兵之用，通力合作，勿存推诿争忌之心，则兵与饷可渐足，一二年间可奏效。若皇上专派督剿大员而各督抚谓事有专属，或拥兵观望，或玩视军需，或胜则争功，败则诿咎，遂使客兵出境，种种牵掣，亦难必其收功之迟速矣。臣若赴豫，欲图兜灭此捻，必须多练马队以备冲突，广置车骡以资转运，需饷甚巨。豫中蹂躏已久，力难供应。若专指苏饷，目下苏沪税厘分供前敌淮军，已虞饥溃。再添募马步，人数益众，道路益远，势必不支。臣一经离任，恐亦不能遥制。此饷源不能专恃之实情也。

李鸿章用“若非切实可靠之人”暗示朝廷，吴棠并非他们“确实可靠之人”。

接着李鸿章又论及军火：“臣部将士皆已熟习洋器，惯用剿贼，设此后临敌不能应手，或远道解运不及，将若之何。臣与洋将共事数年，彼视军火枪炮为行军第一重大之事，中国将领往往隔膜置之，无怪军威不能自振。臣军所向，则以此为命脉关系，诚不敢轻以付托，此军火恐不能常接济之实情也。"[①] 这里李鸿章将曾国藩无法言说的饷项问题明明白白地提出来，两人配合得可谓天衣无缝，滴水不漏。李鸿章还暗示了吴棠并非"切实可靠之人"，语含双关，明指能力，暗指与湘淮集团的关系。

对于吴棠的能力，曾国藩也有正面评价。在金陵克复后，曾国藩曾高度评价了吴棠坚守江北对湘军的贡献："自该逆窃踞名都，江北伏莽，所在响应。嗣经大旆扼驻清淮，与杨镇各防共相犄角，北岸新复诸城，又承分兵协守，俾南岸诸军得以一意围攻，幸而蒇事。"[②]

曾国藩对吴棠的肯定还可以从曾国藩给李瀚章的信中看出："吴仲帅将赴两广署任，而雪琴又坚辞漕督之命，北路防剿事宜尚无把握。"[③] 如果苏北不能被湘淮集团控制，却换了别人来控制，还不如就留给吴棠呢。至少吴棠在，"北路防剿事宜"不至于"尚无把握"。

既然肯定吴棠的功劳，湘淮集团又为何排斥吴棠？关键在于吴棠不是湘淮系成员，有学者将吴棠归为袁甲三的临淮系。[④] 也就是说，吴棠不是曾国藩、李鸿章信得过的人。李鸿章对吴棠的不信任，从一件小事可见一斑。同治二年，李鸿章任苏抚、吴棠任漕督的时候，李鸿章曾向吴棠索要江北的米捐。"江北米捐，应有沪上一分，迄今未见分毫实惠，昨甫于乔方伯[⑤]批中微讽之。尊意拨归临营，可谓慷他人之慨。然弟与老兄何肯强分畛域。鄙意不必奏明，彼此咨商定案，若以塞朝命，附片立言，乞声明出自吾皖人之公心较大方也。"[⑥] 或许李鸿章由此事看出，吴棠心里向着临淮军，并不是全心全意向着湘淮军的，即使对李鸿章也不例外。对于吴棠担任两江总督后能否保证湘淮军的军饷供应，李鸿章实无多大把握。

因此，如果同意清廷的建议，将两江总督之位让于吴棠，就等于是将

---

① 李鸿章：《复陈奉旨督军河洛折》（同治四年十月初八日），《李鸿章全集·奏议二》，第302—304页。

② 《复吴棠》（同治三年七月初十日），《曾国藩全集·书信七》，第4626页。

③ 《复李瀚章》（同治四年四月初九日），《曾国藩全集·书信七》，第4999页。

④ 贾熟村：《袁甲三及其"临淮军"之考察》，庆祝罗尔纲学术研究六十周年编委会编《罗尔纲与太平天国史》，四川省社会科学院出版社1987年版。

⑤ 乔松年接替吴棠任江宁藩司，接替许道身专管江南北粮台。

⑥ 《致吴漕台》（同治二年六月二十四日），《李鸿章全集·书信一》，第242页。

两江总督所辖之区排除于湘淮集团成员的控制范围。金陵是曾国藩兄弟为首的湘淮集团拼命打下来的，辛苦经营多年的成果却为别人坐享其成，这当然是曾国藩、李鸿章等人所不能容忍的。同治九年李鸿章给丁日昌的信中有这么几句话：“惟东南缔造甚艰，一入庸夫俗子之手，洪纲不举，百事颓坠，不徒淮饷、洋务愈趋愈下，可为寒心。”① 可见湘淮集团成员对掌控两江总督这一职位的重视。

尽管在复奏里曾国藩没有提及两江总督或者江苏巡抚对于湘淮集团的重要性，但从前文所引的曾国藩和李鸿章的奏折中即能看出来。两江总督对湘淮集团的重要意义，首要关系筹饷，而饷项是军队的命脉。事过之后，曾国藩曾多次向清廷说明。

同治五年，这个问题又出现在曾、李面前。曾国藩剿捻无功，引起清廷内外不满。曾国藩奏请因病开缺，清廷令其调理一月，进京陛见。曾国藩在此时给李鸿章写信道：“顷奉二十日寄谕，令鄙人调理一月，进京陛见，阁下暂署钦差关防，仲仙办淮徐防务。如江督一席不归阁下，则淮、湘各军立就饥饿，而大局行且糜烂，拟于日内复奏……阁下若离江督、苏抚之任，则淮、湘勇饷无着，现当群疑众谤之际，言之未必见听，亦尽吾心而已。”② 可见主要关注的还是饷项着落问题。这一问题此后又一再阐述。在同治五年十一月初六日复李鸿章的信中说道：“鄙意阁下不握星使之篆，于事无损，不握江督之篆，则确有碍于大局。仆不握星使之篆，亦于事无损，并不留营照料，亦有碍于大局。惟另简使臣来豫，俾仆得略分重担。新使虽于淮、湘各军不熟，然凡有调度，在东则与阁下商之，在中则与国藩商之，在西则与贱兄弟商之，似规模不至大变。公则无损于数省之全局，私则鄙人得以藏拙养疴，又不甚见弃于清议。盖七月以来，反复筹思而后出于此。”③

同治五年八月，曾国藩在给清廷的奏疏中论述带兵的督抚握有财权的重要性：“惟将帅带兵剿贼，非督、抚手有理财之权者，军饷必不应手。湘、淮各军五六万人食两江之饷，剿三省之贼，年余以来，李鸿章筹划饷项，百计经营，而淮勇去年仅发入关，今年仅发至五月，士卒已微有怨

① 《复丁雨生中丞》（同治九年闰十月二十二日），《李鸿章全集·信函二》，第138页。

② 《致李鸿章》（同治五年十月二十六日），《曾国藩全集·书信八》，第6007页。

③ 《复李鸿章》（同治五年十一月初六日），《曾国藩全集·书信八》，第6026页。

言。李鸿章暂驻徐州，俟东路军务稍松，仍当回驻金陵或驻清江，竭力筹饷，乃足以固军心而维大局。”① 十月，清廷欲调李鸿章赴豫督剿捻军，曾询及曾国藩的意见。十一月初二日，曾国藩覆奏中更详细地论述了两江总督职位对湘淮军饷项和成败的重要意义：“查统兵大员非身任督、抚有理财之权者，军饷不应手，士卒即难用命。臣前以侍郎办贼五年，卒无寸功。后以江督办贼四年，乃有成效，深知其中之甘苦。现在湘勇及淮北勇月饷须七万有余，淮勇月饷须三十万有余，皆李鸿章一手筹划。本年添出清水潭工、江北赈务，需银近八十万，军饷遂形竭蹷。李鸿章或任江督，或任苏抚，必有实缺一席，乃能筹此每月四十万之巨款，一离江南境内，则粮饷军火均无所出，湘、淮军心立见涣散，此等情形，臣于上年九月、本年八月曾经两次详奏。因谕旨询及李鸿章能否移扎豫境，不得不再行缕陈，上渎宸听。李鸿章即难离江境，则接署关防似可暂而不可久。”②

正因曾国藩屡次论及江督或苏抚对湘淮集团的重要，最后清廷权衡再三，将曾国藩和李鸿章对调，以李鸿章为钦差大臣负责剿捻，曾国藩回两江总督任，使得江南财赋之区仍为湘淮集团所控制。

李鸿章对排斥吴棠为江督的原因后来也有说明。同治八年，吴棠已经在四川总督任上。这一年，李鸿章受命查办吴棠被参案，在密折中解释了为什么不愿让吴棠署理两江总督：“其所短者，才略未足以济变，严明未足以驭军。是以同治四年九月剿捻紧急时，寄谕欲令吴棠署理两江总督，臣与曾国藩复奏内皆未置议。五年十月旨令吴棠留办淮、徐一带军务，臣当经附片密陈，请饬赴闽浙总督新任。诚以该督久在江北军营，亦有阅历，而整饬吏治，是所素优；专办军事，恐难见功。不敢因同乡而稍涉循隐。”③ 这里，李鸿章对吴棠的态度稍微平和了一些，肯定了吴棠的品行，但仍然没有肯定他的军事才能。并且，这番话避开了重要的一点，即两江总督对湘淮集团经济上的重要性。两江地区为湘淮军提供了源源不绝的军饷。李鸿章在同治九年给两江总督马新贻的信中说：“缘带兵乏饷，最是

---

① 《密陈捻匪四窜追逐无功请派李鸿章曾国荃等联络会剿片》（同治五年八月二十三），《曾国藩全集·奏稿九》，岳麓书社 1991 年版，第 5361 页。

② 《奉到谕旨先行复陈片》（同治五年十一月初二日），《曾国藩全集·奏稿九》，第 5409—5410 页。

③ 《密陈查办吴棠参案片》（同治八年十月初三日），《李鸿章全集·奏议三》，第 529 页。

苦境……粤、捻两役，赖苏饷以幸成功。今无论图黔援陕，舍苏奚望?”[①]由此可见两江总督一职对湘淮集团的重要意义。经济上的利益其实是当初曾、李拒绝吴棠的最根本原因。

吴棠明了曾、李的意思，因此并未覆奏朝廷，但在同治四年十二月初二日曾奏请赏假养病。折中描述症状是旧疾湿疮增剧痛苦，加以血亏肝郁，肺气不降，新增胁痛、怔忡。医家日进舒肺、平肝、养心之剂，猝难见效，请求给假调理。清廷于初八日谕令赏假两个月，但有紧要事情还得照常办理。[②]其实清廷也能看出，吴棠得的是心病。怔忡（精神恍惚不眠）、胁痛等皆因肝郁气滞，也就是生气，情郁于中、不能发之于外，病源当然是曾国藩、李鸿章不与商量就否定他署任江督。这从李鸿章和曾国藩的来往信件中也可一窥大概。上引李鸿章给曾国藩的信中已谈及：“仲帅满腹牢骚”“仲帅昨已附陈病状，不得此席，必速其去。”曾国藩在给李鸿章的信中也有类似说法：“仲仙毅然告病，专为拙疏否？抑因尊疏及藩运之详乎?”[③]曾国藩复奏后，曾将复奏内容抄告吴棠。曾国藩在九月二十一日给吴棠的复信中说：“续奉初六日寄谕，欲令少荃督师赴豫，阁下接署江督，并饬函商复奏。鄙意少荃所部淮勇，现在俱归鄙人调度，均置最要之地，万不能拨赴河洛，安能更顾秦晋？而皖南闹饷之营，弟虑尚有他变，且阃外之臣不宜干预进退大权。故不俟商定，已于十九日恭摺复陈，抄咨冰案，伏希亮鉴。”[④]虽然曾国藩的奏折被留中，但吴棠又主动给曾国藩写信，询问曾国藩的复奏情况，其实仍是打探曾国藩的态度。在得知二人的奏疏内容后，吴棠毅然告病。由此可见，因曾、李二人未与吴棠商量就拒绝由他担任署江督，吴棠心中的抑郁之情和不平之气难以言表，乃以官员惯用的告病方式显示抗争。

在曾国藩的另一封回吴棠信中，曾国藩的态度显得十分客气、冷淡而疏远，“前月二十四日接到二十一日惠书，垂询复奏之事。敝处十九日折稿先经抄咨，又于二十一日沥函奉寄，续准军机处知会，敝疏留中，亦经

① 李鸿章：《复马制军》（同治九年三月初十日），《李鸿章全集·信函二》30，第57页。

② 《吴棠病请给假由》（同治四年十二月初二日），国家清史工程网站录副奏折，档案号03—4719—095，缩微号344—0527。

③ 《复李鸿章》（同治四年十二月十四日），《曾国藩全集·书信七》，第5464页。

④ 《复吴棠》（同治四年九月二十一日），《曾国藩全集·书信七》，第5350页。

咨送冰案，亮蒙鉴照”。[①] 似乎很不耐烦，似乎在说，我都告诉过你了，你怎么还问。平时尚能一团和气，在关乎利益和集团的生死存亡的关键时刻，李鸿章和曾国藩不再温情脉脉，毅然绝然地拒绝了吴棠。

四　清廷之妥协

当时剿捻战争正值吃紧之际。清廷的心腹大将僧格林沁与多隆阿已先后战死，要平定捻军，维持统治，清廷只能依靠湘淮军。见曾国藩、李鸿章竭力反对此举，清廷也只好顺坡下驴，撤销此议。在接到李鸿章的复奏后，于同治四年十月十五日发布上谕：“前因捻匪窜扰南阳，豫军不能得力，谕令李鸿章统兵西征，并令曾国藩等妥筹商酌，不必拘泥谕旨，务期事臻善美，以副虚怀下询之意。嗣据曾国藩奏称，南阳贼数较少，宛、洛之患稍轻，李鸿章所部淮勇均调赴东、豫各处驻扎，别无可调之师。兹据李鸿章复奏，沥陈兵饷、军火各端恐难专恃，与曾国藩所奏大略相同。该大臣等均能详细缕陈，使朝廷洞悉此中利害，实为有见。”给自己找到台阶后，清廷又显现出体谅下情的大度：“现在贼势趋重虞城，张树珊等攻剿正急，而南阳仅止张总愚一股，自不必再事更张，即著毋庸置议。”然后又拿出领导者的高高在上的姿态，对曾国藩、李鸿章和吴棠的任务做了一番布置：“曾国藩务当督饬各军迅筹歼贼方略。李鸿章驻守金陵，督催前敌饷需军火毋稍迟误。吴棠于清淮情形最熟，并著严饬防军，视贼所向，迎头截剿，不令阑入里下河完善之区，以副委任。”[②] 也就是说，李鸿章不用率部远征，吴棠原地不动。在这里，清廷其实有抚慰吴棠的意思在里面，知道吴棠的委屈，不同意他完全告假。

但吴棠在江北并未待多久。湘淮集团在意识到吴棠的威胁后，迅速想办法将其调离。同治五年清水潭决口，吴棠以负有督率之职，未能先事筹划，被下部议处，八月即调任闽浙总督。十一月初一日，清廷命曾国藩回两江总督本任，授李鸿章为钦差大臣，专办剿捻事务。李鸿章急切想得到江北的统辖权，上疏朝廷要求清廷饬吴棠迅赴新任。上奏之前应是征求了一下曾国藩的意见。对此曾国藩认为：“尊疏谓仲仙军务不长，自是正

① 《复吴棠》（同治四年十月初二日），《曾国藩全集·书信七》，第5359页。

② 《李鸿章全集·奏议》二，第304页。

论。至请饬迅赴新任，未免痕迹过重。”[1] 李鸿章最终还是没有接受曾国藩的意见，在密奏中保留了“可否饬下该督臣，假满后迅赴新任，俾专责成”[2] 的表述。之所以采用密奏，大概也是保留了自己和吴棠的一丝情面吧，不想使两人关系太紧张。李鸿章急切想得到权力的态度并不仅表现在对江北事务的接收上，他在接收钦差大臣关防的时候也是不等曾国藩送到就派人去取。

不过这一次，李鸿章为自己的急不可耐找了个借口。他向朝廷抱怨吴棠存在的多余，他在密奏中针对清廷谕旨“吴棠著专办淮、徐一带防务，并派兵协剿窜入湖团股匪，恃此股贼众殄灭净尽，再行驰赴新任”表明了自己的看法。李鸿章首先陈明淮、徐一带已无贼可剿，而后着重解释吴棠不必还在淮、徐。首先，吴棠能守住清淮不是因为个人能力，而是有援兵：“吴棠久任清淮，拊循士庶，政迹固有可称，军务未甚谙练。从前粤逆占踞江南，大兵林立，北路空虚，捻氛来往窥伺，故须漕臣严守清淮，以保里下河门户。然亦赖有僧格林沁之游兵，江南北之赴援，幸而获全。嗣曾国藩与臣陆续统军北来，捻贼每次下窜，臣等必添派水陆各营驰往协剿，捻氛因之退沮。”其次，将帅多则事权不一：“诚以徐州为清淮门户，前有重兵，则后可省力。目今剿捻机宜，往往不能应手，皆由各督抚自有兵将，自行进止，虽与和衷联络，难得呼吸一气。若清淮距徐仅三四百里，既有督臣在徐，又有邻省督臣专办防务，又有漕臣督饬州县严防。事权不一，号令歧出，文武兵弁恐皆无所适从。臣愚以为将来臣即偶尔赴豫、赴东，但择一大将办理淮徐运防，妥筹布置。设贼警渐近，再另调大枝游击之师，跟追而牵制之，庶保无虞。臣仍往来其间，督率调度，免得多添一帅，索饷争兵，致生意见。所有吴棠向筹地方之饷，均归臣处拨用，以免分歧。”最后，李鸿章认为吴棠没有必要留在江北：“吴棠部下现实无整支劲旅可当一面者，亦无可调派协剿。”因此，李鸿章在密奏中询问“可否饬下该督臣，假满后迅赴新任，俾专责成”[3]。这里李鸿章为了早日接手江北，将吴棠的“功绩”大事化小，小事化了。根本没考虑

① 《复李鸿章》（同治五年十一月初六日），《曾国藩全集·书信八》，岳麓书社 1994 年版，第 6026 页。

② 李鸿章：《密陈东西路剿捻方略片》（同治五年十月二十七日），《李鸿章全集·奏议二》，第 556 页。

③ 同上。

在吴棠之前的漕臣河督，他们也有援兵，为什么就不能守住清淮，不能保住江北？却只将吴棠能守住里下河一带归结为有僧格林沁和湘淮军的援应，显然是别有用心。

李鸿章还在给曾国藩的信中抱怨吴棠用兵无方，曾国藩也表示赞同："仲仙调度纷繁，诸将无所适从，敝处亦深不谓然。其平日居心行事，不失厚道；惟用兵之道，知人之明，实非所长……仆近日观邻邦调度，如官、乔、吴、李诸公，亦皆号令频烦，忙乱虚饰，与仲仙略无轩轾。"但还是希望李鸿章能继续修好吴棠，不要把关系弄僵，说吴棠对李鸿章"犹有服善受言之雅，而其自处亦无护前争胜之心"。"三人同舟，舵楼专政，庶几俱捐细故，偕之大道，终克共济也。"又安抚李鸿章说："日内拟至桃、宿查勘运河。晤时必订约，不宜轻调淮军。清江有警，鄙人与尊处断无不竭力援助之理。"① "不宜轻调淮军"是曾、李一贯的用兵思路，他们对吴棠的继任者也是这么要求的。这里曾国藩的态度倒是更切实一些，没有刻意贬低吴棠的作用，还希望"三人同舟"，渡过难关。

经两江总督易人风波后，清廷终于彻底洞晓曾、李的心意。在接到李鸿章的密折后，清廷很干脆地同意了李鸿章所请。同治五年十一月初六日，清廷发布上谕："吴棠谅已痊愈，着赏假二十日回籍省墓，即赴新任。吴棠所部兵勇，均着归李鸿章节制调遣，以一事权。"② 在关乎清朝存亡的关键时刻，清廷最终选择了支持湘淮集团。为了利用湘淮军早日平息捻军，不得不舍弃吴棠，放弃扶植吴棠与湘淮系集团抗衡的梦想，将钦差大臣、两江总督和江北全面交给以李鸿章为首的湘淮集团。清廷没有授给吴棠的后任张之万与吴棠同等的权力。在张之万接篆后，曾国藩就对张之万建议，不要过问江北的军事，将军事权都交给李鸿章。曾国藩在给李鸿裔的信中说道："漕帅过于宽和，知人治军俱非所长。现已调任浙闽，继之者为张子青河帅，日昨来此会晤，鄙人曾劝令不预清淮兵事，不管徐州防务，均请少荃主持，渠意深以为然。其人盖亦宽厚人也。"③ 至此，曾李集团与清廷、吴棠争夺两江总督的斗争以曾李集团的全面胜利而

① 《复李鸿章》(同治五年五月二十七日)，《曾国藩全集·书信八》，第5801页。

② 《饬回两江总督本任并署理通商大臣关防及授李鸿章钦差大臣专办剿捻事宜》，《曾国藩全集·奏稿九》，第5413页。

③ 《复李鸿裔》(同治五年九月十三日)，《曾国藩全集·书信八》，第5937页。

告终。

但清政府并未就此罢手。同治七年七月，捻军甫平，战争的硝烟尚未散尽，清政府即下旨将曾国藩调任直隶总督，两江总督由闽浙总督马新贻接任。马新贻原系临淮系，与湘淮集团关系一般，而才智不能与曾国藩、李鸿章相提并论，似无接替曾国藩、李鸿章掌管江督大权的资格。清政府此举必然引起湘淮集团的不满。果然，马新贻在任两年，同治九年七月二十六日，即遭张汶祥刺杀身亡。此案众说纷纭，轰动朝野。有人说，马新贻赴两江总督任是带有慈禧太后的秘旨的，就是追查天京陷落后太平天国窖藏的金银下落以及湘军在天京的不法情状①。据说在审理过程中，牵扯了许多人、许多部门，有清廷、刑部、兵部、督抚、湘军集团等。审判官员换了三任，但最后连凶手真实的行刺动机也未审出来。八月，清廷命曾国藩由直隶总督回任两江总督，负责查办此事。曾国藩毁掉了之前所有的案卷，以张汶祥潜通海盗图谋报复政府草草结案，张汶祥被凌迟处死，摘心致祭。此案内幕就此掩盖，成为清代四大谜案之一。

在曾国藩回任两江总督之际，李鸿章给他写了封信称“谷山近事奇绝，亦向来所无。两江地大物博，断非师门莫办”。② “若（同治）七年秋不妄更动，或谷山僻在海滨，竟免斯厄。每读负乘致寇之语，不禁瞿然。江介伏莽最多，非极威重，不足销无形之隐匿也。”③ 这里李鸿章说得很明白：马新贻不任两江总督，就不会被刺；两江地区，必须“极威重”之人才能消“伏莽”，非曾国藩不能办马新贻被刺案。果然，前面清廷派去的人都无法结案，直到曾国藩出任两江总督，参与审讯，才将案子了结。

这也应验了同治六七年曾国藩幕僚赵烈文的预言。同治六年九月初十日，曾国藩和赵烈文闲谈，言自己有归志，赵烈文说：“师谢事而去，易一新督，自颈以下不与头接，是大乱之道也。两楚三江伏戎数千里，所惮一人耳。师今日去任，明日必呼啸而起。”同治七年七月二十七日，得知清廷已调曾国藩任直隶总督后，赵烈文在日记中写道：“闻后任为马谷山。窃维捻寇虽平，伏莽正多，非曾公威望无以镇之。彭雪芹侍郎亦得请

① 高尚举：《刺马案探隐》，北京图书馆出版社 2001 年版，第 83—84 页。

② 李鸿章：《复曾相》（同治九年八月十四日），《李鸿章全集·信函二》，第 91 页。

③ 同上书，第 92 页。

回籍。同时去楚军中两尊宿，朝廷虑患，可谓疏矣。”二十八日又对曾国藩说：“所虑者师去后，江南复有衅祸，更为民灾。烈忧之非一日矣。”①

清廷虽觉此案甚奇，但无法深究。然经此一击，清廷头脑清醒起来，知道战争中流失到地方督抚手中的军政实权尚难收回，夺回江督之席更是休动此念。此后数十年间，两江总督职位主要由湘淮集团人士担任，非其将帅，则其幕僚。只在光绪十年和光绪十三年满人裕禄短暂地署理过两次，加起来只有半年时间，正式到职的只有光绪十三年的两个月。这种局面一直到光绪三十二年才改变，这年七月满人端方出任江督。此时清廷举办新政，正设法加强中央集权和满族皇权，且新军成为清廷倚重的力量。从曾国藩咸丰十年总督两江，到光绪三十二年，去掉马新贻在任的两年和裕禄的几个月，湘淮集团成员在江督的位置上占据了约44年。

为什么会出现这种情况？这是清政府和地方实力派湘淮集团双方实力此消彼长、博弈均衡的结果。经过太平天国一役，清政府的权力结构发生了重大变化。清王朝虽然仍是满洲贵族的天下，却要汉员督抚保卫。袁世凯不认识前者，伸手过早，犯了武人干政的大忌，几乎丢命；载沣等新贵不认识后者，摒弃汉人，终致大政失措，清朝灭亡。只有慈禧太后与曾国藩识之甚熟，举措得当，确保双方相安无事，延缓了清廷的灭亡。两江总督职位之争也是满清王朝与汉族官僚、中央和地方之间争夺地方事权的一个缩影。

第三节　离开江北

而吴棠与曾国藩、李鸿章的联系，在其离开江北后就很少了。曾国藩托请吴棠办过一件私事，两次函请吴棠为他的一个姻亲查清任上的旧欠官款，以核准军需垫款相抵，以便子侄不受其累。吴棠办了左宗棠未办的事，曾国藩十分感激，在临赴直隶总督任之前还不忘再次感谢。但除此之外只有一些礼节性的节日问候了。

李鸿章和吴棠的私交稍多些，毕竟是同乡，曾有过交情。在吴棠离开清淮后，他也请吴棠办过私事。同治七年，淮军将领杨鼎勋死后灵柩回乡安葬，李鸿章托请吴棠转饬地方官妥为照料，并帮助择地厝葬，主持葬礼

① 赵烈文：《能静居日记》，罗尔纲、王庆成编《太平天国》七，第343、356—357页。

等事宜，“垂念勋旧部民，主持指示，俾得敷衍成礼，殁者以安，生者以养”。[①] 吴棠也很负责任地帮忙了。

还有一次，李鸿章告诉吴棠，在京都时曾听左宗棠对吴棠“颇有违言”，李鸿章“力为调停，乞于解济西军各项酌照前事筹办”，并安慰吴棠“其实闽粤前案，虚公持平，固啧啧在人口也”。还嘱咐“嗣后望常通音问”。[②] 同治八年，吴棠已任四川总督的时候，李鸿章奉命入川查案、办教案的时候两人又见过面。

除此之外，只在催解协饷的时候李鸿章才和吴棠有书信往来，多少年前诗文唱和的情景已不复出现。但是，吴棠对李鸿章还是恋旧情的。在同治十三年编选文集的时候，吴棠不仅将早年和李鸿章唱和的诗文收录，还将李鸿章任署江苏巡抚时给吴棠的复信收录其中，而没有收录曾国藩的片言只字。

如果将苏抚风波比作一朵小水花，江督风波则是一波大浪。让湘淮集团看清了清廷的用心，看到了吴棠的威胁，最终导致吴棠被调离江北。

第四节 吴棠在江北的地位和作用

江北对于交战双方清军和起义军来说都有重要意义。太平天国干王洪仁玕认为江北对太平天国和天京的安全十分重要。他对李秀成弃江北不顾，专营苏杭表示不赞同，认为：“自古取江山，屡先西北而后东南。盖由上而下，其势顺而易，由下而上，其势逆而难。况江之北、河之南，自称为中洲鱼米之地，前数年京内所恃以无恐者，实赖有此地屏藩资益也。今弃而不顾，徒以苏杭繁华之地，一经挫折，必不能久远。”[③] 后来果然应验。在总结太平天国失败的教训时，洪仁玕又提到江北，认为若英王陈玉成不死，天京之围必大不同，“以为若彼能在江北活动，令我等常得交通之利，便可获得仙女庙及其附近诸地之源源接济也。英王一去，军势军威同时堕落，全部瓦解，因此清军便容易战胜”。[④] 可见，江北对于太平

① 《复吴制军》（同治七年十二月初八日），《李鸿章全集·信函一》，第709页。

② 《复川督吴制军》（同治七年十一月十五日），《李鸿章全集·信函一》，第707页。

③ 王庆成：《稀见清世史料并考释》，武汉出版社1998年版，第485页。

④ 简又文译：《太平天国干王洪仁玕供词之回译》，《逸经》1936年第9期，第9页。

军来说，不仅是重要的北上通道，而且是重要的粮食后勤基地，前期天京被张嘉祥围却最终能转危为安，原因之一就是因为天京尚有江北一线粮道可通安徽，城内不虞乏食，援兵得以从容布置应战。后来天京又被曾国荃围，最终被破，只缘粮道断绝，天京外围无粮，援兵心存畏惧，不愿前往。

在与太平军作战的过程中，为了防止太平军沿运河北上，清军统帅琦善在扬州建立了江北大营，作为保卫江北其实主要是清淮地区的屏障。太平天国北伐军威胁到清朝的首都，威胁到清廷的存亡，咸丰帝给驻守江南大营的统帅向荣下令："若能迅克金陵，则汝功最大，前罪都无；若仍吃紧时巧为尝试，则汝之罪难宽，朕必杀汝！"① 给江北大营的统帅琦善下"最后通牒"："琦善老而无志，如再不知愧奋，朕必用从前赐赛尚阿之遏必隆刀将汝正法。"② 太平天国北伐军失败后，咸丰帝仍担心太平军会再沿运河北上。当江南大营因兵力单薄，向荣向咸丰帝请求调江北大营兵力助攻天京时，咸丰帝不同意，怒骂："汝必欲江北兵，可将汝首送来！"③ 可见，尽力保住江北不被起义军攻占，对清政府来说，意义重大。但是，对于清政府来说，不幸的是，咸丰八年，江北大营被太平军攻破，江北的安危由驻江北的江宁将军和漕运总督、江南河道总督负责。咸丰十年，江南河道总督又被裁撤，江宁将军和漕运总督的防守就显得尤其重要，能守住江北不被起义军占领的人，对于清廷来说，就是功臣。

清淮的重要，曾国藩咸丰十一年十二月十二日给清军统帅袁甲三的信中曾述及："清、淮一带，无人经理，殊为可惜。该处有苇荡自然之利，若因其所入，练成大枝劲旅，北可屏蔽山东，南可联络扬、镇，远可策应临、淮，近可保卫里下河，诚为良策。"④ 这时候曾国藩在江南经营湘军，全力对付太平天国，尚无法分兵江北，希望袁甲三给他推荐合适的人选，但袁甲三并没有去做。这时候吴棠已署漕督，在江北已经崭露头角。在金陵克复后，曾国藩这样评价吴棠坚守江北对湘军克复金陵的贡献："自该逆窃踞名都，江北伏莽，所在响应。嗣经大旆扼驻清淮，与杨镇各防共相

① 《东华录》咸丰朝，卷23，第19页。

② 奕䜣等：《钦定剿平粤匪方略》卷56，第23页。

③ 《东华录》咸丰朝，卷31，第3页。

④ 《复袁甲三》（咸丰十一年十二月十二日），《曾国藩全集·书信三》，岳麓书社1994年版，第2377页。

犄角，北岸新复诸城，又承分兵协守，俾南岸诸军得以一意围攻，幸而蒇事。兴怀舟谊，企佩靡涯。”①

钱振伦这样褒奖吴棠：“漕运总督盱眙吴公，以民慈父，为国重臣，江淮草木知名，天下治平第一人。”② 钱振伦以“第一”来评价，是有其私人因素在里面的。钱振伦，浙江归安人，道光十五年举人，与吴棠同年，十八年中进士时，在京师已“文鸣一时”。为京官十一年后，即以丁母忧去职，不再入仕。因太平天国影响，家乡没有安定的环境，历经“江山兵焚之惊，亲族株求之累，幼弱摧残之惨，流离转徙之疲”③，寓居江北泰州，同治元年吴棠聘其为崇实书院山长。生活稍微稳定，经济条件也得到改善。对于钱振伦这样孤介有学的人，吴棠与之相处融洽，并为其《樊南文集补编》作序，内对钱振伦评价很高：“同年生钱楞仙少司成，少跻通显，壮年勇退，覃精博洽，海内宗之。同治壬戌，余承乏漕河，延君主讲崇实书院，君循循善诱，条晰其良楛而殿最之，不及期年，士风丕变。公余之暇，朝夕过从，饫闻绪论，益叹君之才有不尽于是者。而夷然冲澹，奖掖后学，为尤不可及也。君于书无所不窥，随手笺记，皆成条理。尤好樊南李氏之学，尝以冯氏采本未尽赅备，因手录《全唐文》所收二百三篇，与哲弟箎仙广文分任笺注之役。既有成书，间以示余。博而不杂，简而能该，参伍钩校，绝非苟作。讽玩再四，爱不去手，爰付手民，以广流布，使士林读之，知精能于艺文者，必根柢乎经史，其亦知所向往矣。”④《樊南文集补编》本身就有其学术上的地位。根据吴棠序，该书收录了钱振伦从《全唐文》中辑出的二百多篇李商隐的佚文，并由钱振伦、钱振常对之进行笺注，为进一步考证李商隐生平提供了极其重要的资料。尽管如此，吴棠如此作序，钱振伦还是心怀感激的，其《樊南文集补编》由望三益斋于同治五年刊刻。钱振伦为吴棠父亲作了家传，其中也多推崇之辞。称吴棠为“天下治平第一人”，当然也有溢美之处。但从吴棠能给他提供一个比较安定的传道授业的环境，使他在温饱无虞的情况下，能继续为学这一点来讲，这个评价也不为过，因为在江南，是没有

① 《复吴棠》（同治三年七月初十日），《曾国藩全集·书信七》，第4626页。

② 钱振伦：《北山吴公墓表》，《望三益斋存稿·杂体文》卷1，第1页。

③ 钱振伦：《益寿菴追荐亡室任氏文》，转引自邱巍《吴兴钱家　近代学术文化家族的断裂与传承》，浙江大学出版社2009年版，第47页。

④ 吴棠：《樊南文集补编序》，《望三益斋存稿·杂体文》，第24页。

这样的环境的。

光绪三年，漕运总督文彬请将吴棠事实宣付史馆并在徐州、清淮建专祠折中，比较全面地概述了吴棠在江北的政绩：

吴棠以大挑知县，分发南河。历任清河、桃源、邳州等处，咨访利病，训诲愚蒙，循循然如父兄之诏子弟，不事操切，而民自化。及其诛锄强暴，则又执法极严，不稍姑息。一时治行称最，舆论翕然。咸丰三年，粤寇陷金陵，扬州、淮浦震惊，土匪蠢动。吴棠时在清河县任，地无城郭，手无兵柄，徒以忠义号召士民，创设团练，不数日间，操挺而来会者数万人。声威大振，伏莽潜消。乃腾檄远近，相约固守。声言大兵百余万，指日即到，以安民心。贼遂徘徊瓜、扬，不敢前进。文宗显皇帝降旨垂询，有"知县吴棠，团练乡勇甚得民心"之谕。寻以丁母忧去职，百姓流涕相送，路为之塞。起服后，任徐州府、道，帮办徐宿剿匪事宜。捻匪以蒙、亳为老巢，出入必经徐境，一岁数至，所过成墟。吴棠与各属士民，为坚壁清野之约，随地筑圩，迁人民辎重于其内，遴壮丁守之。田禾垂熟，则以队伍游檄于其外，俾农民收获入圩，不为贼有，徐民始稍知生聚之乐。徐州道兼司兵饷，饷匮则哗。吴棠加意拊循，精心擘画，一钱一粟，分散必均，士卒感其至诚，虽不获宿饱，而战则必力，以故所向有功。剿贼泝塘，与士卒同卧起者数月，致患疾，终身不瘳。咸丰十一年，奉命署理漕运总督。衙门向在淮城，清江又甫经兵燹，民物凋残，人皆视为危地。吴棠以该处为南北咽喉，关系甚重，受篆次日，即率师驻之。捻匪屡次来攻，均经击败。先于运河南北分筑两圩，复于南岸建城以为县治。人有所恃，流亡渐复。其时粤寇未平，捻氛尤炽，深虑合并为患，吴棠扼守要冲，频年苦战。内保里下河完善之区，外靖淮、徐、海三府州之地。前督臣曾国藩得以专意图南，不为捻匪牵制者，吴棠实有赞助之力。同治三年，江宁收复，奉旨嘉奖头品顶带。四年，购米雇船，创行试运。江北河运漕粮，遂从此始。清江旧有书院，为贼所毁。吴棠于军旅之暇，筹款兴复，俾诸生讲学其中，人知向学，文教日兴。

综计吴棠筮仕以来，自州县以至漕督，未离江北地方。与淮、徐士民患难相共十有余载……而清河凡有规模，又皆该故督臣经营缔造。[①]

吴棠在江北的地位，从清廷对其的评价中也能窥见一斑。御制祭文中称吴棠“悫诚自矢，练达有为。早列贤书，历膺民牧。运谋练勇千夫，扬貔虎之威；奋志折冲一鼓，快鲸鲵之戮。适至位跻观察，江淮咸赖以抚绥；洎乎猷赞度支，徐宿爰资其保障。任藩宣而深求吏治，总转运而更奏武功”[②]。御制碑文则称吴棠“正直砥躬，忠诚励志。举乡而早储伟略，为宰而丕著循声。当夫粤匪猖狂，皖疆骚动，练勇则咸成劲旅，翠羽锡荣；运筹则迅扫妖氛，丹毫纪绩。命襄戎幕，固徐宿之民心；力济军需，壮江淮之兵气。迨受旬宣之任，旋膺总制之权。握成算以转输，展壮犹而戡定。专枢南纪，崇牙阅闽海之师；移节西陲，严翼整蜀江之俗”[③]。主要肯定、褒扬的也都是他对江北的贡献。

清廷和地方官从维护清朝统治的立场，充分肯定了吴棠的贡献。而吴棠作为一个传统官吏，在清淮一带为官近20年，他的一系列举措对于维护清朝在苏北的统治确实起了很大的作用，所以被一再提拔，从一个大挑知县升至总督，官及一品，位列封疆。为了维护清朝统治，协助曾国藩等攻剿太平军，镇压捻军起义，设法筹措军饷，这当然不利于农民起义的发展；修建城圩一方面遏制了捻军，另一方面也有保境安民的作用；他在江北阻止了太平军沿运河北上，阻止了捻军的攻略，也阻止了战火对清江浦的毁害。任何战争，无论其性质是正义还是非正义的，进步的还是倒退的，对民众、对地方造成的损害都是客观存在的。对于普通民众来说，自然是希望长治久安。因此，在批评吴棠的立场的同时，对于他的保卫地方、有益于民的地方，也应予以恰当的肯定。

---

① 文彬：《清淮、徐州奏建专祠疏》，《望三益斋存稿·诗文钞》，第7—9页。

② 吴棠：《望三益斋存稿·诗文钞》，第1页。

③ 同上书，第2页。

第五章

艰难的闽浙总督之任

吴棠在闽浙总督任上的时间很短，实际在任不足一年。这不到一年的时间，或许是他仕宦生涯中最艰难的时候。他与左宗棠、沈葆桢都有接触，左、沈二人都很有个性，似乎比曾国藩、李鸿章还难打交道。吴棠的施政措施不可避免地牵涉二人，因为此二人，因为福州船政局，吴棠备受攻击。

第一节 失和左宗棠、沈葆桢

福州船政局是洋务派开办的一个重要的洋务企业，其初期的人事安排是学术界关注的一个焦点。现有研究多以沈葆桢、左宗棠的奏折为依据，以沈葆桢奏折里吴棠对英桂“说过”的一句话“船政未必成，虽成亦何益”来评价吴棠对船政的态度，吴棠也因此成了掣肘船政的保守派或反对派。① 但这一研究的缺陷是，因为缺乏吴棠方面的史料，仅依据沈葆桢、左宗棠等人的奏折，并不能反映事件的全貌，很多问题无法解释清楚②，所得出的结论也难免失之偏颇。甚至因为存在史料解读方面的偏差，一些事实真相被歪曲。鉴于此，挖掘吴棠方面的史料，全面地考察吴

① 主要研究成果有：林崇墉：《沈葆桢与福州船政》，台北联经出版事业公司 1987 年版；林庆元：《福建船政局史稿》（增补本），福建人民出版社 1999 年版；［美］庞百腾（David Pong）撰：《沈葆桢评传 中国近代化的尝试》，陈俱译，上海古籍出版社 2000 年版。（David Pong: *Shen Pao-chen and China's Modernization in the Nineteenth Century*, Cambridge. University Press, 1994。）沈吕宁：《吴棠反对船政始末》，《船政文化研究》第五辑，海潮艺术出版社 2008 年版。

② 前揭庞百腾的书中坦率地承认这一缺陷的存在，见该书第 180 页；沈吕宁的文章也表示对“吴棠反对船政原因”无法解释，只能大胆推测。

棠在闽浙总督任上的作为，以便较完整地审视、评价整个事件，并将有关问题解释清楚，就显得十分必要。因此，本节从档案资料着手，对吴棠在闽浙总督任上的施政做全面回顾，并结合时人评述，对比左宗棠、沈葆桢、吴棠等人的性格，重新审视左宗棠、沈葆桢的奏折，以分析吴棠和左宗棠、沈葆桢失和的原因，重点辨明吴棠对船政的态度，分析他的做法是否就是掣肘船政，以对同治六年福州船政局的人事风波作出比较客观的评价。

一　沈葆桢、左宗棠的奏折

同治六年六月十七日，沈葆桢正式出任总理船政事务大臣。在此之前，同治五年五月十三日，闽浙总督左宗棠首议创办福州船政局。八月十七日，清廷调左宗棠任陕甘总督，以漕运总督吴棠接任闽浙总督。九月初六日，左宗棠接到调职任命；二十三日，左宗棠奏请丁忧在籍的前江西巡抚沈葆桢接办船政。十一月初十日，左宗棠离福州赴陕甘总督任。同治六年三月初三日，吴棠在福州接篆视事。九月二十三日，沈葆桢上了著名的《船政创始在在需才，宜固人心以全大局折》，并附折片《请将革守李庆霖留船局差遣由》。前折即是“船政未必成，虽成亦何益”这句话的来源，也是后来学者屡次征引的关于船政局人事风波的资料来源。

在折中，沈葆桢先陈述了行事用人的重要性：“窃惟为政在人，古有明训。事关创始，尤藉群策群力，以相与有成。况驽钝如臣，若非广益集思，何以上承朝廷付畀之重？”又解释任用周开锡、胡光墉等人的原因：“良以周开锡器局宏敞、志虑忠纯，且藩司为度支总汇，衙门呼应较捷。胡光墉素为洋人所信，才具优长，内外兼资，俾臣得所藉手。是以左宗棠与臣会商，派周开锡、胡光墉为提调。又，奏请以广东补用道叶文澜[①]等，一并交臣差遣。得旨允行。知朝廷所以为船政谋者，至深且远。”接着话锋一转，说到吴棠的种种行为：“臣方幸协力同心，众擎易举。乃督臣吴棠到后，晤将军臣英桂，即有‘船政未必成，虽成亦何益’之语。尝以总理衙门公信示臣，谓臣曰：此虑我等用钱失当也。臣逐加披阅，只嘱将所办情形随时函致并无涉及‘惜费’一语。臣知督臣胸有成见，然

① 随手登记档610000113，同治六年冬季分，第00069页，作“叶文渊”。比较《清穆宗实录》和《海防档》乙《福州船政》一，皆作“叶文澜”。本书用“叶文澜”。

尚冀各行其是，彼此两不相妨。讵意周开锡为匿名揭帖所牵涉，督臣吴棠明知其诬，以业经病痊之员，谕令续假，另委藩司；叶文澜为讼棍陈永禄所翻控，督臣吴棠明知其诬，以业经咨结之案任听狡展，致滋拖累。”并指出吴棠如此做法的后果：“当局者先怀洁身之思，共事者遂有波及之惧；胡光墉在浙坚辞提调，屡展行期，难保非以忧谗畏讥之情，致有观望徘徊之意。伏维国家之任事以人，人之虑事以心，若人人自危，将事事皆废。”“傥人各有心，不特事废半途，抑将为远人所笑。”沈葆桢还强调：“且船政之设，虽由总理衙门王大臣及左宗棠奏请，而自强之道，实断自宸衷，为臣子者宜何如激发天良，以副宵旰勤求之望。臣官非言责，分属部民，苟非船政所关，虽桑梓情殷，断不敢妄参末议。”并表明决心：“至船政系臣专责，死生以之。与其终误国家，百身莫赎。何如倾竭愚戆，以自鸣于君父之前。”最后，恳求清廷“谆谕周开锡终始其事，专意从公，毋畏浮言，辄萌退志。饬督、抚臣将叶文澜被控之案秉公断结，并饬下浙江巡抚，催胡光墉即日前来，俾臣获收指臂之助”。①

因吴棠前曾参革道员、延平府知府李庆霖等人，所以在此折附片中，沈葆桢针对吴棠所参各款，为李庆霖辩白。沈葆桢解释说：“惟阅原参折内称李庆霖到任未久，即夤缘为通商局员，又兼为船政局员。督臣所谓趋承者，当即指此。查李庆霖以咸丰年间入通商局，至今已有十余年。自船政议兴，左宗棠以其熟悉洋情委办购地设厂等事。去年十二月部咨饬赴延平府新任，复经兼署督臣英桂、护抚臣周开锡以通商、船政均极紧要，接办乏人，会商奏调来省。是其入局之始，皆在延平府未到任以前。此后则为地择人，藉资熟手，何得以奏调有案，责其夤缘？纵使李庆霖极善趋承，岂左宗棠、英桂、周开锡等均甘受其笼络？且延平府地方安静，通商局事事掣肘，均在圣明洞鉴之中。岂善于趋承者转舍所甘而就所苦？”“原折内称其在船政局则向督臣言该局绅董主持，委员无权；又言洋人日意格不知何日能来？督臣所谓巧猾者，当即指此。查臣原系本省绅士，船政为臣专责，臣自当一力主持。至日意格之来本难定期，纵有此言，亦非取巧。乃臣面诘李庆霖，则据称谒抚臣时曾问及船政，谨陈大概情形。至谒督臣时，从未垂询，何由妄对？”在解释完吴棠所参各节后，沈葆桢又

---

① 吴元炳辑：《沈文肃公政书》卷四，沈云龙主编《近代中国史料丛刊》第六辑，台北文海出版社 1967 年影印，第 725—728 页。

解释如此做的原因："臣未任船政以前与李庆霖向无一面之识，其先后入局，则左宗棠、英桂、周开锡所委。臣无所用其回护。地方官之贤否，非臣所能周知；封疆大吏之黜陟，尤非臣所得干预。督臣勒令回籍之请，原以预杜留局之阶。臣且自处危疑，何敢更存偏袒？惟船政济否，关系匪轻。人无却顾之心而后事有告成之日。李庆霖在局襄办，已阅年余，劳瘁不辞，并无劣迹。若听其负屈以去，此后何以用人？臣顾惜身家，坐视事之颓废，不特终蹈罪戾，即此心何以上对朝廷？"因此请求清廷"俯念船政需人，准将李庆霖留局差遣"。

沈葆桢还将此折抄示总理衙门，并附信一封，内称："船政之举，非诸臣之事，国家之事也。吴督身为疆吏，果以为万不可行，命下之日，急宜封牍力争。入闽而后，果深察情势万不能成，亦何妨专衔入告。乃数月以来，不置可否其间，在在阴起而为难。察其举动，事事务与前人相反，船政特其一端耳。"[①] 十月十六日该折到达总理衙门。

沈葆桢奏折上后不久，十月十九日，左宗棠借覆陈总理衙门关于修约事宜，又密参吴棠："吴棠到任后，务求反臣所为，专听劣员怂恿。凡臣所进之人才，所用之将弁，无不纷纷求去；所筹之饷需，所练之水陆兵勇，窃拟为一日之备者，举不可复按矣。臣以吴棠宰清河时，曾得时誉，意其为群小蒙蔽所致，即寄书规之。吴棠虽仍以萧规曹随见复，而时移势易，废绪难寻。是闽浙现在应筹之事，臣未能遥揣也。"[②]

两人的奏折配合得天衣无缝。沈葆桢的奏折详细讲述，左宗棠的奏折总结发言。虽只有寥寥数语，却字字千钧。

根据军机处随手登记档，沈葆桢的奏折登记在十月十七日，左宗棠的奏折登记在十月二十五日。也就是前后相隔一个星期，两人的奏折都到了清廷中枢，由此矛盾公开化，清廷中枢知道了沈葆桢、左宗棠对吴棠的不满，吴棠掣肘船政的印象也自此形成。

---

① 台湾"中研院"近代史研究所编：《海防档》乙，《福州船政》一，台湾艺文印书馆1957年版，第94页。

② 《筹办夷务始末》（同治朝），《近代中国史料丛刊》611第9分册，台北文海出版社1966年影印，第4881—4882页；《遵旨密陈折》，《左宗棠全集·奏稿3》（同治六年十月十九日），第422页。

二　奏折中涉及的人和事

欲明了奏折中陈述的事实真相，必须先弄清楚奏折中涉及的人和事。沈葆桢的奏折中涉及的人物有周开锡、胡光墉、叶文澜、李庆霖；涉及的事件有竹枝词、叶文澜被控案。左宗棠的奏折中没有具体指向，所说的“人才”，应指周开锡、胡光墉、叶文澜等。因左宗棠在离浙赴闽后，以闽中吏治乏人，奏请清廷准予浙江新授督粮道周开锡、记名道吴大廷、按察使衔福建补用道胡光墉、奉旨交其差遣之刑部员外郎张树菼等人入闽佐政。[①] 奉命西征后，除奏请张树菼随行外，将其他三人皆留闽浙。此三人皆追随左宗棠多年，极受左宗棠倚重。

周开锡（1826—1871），字受三，湖南益阳人，与左宗棠素有渊源，极得左宗棠赏识。道光二十九年（1849），左宗棠37岁时，在长沙朱文公祠开馆授徒，周开锡与左宗棠婿陶桄皆从受学。[②] 左宗棠对他学习情况如此评价：“该道周开锡，二十年前从臣读书湘中，颇能刻苦立志，为有用之学。”咸丰二年，太平军进攻湖南，左宗棠先后入抚臣张亮基、骆秉章幕，襄理军务，“周开锡时以兵事、饷事来相启告。胡林翼习闻其才，调之入鄂，积功保知县，试治沔阳州，有能声。旋以军功保擢知府。李续宜、曾国藩皆（亟）［极］赏之”。左宗棠入浙督办军务后，“周开锡以谊不避难，辞曾国藩入浙，从臣衢州，臣奏署温州府事，兼署温处道，蒙恩补授温州府知府。旋擢补浙江督粮道”。曾因替左宗棠筹饷有功，由左宗棠奏请清廷赏加二品顶戴。[③] 左宗棠入闽督办军务后，又奏调其赴闽。先是以时任藩司张铨庆“识见庸浅，且年已六十有五，语多健忘，虑其不能胜任”为由，令周开锡和吴大廷一起协助其办理厘税局务。后左宗棠又参张铨庆“才力不及”“于厘税各务尽诿之周开锡、吴大廷，意存膜视，于军饷缓急从不过问。即钱粮为藩司衙门专责，亦并不设法催征。截至六月，据报本年上忙仅征银三万四千八百余两，较上届更短解

① 左宗棠：《沥陈闽省困敝情形请调员差委折》（同治四年正月初四日），《左宗棠全集·奏稿二》第5页。

② 沈传经、刘泱泱编：《左宗棠年表》，《左宗棠全集·附册》，第458页。

③ 左宗棠：《请赏加周开锡吴大廷两员二品顶戴片》（同治五年九月初一日），《左宗棠全集·奏稿三》，第105页。

四分之三”。[①] 请将张铨庆革职，以周开锡署理福建布政使，并有意让其久于此任。遂请开其本任浙江粮道缺，留福建补用。不料，同治五年九月二十七日清廷谕令邓廷枏[②]补授福建布政使，康国器补授福建按察使，周开锡调补福建延建邵道员缺。见藩司易人，左宗棠于十月初五日和十月十二日连上两折，一面称新任藩司邓廷枏在臬司任内因病请假，尚未复原，仍由周开锡署理藩司；一面极力称赞周开锡“守洁才长，实为济时之选。不独筹饷一事为所优为，及吏事、兵事亦颇能见其大”。“现在福建时政，以裁陋规、停摊捐、筹津贴、定兵制，为恤民、恤吏、恤兵之要；造轮船，兼造师船，为缉海盗之要；教种桑棉，广布帛之利，为民生之要。均已饬该道次第经理，甫有端绪，接替殊难其人。”而邓廷枏“人本廉谨，惟才识实欠开展。已据该司与臬司任内禀请病假两月，纵令病能速痊，亦断不胜藩司重任”。又说自己已定于“本月十七日交卸督篆，回顾闽事，成效难期，心殊惘惘”，因此请求“仍令周开锡署理福建藩司，俾得尽其设施，庶于闽事大有裨益”，饬令邓廷枏“病痊后赴部引见”。清廷遂于同治五年十一月初一日令周开锡开延建邵道缺，署理福建布政使，原布政使邓廷枏，俟病痊后赴部引见。[③]

经过这些周折，一些重要的人事安排，终于很合左宗棠的心意了。署藩司周开锡、臬司康国器，皆追随左宗棠多年，极得左宗棠信任和欣赏。

左宗棠摸准了清廷的脉搏，既然用兵需饷，清廷又无力供饷，那么带兵大员任用自己信任之员带兵筹饷，清廷也就无法过问，只能从其所请。

沈葆桢奏折中提到的胡光墉，更是赫赫有名。胡光墉（1823—1885），字雪岩，浙江杭州人。时人对胡光镛多有记评。

刘体智在《异辞录》中记述了胡光墉和左宗棠的投契情况：“江南大营围寇于金陵，江浙遍处不安，道路阻滞。光墉于其间操奇赢，使银价旦

---

① 左宗棠：《特参年力就衰之司道折》（同治四年六月二十六日），《左宗棠全集·奏稿二》，第138页。

② 随手登记档、月折档作“邓廷楠、枬”。《清穆宗实录》作“邓廷枏”，《左宗棠全集》作“邓廷柟”。三字皆读作nán。因随手登记档、月折档均是抄件，本书以《清穆宗实录》为准，但引文内的文字仍按其旧。

③ 左宗棠：《藩司因病请假请仍留周开锡署理片》（同治五年十月初五日）、《请敕署福建藩司周开锡久于署任折》（同治五年十月十二日），《左宗棠全集·奏稿三》，第136、163—164页。

夕轻重，遂以致富。王壮愍自苏藩至浙抚，皆倚之办饷，接济大营毋匮。左文襄至浙，初闻谤言，欲加以罪。一见大加赏识，军需之事，一以任之。西征之役偶乏，则借外债，尤非光墉弗克举。"①

李慈铭的《越缦堂日记》有两则记述胡光镛。其一，同治五年四月二十三日。"胡雪岩者，本贾竖，以子母术游贵要间。王壮愍故以聚敛进，自守杭州至抚浙，皆倚之……服食拟于王者，官至监司。左宫保初至，欲理其罪，未几复宠。军中所需，皆倚取办。益擅吴越之利。操其赢，与各地市驵各挟术相欺诈，银价旦夕轻重，或相悬至数百千万，钱法以之大坏。"其二，光绪九年十一月初七日。"昨日杭州胡光墉所设阜康钱铺忽闭。光墉者，东南大侠，与西洋诸夷交，国家所借夷银曰洋款，其息甚重，皆光墉主之。左湘阴西征军饷，皆倚光墉以办。凡江浙诸行省有大役有大赈事，非属光墉，若弗克举者。故以小贩贱竖，官至候补道。衔至布政使，阶至头品顶戴，服至黄马褂，累赏御书……时出微利以饵杭士大夫，士大夫尊之如父，有翰林而称门生者……"②

除了李慈铭外，辜鸿铭也对胡光镛有记述："胡光镛……以贸丝起家，获巨赀至数百万，凡各商埠每筑楼榭数十间，广置姬妾数十人，声势煊赫，一时莫比。大学士左宗棠檄光镛贷西征军饷五百万两，部议不行，宗棠坚请，特旨允之。赏光镛黄马褂，异数也。宗棠荐于朝，予二品顶戴，候选道。未几，光镛殁，家产荡然。尝以高五尺许白鹤二，贻大学士文煜家，抵银二万两云。"③

由时人记述，可见胡光镛作为官商的声誉、口碑并不是很好，还可见胡光墉对左宗棠的贡献之大。左宗棠"自浙而闽而粤，迭次委办军火、军糈，络绎转运，无不应期而至，克济军需"。④ 左宗棠在浙江与太平军作战时，胡光墉"历办军粮、军火，实为缓急可恃"。特别是咸丰十一年冬，"杭城垂陷，胡光墉航海运粮，兼备子药，力图援应，舟至钱塘江，为重围所阻，心力俱瘁。至今言之，犹有遗憾"。左宗棠评价胡光镛"实

---

① 刘体智：《异辞录》，沈云龙主编：《近代中国史料丛刊》第十八辑 0177，台北文海出版社 1973 年影印，第 165 页。

② 转载自金梁辑《近世人物志》，北京图书馆出版社 2007 年版，第 106—107 页。

③ 骆成昌辑纂：《胡光镛》，台湾故宫博物院图书文献馆藏传稿 7637 号，第 3—4 页。附在《叶成忠传》后面，文末写"采辜汤生《叶成忠小传》"。

④ 左宗棠：《请赏加胡光镛叶文澜两员布政使衔片》（同治五年九月初一日），第 106 页。

属深明大义，不可多得之员”。[①]“杭州克复后，在籍筹办善后，极为得力。其急公好义，实心实力，迥非寻常办理赈抚劳绩可比。”[②]左宗棠感其助，奏请清廷赏加胡光墉布政使衔。胡光墉也以官商的身份获得更多的实际利益。

左宗棠筹建船政局时，左宗棠希望胡光墉能经理局中“一切工料及延洋匠、雇华工、开艺局”等务；奉命西征后，也需要他为西征筹措饷项。胡光墉“具禀固辞”船局事务，理由是“上海采办、转运诸务奉委督办，必须兼顾，未能常川在闽，一手经理”。于是左宗棠又奏请准予胡光墉往来浙、闽照料，不必常川在局。左宗棠认为，轮船局事属创行，面临诸多困难，将来限满果能习成与否，虽据日意格、德克碑一力担承，他也不敢谓确有把握。“但觉事不可已，惟当择人而任，尽力以图耳。其中支销款目，并无例案可循。公家之事，往往缚于文法，摇于物议，故敢任此事者绝少其人。即如道员胡光墉，素敢任事，不避嫌怨。”并揣测胡光墉不愿赴闽的原因：“惟切直太过，每招人忌……盖以非常之举，易滋疑议，不欲以一身为众射之的也。”因为深知胡光墉“任事之诚，招忌之故”，左宗棠希望“朝廷不预存综核之见”，请求清廷“与其过重责成，转使畏难于今日，不若稍宽责任，仍留臂助于方来”，如此则“在事者亦不免意外之虞”。[③]这里不得不佩服左宗棠的如椽大笔，将胡光墉的重要、面对的困难、清廷需不拘常法任用之的理由层层铺展，清廷只能允其所请，准予胡光墉往来于浙闽照料。

沈葆桢奏折中提到的叶文澜，官衔是盐运使衔补缺后以道员用、广东试用知府，因“迭次委办军火，航海运解，费省器良，妥速济用。并由海道转递闽粤文报，迅速无误，有裨军情”。[④]“好善急公，熟悉洋务，遇

① 左宗棠：《恳准道员胡光墉往来照料听候船政大臣差遣片》（同治五年十一月初五日），《左宗棠全集·奏稿3》，第305页。

② 左宗棠：《请赏加胡光镛叶文澜两员布政使衔片》（同治五年九月初一日），《左宗棠全集·奏稿3》，第106页。

③ 左宗棠：《恳准道员胡光墉往来照料听候船政大臣差遣片》（同治五年十一月初五日），第305、306页。

④ 左宗棠：《请赏加胡光镛叶文澜两员布政使衔片》（同治五年九月初一日），《左宗棠全集·奏稿3》，第106页。

有委办事件均能妥实经理，为人敦朴可恃。”① 左宗棠在离闽之前，奏请将其交船政大臣差遣。叶文澜涉讼案件后来清廷交由英桂、李福泰办理，和吴棠没有关系了，其实最后不了了之，并未见二人就此事的覆奏。沈葆桢对此却未表示任何不满。

李庆霖则是周开锡所欣赏任用的人，吴棠对其也很不欣赏。

除奏折中所涉及的这些人外，奏折中涉及的匿名揭贴，即竹枝词也是引起双方关系变化的一个重要因素。

吴棠对这些人物和事件的处理，直接关系到他与左宗棠和沈葆桢的关系。

第二节 主要施政措施

吴棠被任命为闽浙总督后，并没有立即赴任，而是先请假回籍扫墓省亲，而后赴浙江会同浙江巡抚马新贻察看海塘工程，到同治六年三月初三日才到福州，正式接篆视事。这一天，从广东布政使调任福建巡抚的李福泰也到任视事，前抚徐宗幹因病出缺。李福泰在广东布政使任上曾被左宗棠奏参粉饰军情，被下部议处。②

二人都是首次履任封疆大吏，从不同的地方相会于福州，都有一番拯救穷黎于水火的雄心，在奏报接篆任事的折子里都向清廷汇报了沿途看到的闽省民生凋敝情形。其中吴棠奏道：“闽境则延、建各属，俗敝民贫，颇形困殆。询之汀、漳、东南各郡，尤为疲瘠。又次，营制未定，洋面多虞。举凡察吏安民、海防、鹾务，均当加意讲求，随时整饬。”并表示受恩深重，当同两省抚臣，“和衷共励，而不敢偏执己私，以集益相欺，妄持成见。勉酬恩遇，力济时艰”。③ 事实证明，吴棠与浙江巡抚马新贻、福建巡抚李福泰关系融洽。马新贻夸赞其“虚公廉明”④。据原云南巡抚

① 左宗棠：《咨送闽浙官绅交船政大臣差遣片》（同治五年十一月初五日），《左宗棠全集·奏稿3》，第306页。

② 左宗棠：《复陈广东藩司李福泰粉饰军务片》（同治四年十一月十六日），《左宗棠全集·奏稿2》，第284页。

③ 吴棠：《恭报接受闽浙总督篆日期谢恩折》，《望三益斋存稿·奏谢折子》，第26页。

④ 左宗棠：《答周受三》，《左宗棠全集·书信2》，第28页。

林鸿年称，吴棠与李福泰“同城共事，一意同心，封疆中罕见”。[①] 吴棠唯独不能见容于左宗棠和沈葆桢等人。

吴棠上任闽浙总督后到底做了什么事情，惹得左宗棠和沈葆桢愤愤不平，忍不住要向清廷和总署告状？

根据随手登记档的条目，以及大陆和台湾所藏的档案资料，吴棠在闽浙总督任上所做的影响比较大、影响到他与左宗棠、沈葆桢关系的行为可以概括为以下几项：换藩司，保胡光镛，查清竹枝词案，裁减厘税局，改军需总局为善后局，继续推行厘金和盐务改革，等等。

一　奏换福建藩司

一朝天子一朝臣。大凡新官上任后，都会任用自己欣赏和信得过的人。例如，左宗棠参革了原福建盐法道潘骏章，以吴大廷接任；对原台湾道丁日健不满，请以盐法道吴大廷接署。吴大廷任台湾道后，所遗盐法道员缺，左宗棠奏请由夏献纶接署，后来才由清廷谕令海钟接任。对于总督来说，藩司作为总管钱粮吏治的官员，对自己的施政成效关系尤大。因此，新任总督对藩司的人选常有甄别、变动。左宗棠就参革了张铨庆，任用周开锡；吴棠又参劾了周开锡，任用左宗棠认为不能胜藩司之任的邓廷枏。

吴棠认为周开锡不适合继续担任藩司。首先，周开锡病体需要调理。吴棠三月初三日到任后，三月二十八日就将署藩司周开锡因病请假缘由陈明。吴棠在折片中称：“署福建藩司周开锡于卸护抚篆后，以前在胡林翼湖北行营积受潮湿，遂得呕吐关格之疾。前岁奉调来闽，随同筹兵筹饷，刻无暇晷；洎全省肃清后，清理积案，抚字催科，事务愈繁，心血愈耗。本年正月旧疾大发，辗转呕吐，汗出如雨。赶速调治，总未见效。若再勉强趋公，恐致贻误，请给予假一月调理。如可痊愈，即行销假供职等情，具禀前来。臣等查系实在情形，相应奏明请旨准予给假一月，俾资调治，其藩司印务前经署督臣英桂奏委道员夏献纶接署，现仍饬该道暂行署

① 《望三益斋存稿·公余吟》卷2，第7页。

理。”[①] 同治六年四月二十二日清廷准周开锡一个月假。这是吴棠到任后周开锡的第一次病假。

至沈葆桢折中所言吴棠“以业经病痊之员，谕令续假，另委藩司”。吴棠确实另有一折涉及周开锡续假一事。四月初八日吴棠和李福泰又奏：“兹据该署藩司禀称，呕吐渐止，饮食渐可如常，惟精神实觉疲乏，若遽勉强任事，恐难耐劳，拟再静摄数日，禀请续假前来。”这是周开锡第二次请病假。在该折中，吴棠推荐原福建布政使邓廷枏接任周开锡职。

其次，周开锡还有竹枝词案未查明白。护巡抚周开锡将竹枝词事报告英桂时称：“署藩司夏献纶持有刊本竹枝词，系盐法道海钟所交。询之海钟，则称得自道员丁杰。”丁杰供称，竹枝词是同治五年十一月二十三日前往拜会督粮道傅观海途中，有人抛入轿内的。[②] 竹枝词内容涉及左宗棠、周开锡等督抚司道大员的为官、为人情况。需要指出的是，这里说的是“刊本竹枝词”，既不是口耳相传，也不是抄本流传，而是“刊本”，应是流传一段时间了。不是如有的学者理解的那样，竹枝词是吴棠上任后受吴棠影响才流行的，目的是反对船政、反对左宗棠。[③] 竹枝词出现时，吴棠还在家乡省亲，还未到闽省。

词中说李庆霖送周开锡妾，同知沈应奎为周开锡安顿已出之妾，周开锡的护巡抚篆是丁嘉玮、李庆霖向英桂求得，周开锡遮护楚人等。英桂将竹枝词奏报朝廷后，清廷谕令吴棠会同英桂认真查究。在第一次奏报周开锡病假的折中，吴棠承诺将“研究竹枝词案内有牵涉该署藩司情节，容俟察访核实，另行奏报”。[④]

据周开锡自己禀称：“四月初间开锡治稍痊，因恐久旷职守，本拟静摄数日，勉强销假。旋因察办竹枝词一案，未经完结，经奉嘱令暂缓。是以数月来更得从容医治，呕吐全止，精神已觉如常。”八月初四日吴棠、

① 台北故宫博物院图书文献馆藏，档案号603000422，同治六年四月下，第87—88页。此折片没有具奏日期，只有奉旨日期。再查随手登记档同治六年夏季分，知道该折片名《署藩司周开锡因病请假由》，具奏时间是三月二十八日，由福州发出。

② 英桂、吴棠：《奏报查询候选道丁杰交出竹枝词一案情形请交部议处事》（同治六年五月十九日），国家清史工程网站录副奏折，档案号03—5066—038。

③ 戚其章：《晚清社会思潮演进史》，中华书局2012年版，第262页。

④ 台北故宫博物院图书文献馆藏月折档，档案号603000422，同治六年四月下，第87—88页。此折片没有具奏日期，只有奉旨日期。再查随手登记档同治六年夏季分，知道该折片名《署藩司周开锡因病请假由》，具奏时间是三月二十八日，由福州发出。

李福泰代周开锡销假的折中也称："周开锡初次请假，经臣等具奏之后，闻其病已渐痊，而竹枝词案尚未查实，当经饬令安心调理，静候查办。"[①]可见，吴棠不令周开锡回任也是因其生病未痊及有竹枝词案。

再次，周开锡任藩司与民生不符。吴棠认为，"福建十府两州幅员辽阔，山海错杂，地瘠民贫，被兵地面十室九空，尤堪悯恻……此时培养元气、抚卹凋残，必得舆情爱戴之大员方足以资表率"。而邓廷枏由庶吉士改官部曹，传补军机章京后，由御史外用府道，洊升福建按察使，后又奉旨补授福建布政使，履历颇优。对于左宗棠所虑邓廷枏"不胜藩司之任"，吴棠遍访舆论，得知"邓廷枬前在兴泉永道暨福建按察使任内，循声卓著，众口同称"，及抵闽后接见邓廷枏，"知其假期已满，病体已痊。接谈数次，吏治民情均能洞悉"。吴棠又将周开锡和邓廷枏二人作了比较，认为："当用兵之际，周开锡长于济变，自属用当其才。至军务已定，兵燹之余，救弊扶伤则邓廷枬尚堪胜任。"因此，"为闽省吏治需人起见"，"兹值周开锡因病续假，且尚有奉旨察办之案"[②]，请求同意邓廷枏暂缓赴部引见，先行赴藩司任。同治六年四月二十九日，清廷准行。

在另外一片中，吴棠和李福泰又详细解释周开锡与闽省情形不甚相宜。吴棠等认为："藩司一缺以理财用人为要图。当前督臣左宗棠入闽之时，正值兵事方殷，饷需万紧。周开锡挺身任事，于各路厘捐力加整顿，俾转输相继，迅奏肤功，其时力支危局，允称治事之才。是以左宗棠迭次奏保，委署藩司，并以官民均无异词为久任之请。"但吴棠等认为"救时之政，长治之图，总以经权得宜，方无流弊。臣等到省月余，随地随时留心察访。窃见百物昂贵，民食维艰，兵燹余生，弥形困殆。叠据各路商民百十成群，环呼呈诉，皆以厘金太重，民力难支为词。访诸在省官绅，异口同声。体察现在情形，商贩营运之艰难，穷黎生计之支绌，实切隐忧。至闽省吏治，就在圣明洞鉴之中，整饬自不容缓。第用人之道，不容偏倚"。但当时的情况，据吴棠等"检查官薄，接见属僚候选者，或摄要

① 国家清史工程网站录副奏折，档案号03—4632—149，吴棠、李福泰：《奏为前署福建布政使周开锡销假据情代奏事》，同治六年八月二十七日是谕旨日期。根据随手登记档，具奏日期为八月初四日。

② 台北故宫博物院图书文献馆藏月折档，档案号603000422，同治六年四月下，第333—336页。此折片没有具奏日期，只有奉旨日期。再查随手登记档同治六年夏季分，知道该折片名《藩司邓廷枬请暂缓引见等由》，具奏时间是四月初八日，由福州发出。

区，实缺者多留省会自差委，勿拘常例；在省需次各员，大都投诸闲散，似于整顿之中，亦失持平之义”。“周开锡沈毅果决，勇于任事，实有过人之才，惟于此时闽省情形似属不甚相宜，应如何另行简用之处，出自逾格鸿慈。至制造轮船要务，有钦派前江西巡抚臣沈葆桢在籍督办，西征协饷仍由接任藩司照旧按解，均可不致贻误。”[①] 该片之后没有朱批，没有谕旨，随手登记档上只有“原片归箍”四个字。应是清廷中枢阅完后，未做任何表示，只发回军机处存档。这里吴棠和李福泰没有诋毁周开锡，反而夸他有过人之才，只说乱后求治时周开锡与闽省情形不相宜，也不能闲置不用，请求将其另行简用。但清廷没有表态的态度似乎已经窥出吴棠和闽省官员之间的硝烟暗起。

八月初七日，吴棠将赴广东查案之际又密陈周开锡、李庆霖等不协舆情。[②] 但该片被留中。在片中，吴棠称，与李福泰赴任时，知悉“官民俱苦操切烦苛之政”，经与李福泰从容酌定，“民间减裁厘卡，官场委署定章。五月以来竭力从事，稍有端绪”。左宗棠所用“周开锡等均系聪明绝特之资，其法令务喜更张，其规划难持久远，所以见功之地往往见过其故。由于功名太易，阅历不深，加以赋性偏执，恶直好谀，属吏得以望风迎合。查周开锡所信任者，在误用丁嘉玮、李庆霖诸人，以致物议沸腾，舆情不协”。对于临行前还如此做的原因，吴棠解释说：“臣英桂向与抚臣李福泰诸事和衷，臣行无所顾虑，惟进退贤否，为地方大局所关”。[③] 看来周开锡真是不合吴棠的用人原则，以至于吴棠将要离开福建前还要密参一本。

对于周开锡所信任的丁嘉玮、李庆霖，吴棠、李福泰在七月二十六日

① 台北故宫博物院图书文献馆藏月折档，档案号603000422，同治六年四月下，第343—345页。此折片没有具奏日期，只有奉旨日期。再查随手登记档同治六年夏季分，知道该折片名《周开锡与闽省情形不甚相宜由》，具奏时间是四月初八日，由福州发出。又见国家清史工程网站，档案号03—4636—003，《奏为藩司周开锡此时不甚相宜派前江西巡抚沈葆桢接任不致遗误事》，但该档案没有具体日期。

② 随手登记档同治六年夏季分，吴棠折《遵赴广东查办事件交卸起程日期由》、片《密陈周开锡等不协舆情由》。因两广总督瑞麟列款参奏广东巡抚蒋益澧等任性妄为，七月初九日清廷令吴棠赴广东查办，起程后闽浙总督由英桂兼署。

③ 国家清史工程网站录副奏折，档案号03—4632—163《奏为密陈本臣莅任数月查察署理总督英桂与巡抚李福泰事》（同治六年），此为附片，根据内容应就是八月初七日吴棠会同李福泰奏《密陈周开锡等不协舆情由》，随手登记档，第00209页，八月三十日。

的弹章里，如此奏道："闽省吏治乖张，疲玩十数年，积习相仍，必得于著名苍滑大员惩处一二，度人心警惕，方能渐启觉悟之机。查有福建补用道、福州府知府丁嘉玮一味软熟，善伺意旨，候补庸员趋之若骛。其在福州府任内，积压发审案卷至一百余起之多。本年署兴泉永道任内，经臣发审案件亦未了结，精神意气与民事向来隔膜。若令表率各员，吏治从何起色！又查有延平府知府李庆霖，著名巧滑，极善趋承。实任延平府，到任未久，即夤为通商局员。既入通商局，又兼为船政局员。其在船政局则又向臣言该局绅董主持，委员无权。此人久留闽中，必将窥探意旨，造言生事，紊乱是非。该二员在闽日久，恐乱风气，所沿愈趋愈下，非关浅鲜。应请旨将福州府知府丁嘉玮、延平府知府李庆霖均行革职，勒令回籍，不准在闽逗留，以肃官方而清吏治。"八月二十日清廷谕令将丁嘉玮、李庆霖革职回籍，不准在闽逗留。①

可见，吴棠不仅不欣赏周开锡，对周开锡任用的丁嘉玮、李庆霖也不欣赏。吴棠于赴任途中看到闽省"延、建各属，俗敝民贫，颇形困殆。询之汀、漳、东南各郡，尤为疲瘠"。② 这第一印象，应该就是后来吴棠排斥周开锡等人的最初原因。

同治六年七月十三日，吴棠、李福泰奏请酌减厘金、酌裁厘卡。原因是"小民生计日蹙，百物昂贵，商民以厘金过重，遮道吁求减免，复加查察，委系实在情形"，而早在上年清廷已饬令各省减免厘捐，闽省迟行至此只因"善后诸务、留防勇粮及左宗棠西征军饷需用甚繁，而部拨兵饷项下地丁征解不足，邻省协款未到，亦不能不恃厘金以为接济"。因此，酌减原设厘金章程，督饬司道通盘筹划，"通行示谕，于五月初一日起将百货厘金减抽二成，渔网杂捐、肩挑小贩概行停抽，并将偏僻地方无碍大局之小卡酌量裁撤，稍顺商情，兼节靡费；其资本较厚之洋药、土茶仍照原案抽收，以顾饷项要需"。③ 从这段话即可看出当年周开锡为了开源，抽收的厘金名目之多，范围之广。时人有言："吴号抽筋周剥皮，夏

① 吴棠：《奏为特参福州府知府丁嘉玮等窥探意旨紊乱是非请革职勒令回籍事》，国家清史工程网站录副奏折，档案号03—4632—139。据随手登记档，参奏时间应为同治六年七月二十六日，八月二十日是上谕时间。

② 吴棠：《恭报接受闽浙总督篆日期谢恩折》，《望三益斋存稿·奏谢折子》，第26页。

③ 吴棠、李福泰：《奏报闽省酌减厘金酌裁厘卡缘由事》（同治六年七月十三日），国家清史工程网站朱批奏折，档案号04—01—35—0561—090。

名刮骨更稀奇。三人声势常相倚，聚敛鸿名遍天涯。”[①] 看来所言不虚。这应是吴棠上任后排斥周开锡等人的重要原因。

但吴棠所不满的周开锡的抽厘行为恰恰是左宗棠引以为豪的。同治四年左宗棠将原在城外南台地方的税厘局，移设城内，改为通省税厘总局，由周开锡等人会同各司道经理。“通计自周开锡接办厘税，署理藩篆以来，比较已革藩司张铨庆任内，共长收银一百五十五万四千五百一十三两有奇。一绌一赢，事理昭著。”[②] 由此可见，左宗棠很赞同周开锡的做法，对于吴棠裁厘之举，很不以为然，认为吴棠“亦不过减抽厘以要誉，复陋规以便己”[③]。这是吴棠和左宗棠用人原则上的一个重大分歧。吴棠从纾民困的角度考虑，左宗棠从筹得经费多寡的角度考虑。可见，让左宗棠无法释怀的是周开锡不能继续署任藩司，也就是说在筹饷上不能发挥多大作用了。

沈葆桢也十分不满吴棠撤换周开锡，当从《邸报》得知吴棠又参革李庆霖时，遂上疏力争。沈葆桢在任事之前给左宗棠的信中就说要奏留周开锡，但直到九月二十三日才上折，距其正式接篆视事的六月十七日已过去三个多月了，周开锡在船政局任事已远不止三个月。如果没有吴棠参革李庆霖，沈葆桢可能就不会上那道奏折。可见，吴棠对周开锡的评价并非是非不分，让人无法接受的。

二　保奏胡光镛

沈葆桢奏折中说“胡光墉在浙坚辞提调，屡展行期，难保非以忧谗畏讥之情，致有观望徘徊之意”。暗指吴棠的行为令胡光镛不敢赴任。是否如此？

如前所述，左宗棠本想将船政局“一切工料及延洋匠、雇华工、开艺局，责成胡光墉一手经理”。但胡光墉“具禀固辞”，理由是“上海采办、转运诸务奉委督办，必须兼顾，未能常川在闽，一手经理”。于是左宗棠又奏请准予胡光墉往来浙闽照料，并揣测胡光墉不愿赴闽的原因：

① 三山樵叟：《闽省新竹枝词》（抄本），转引自林庆元《福建船政局史稿》（增订本），第40页。“吴”指吴大廷，“夏”指夏献纶，“周”即周开锡，三人皆是左宗棠倚重之人。

② 左宗棠：《请敕署福建藩司周开锡久于署任折》（同治五年十月十二日），《左宗棠全集·奏稿3》，第163—164页。

③ 《答夏筱涛》，《左宗棠全集·书信2》，第28页。夏献纶，字筱涛。

“惟切直太过，每招人忌。”“盖以非常之举，易滋疑议，不欲以一身为众射之的也。”① 可见，在同治五年十一月船政局初创时，吴棠还在原籍省墓，胡光墉就不愿赴船政局任，并不是直到沈葆桢上奏的同治六年九月二十三日才不愿赴闽的。

同治六年四月二十二日，吴棠奏请将运使衔江西试用道胡光墉、知县朱幹隆、彭光藻等三员请仍照左宗棠原保官阶改留福建补用。这三人原是左宗棠以军功奏保人员，经部驳复奏后，部议仍不行，要求将“胡光墉一员仍照前咨签掣省分补用，朱幹隆、彭光藻二员均令另覆请奖”。但吴棠认为：“胡光墉系于同治四年间经左宗棠以闽省吏治需人奏调来闽，嗣又以该员熟悉洋务奏奉饬交总理船政事务、前江西抚臣沈葆桢遣用。其朱幹隆、彭光藻二员亦系左宗棠咨调随营差委，并分别委令代理连城县知县、福州府海防同知篆务，亦经奏咨有案。该员等在闽有年，著有劳绩，因格于章程，概予议驳，固不足以昭激劝，且均系先经奏调、咨调随营在闽之员，覆与现准部咨保留出力省分，究与指省不同，及声明后准予更正新章相符。”因此请求将此三员请仍照左宗棠原保官阶改留福建补用。五月十五日清廷同意其请。② 可见吴棠主动保奏胡光墉，要求留福建补用，并没有排斥他。

在清廷和浙江巡抚的催促下，同治六年十一月初一日，胡光墉终于到船厂，但十一月二十五日就以照料上海转运局为名请假离开。沈葆桢又奏请夏献纶到船厂和周开锡共同管理局务，此后未再见胡光墉和船政局有联系，即使十二月二十四日船厂正式开工，也只有沈葆桢偕周开锡和夏献纶在场，作为提调的胡光墉并未到场。③

既然吴棠主动保奏胡光墉，那么胡光墉不到福建来应该不是吴棠的原因。那胡光墉为何迟迟不愿赴船政局？

胡光墉是官商，前依赖浙江巡抚王有龄，后依赖左宗棠，以官场为后盾发家致富。从商人的眼光来看，他怎么愿意把精力放在船厂这个饱受争议之地？左宗棠的地位如此显赫，西征事业如此受清廷重视，将精力放在

① 左宗棠：《恳准道员胡光墉往来照料听候船政大臣差遣片》（同治五年十一月初五日），第305、306页。

② 月折档603000425，同治六年五月（三），第173—174页；随手登记档，同治六年夏季分，第00178页，五月十五日。

③ 《海防档》乙，《福州船厂》一，第114页。

保障左宗棠的后勤供给上显然更有前途。确实如此。同治九年陕甘回乱平息后，清廷赏胡光墉二品顶戴。[①] 胡光墉不愿赴船厂的选择应该和吴棠的态度毫无关系。

沈葆桢为何对周开锡、胡光墉如此看重？可从沈葆桢复左宗棠的信中得到解释：“窃某某本年九月二十七日奉大咨，以船政成否，关系至巨，饬勿固辞，反复再三……某一介寒绅，所恃以筹款者，爵督部堂而外，则周署藩司开锡也。某向未与洋将交接，所藉以示信者，爵督部堂而外，则胡道光墉也。得此二人，无某何损，有某何加。某某以明年六月除服……以明年七月涖事，不至坐失事机。其七月以前有急事奏陈，刻不容缓者，由周署藩司、胡道详请总督衙门代奏。”[②] 也就是说，沈葆桢主持船政依赖的人只有左宗棠、周开锡、胡光墉，而左宗棠远在西北，近在咫尺的只有周开锡和胡光墉可以解决船政的筹饷和与洋将打交道的问题。但吴棠撤换周开锡，胡光墉又迟迟不赴任，难怪沈葆桢要迁怒于吴棠了。

三　查清竹枝词案

牵涉周开锡的竹枝词最早为同治六年正月十三日由英桂奏报朝廷。[③] 英桂称，按察使衔候选道丁杰交出竹枝词，牵涉督抚司道大员，并将竹枝词抄录呈览。二月初六日清廷谕令：“匿名揭帖，例应销毁，立案不行。惟出自丁杰之手，亲供又复支离，不无疑窦，且皆关系地方公事。著英桂面传丁杰切实研诘，究系何人所编。吴棠初抵闽省，无所用其回护，并著会同英桂认真查究。如有挟嫌污蔑情事，必应从严惩办，以杜刁风。词内所指各节，亦当悉心察访，核实办理，毋稍容隐。”[④] 要求“英知会吴”。该谕旨到达福州大约需时20—25天[⑤]，到时吴棠应尚未接篆上任。

对竹枝词很关心的还有一人，即陕甘总督左宗棠。左宗棠最早得知闽

---

① 《清穆宗实录》卷301，同治九年十二月丁亥。

② 沈葆桢复左宗棠信，沈觐宸：《福州船政概略》，《福州文史资料》19（纪念沈葆桢诞辰一百八十周年特辑），第83页。

③ 英桂：《道员丁杰交出竹枝词牵涉督抚司道等由》，台湾故宫博物院藏随手登记档，同治六年春季分，二月初六日，第00119页。

④ 《清穆宗实录》卷196，同治六年二月庚寅。

⑤ 查《咸丰同治两朝上谕档》同治六年二三月的谕旨，发现二月是有三十日的。根据英桂奏折正月十三日从福州发出，清廷二月初六日发下谕旨，该谕旨到福州的时间早于三月初三日，即吴棠尚未接篆任事。

中有此竹枝词应是从夏献纶的信中，“接奉手函，具悉一切。闽中吏事甫有转机，而群不逞之徒，竟敢造作语言，希图煽惑。幸是非黑白，不辨自明，亦无须置喙。香帅既据以入告，且候谕旨是否交新任查办，抑令回奏再定，此时且以不睹不闻置之”。[①] 英桂、周开锡也都去函告知了。二月二十三日，左宗棠由鄂赴陕，临行前请求清廷饬令查办闽中新刻竹枝词。“臣接准署闽浙督臣英桂、护福建抚臣周开锡函牍，知闽中有新刻《竹枝词》，于督抚司道遍加诋毁。其刊本由候选道丁杰递与盐海道钟，比经英桂据实具奏。”“以古人闻过则喜、止谤莫如自修之义言之，臣等虽遭讪谤，均当于内省之余，倍深刻责，岂可谓人言奚恤，遽存自是之心，婞直自将，稍涉忿争之迹！惟是闽中吏治、军政、海防，经近时切实整理，甫盼转机，而一二失意之徒，竟敢造作语言，信口雌黄，希冀摇撼大局，实于时政有关。可否仰恳皇上天恩，饬下新任督抚臣按款察明，据实奏办，以端习尚而别是非，其于闽中吏事不无小补。”[②]

左宗棠不仅是关心周开锡，也是关心他自己，因为竹枝词也牵涉他。清廷三月三日回复：“匿名揭帖，例应立案不行。惟恐有挟嫌污蔑情事，已谕令英桂、吴棠面传丁杰切实研究。”清廷在谕旨中还很有人情味地安慰左宗棠：“该督公忠共信，公道自在人心也。”[③]

五月十九日，英桂、吴棠将竹枝词情况查明覆奏，丁杰所呈竹枝词，系不知姓名人投入轿中，所指左宗棠、周开锡等各情并非属实。“词内所指抽收厘税、创造轮船、调员来闽差委等事，及道员曾宪德考语前后歧异，并收复漳州、剿办永春州上场堡土匪、崇安斋匪各情形，均经左宗棠奏明有案。其调闽及派委厘差各员，亦多籍隶各省，并非尽属楚人。所指左宗棠去闽时绅士攀留一节。前经英桂等据禀陈明，左宗棠以轮船局务，俱有眉目，即行料理起程覆奏。后经绅士再三禀留，均未允行，并无商令绅士挽留之事。所指以厘金充修脯一节。闽省鳌峰书院，旧藏正谊堂书板无存，左宗棠设局重刊。考取举贡，筹给膏火，分司校理，系为教养士林

---

① 《与夏筱涛》，《左宗棠全集·书信2》，第10—11页。

② 左宗棠：《闽中新刻竹枝词请饬查办由》，随手登记档，同治六年春季分，三月初三日，第00237页；《恳敕察闽中蜚语片》（同治六年二月二十三日），《左宗棠全集·奏稿3》，第352页。

③ 《清穆宗实录》卷198，同治六年三月丁巳。

起见。"① 可见，左宗棠奏调人闽以及任用之人以楚人为多，引起不满。据左宗棠自己说："其各提镇道府，纷纷乞随西征，自樊城至潼关，航海专足来者，约四五辈。"② 人数之多已可概见。

词中关于"周开锡所买师姓之婢，并非知府李庆霖所送。同知沈应奎，并未为周开锡安顿已出之妾。英桂因兼署督篆，不能再兼巡抚，奏请以周开锡接护抚篆，并非李庆霖等代为恳求。朱明亮接署汀漳龙道印务，距杜义山开缺之期，相隔月余，并非当时索印"。这涉及官场腐败，下属是否有意结好上司。原词指责周开锡袒护楚人，也不符实。沈应奎充当厘局委员时携带眷属住在藩署，被吴棠参以不知远嫌，下部议处。住在藩署也应是得到藩司周开锡同意的，吴棠等人的覆奏其实对周开锡有所回护。

词中有指责官员讲究排场、越礼的地方。经查明，"左宗棠并无以红顶二人扶轿。周开锡、夏献纶现无亲兵随从。惟吴大廷赴任台湾，带勇五百名前往。并此外委员缉捕护饷，间亦拨勇随行，并非为护卫本员而设"。

既经查明竹枝词所指各情并非属实，清廷当日谕令"均著毋庸置议"，唯丁杰于"例应销毁之件，不行毁弃，辄复送入官司，实属不合，著交部照例议处，饬令回藉听候部议"。又特别强调："左宗棠前在闽省，办理军需、厘捐等事，均系地方要务。岂可任令无知之人，信口雌黄。所有编造竹枝词之人，仍著英桂等严拏究办，以儆刁顽。"③ 算是给左宗棠一个交代和安慰。但此事件似乎到此为止了，以后并未见有进一步的查究。

对于这样的结果，左宗棠似乎并不满意，他虽然说："闽官之喜造谣言挟持长官，本是习见之事，竹枝词亦何足据。"但还是认为处理过轻："惟此次从轻了结，恐日后新闻更多不成事体耳。"④

竹枝词查明白了，再看沈葆桢所说"周开锡为匿名揭帖所牵涉，督臣吴棠明知其诬，以业经病痊之员，谕令续假，另委藩司"。匿名揭帖即

---

① 英桂、吴棠：《查明竹枝词案情拟结由》，同日谕旨：《福建候道丁杰将竹枝词送入官司议处等由》，随手登记档，同治六年夏季分，六月十二日，第00278、00280页。

② 《答曾沅浦》，《左宗棠全集·书信2》，第43页。

③ 《清穆宗实录》卷205，同治六年六月甲午。

④ 《答总理船政局沈幼丹中丞》，《左宗棠全集·书信2》，第34页。

竹枝词。沈葆桢如何知道吴棠"明知其诬"？是否吴棠"明知其诬"？周开锡续假是不是因为吴棠谕令？

如上所述，吴棠接篆任事是在三月初三日，呈明周开锡生病请假、并有竹枝词事件是在三月二十八日，"谕令续假另委"是四月初八日。三月二十八日到四月初八日只有十天时间，吴棠这时是否确已查明了竹枝词事件，不得而知。三月二十八日的奏折中说"俟察访核实，另行奏报"，四月初八日的奏折中并未言及该事，直到五月十九日才专折奏报调查结果。难道吴棠早就调查清楚了故意不报？如果吴棠存心与周开锡为难，只有拖延不办，怎么会早早查明而隐匿不报？何况竹枝词中并非只有周开锡一人的情况，且清廷谕令英桂和吴棠两人共同查办，并不是只要吴棠一个人负责调查，吴棠不可能瞒着地位比其尊崇的福州将军英桂独自偷偷调查，更不会早早查明了故意压着不报。沈葆桢所说的"明知其诬"，应是不符合实际的。

既然匿名揭帖例应销毁，不予立案，英桂为何还要上奏朝廷？而且英桂早知有此竹枝词，为何不早查清楚还当事人清白？本来在吴棠上任之前就可以解决的问题，却要拖到吴棠上任后。沈葆桢为何没有责怪英桂，却单单指责吴棠？因英桂很配合左宗棠。巡抚徐宗幹因病死后，英桂奏请巡抚篆由署理藩司周开锡护理，以夏献纶接替周开锡署理藩司缺。周、夏二人都是左宗棠的心腹。沈葆桢单单指责吴棠，含有明显的成见和情绪。

周开锡续假是否因为吴棠谕令？

根据左宗棠给夏献纶的书信，或许可以看出点端倪。"受三不欲退居藩服，阁下亦欲舍闽而去，则轮船难望必成。弟一腔热血，洒向何处？言之怃然！幸勿悻悻也。新任督抚如实不能容，则士各有志，固不容强，否则以不遽去为是。至闽中诸事，一以镇静出之，当无他变。"[①] 此信没有具体日期，从信中关于竹枝词的另一句"香帅既据以入告，且候谕旨是否交新任查办，抑令回奏再定"可以判断，夏献纶的去信时间是在同治六年正月十三日以后，三月初一日之前。因为正月十三日福州将军英桂（字"香岩"）将竹枝词的事上奏朝廷，而尚未接到清廷谕旨。清廷二月初六日谕旨到福州需要23天左右，也就是三月初一日左右了，这时候吴棠、李福泰皆未接篆视事，当然不会表现出对周开锡、夏献纶等人的态

① 《与夏筱涛》，《左宗棠全集·书信2》，第10页。夏献纶，字筱涛。

度，这时候周开锡不愿继续从护抚位置上“退居藩服”，夏献纶不愿在闽，当然不应该是吴棠的原因。周开锡应早有卸护抚篆后不回藩司任的打算，于是有了第一次请病假。

八月初四日吴棠、李福泰代周开锡销假，在奏折中转陈周开锡禀：“四月初间开锡治稍痊，因恐久旷职守，本拟静摄数日，勉强销假。旋因察办竹枝词一案，未经完结，经奉嘱令暂缓。是以数月来更得从容医治，呕吐全止，精神已觉如常。”吴棠随奏：“周开锡初次请假，经臣等具奏之后，闻其病已渐痊，而竹枝词案尚未查实，当经饬令安心调理，静候查办。随据具禀续假，又经具奏，先后奉旨转饬遵照，嗣于六月间周开锡病愈，随同总理船政大臣沈葆桢前赴马尾船厂，任局提调船政事宜，经沈葆桢据实奏闻将军臣英桂与臣棠。”① 由此可见，周开锡生病后的第二次请假确实因为竹枝词事件未查实，吴棠令其安心调理所致。沈葆桢说“受三避嫌，不肯显然任事”②；左宗棠说“周受三之不回藩任，正堕其计中”③，也即指此。

但吴棠不愿周开锡回任藩司，并不影响其到船政局任职。沈葆桢任事后，周开锡就禀请销假，“随同总理船政大臣沈葆桢前赴马尾船厂，任局提调船政事宜”。④ 对此左宗棠曾评价说：“去位之藩司，终未能多有裨助也。”也就是周开锡不能在经费上发挥藩司的作用了。同治七年三月周开锡受船政局委派赴沪采办运京米石，八年三月回局，九月赴陇从左宗棠，十年在甘肃去世。沈葆桢曾为在世或身故的船政出力人员奏请奖励，夏献纶、吴大廷、胡光墉均名列其中，却独无周开锡，不知何故。⑤

四 厘金、盐务和营制改革

同治六年七月十三日，吴棠会同李福泰奏请酌减厘金、酌裁厘卡。因

---

① 国家清史工程网站，档案号03—4632—149，吴棠、李福泰：《奏为前署福建布政使周开锡销假据情代奏事》，同治六年八月二十七日是谕旨日期。根据随手登记档，具奏日期为八月初四日。

② 左宗棠：《答总理船政局沈幼丹中丞》，《左宗棠全集·书信2》，第34页。

③ 左宗棠：《答刘简青镇军》，《左宗棠全集·书信2》，第36页。

④ 吴棠、李福泰：《奏为前署福建布政使周开锡销假据情代奏事》，国家清史工程网站录副奏折，档案号03—4632—149。

⑤ 朱华主编：《沈葆桢文集》，第392、406页。（无出版者）

为“目击小民生计日蹙，百物昂贵，商民以厘金过重，遮道吁求减免，复加查察，委系实在情形”。而且早在“上年各省厘捐烦扰过甚，屡廑圣怀，饬令减免”，只因闽省“善后诸务、留防勇粮及左宗棠西征军饷需用甚繁，而部拨兵饷项下地丁征解不足，邻省协款未到，亦不能不恃厘金以为接济。迭经督饬司道通盘筹画，原设厘金章程可以酌减而万不能大减”。于是“通行示谕，于五月初一日起将百货厘金减抽二成，渔网杂捐、肩挑小贩概行停抽，并将偏僻地方无碍大局之小卡酌量裁撤，稍顺商情，兼节靡费，其资本较厚之洋药、土茶仍照原案抽收，以顾饷项要需。现在茶市已过，厘税渐绌，比较上年计算，七月以后所入按月拨解固本京饷以及本省善后、西征巨款各项，仅可勉强撑持，现又添拨洋药厘解京，兼须补解上年茶税余欠，实有竭蹷难支之势”。[①] 可见，吴棠裁减厘金、厘卡后，藩库收入减少，但民困大有舒缓。

同治四年左宗棠将原在城外南台地方的税厘局，移设城内，改为通省税厘总局，并由周开锡等同各司道会督局员，分别妥办。[②] 又奏请以周开锡继续署理藩司，就是因为周开锡整顿厘税后，藩库收入大增。左宗棠将周开锡自同治四年三月办理厘务新章起，包括八月底署理篆务，至同治五年八月初八日止，一年期满，共征收税厘数目与同治三年相比较：“司库进款：除摊捐各款并搭收司印等票不计外，周开锡任内实收地丁、耗羡、耗米、税契、驿站等款，共实银六十二万五千四百二十三两零，比较同治三年九月起至四年八月二十八日一年止收银三十三万九千七百八两零，计长收银二十八万五千七百一十五两有奇。税厘一款，自同治四年三月厘定新章周开锡接办起，至十二月止，连闰计十一个月，共收银二百二十二万五千二百二十两零，比较同治三年分收银一百二十九万二千九百五十四两零，计长收银九十三万二千二百六十六两有奇；又自本年正月起截至七月底止，计七个月，共收各项税厘银一百六十二万九千四百八十六两零，比较三年分征收数目，已长收银三十三万六千五百三十二两零。通计自周开锡接办厘税，署理藩篆以来，比较已革藩司张铨庆任内，共长收银一百五十五万四千五百一十三两有奇。一绌一赢，事理昭著。”并且说：“始时

① 国家清史工程网站朱批奏折，档案号241，吴棠、李福泰：《奏报闽省酌减厘金酌裁厘卡缘由事》（同治六年七月十三日）。

② 《陈明闽省设立军需局及税厘局情形片》，《左宗棠全集·奏稿3》，第126—127页。

闽人或疑其取民已悉，近见商安于市，而农安于畴，无异议也。始时闽官或疑其操之太急，近见其家无私蓄，而库有馀才，无异议也。”① 由此可见，左宗棠很欣赏周开锡的理财能力，只见数字增长，不见数字背后的民生。所以对于吴棠裁厘之举，左宗棠很不以为然，认为吴棠“亦不过减抽厘以要誉，复陋规以便己”②。在奏参吴棠的折中所说“所筹之饷需，所练之水陆兵勇，窃拟为一日之备者，举不可复按矣”中的“饷需”应是指厘金收入。

吴棠在江北管理粮台时，曾因整顿江北厘金太慢被清廷责备，后来被迫裁撤厘卡多处。在闽浙总督任上，积极整顿厘金既有舒民困的要求，应也是吸取了在江北的教训吧。

吴棠上任后，继续推行左宗棠所实行的盐务票运改革。同治四年六月十五日，左宗棠连续上《闽省凋敝应完正溢额课恳准改限带完折》《沥陈闽省鹾务积弊请试行票运折》《闽省商疲课绌恳减免积欠带输银两折》，对福建盐务和商务提出改进措施。对于盐务，左宗棠奏请“仿照皖浙办法，厘课并抽，其余冗费概行裁革，并饬各场员驻场督配，各府州县分设局卡，重抽私贩，开设官行，匀配销数，下游滨海一带产盐地方，酌拨师船梭巡，以杜担私、船私偷漏，或可稍事补苴”③。试办一年，限内尽征尽解，免计分数考成。户部“以盐政改行票运，全议更张，恐亏课病民”，咨令左宗棠“妥筹，期于毫无窒碍”。④ 四年九月十五日谕旨“依议”。十一月，左宗棠又将试办半年情形奏明：“自本年闰五月起试行票运，截至十月底，甫及半年，盐库实支解司暨臣营军饷已一十五万两，一切照例杂支之款一万数千余两，尚有各商在帮应完未收之一半课厘，约计亦可十余万两。伏查同治元年报收银二十一万两有奇，实支解京饷及司库共只八万两有奇，二年报收一十六万两有奇，实支解京饷及司库共只六万两有奇。两相比较，试行期内半年之久，所收实解之款已抵前此一年及一

① 左宗棠：《请敕署福建藩司周开锡久于署任折》（同治五年十月十二日），《左宗棠全集·奏稿3》，第163—164页。

② 《答夏筱涛》，《左宗棠全集·书信2》，第28页。

③ 《沥陈闽省鹾务积弊请试行票运折》（同治四年六月十五日），《左宗棠全集·奏稿2》，第120页。

④ 附录上谕《谕准左宗棠将闽省盐政试办票运》（同治四年十二月初九日），《左宗棠全集·奏稿2》，第293页。

年半之数。此其明效大验，一览而知者。”十二月初九日，清廷谕令：“商情既便，市价无增，无加额之名而有裕课之实，即着照所请，先行试办一年。俟有成效，即行奏明，著为定章，以肃鹾政而裕课饷。该部知道。”① 一年期满后，同治五年八月初七日复经左宗棠将同治四年五月二十二日改行票运之日起至五年五月二十一日止截清日期，征收各数开具清单，议请著为定案。② 部议“将试办一年期内所收新盐课耗厘银四十万五千三百七十一两五钱四分九厘一毫四丝之数作为定额，所有经征督征及接征各员考成统按新定之数，分作十分合计，全完议叙，未完议处。其余银十九万八千零六十七两五钱六分一毫九丝亦全照数征收，作为额分盈余，不计考成。所收银两即作为带输未改票以前正溢课杂并归还帑本带输运本即该省例应在于盐厘项下支销各款之用，俟各项积欠清完，除例应支销外，统归厘课项下报部候拨”。③

吴棠等认为，“一切征款必须一成不易，岁有常数，可以计分数而定考成者，方足以为定额”。而同治四年至五年“试办所征课耗厘三款共银四十万五千三百七十一两五钱四分九厘一毫四丝，内有征收汀州府盐厘银四千七百六十二两五钱七分九厘一毫四丝一款，系抽自广东潮橘埠运销汀地引盐，与抽收以往客货厘金无异，多寡本无一定，如一旦停抽货厘，则此项厘金将必一体免抽，系属不能常征之款，难归定额。应请将此项汀州盐厘银四千七百六十二两零划出作为频分盈余外，专将征收本省之课耗厘三项共银四十万零六百八两九钱七分，作为定额”。“其台湾一处盐务向归该府承办……同治四年内地改行票运，行令一体改办。该府以台湾情形不同，难以照改，仅认增纳盐厘。迨至内地票运试行一年期满，办理奏销，前任盐法道吴大廷仅将所收台湾盐厘银四千四十一两零归入奏销造报，其额征正溢课款既未据该抚造册到省，又未一律改办票运，因而未为并计入额。嗣吴大廷调任台湾，请将该府盐务设局认真筹办，自可克期定

---

① 《沥陈闽盐试行票运情形折》（同治四年十一月十六日），《左宗棠全集·奏稿二》，第289—290页；附录上谕《谕准左宗棠将闽省盐政试办票运》（同治四年十二月初九日），第293页。

② 《闽盐票运成效截数造报拟请著为定章折》（同治五年八月初七日），《左宗棠全集·奏稿3》，第77—83页。

③ 吴棠、李福泰：《奏报闽省盐引改行票运征收耗厘等银两照章支销等情形事》（同治六年六月十七日），国家清史工程网站录副奏折，档案号03—4884—041。

案，即应将其票课入于全省正课之额，所征耗厘入于全省溢课之额。又莆田一处先亦未经办定，现已委员前赴会县设立关卡，抽收课厘。一俟征有成数，亦即可以分款并入全省正溢之额。似此分别归额造报，亦竟益有准绳。"①

该折涉及台湾道吴大廷。吴大廷，字桐云，湖南沅陵人，举人。由内阁中书经左宗棠奏调军营差遣，又奏调入闽。同治四年四月十一日，左宗棠以福建盐法道潘骏章"于盐务一切，全未留心整顿，识暗才庸，不堪造就"，请旨将潘骏章即行革职，责令将交代速为清结，并赔项完缴。具奏前左宗棠已将其先行撤任，另委吴大廷接署。清廷遂顺水推舟令吴大廷补授福建盐法道。② 据左宗棠奏明，吴大廷"任事一年，成效大著，盐务征解实银四十余万两，盐厘、牙帖尚二十万两。不但远过从前报解虚收、虚抵之数，并较历来定额征收之数多至一倍有余"。③ "凡军中所需无不预备。迨臣宗棠入粤后，供应之繁暨转运之苦，更甚于闽。而该员等筹备接济，航海逾峤，应念而来。故粤东军务得以迅速蒇事，周开锡、吴大廷筹饷之功，实不可没。"④ 因此，同治五年九月初一日，吴大廷也经左宗棠奏请被赏加二品顶戴。

后左宗棠又以"该员守洁才长，兼通方略，为臣等所素知。台湾道为海外要缺，惟该道可期胜任"⑤ 为由，奏请任命吴大廷为台湾道。同治五年九月二十七日，清廷允准。可见，吴大廷也是深得左宗棠欣赏的人。

吴棠折中对吴大廷的些许微词，已引起吴大廷的不满，吴大廷也向左宗棠告状。左宗棠在回信中安慰吴大廷："台阳政声大著，民俗丕变，远人安之，贤者之效可睹。而顾如此瞆瞆者何？"并授以应对方略："凡关系地方利弊者，可侃侃直陈，如裁陋规、减兵增饷、治土匪，皆可援前督

① 吴棠、李福泰：《奏报闽省盐引改行票运征收耗厘等银两照章支销等情形事》（同治六年六月十七日），国家清史工程网站录副奏折，档案号 03—4884—041。

② 左宗棠：《请将短征盐课之福建盐法道革职片》（同治四年四月十一日），《左宗棠全集·奏稿 2》，第 63 页。

③ 左宗棠：《请敕署福建藩司周开锡久于署任折》（同治五年十月十二日），《左宗棠全集·奏稿 3》，第 163 页。

④ 左宗棠：《请赏加周开锡吴大廷两员二品顶戴片》（同治五年九月初一日），《左宗棠全集·奏稿 3》，第 105 页。

⑤ 左宗棠：《请以吴大廷调补台湾道缺折》（与福建巡抚徐宗幹会衔）（同治五年九月初八日），《左宗棠全集·奏稿 3》，第 114—115 页。

奏折，畅所欲言。彼欲加以驳诘，则必先将奏案驳倒，始能议及奉行之人。渠驳奏案，弟始可据为论端。吾舌尚存，岂容若辈任意颠倒？若不照奏案，而曰吾欲云云，自应据奏案阻之，督抚亦其能如司道何？”“鄙意为夫已谋主者丁日健耶。如将前道樟脑等赃款据实逐一叙出，则伏而盐其脑，彼昏断不敢与公为难，此亦有奏案可援者也。”① 丁日健，在吴大廷之前任台湾道，在左宗棠任内因病奏请开缺。是否真病，还是不得意，不得而知。但根据左宗棠的奏折，似乎是因不得意乃借口生病。但吴棠似乎就在这封奏折里对吴大廷稍有不满，左宗棠推测的其他行为都未发生，种种应付措施也都没用上。

在营制改革上，吴棠与左宗棠提携的福建水师提督李成谋配合密切，还任用了左宗棠提携的黄少春。黄少春长期追随左宗棠征战，深得左宗棠赏识，先署浙江提督，后实授湖南提督，同治五年六月初五日左宗棠以台州有土匪，浙洋间有盗匪，宁波地处海滨，中外杂处，抚驭弹压，均关紧要为由，奏请将黄少春留在浙江署任，理由是“现当整顿营伍之际，操防、缉捕均须得人而理；浙江营制正当筹议变通，尤非久经战阵者难期措施允当”②。因署湖广总督李瀚章催黄少春速回本任，八月初二日，吴棠和浙江巡抚马新贻以“该提督驻扎宁波为华洋杂处之区，尤非威望素著之大员，难资镇抚。黄少春到任以来，整顿营务，训练弁兵，均能认真讲求，臣等深资助理……伏思湖南现无军务，浙省则正在更议营制之时，办理必须熟手，且洋防犹极紧要”③ 等因，请求将黄少春暂留浙江提督署任，以资镇抚。同时又附片密陈黄少春驻扎宁波于洋防有益：“浙东温台处一带习俗悍强，时有土匪蠢动；宁波为繁庶之区，五方杂处，尤易藏奸。兼之华洋交接，控驭稍有不得宜，即虑别生枝节。署提臣黄少春驭兵严肃，办事认真。现带亲军数营驻扎宁郡地方，固赖以安靖，并能绥服远人，尤为难得。此时浙省原无军务而通商海口要区关系最重，且明年为各

① 《答吴桐云》，《左宗棠全集·书信2》，第35页。

② 《新授湖南提督黄少春请暂留浙江署任片》，《左宗棠全集·奏稿3》，第69页。

③ 吴棠、马新贻：《奏请将湖南提督黄少春暂留浙江提督署任事》，国家清史工程网站录副奏折，档案号03—4729—134。

关换约之期，得一威望素著之大员从容坐镇，实与洋防大有裨益。”[①] 八月二十六日，清廷谕令将杨鼎勋调补湖南提督，黄少春调补浙江提督，附片留中。

吴棠、马新贻在奏留黄少春的折中还说：“浙省自军兴肃清以后，各营兵制急须更议整顿。先经前督臣左宗棠奏明交署提督黄少春、布政使杨昌濬会商办理，迄今尚未议定。”确实，在同治五年九月，清廷谕令：“浙省兵丁，议复常制。止须少募新兵，精练汰存旧兵。即著左宗棠、英桂、吴棠与马新贻、黄少春将一切事宜妥为筹议。责成杨昌浚专主其事，实力办理。”[②] 吴棠在奏折中的“迄今尚未议定”原是为奏留黄少春而做的伏笔，但这句话显然令杨昌濬不高兴。杨昌濬也去信向左宗棠抱怨。左宗棠安慰他：“其未留中之折，虽隐相刺谬，尚未敢显相诋毁，即亦未可率行辩驳，致堕其术中。且俟情状显露，侃侃陈之，以为负且乘者戒也。尊处减兵增饷两牍详且悉矣。彼昏但求反我所为，何尝细看原卷，讲求是非哉?”[③] 因未留中奏折中的一句话，杨昌濬怀疑吴棠在密片中有进一步的、对其不利的陈述。但密片内容不仅与他毫不相干，且完全为修约和洋防考虑。从这里也可以看出，营制改革在吴棠任上尚未大规模开展，吴棠也只是用左宗棠的人、遵循左宗棠的原定规划而已，并没有尽反左宗棠所为。同样的奏折，黄少春没有反应，杨昌濬就很生气。或许也可以看出黄少春和杨昌濬的性格差异，因此黄少春被吴棠奏留，杨昌濬就认为吴棠故意为难。

但杨昌濬的这封信，已令左宗棠大为光火，左宗棠在回信中说：“闽省自新制军到后，一意更张，一则恶其害己，一则恶其名不自己出。而群不逞之徒，因而肆其狂吠，靡所不至。弟所定诸大政，泯然俱尽。惟轮船政一事，以弟奏定交幼丹中丞，与渠无预，无从插手……或者此事犹可无恙，余则随风而靡，不堪覆按矣。”

其实吴棠更议营制，整饬戎伍，任用了很多左宗棠原先奏保任用的

---

① 吴棠、马新贻：《奏请准署理浙江提督黄少春坐镇宁波情事》，国家清史工程网站录副奏折，档案号 03—4636—015。该片本无具体时间，现根据随手登记档同治六年秋季号，第 00194 页之吴棠、马新贻折、片：《请暂留提督黄少春驻扎宁波由》、《密陈黄少春驻扎宁波于洋防有益由》，知折、片为同时具奏，时间为同治六年八月初二日。

② 《清穆宗实录》卷 185，同治五年九月癸未。

③ 《答杨石泉》，《左宗棠全集·书信 2》，第 39 页。杨昌濬，字石泉，湖南湘乡人。

人，如，福州城守副将梁成华，金门水师协副将刘松亭，水师提标左营游击熊兆飞，水师提标右营陈允彩，等等。事实并非如左宗棠所说，“吴棠到任后，务求反臣所为，专听劣员怂恿。凡臣所进之人才，所用之将弁，无不纷纷求去”。

同治六年六月，吴棠等奏请将军需总局改为善后总局。该军需总局原为左宗棠所设。同治三年九月间，因军务需要，左宗棠将闽省原设善后、防务两局改为军需总局，并另于省垣适中地方设巡防总局。四年二月间将巡防局裁撤，另设军需局，由藩臬两司、粮盐二道督同各委员经理。对此左宗棠解释：“军需总局设在藩属，兼办报销、捐输、税厘等件，事极繁冗。兹仍另设军需局，添派奏调来闽之浙江督粮道周开锡、现署盐道吴大廷、刑部员外郎张树菼，并委在局之补用道、本任汀州府知府胡肇智，会同藩司张铨庆、粮道周揆源等，督饬局员，详慎经理。”[①] 也就是说，左宗棠在藩司管辖的军需总局之外，另设了一套机构，委由周开锡、吴大廷等人经理，实际是架空了藩司。吴棠认为，“现在闽省军务业已肃清，自应将军需总局裁撤。唯各属兵燹之后，必须巡缉、抚绥、捕治土匪，以冀长治久安，况应办善后以及清理积案、稽核报销暨支给留防兵勇口粮各事宜尚属纷繁，自应复正名目，归总善后督办，所有省会原设军需总局应请改为善后总局，添委候补道耿曰椿即自本年六月二十一日起会同各司道督饬委员书吏分别认真经理，一面换刊福建省会善后总局木关防一颗，即于是日启用，以昭信守。”[②] 七月二十一日奉旨：“知道了。”吴棠“裁撤各局”的后果就是“湖南人均无所归”[③]，这也招致了更多人的怨恨。

随着吴棠在任时间的增长，各项措施的推行，牵涉的左宗棠任用的人越来越多，吴棠招致的不满也越来越多。周开锡被撤换后，不满的不仅仅是沈葆桢，左宗棠任用的其他人也开始不安其位。左宗棠对曾国荃说：“受三既被摇动，桐云不安其位。石泉惶惶，亦露求去之意，徒以弟西征之饷取于浙者为数较多，不能不稍委蛇耳。其各提镇道府，纷纷乞随西征，自樊城至潼关，航海专足来者，约四五辈。”[④] 这些人难免会发出对

① 《陈明闽省设立军需局及税厘局情形片》，《左宗棠全集·奏稿3》，第126—127页。

② 吴棠等：《奏请军需总局改为善后总局等事》（同治六年七月二十一日），国家清史工程网站录副奏折，档案号03—4688—019。

③ 江世荣编：《曾国藩未刊信稿》，中华书局1959年版，第391页。

④ 《答曾沅浦》，《左宗棠全集·书信2》，第43页。

吴棠不利的声音。

第三节 对船政的态度

吴棠到任后与总署之间的信函往来，可以反映其对船政的态度。吴棠和总署在同治六年的通信只有三封，其中两封吴棠函，一封总署函。时间是：同治五年十一月初五日总署致吴棠函，十二月十六日吴棠收到，同治六年四月十七日总署接吴棠回函；四月二十二日总署致吴棠函，五月十五日吴棠收到，六月十四日总署收到吴棠回函。档案只根据总署接函和致函的日期排列，因此不知吴棠去函的时间，但可以看出这三封函件是前后相继的。

为说明吴棠对船政的态度，将这三封函件的具体内容照录：

四月十七日。吴棠函称："去岁腊月十六日，舟次瓜州，接准英将军寄奉十一月初五日钧函，备承指示一切。仰见尽筹周远，烛照精详，捧诵之余，曷胜钦佩。只因赴浙查勘海塘，始于三月三日甫抵闽垣接篆视事，致稽肃复，歉悚奚如。棠履任后，接见英将军，并晤沈中丞，询悉船政一切。总须日德二将购买轮机雇募洋匠到闽，始可次第举行。日意格原约五月间来闽，德克碑则在九月。沈中丞以该将等未来之前，尚无紧要事件，计期六月，即可释服。谨择于六月十七日莅事。刻下遇有应行商办各事宜，棠自当会同妥筹办理，期无旷误。其应先修造船厂船槽，经日意格前在闽时，估工包匠承办。现留洋人柏锦达在此监工，所有应建船政衙署及工匠房屋，亦也由局委员履勘确估兴办，并在城外先设学堂一处，城内暂设两处，一切均属妥协，堪以上纾廑注。合先肃复，祗请钧安。"①

四月二十二日。总署致吴棠函称："本月十七日，接诵来函，知去冬奉达一缄，已经鉴及。阁下赴浙查勘海塘，于三月三日抵闽接篆，与香岩、幼丹会晤船政一切，以日德二镇购买轮机等事，须俟夏秋始得回闽，此时尚无紧要事件。幼丹择于六月十七日莅事，刻下船政衙署等事，已由局委员勘估兴办。并于城内外先设学堂三处，一切

① 《海防档》乙，《福州船政》一，第72页，第42条。

尚称妥协等因。轮船机器为目前要务，果能悉心讲求，不惮烦难，图一劳永逸之功，即为思患预防之计。是在鸿才擘画成此远猷，实本处所朝夕企望者也。更望于随时办理情形，详示一切是荷。此覆，即颂勋祉。”①

六月十四日。吴棠函称：“本月十五日，接奉钧函，知前肃寸械，已邀鉴入。承示轮船机器为目前要务，果能悉心讲求，不惮烦难，图一劳永逸之功，为思患预防之计，仍将随时办理情形详陈一切。仰见洞烛机宜，鸿筹策励，遵循有自，钦佩曷胜。棠先于本月初旬，亲诣罗星塔马尾乡一带地方，周历勘视。现在船政衙署业已创立初成，各厂基地，亦在逐一填筑，饬令委办船工各员与本地绅士及洋人贝锦达会督监工，办理尚属认真。顷复接晤沈巡抚云，于六月下旬，即当前赴马尾居住，以便就近督率监办，于事更能周妥。惟闻机器购办不易，须俟秋后日德二洋将来闽，方见端绪。目前惟有将购买物料及盖造船厂等事，次第办办，以待开工。事关远猷大计，定当遇事讲求，和衷商办，断不敢惮烦弛懈，亦未敢草率图功，以期告纾廑注耳。专此肃复，祗请钧安。诸祈霁鉴。”②

根据内容，四月十七日函应写于三月初三日后，六月十四日函应写于五月下旬。由三份函件，可见吴棠明了船政的重要性及清廷对船政的重视。他在沈葆桢正式任事之前，认真地查勘工程进展情况，并遵循总署的要求，随时汇报，并未掣肘船政。但六月十四日总署接吴棠函后，未再给吴棠回函，之后吴棠也再未向总署致函汇报船政的情况。倒是总署和福州将军英桂、船政大臣沈葆桢来往函件较多。这里是否蕴含着变故？

确有变故，是沈葆桢释服视事后，吴棠无权负责船政了。原来最初清廷谕令接办船政的人选并不是沈葆桢，在人员任命上，曾有三次更易：

同治五年九月二十七日，清廷谕令：“左宗棠前奏闽省设厂制造轮船，尤为水营要务。即著吴棠接办。不可日久废弛。”③

十月十一日，因沈葆桢联名闽省绅员请求左宗棠待轮船办有端倪，再

① 《海防档》乙，《福州船政》一，第72页，第43条。

② 同上书，第73页，第44条。

③ 《清穆宗实录》卷185同治五年九月癸未。

行西征，清廷又谕令左宗棠："俟吴棠到任后，再行交卸来京。轮船办有端倪，即交英桂、吴棠、沈葆桢，认真经理。"①

十月十三日，左宗棠专折奏请派重臣总理船政、接管局务，要求将所有船政事务交沈葆桢专门经理，因为觉得沈葆桢"在官在籍久负清望，为中外所仰。其虑事详审精密，早在圣明洞鉴之中。现在里居侍养，爱日方长，非若宦辙靡常，时有量移更替之事。又乡评素重，更可坚乐事赴功之心"。② 清廷允请，遂以"沈葆桢办事素来认真，人亦公正廉明"，谕令"所有船政事务，即著该前抚总司其事，并准其专折奏事。先刻木质关防印用，以昭信守。一俟局务办成，再行奏请部颁关防。一切应办事宜，并需用经费，均著英桂、吴棠、徐宗干妥为经理，仍随时与沈葆桢会商，不可稍有延误"③。

九月二十七日，十月十一日，十月十三日，从以上三道上谕的时间可以看出，船政的接办者先是吴棠，再英桂、吴棠、沈葆桢三人，最后沈葆桢专办。按常理推断，左宗棠离开后，船政应由下一任闽浙总督接办。事实也是如此。左宗棠或许也预见到了，以他对吴棠有限的了解，他不愿意船政由吴棠接办。左宗棠后来对周开锡这样评说吴棠："仆与吴公无交情，不测其深浅。惟杭城初复时，曾于浙粮道公牍见其批回，意其庸鄙，亦颇知其不以轮船之说为然。"④ 而沈葆桢领衔奏请左宗棠暂缓西征一事，让左宗棠觉得沈葆桢能够负责船政，因此，未等接到九月二十七日的谕旨就再上专折奏请船政由沈葆桢接办，别人必须支持。这就是沈葆桢所说的从"会办到专司"的过程。左宗棠这种事由专人负责以期有成的观点和做法是值得肯定的。

但沈葆桢坚持待释服后再正式视事。六月十七日，船政大臣沈葆桢正式视事，船政归其经理，闽浙总督和福建巡抚都无法过问。沈葆桢奏事时只是例衔和闽浙总督、福建巡抚会奏，具体事宜不需和督抚商量。这就是左宗棠所说的"然轮船一事弟应会衔，且是船政大臣专职，非制军所能

① 《清穆宗实录》卷186，同治五年十月丙申。

② 《请简派重臣接管船政局务折》（同治五年九月二十三日），《左宗棠全集·奏稿3》，第118页。

③ 《清穆宗实录》卷186，同治五年十月戊戌。

④ 《答周受三》，《左宗棠全集·书信2》，第28页。

擅主”。① “惟轮船政一事，以弟奏定交幼丹中丞，与渠无预，无从插手。”② 因此，有关船政的事情，吴棠不再向总署汇报，而由沈葆桢随时汇报。

由此可见，在沈葆桢任事之前，吴棠对船政的态度是积极的。亲赴马尾勘视工程，并及时向总署汇报，并未显示出“万不可行”“万不能成”的消极来；也不是如沈葆桢等人影射的那样故意为难，事事掣肘。沈葆桢所谓的“督臣胸有成见”以及“数月以来，不置可否其间，在在阴起而为难”，均措辞模糊，除折中所陈人事外，并无其他具体指向。吴棠“不置可否”是因为无权“置可否”，清廷不让管当然就不能管了。

沈葆桢奏折中说吴棠“尝以总理衙门公信示臣，谓臣曰：此虑我等用钱失当也”，“臣逐加披阅，只嘱将所办情形随时函致并无涉及‘惜费’一语”。这里的总理衙门公信，应就是四月二十二日的那封信。沈葆桢如此理直气壮，是因为总理衙门一再强调，不要惜费。

当初左宗棠对创设船厂所需经费有一个大略的估算：“计造船厂购机器、募师匠，须费三十余万两。开工集料、支给中外匠作薪水，每月约需五六万两。以一年计之，需费六十余万两。创始两年，成船少而费极多，迨三、四、五年，则工以熟而速成，船多而费亦渐减。通计五年，所费不过三百余万两。”“如虑糜费之多，则自道光十九年以来，所糜之费已难数计。昔因无轮船，致所费不可得而节矣。今仿造轮船，正所以预节异时之费而尚容靳乎？天下事始有所损者，终必有所益。轮船成，则漕政兴，军政举，商民之困纾，海关之税旺。一时之费，数世之利也。”③

总理衙门认为：“合计自始事至蒇事，五年之中，需费约三百万两，以成数而论，固觉所费不赀。然既成之后，则海防、海运、治水、转漕，一切岁需之费，所省无数，而内纾国计，利民生。外销异患，树强援，举在乎此。似此一劳永逸，惜费之见可不必存矣。……闻此时开局则取暗轮木底，仿彼中兵船之制，物既求精，费必较巨，稍存顾惜，倘日后船成废

① 《答夏筱涛》，《左宗棠全集·书信2》，第28页。

② 《答杨石泉》，《左宗棠全集·书信2》，第39页。杨昌濬，字石泉，湖南湘乡人，其时任浙江布政使。

③ 左宗棠：《拟购机器雇洋匠试造轮船先陈大概情形折》（同治五年五月十三日），《左宗棠全集·奏稿3》，第54、55页。

物，岂非徒费经营耶。总而言之，此事志在必成。”[①] 总理衙门不惜费，但总理衙门毕竟没有经费支持船政，也当不了清廷的家。

对于左宗棠的奏设船厂之请，清廷肯定其自强精神，却对经费使用持有不同意见。清廷认为：“中国自强之道，全在振奋精神，破除耳目，近习讲求利用实际。该督现拟于闽省择地设厂、购买机器、募雇洋匠、试造火轮船只，实系当今应办急务，所需经费，即著在闽海关税内酌量提用。至海关结款虽充，而库储支绌，仍须将此项扣款按年解赴部库，闽省不得辄行留用。如有不敷，准由该督提取本省厘税应用。左宗棠务当拣派妥员认真讲求，必尽悉洋人制造、驾驶之法，方不致虚糜帑项。”[②] 可见，清廷对轮船局经费的原则是“有节制，帑不虚糜”，这和吴棠的“用钱得当”是一致的。

同治五年十月初八日，左宗棠又奏请创造轮船经费不宜过于刻核，认为“创始之初，所费必多，不宜过于刻核。任事之人，如果工归实济，自然费不虚糜。若一一加以综核，则牵掣必多，或至废于垂成之时，更为可惜。现在洋人闻有开设船厂之举，明知无可阻挠，多谓事之成否尚未可知，目前浪费可惜者。实乃暗行阻挠之意。福州领事贾禄即屡为此言。臣已权词谢之。如有以虚糜之说为言者，不可听也”。[③] 清廷对左宗棠之“请”没有批示，应是对左宗棠经费“不宜过于刻核”的建议并不赞成。左宗棠希望经费不必过于刻核，难免会导致账目混乱、帑费虚糜。事实上，船政局有限的经费很大部分用在了人事上，而非技术上，对船政局的发展造成了不利的影响。[④]

论及经费，不得不再说周开锡。周开锡不任藩司，对船政有何影响？周开锡并非船政技术人才，包括左宗棠重金所聘的洋将都不是船政专才，那么周开锡不任藩司对造船技术当然没有任何影响。沈葆桢说：“藩司为度支总汇，衙门呼应较捷。”左宗棠说：“去位之藩司，终未能多有裨助

① 总署致前任江西巡抚函，同治五年正月二十三日，《海防档》乙，《福州船政》一，第63页，第34条。

② 《清穆宗实录》同治五年六月庚寅（初三日）。

③ 左宗棠：《创造轮船经费不宜过于刻核等由》（同治五年十月初八日），随手登记档，同治五年冬季分，第00108页。清廷对此片无批示，片名后写“原片归箍”。该片具体文字见《船局创始之初未可期以速效片》，《左宗棠全集·奏稿3》，第151页。

④ 罗耀九：《福建船政局兴衰论》，《近代史研究》1993年第6期。

也。”周开锡任藩司便利的就是使用藩库收入作为船政经费。清廷允准经费由闽海关税内酌量提用，如再不足，可提厘税，那么负责厘税之人能否保证厘税收入就很重要。因此，左宗棠奏请以周开锡署任藩司，这样闽省藩库收入有保障，船政局经费和西征军饷也有保障。而吴棠不用周开锡并且减少厘税收入，原来左宗棠以为有保障的事情就都变成了未知数，左宗棠如何能不生气？沈葆桢如何能不生气？但左宗棠也承认，“浙江协饷，源源而来……洋款屡生枝节，又因山西银贾不肯汇兑，致有羁滞，至今两批在途，尚未入手。若此数月非浙与闽、粤源源接济，此军早已饥溃矣。”① 难道这源源不断的饷项接济与闽浙总督吴棠就没有关系吗？如果吴棠存心为难，何不在左宗棠最关键的饷项上做文章？在前述吴棠厘金改革的奏折中，仍把左宗棠的西征军饷定为常项。但藩库不是船政局的专用钱库，此盈彼绌，船政局提取藩库收入作经费总是有限的，不能因吴棠不用周开锡等人，就得出吴棠掣肘船政的结论。

由吴棠和总署的信函往来可见，吴棠并非反对船政，在沈葆桢任事之前，他亲赴马尾勘视工程，并即时向总署汇报。虽然换了藩司，但对于船政经费，也并未掣肘。沈葆桢愤愤不平的就是吴棠对船政局人事的改动，并没有说及吴棠对船政经费的刁难。那么，吴棠对船政的态度就不应该如沈葆桢等人影射的那样故意为难，事事掣肘。

吴棠对左宗棠的行政措施有保留地施行，并非全盘否定，左宗棠想上疏驳斥却无从下笔，于是又愤愤道：“专作翻案文字，又不敢公然奏驳，惟暗中搅扰，务令所奏定各案概行倒歇，一复闽省从前规模而后止。”② 这样没有具体所指，概括性极强的文字，又带有强烈的感情色彩，难免有失公正。

福州船政局是洋务派创办的一个重要的造船企业，因此吴棠和沈葆桢、左宗棠等人的矛盾，还涉及一个问题，就是吴棠对洋务的态度如何？是反对还是赞同、支持？这可以从同治六年十二月吴棠回覆总署关于修约的折中看出。同治六年九月，清廷谕令滨海沿江、通商口岸地方的将军、督抚大臣，依总理衙门拟定条说各抒所见，为来年换约做准备。总理衙门拟定的条说共有请觐、遣使、铜钱、铁路以及内地设行栈、内河驶轮船并

① 《答杨石泉》，《左宗棠全集·书信2》，第39页。杨昌濬，字石泉，湖南湘乡人。

② 《答刘简青镇军》，《左宗棠全集·书信2》，第36页。

运盐、挖煤、开拓传教等。吴棠认为，洋人唯利是图，对于通商条款，可以小有增损，仍旧从而羁縻之。对于请觐，因值太后垂帘，皇帝冲龄，有诸多不便，应待皇帝亲政以后，再行请旨定夺；对于遣使，待遴选得人再议。但对外交涉，若求立言得体则须遣使久驻；对于铜线铁路，允之则大碍民人生计，宜以百姓不愿为词，婉切开导，或可从缓再议；对于内地设行栈、内河驶轮船，允之则使华商无容足之地，不能同意；至于贩盐、挖煤二事，于课饷、地方大有关系，不能让洋人操我利权；教务教案，尚无碍于大政，但不宜设官以制之。可阳为抚循，阴为化导，以期不禁而禁。总之，吴棠对所议各条，认为请觐、遣使、传教各条可以同意，其余各条则因有碍民生和国家利权，不能同意。

沈葆桢认为，请觐须待皇帝亲政；遣使可拒则拒之，否则可暂出权宜之计；铜线铁路，不可明定条约许其开工；内地设行栈、内河驶轮船，洋人纵横内港，易滋弊端，宜仍照从前做法，两无所损；贩盐挖煤可官为设厂，招聘精通此术之洋人，优予廪给，购制机器，于湖广之大军山，先行试办；所得之煤，许中国均照平价交易，利则他处仿照办理，保证主权在我，亦足以杜其饶舌。对于传教，认为邪说横行，神人共愤，“如畿辅根本确有可恃，此等左道疑众之徒，待以一狱吏，足矣”。

左宗棠认为，请觐、遣使、传教，皆可允，其余三条，因关乎民生或国家利权，不能允从。曾国藩、李鸿章意见相似，认为请觐可行而未能即行，挖煤则可酌量而行，铁路电线及内地开行栈、内河驶轮船、贩运食盐皆中国商民所万不允行者，传教保持现状即可。①

比较以上诸人观点，可以看出吴棠对洋务的态度并非一概反对，只是于国计民生、国家利权大有关系的铜线铁路、行栈轮船、贩盐挖煤等坚决反对，请觐、遣使、传教各条有原则地同意，对遣使的态度似较沈葆桢看得更长远，对传教的态度也比沈葆桢更为开放。论及洋人要求内河驶轮船时，吴棠说：“自轮船通商以来，滨海之民，日行萧索。如福建之台湾、厦门等处，向资海船以为生者，多称富有，近则十户九穷。推之他口，谅

---

① 《筹办夷务始末》（同治朝），沈云龙《近代中国史料丛刊》第62辑611（第9、10分册），台北文海出版社1966年版。

无不然。”① 可见吴棠因亲眼所见，对轮船造成的民生困苦确有忧虑。因此，坚决反对洋人在内河驶轮船，这与其他人的观点是一致的，并未显示他反对船政。

吴棠对洋务的积极主动在四川总督任上也有表现。同治八年，为平贵州苗乱，吴棠令各营兵士习洋枪，并延请英人麦士尾为教习。因效果显著，奏请清廷奖励麦士尾。② 但综观吴棠的一生，对洋务的投入没有左宗棠和沈葆桢的多，这是事实。

行文至此，有必要对此前的一些认识加以辨析：沈葆桢奏折中说吴棠掣肘船政，细节就是吴棠不用周开锡和李庆霖。简言之，就是吴棠不用周开锡和李庆霖就是掣肘船政。吴棠另委藩司，并不是因为周开锡牵扯匿名揭帖之故，而是因为吴棠从闽省吏治民生考虑，不欣赏周开锡的用人行事以及理财方式。胡光墉迟迟不赴船政局任，也并非因为吴棠反对，而是他自己不愿意去。叶文澜的案子交到英桂等人手上也是不了了之。因此，沈葆桢奏折中所指吴棠掣肘各节当是不实之词，后来的研究者根据沈葆桢的奏折得出“吴棠掣肘船政”之类的结论应是有失偏颇的。吴棠在与总署的信中也表明轮船和自强攸关，对洋务运动虽投入不多，但并不反对，因此说他是保守派、顽固派故意掣肘船政，也欠妥。

第四节　吴棠和沈、左的矛盾分析

吴棠虽未反对船政，但吴棠和闽省的一些官员发生矛盾，这是不争的事实。双方产生如此无法调和的矛盾，主要与双方的性格和行政理念有关。

先看双方的性格。关于左宗棠和沈葆桢的性格，时人多有记评。咸丰八年，沈葆桢作为九江关道帮曾国藩筹备粮饷时，曾国藩就洞悉其“心地谦而手段辣”的性格。又对胡林翼说：“沈君极精明，而其过人处在拙，故不可量尔。”③

① 《筹办夷务始末》（同治朝），沈云龙《近代中国史料丛刊》第62辑611（第10分册），台北文海出版社1966年版，第5135页。

② 陈庆元：《吴棠年谱》，《近代史资料》总75号，第126页。

③ 《加胡林翼片》（咸丰八年九月二十日），《曾国藩全集·书信一》，岳麓书社1990年版，第683页。

曾国藩和赵烈文也谈论过沈葆桢："在原籍办理船政，颇恣横。两司俱用札饬，藩署经承吏以一言不合立斩之。""沈在江西之初，束修自好，且有胆识，吾常器之。比任西抚，与吾处争饷，哓哓不已，吾以为此褊衷不能任大事，然犹以为硬汉。后吾具折陈沈发后使气取闹情形，沈闻之通函请罪，有宽其既往与以自新之语，昨又长函为族人之官皖者缓颊求情，而后吾知其进退失据，前此矫厉之风皆由客气，为之抚然。且诏之恬淡则不应武断乡曲，谓之奔竞则又不宜坚卧故山。""与左季高为死党，道员周开锡先为左委署藩司，吴仲宣到任后仍令本任邓□□受事。又裁撤各局，湖南人均无所归，沈遂奏放周为船政帮办，凡湘人之失职者一概入局，故经费浩繁……左季高之为人不可向迩，沈居然入其范围，功名闻望戛戛不相下，忽又为其附庸之国，真令人不可解。"① 可见，曾国藩对沈葆桢和左宗棠的做法并不以为然。

沈葆桢去世后，有人评价他"遇事操切，待属下不甚宽恕。与平等人颇怀嫉妒，办案亦有残惨之事"，"素性褊"。②

至于左宗棠的性格为人，更是非议很多，所谓"名满天下，谤亦随之"。自称"以婞直狷狭之性不合时宜"、"恃才傲物、是己非人"③，李鸿章曾对曾国藩说左宗棠"暴戾恣很，则又无敢撄其锋者"④。张集馨说左宗棠"腹笥笔底俱富丽敏捷，而性情跋扈"。在骆秉章幕府时，"文武官绅非得左欢心者，不能得意；而得左欢心者，无不得意。好之生毛革，恶之成疮痏……李黼堂（桓）乃谓其明足以拒谏，辨足以饰非，存心深险，极不易交"。⑤ 欧阳兆雄说左宗棠"好以气凌人"⑥。赵烈文尤厌左宗棠奏折文过饰非。同治三年四月二十九日，赵烈文看过左宗棠奏请杨岳彬

① 赵烈文：《能静居日记》（同治六年十二月朔日），罗尔纲、王庆成编《太平天国》七，广西师范大学出版社2004年版，第347—348页；江世荣编：《曾国藩未刊信稿》，中华书局1959年版，第391页。

② 《西报论故督》，《申报》第16册，大清光绪己卯年十一月廿一日，第2页，上海书店1983年影印版，第5页。

③ 《与孝威》（同治元年十月二十三日、同治二年正月六日），《左宗棠全集·家书诗文》，第56、61页。

④ 《复曾中堂》（同治四年六月二十四日巳刻），《李鸿章全集·信函一》，第406页。

⑤ 张集馨：《自撰年谱》，秦翰才编《左宗棠逸事汇编》，岳麓书社1986年版，第14页。

⑥ 欧阳兆雄：《水窗春呓》，"曾文正公与左相气度"，秦翰才编《左宗棠逸事汇编》，第27页。

督办江西、皖南军务折片，评其行文用词“寸楮之中，凶锋四射，似乎天下舍己之外，更无公忠体国之君子。吁，险矣！”①

左宗棠在给周开锡和夏献纶的信中，不满清廷对当世的人事安排，屡谓：“近日封疆之吏、将帅之选，多不惬人意，而时事则日艰一日，由内而外，浸成一自私自利世界。杞忧其何极耶！”“惟近年封疆之吏、将帅之选，多不惬人意，而时事则日棘一日，深为可忧耳！”② 忧国忧民气质之下，难掩其恃才傲物之心。既然“辨足以饰非”，那么对吴棠的参奏难免有为他人“饰非”之嫌？

吴棠则没有如许争议。马新贻认为吴棠“虚公廉明”，沈葆桢“亦颇赞之”，李鸿章说他“性情朴厚，品行端悫”③，曾国藩说他“过于宽和”。可见吴棠的性格不像左宗棠般棱角毕现。左宗棠希望自己创设的船政事业能继续下去，继任者能将自己的心愿发扬光大，而他认为吴棠“庸鄙”，当然不放心将船政交与吴棠经管。尽管清廷有谕旨让吴棠接办，左宗棠还是奏请另委沈葆桢接办。沈葆桢在抓捕幼天王的事情上以及在江西与曾国藩争饷，在福建联名带头闽省士绅呈请左宗棠缓行西征，都让左宗棠对沈葆桢很是赏识。左宗棠奏请沈以船政大臣身份专折奏事，其实就已经埋下了吴棠与沈葆桢、左宗棠不和谐的种子，左宗棠已经不信任在先。后来吴棠的用人执政理念和左宗棠有出入，亦应在左宗棠的预料之中，即左宗棠所谓“闽事甫盼转机，弟即拜西征之命，去时即虑事有反覆，愦愦者必挠其成”。

再以这些时人的评价去审视沈葆桢、左宗棠的奏折，可见二人的奏折都有先声夺人之气，给人“事实就是如此”的感觉。而吴棠并未出言辩护，便给后人留下了吴棠掣肘船政的印象。

再看三人的经历。吴棠在任闽浙总督之前，一直在江北任职，为清政府力保里下河完善之区。可以说，他的主要任务是“守”，以忠心任事升至高位。在任职闽浙总督之前和左宗棠、沈葆桢也没有多少接触交往，不是湘淮系的人。沈葆桢和左宗棠则领兵四处作战，尤其是左宗棠，镇压太平天国，剿捻平回，尤得清政府倚重，又从其一生诋毁曾国藩可见其器量

① 赵烈文：《能静居日记》，罗尔纲、王庆成编《太平天国》七，第255页。

② 《答周受三》、《答夏筱涛》，《左宗棠全集·书信2》，第28页。

③ 《密陈查办吴棠参案片》（同治八年十月初三日），《李鸿章全集·奏议三》，第529页。

为人。沈葆桢既得左宗棠推崇，自然和左宗棠联为一气，对吴棠不用左宗棠之人难免心生不满。

从左宗棠为自己的亲信谋取职位的手段也可以看出左宗棠的性格为人。周开锡有才，吴棠也承认，但是否被左宗棠参革的人就无法胜任本职工作，却不一定。对于左宗棠为自己的亲信谋取职位的手段，时人也深知。曾国藩对赵烈文说："左到陕后，乔鹤侪已不安其位，叠请病假。左实欲腾此席以畀刘典，乔知之欲避其祸故也。"① 乔鹤侪指乔松年，时任陕西巡抚。

左宗棠为蒋益澧谋得广东巡抚职位的手段也为郭嵩焘所不满。郭嵩焘和左宗棠是多年至交，在樊燮案发生后救过左宗棠。② 郭嵩焘任广东巡抚后，因和两广总督瑞麟不融洽，以病疏请开缺。清廷命左宗棠查办。左宗棠以粤省兵事、饷事皆有问题回奏："广东一省，兵事实无足观，而饷事亦不可问。军兴既久，各省兵事或由弱而渐强，粤则昔悍而今驽矣；各省饷事或由匮而渐裕，粤则昔饶而今竭矣……至兵饷兼筹，任大责重，非明干开济之才不能胜任。浙江布政使蒋益澧，才气无双，识略高臣数等，若蒙天恩，调令赴粤督办军务兼筹军饷，于粤东目前时局必有所济。"③ 结果清廷令郭嵩焘进京陛见，命左宗棠手下爱将蒋益澧任广东巡抚。对此郭嵩焘很有意见，认为"吾清厘广东厘捐，视前收数加增逾倍……某公不察事理，不究情势，用其诡变陵跞之气，使朝廷耳目全蔽，以枉鄙人之志事。其言诬，其心亦大酷矣。区区一官，攘以与人，无足校也。穷极诞诬，以求必遂其志，而使无以自申，而后朋友之义以绝"。"而蓄意攘夺此席畀之蒋君，不惜戈矛相向，任意污蔑，以恣其排觝。乃使区区勉求自尽之功，实一力扫刮之，反据以为最，呜呼！抑何酷也！"④ 郭嵩焘在广东因筹饷声名狼藉，民间有"人肉吃完，惟有虎豹犬羊之廓；地皮刮尽，

① 赵烈文：《能静居日记》，罗尔纲、王庆成主编《中国近代史资料丛刊续编》，《太平天国》七，广西师范大学出版社 2004 年版，第 348 页。

② 《与孝威》（同治元年十月二十三日），《左宗棠全集·家书诗文》，第 57 页。

③ 《陈明广东兵事饷事片》（同治四年十二月十二日），《左宗棠全集·奏稿 2》，第 307、309 页。

④ 郭嵩焘：《玉池老人自叙》，秦翰才编：《左宗棠逸事汇编》，岳麓书社 1986 年版，第 15—17 页。

但余涧溪沼沚之毛”之联。① 左宗棠尚劾其筹饷措施不力。

可见，左宗棠欲用自己信任的人，不惜打击别人。而吴棠并没有自己要安插的亲信，不用周开锡应只是不欣赏周开锡的行事为人。

除了性格原因，双方矛盾的产生有其必然性。吴棠和李福泰上任后，面对的是左宗棠早已布置好的、安排好的、只需别人去照着执行的局面。吴棠在江北用兵多年，并没有自己的军队，奏调入闽的大员只有江苏淮扬道吴世熊、副将张祖云二人。不像左宗棠有自己的部属，为官一方时源源不断调用自己的人。这时，吴棠有两种选择：一是萧规曹随，无为而治，只签字画押，多多配合就行了。换句话说，就是继续任用左宗棠布置好的人，最大限度地放手让他们做事。二是吴棠有自己的想法，希望按照自己的想法去施政。这些想法不可能和左宗棠的想法完全吻合。作为第一次独掌一方的大吏，又值战后抚恤残黎，吴棠选择了按照自己的意愿行事，对左宗棠的政策既有保留，也有摈弃；对左宗棠所用之人，重新选择，决定去留。这应该也是一种勇于任事、不避嫌怨的态度。

左宗棠为筹措军饷，借洋款，整顿厘金盐税，所以他的一条重要的用人标准就是是否有能力筹饷。而吴棠觉得小民太累，战后应舒民困。所以对于左宗棠安排好的人事，吴棠不愿俯首贴耳，一味顺从，他要根据自己的用人理念去调整。如果可以，他应该会用自己的方式去经营船政，而不是后人所谓的“故意掣肘”“阻挠”。效果如何，另当别论。但就造船这件事本身而言，他一定会去做。所以，与其说吴棠性格保守，反对船政，不如说他不满意左宗棠给他规划的现成的局面。在左宗棠看来，诸事安排妥当，放心西行；在吴棠看来，这就是一个只能萧规曹随的局面，别无选择。然而他有自己的想法，并努力去实现自己的想法，不能不和左宗棠产生矛盾。

随着吴棠在闽施政的推行，遭到的抵制和怨恨越来越多，直接导致了左宗棠对其态度的变化。左宗棠说：“弟得闽中官绅书，痛诉其横决之状，觉一腔热血不知洒向何处，心实痛之……自叹平生志事，一无所成。偶获假手，稍抒素抱，亦复随时澌灭殆尽。毋逝我梁，毋发我笱，藐藐者

① 赵烈文：《能静居日记》，罗尔纲、王庆成主编《太平天国》七，第330页。“毛”指毛鸿宾，同治二年至四年任两广总督。郭嵩焘则于同治二年至五年任广东巡抚。

其谁听之乎？书至此，黯然而已！”[①]

根据现有资料，向左宗棠痛诉吴棠“横决之状”的人至少有沈葆桢、周开锡、夏献纶、吴大廷、刘明灯。杨昌濬在浙，只是有些担心和不满，还没到“痛诉”的程度。

根据左宗棠复信，可以看出左宗棠态度的变化。在吴棠未赴任之前，左宗棠回复夏献纶：“新任督抚如实不能容，则士各有志，固不容强，否则以不遽去为是。至闽中诸事，一以镇静出之，当无他变。盖甫由乱向治，不致遽有翻覆，此天心之可恃者也。”[②] 因吴棠尚未到任，留闽之人不测其深浅，因而有种种担忧。左宗棠也只是以大言安慰，并嘱以镇静。

吴棠初任时，左宗棠回复夏献纶：“闽事变局，匪意料所及。然轮船一事弟应会衔，且是船政大臣专职，非制军所能擅主。兵制、津贴各件，均是奏案。制军立意更易，亦必须奏定而后可见诸施行。”他认为：“制军新来，于事之原委未能洞彻，又过听群不逞之徒不根之论，遂致纷纭。然其意亦不过减抽厘以要誉，复陋规以便己，其大有关系者，暂难遽议更张”，“当此欲决未决之时，争之过急，适以激之，不争则坐视长官之谬误，亦于属吏之道未尽”，因此建议“宜详陈各事原委，请其细阅原奏成案，当可恍然耳”。如果吴棠“果立意更张，不问事理之当否”，左宗棠则要“力争之，不忍坐视甫经扶起之局，概被搅坏”。[③] 这里仍是安慰夏献纶，并建议和吴棠多沟通。

三月初七日，周开锡给左宗棠去信。左宗棠在回信中说：“闽事竟变异如此，可胜浩叹！轮船事甫创始，乌知必虚糜必难成！减兵增饷，闽乃或有一半制兵，照旧章则闽无一兵；裁陋规，明给津贴为后人，辞津贴要陋规为前哲，此等识解议论，何足令人钦佩！”建议周开锡“事上官之道和悦而诤，如实不能感悟，则洁身以去可耳”。又谈及自己对吴棠的认识：“杭城初复时，曾于浙粮道公牍见其批回，意其庸鄙，亦颇知其不以轮船之说为然。上年闻其来闽浙，意数年阅历，才识或当有进。又适得马谷山信，言其人虚公廉明。质之沈幼丹，亦颇赞之。颇悔前此所见之偏。

① 《答杨石泉》，《左宗棠全集·书信2》，第39页。

② 《与夏筱涛》，《左宗棠全集·书信2》，第10页。

③ 同上书，第28页。

自今观之，则居然故我耳。”[①] 不知周开锡在信中如何措辞，左宗棠回信的语气已迥然大变，由吴棠的施政而轻视吴棠的眼界和见识，马新贻和沈葆桢的评价也不能让他对吴棠有好感。

四月末台湾镇总兵刘明灯给左宗棠去信。左宗棠在回信中说：“新督有意挑剔，实出寻常意料之外。推原其故，由省门谣言最多，新督性成暗弱，恐遂激成事端；而左右觊觎斯缺者，又正思设法挤排倾陷，求遂所欲耳。然阁下治匪则成效可稽，奸宄肃清，商旅无扰；治军则声威素著，内隙既泯，外侮亦消；而操守清严，又有剔除陋规巨款，足为左证，即新督多方指摘，亦苦着笔为难。以愚见揣之，万无决裂之举。”“计此书到时，新督有无举动，尊处必有见闻。如已恧然中止，自可置之不论；倘仍无理取闹，搅扰不休，即如尊意缮疏遵旨陛见，暂避其锋。”但在吴棠任上，并未见刘明灯有陛见之举，应是用不着了。左宗棠又说：“新督有意与兄为难。自到闽后，专作翻案文字。又不敢公然奏驳，惟暗中搅扰，务令所奏定各案概行倒歇，一复闽省从前规模而后止。”[②] 这里左宗棠已认定吴棠是故意暗中破坏。

五月二十二日沈葆桢也给左宗棠去信，左宗棠在回信中说：“闽事甫盼转机，弟即拜西征之命。去时即虑事有反覆，愦愦者必挠其成。然窃睹批答，皆极荷俞允，或无他虑；不料其安心与弟为难，并大局亦不顾惜，允行之疏，亦敢妄持异议如此！屡得闽信，但增慨叹……诸所翻异，皆弟任内奏准之件。弟自不能无言，然亦未可出之太易，高明以为何如？”[③] 这里左宗棠已经有出言相抗的打算了。

在吴棠疏言盐务改票运后，或在七月间，吴大廷也给左宗棠去信了。大概希望随左宗棠西征，左宗棠安慰说：“至台道乃极要缺，不能奏调西征，咨调则尤不可。”又建议应对办法：“鄙意为夫已谋主者丁日健耶。如将前道樟脑等赃款据实逐一叙出，则伏而盐其脑，彼昏断不敢与公为难，此亦有奏案可援者也。”还说：“人心不同，固无足怪，惟必颠倒如此，是亦不可以已乎？拟即拜疏言之，又恐发之太速，堕其术中，姑少需之何如？”这时候左宗棠已经有些按捺不住了。

① 《答周受三》，《左宗棠全集·书信2》，第28页。

② 《答刘简青镇军》，《左宗棠全集·书信2》，第36页。刘明灯，字简青，湖南永定人。

③ 《答总理船政局沈幼丹中丞》，《左宗棠全集·书信2》，第34页。

等到八、九月间，左宗棠接到杨昌濬的信后，已经是大为光火了，“恶其害己”“恶其名不自己出”。这是错误揣测了吴棠挽留黄少春的奏疏内容而导致的。

由上可见，左宗棠完全听信闽中的来信，根本看不到有些来信中的叙述与实际情况的差别。因此，左宗棠在奏疏中所说的“吴棠到任后，务求反臣所为，专听劣员怂恿。凡臣所进之人才，所用之将弁，无不纷纷求去；所筹之饷需，所练之水陆兵勇，窃拟为一日之备者，举不可复按矣”。这种说法是夸大其辞、有失偏颇的，表明左宗棠至少片面地听信了闽中官绅的一面之词。

其实当时不仅曾国藩对沈葆桢等人的做法不以为然，李鸿章似乎也不赞同，其致吴棠信中说：“左公于执事颇有违言。弟在都面晤，力为调停，乞于解济西军各项酌照前事筹办。其实闽粤前案，虚公持平，固啧啧在人口也。”[①] 可见，左宗棠对吴棠撤换周开锡一直耿耿于怀，最担心吴棠掣肘他的军饷。就像左宗棠对两江总督曾国藩肆意诋毁，却又担心曾国藩掣肘他的西征军饷一样。其实吴棠和曾国藩对他的西征军饷从未短缺，一直源源不断地接济。吴棠裁减厘金后，藩库收入减少，仅可勉强撑持，但吴棠仍将“按月拨解固本京饷以及本省善后、西征巨款各项”[②] 计入固定开销。

周开锡被换任后，左宗棠任用的人都有些人人自危。随着告状者的增多，左宗棠终于要上疏相抗。吴棠奉公使粤给了左宗棠、沈葆桢参劾的机会。早在七月初九日，清廷因两广总督瑞麟参劾广东巡抚蒋益澧，就已令近在福建的吴棠前往查办。八月初七日吴棠起程，闽浙总督由英桂兼署，对此左宗棠、沈葆桢应该很高兴。要削弱吴棠的影响，最好的时机就是吴棠不在位时。吴棠甄别李庆霖等人的奏折也正好给了沈葆桢、左宗棠一个契机，于是二人的奏章连衔而至。吴棠“由粤东差旋，过漳，始知幼丹与之不睦，自云：‘福省绅衿若马尾公者，难共事也！’”[③] 但并未特别上疏为自己辩解，也未和沈葆桢发生任何形式的冲突。

---

① 《复川督吴制军》（同治七年十一月十五日），《李鸿章全集·信函一》，第707页。

② 吴棠、李福泰：《奏报闽省酌减厘金酌裁厘卡缘由事》（同治六年七月十三日），国家清史工程网站朱批奏折。档案号04—01—35—0561—090。

③ 梁恭辰：《楹联四话》卷六，《楹联丛话全编》，北京出版社1996年版，第343—344页。

第五节　调离闽浙总督之任

一　总署和清廷的处理

沈葆桢和左宗棠的奏折，让闽浙总督和福建官员的矛盾公开暴露，二人并将折稿抄示总署。沈葆桢在九月二十三日致总署的函中更埋怨吴棠，称："船政之举，非诸臣之事，国家之事也。吴督身为疆吏，果以为万不可行，命下之日，急宜封牍力争。入闽而后，果深察情势万不能成，亦何妨转衔入告。乃数月以来，不置可否其间，在在阴起而为难。察其举动，事事务与前人相反。船政特其一端耳。夫事涉中外，此心原难遽白，亦何必求白于人。若意在中伤，则纵无可蹈之瑕，终难掩其吹求之术。"又说明具奏原因："自古行政，首在得人。人心不固，政将谁举。今日船政，万不能半途中止，以贻笑柄，以启戎心。兴事之初，尤不能不鼓舞人心，赴功策政。所以今日特将实在情形，具折吁奏。非不知和衷共济，古有明文而大局攸关，安忍顾虑瞻循，以负朝廷委任。"① 这里，沈葆桢首先将矛盾向总署汇报，总署从沈葆桢这里获得了对吴棠的初步印象。"比读季皋制军奏陈所言，如出一辙。"② 总署又从左宗棠这里加深了对吴棠的印象。对双方矛盾，总署的态度是极力调停。

十一月初八日，总署在给沈葆桢的回函中说："仲宣在闽，事事务反前人，即造船一节，处处阴起而为难，殊不解用意所在……是是非非，天下自有公论。本处纵有风闻，亦不必言之琐琐。"强调"朝廷既不惜巨万帑金，求转弱为强之计，则功期必集，志在必成。断不因偶有阻挠，致垂成之功败于中止"。希望沈葆桢"以不负委任为第一要义，断不可因臣下偶尔芥蒂，堕国家殷殷嘱咐之意……以大局为重，勿存疑虑之见，勿生退阻之心"。并劝慰道："古来成大事者，必先能任大怨。斯言希阁下再三味之。"③

同日在给左宗棠的信中，总署似乎微露对吴棠的责备之意："比读阁

① 台北"中研院"近代史研究所编：《海防档》乙，《福州船政》一，台湾艺文印书馆1957年版，第94页，60条。

② 同上书，第103页，67条。

③ 同上书，第103—104页，67条。

下奏陈所言，始知详细。幼丹清标素望，久洽口碑。无论此次出山，系由阁下再三推毂，并非锐身自荐。即以大局而论，国家为图治计，起用旧臣，俾兹重任。同疆大吏，宜如何齐心协力，以克底于成，冀可仰抒宸廑。即平日稍有未协，亦应权其重轻，概从消释，非仅全友道也。是是非非，天下自有公论，万不可稍有介怀。”这里总署希望左宗棠“接此信后，更能将一切情形，密致幼丹，尤为妥善”。①

同日，总署又致函福州将军英桂，请其调停照料。先说得人的重要：“然有治法必先有治人。幼丹中丞宿望清标，久深简在，此次出山，由于季皋推毂，其无汲汲自见之心，本天下所共喻。”又说明朝廷的决心：“况简用既专，亦断不能因一二浮言致滋摇惑。帑金所费，几及巨万，则事期必集，志在必成。垂竟之功，又岂肯败于中止。”又说及对吴棠的看法：“仲宣在闽，闻事事务反前人。即造船一节，诸多作难。此中非非是是，谁誉谁毁，本处原未据为定评。唯以大局而论，创造轮船乃国家公事，非幼丹私事。若因意见不合，遂阴为掣肘，是因一人而堕全功，其咎伊谁职之。”因此，希望英桂“妥为照料，俾成全业。同疆大吏，有彼此不协者，更望曲为调处，喻以国事为重，一归同德同心，谅阁下不辞此任也。”② 这里已经明白地表示对吴棠的不满。

英桂回信中表态：“第凡为国家宣力，贵乎同寅协恭，在大小臣工果能一德一心，和衷共济，纵事关艰巨，当不难集思广益，相与有成。倘同疆僚属，涉于离德离心，各存意见，则事虽微细，势必致吹毛索瘢，动多牵掣。此自古行政用人，理势之一定不易者也。”又说到自己的表现：“吴总督履任之始，及沈巡抚莅事之后，凡遇船政一切事宜，英桂无不互相榷商，同为筹画。及彼此铖芥未投，亦无不婉为排解。”但仍有无法排解之处：“其如各有成见在胸，执而不化，遂生猜忌，由渐而深，扞格不通，有非言语所能利导者。然事关大局，英桂亦与有责成……窃恐识陋才庸，未能消冰炭而融水乳，有负垂谕为虑耳。”③ 从英桂的信中可以看出，这时双方成见已深，势成冰炭，几不能消融。若沈葆桢奏折中所言“船政未必成，虽成亦何益”这句话确是吴棠对英桂说，那么英桂就是双方

① 《海防档》乙，《福州船政》一，第101页，65条。

② 同上书，第102—103页，66条。

③ 同上书，第111页，71条。

最初矛盾的肇始者，沈葆桢、左宗棠对吴棠的成见应该就此产生。若吴棠其他的施政措施再不合对方意，必然导致双方的成见愈来愈深，势不相容，又岂是英桂所能调停？

清廷对此事的处理比较谨慎。同治六年十月十七日清廷对沈葆桢的奏折、附片作出指示："前署藩司周开锡、道员胡光墉前经左宗棠等奏派充局员，并据左宗棠奏称但愿谨守条约，可望有成，是左宗棠于船政一事责成该员等确有把握。著沈葆桢传知周开锡专意从公，毋得畏难退阻，并著马新贻迅催胡光墉克期赴闽，以资差委。道员叶文澜现在已否到局？该员前有被控之案，著英桂、李福泰速为秉公断结。知府李庆霖前经吴棠奏参革职，勒令回籍。兹据沈葆桢奏称，该员在局襄办有年，尚无劣迹，著准其暂留船政局差遣，倘复始勤终怠，即著沈葆桢据实参撤，无稍回护。所有船政一切事宜，著英桂等俟吴棠旋任后详细商榷，和衷办理。"① 该谕旨抄交总理衙门，并分别寄给福州将军兼署闽浙总督英桂、福建巡抚李福泰、浙江巡抚马新贻、前江西巡抚沈葆桢，未寄给吴棠。吴棠此时在广东查案。

对左宗棠的奏折，牵涉对吴棠的评价，清廷则谕令"留"。

对吴棠的奏折，关于人事变动、吏治改革，等等，一概允诺。而吴棠关于周开锡及其任用的李庆霖、丁嘉玮等不协舆情的密折，则留中不发，也不表态。但吴棠对船政应惜费的看法应是暗合清廷心意的。

双方矛盾既已公开化，清廷总得有一个最终的解决办法。既然是吴棠陷入四面楚歌的境地，似乎解决的最好办法就是吴棠离开。吴棠离开福州去广州，查完案子再回到福州已是十二月，奏请休了一个月病假，其间四川总督骆秉章因病出缺。于是，同治六年十二月十八日清廷调吴棠补四川总督。同治七年正月初八日，吴棠假满回任没几天，就于正月十九日接到新的任命。从三月初三日到八月初七日，吴棠在福州接任闽浙总督的实际时间也只有六个月零四天。清廷调浙江巡抚马新贻接任闽浙总督，马新贻尚未到任即被任命为两江总督，闽浙总督遂由英桂现署后补，一直到同治十年英桂入都觐见。而吴棠一直在四川总督任上，直至光绪二年正月因病开缺。之所以如此解决，除了清廷也有自强的愿望外，主要还是为了给远

① 中国第一历史档案馆编：《咸丰同治两朝上谕档》第 17 册，广西师范大学出版社 1998 年版，第 313—314 页。

在西北剿捻平回的左宗棠一个交代和安慰。因为太平天国虽已失败，但捻军起义仍在继续，且有和西北回民起义联合之势。东南虽大定，西北仍不靖，清廷急切需要左宗棠平定陕甘回民起义，以保持统治稳定，遂毫不犹豫地支持左宗棠，将吴棠调离。

广东案子查办结果是蒋益澧有错，蒋益澧被降二级调归左宗棠差遣，于是广东巡抚缺也空了。清廷将李福泰又调回广东任巡抚，于是，和吴棠配合默契的李福泰也走了。同治六年由福州船政局人事风波引起的福州官员间的矛盾终于解决。

同治七年正月二十七日，吴棠交卸闽浙总督篆。吴棠离开闽督任时，前云南巡抚时任正谊书院山长的林鸿年深感惋惜，和吴棠的赠和诗作中有"骊驹阗咽郭门声，无计攀留报政成"[①] 之句。沈葆桢应该心情大好，因为吴棠临别福州之际，沈葆桢陪着"周历船政各厂，款留竟日"。[②] 沈葆桢的这一做法也暗合了李鸿章对他的评价："周到"。[③] 吴棠将此事写入诗中在一定程度上也反映出他对船政的关心。

根据以上的论述可以看出，由于用人和行政理念的不同，吴棠上任后参换了左宗棠信任的周开锡以及周开锡任用的李庆霖、丁嘉玮，对左宗棠推行的政策有保留地施行，触动了留在闽中的左宗棠的一些亲信集团的利益，引起沈葆桢和左宗棠的极大不满，沈、左二人上疏奏陈。结合吴棠任闽浙总督后的施政措施，可见吴棠并非如左、沈二人所说事事务反前人，有意掣肘船政。左、沈因为性格的原因，以及受闽中官绅不实言论的影响，使得奏折中的行文措辞带有强烈的偏见，导致后世对吴棠的不实评价。清廷为了调和吴棠与左宗棠、沈葆桢之间的矛盾，不得不将吴棠调至四川。这一矛盾也是咸同时期不同派系的地方官员之间矛盾斗争的一个反映。以本书的研究去反观以前的相关研究，可知因为缺乏吴棠方面的资料，未能对事件作全面的考察，使得后人在研究船政局初期人事风波时，不可避免地受沈葆桢、左宗棠奏折的影响，得出有失偏颇的结论。

吴棠与沈葆桢等人的矛盾不是反对和支持船政的问题，只是正常的人

---

① 《望三益斋存稿·公余吟》卷2，第7页。

② 同上书，第6页。

③ 《复曾中堂》（同治四年六月二十四日巳刻），《李鸿章全集·信函一》29，安徽教育出版社2008年版，第406页。

事纠纷。清廷对此矛盾的处理首要考虑的仍是统治的稳定。

二　吴棠调离与赫德

吴棠离开闽浙总督之任的原因，马士在《中华帝国对外关系史》中曾有涉及。在论述赫德对清廷内政外交的影响时，马士引用了葛德立的话："在一八六七年的时候，他正担任总税务司署的秘书，一天走进总税务司的办公室，他请他的上司注意《京报》上一道简派某甲为云南总督的上谕。赫德拿起他的日记，指给葛德立其中所记的一件事，即他曾经建议任命某甲为云南总督、某乙为四川总督，其实在这两个辖区中都没有对外贸易。某甲已经见报，在这段插曲的一个月之后，某乙也见报了。"① 这段话里的某甲应指云贵总督张凯嵩，某乙为吴棠。马士的这段话常被学者征引，作为总税务司赫德干涉中国内政的一个重要证据。

因为藏于英国的赫德日记原件中缺失同治六年这一年的日记，所以尚无法确证葛德立所言虚实。赫德任总税务司期间，确实借职权干涉中国的内政外交，但就吴棠离开闽浙总督，调任四川总督这件事，是否出于赫德提议，似乎还有待考证。

张凯嵩任云贵总督是在同治六年二月二十八日②，吴棠任四川总督在同治六年十二月十八日，二者时间相差约十个月。但马士所述的那段话暗指二者任职时间只相差一个月，当然不对。

吴棠被调离闽浙总督任后，海关总税务司赫德在日记中写道："骆秉章死了。吴棠，这个风水先生，从浙江到福州任总督，现在到四川了。这对日意格来说是好事……当我向文祥祝贺剿捻胜利以及吴棠调到四川、丁日昌到沿海时，文祥说，旧派人物将消失，被调到内地，而出现在沿海的新派人物会越来越多。"③ 可见，在赫德和总署的一些人眼里，吴棠就是

---

① 马士：《中华帝国对外关系史》卷3，三联书店1960年版，第425页注（1）。

② 《清穆宗实录》卷197，同治六年二月壬子（廿八）。

③ 19 January 1868, vol. 10. "Li Pingchang is dead: Wu-tang, the Feng Shui-ist fogy, goes to Szechuaen: aha, from Chekiang, to Foochow as Chetae-a good thing for Giquel (Prosper Marie Giquel).

A very pleasant talk on the whole; & sd (said). Wen, when I congratulated him on the victories on the Nien-fei, & the change of Wu-tang to Szechuaen, & Ting Jihchang to the coast, that the men of the old school now moved into the interior wd, disappear, while those of the new, now appearing along the coast would gradually increase in numbers." 感谢中国社科院近代史研究所张志勇博士提供的这则史料。

阻挠船政的守旧人物。

从上引这段话可以看出，赫德不喜欢吴棠，在福州船政局筹建之始，赫德为达到控制船政局的目的，曾对船政的建设诸般为难。据林庆元研究，同治五年底，日意格把左宗棠的计划告诉赫德，赫德即提出造船计划应该在海关的保护下进行，遭到左宗棠的拒绝。赫德又指使他的下属福州税务司、法国人美理登出面活动，暗中破坏造船计划。美理登千方百计钻营入局，并说得到赫德信，总理衙门已允准会办。总署为此向赫德交涉，赫德称尚无让其入福州船政局之意。美理登又与赫德策划要求进入船政局任正监督，也遭沈葆桢拒绝。[①]

既然赫德对船政曾加以阻扰，沈葆桢、左宗棠与吴棠又有矛盾，那么吴棠留在闽浙总督任上赫德只会暗自高兴，又怎么会建议清廷将其调走？何况在闽浙总督任上，吴棠也管不到闽海关，闽海关归福州将军英桂管理。吴棠对赫德没有任何阻碍，也无须与赫德打交道，赫德为何要建议清廷将其调到四川？因此，马士转述的那段话是否可信就十分值得怀疑。但因赫德日记缺失，在此姑且存疑，以待来者。

① 林庆元：《福建船政局史稿》（增补本），福建人民出版社 1999 年版，第 45—47 页。

第六章

终老四川总督

吴棠自同治七年正月交卸闽浙总督篆务，得允陛见，九月初八日接任四川总督，光绪二年正月二十六日因病交卸督篆回籍，在任有九年之久。其时陕、甘有捻军、回民起义，云、贵有苗民起义，吴棠分别派兵助剿。赴陕者为总兵李辉武之军，赴黔者为道员唐炯之军，赴滇者为道员刘岳曙、提督李家福之军；剿建南“倮夷”者，为提督周达武之军；屯川北备甘肃边者，为提督唐友耕、总兵李有恒之军。且随着军事变化，灵活调兵遣将。同治十二年，云南“肃清”。十三年三月，贵州军务事竣，吴棠以协济饷需，先后下部优叙。派兵镇压起义，对于吴棠来说，已不是难事，在清淮与捻军作战多年，以军功累迁至总督，在四川任上的军事行为，只相当于是从前军事的延续。四川军队因有前督骆秉章的经营，实力相对较强，且有李鸿章和左宗棠专办捻、回，因此，军事上取得胜利是迟早的事。在本章，对此不做过多论述。本章主要论述吴棠的其他施政行为，如处理教案，不支持重修圆明园，抵制收回淮盐引地等。

第一节　初涉教案

鸦片战争后的一系列不平等条约，使得洋教在中国的传播成为合法，传教士可以在中国到处游历传教，由此引发了数量巨大的教案。吴棠在四川总督任内，开始接触、处理教务教案。第二次酉阳教案是吴棠开始参与处理的一起影响较大的教案，学术界对此研究极少。① 通过研究这一次教

---

① 仅见宋玉鹏《“酉阳教案”始末》，《社会科学研究》1983 年第 2 期。

案的发生、交涉过程、结果，以及将吴棠处理教案的方式与其他官员对比，以考察这一次教案中体现的中央和地方、官绅民教之间的互动以及吴棠在处理教案的官员群体中的地位和作用。

一　教案的发生

1844 年《中法黄埔条约》签订后，法国专使拉萼尼又胁迫清政府同意取消对天主教的禁令，准许在通商口岸自由传教。1858 年《天津条约》规定英、法等国人员可往内地游历、通商、自由传教。1860 年《北京条约》又同意退还以前没收的天主教堂财产，中文本还被充当翻译的法国教士擅自加入了“任法国传教士在各省租买田地，建造自便”一条。凭借这些条约的保护，各国传教士开始深入中国各地，到处传教，由此也引发了接连不断的教案。

教会入川后，根据洋教在四川的传播情况，有学者将四川民教关系约略划分为四个时期：第一段为 1860—1876 年前后。这段时期，教会初入四川，民教双方皆不适应，彼此猜忌，争端频频，可以说是川省教案的多发期。第二段大致为 1876—1886 年。这十年川省教务相对平稳，没有发生过大的教案。第三段大致为 1886—1898 年。这十二年间，发生数起大案。第四段则为 1898—1911 年。余栋臣案之后，川省再没有较大规模的反教事件。[①] 依此划分，第二次酉阳教案属于民教关系的第一阶段，即 1860—1876 年这一时期，是民教双方彼此猜忌、教案频发的时期。

除了这一大的时代背景外，酉阳教案的发生又有自己的地域原因。酉阳州僻在川东一隅，距省城二十余站，约二千里，山高滩险，水陆均极难行。本系改土归流，民风素称强悍，而且界连黔楚，常有游民出没。自设立教堂以来，常有教案发生。源于习教者大都视教堂为利薮，以为一经入教，民间莫敢谁何。甚或挟教以修其私怨，众心不服，往往起而争斗，“在齐民则曰教民欺我，在教民亦曰齐民欺我”[②]，以致民教各不相能，猜嫌由此日深，祸患触机而发。

---

① 邓常春：《晚清教务教案视野中的官绅民教及其互动（1860—1911）》，四川大学历史文化学院博士学位论文，2005 年，第 33—37 页。

② 中国第一历史档案馆、福建师范大学历史系合编：《清末教案》第一册，中华书局 1996 年版，第 638 页。

酉阳州绅民对川东南教区的主教范若瑟也有怨言，认为中国与法国换约以来，各省皆有天主教，尚能彼此相安。“惟独四川范主教到蜀传教，不论其人好歹，一经入教，恃势横行。范主教转喜传教、习教之人生事，即可勒赔巨款。”① 同治四年酉阳民人冉老五等打死冯弼乐教士②后，该主教勒赔多金，势焰益张，本地痞匪入教者更倚势欺压平民，民教对立严重，终于酿成第二次酉阳教案。

同治七年十月，酉阳州教民龙秀元逼勒朱永泰退婚，抢掠家财，烧毁民屋，一时激动公忿。该州团民于十月二十日纠众焚毁教堂，烧毙司铎李国安及教民多人，团丁亦伤亡二十三人。四乡团民，担心教民复仇，不敢立即解散；散处教民，则担心受到团民攻击，反而屯聚。团民、教民互相猜疑，谣言四起。州内纸房溪教堂还修有炮台，民间亦筑有营垒，势不两立。又有本地和外地一些土棍无赖，乘间窃发，肆行掳掠，民教皆受其害。

十二月二十日，成都将军崇实、四川总督吴棠以署酉阳州知州胡圻“先事既未能驾驭，临事又不能弹压，实属咎无可辞”，请旨先将其暂行革职，留于地方协缉首先滋事之犯。一面飞饬川东道锡珮，会督该州文武，查明启衅缘由，持平办理；一面檄委綦江县知县田秀栗前往接署酉阳州篆务，并派委员会同查办，先将团民解散，“以靖地方而安人心”。

田秀栗于八年二月二十四日接印后，先令教民团民各将兵械缴出，人众解散，不得再行生事。不料团民解散缴械后，该州纸房溪教堂司铎覃纯卿又招集贵州无赖多人，施行报复。二、三月间，两次烧毁民房一百余户，杀毙二百余人。其中被害尤惨者，如身体被肢解六名，遭轮奸毙命民妇有三名，被灌油点灯烧毙之黄老万一名，“更为目不忍睹，耳不忍闻”。③

纸房溪教堂事件发生后，崇实、吴棠等批饬酉阳州文武官员，派拨兵勇，扼要防守邻省交界处，勿使外省乱民再入境内。一面清查本境，严捕造事之人，先保地方安靖，闾阎不惊。又饬川东道锡珮面商范若瑟，早将

① 台北“中研院”近代史研究所编：《教务教案档》第二辑第2册，精华印书馆股份有限公司1974年版，第1143页。

② 教士冯弼乐到酉阳“抚慰教民”，因教堂尚未修好，要求住在州衙署内，州牧拒绝，并将其安置在城隍庙内。不久，冯弼乐被打教者杀于庙内，酿成第一次酉阳教案。

③《教务教案档》第二辑第2册，第1110、1111、1143、1144页。

覃司铎撤回重庆，免得兵连祸结。并要求锡珮就近督同田秀栗确查被害人数，及具体姓名住址，造册具报备案。经候补同知曾传道多方开导，晓以利害，覃司铎与团民等各拆炮台营垒，呈缴军械，覃司铎并出结保证永不许教民滋事，以示罢争。五月初四日，锡珮驰抵酉城，“晓以朝廷一视同仁，保民柔远至意”。绅民称但求持平办理，民教自可相安，以后绝不敢阻挠滋事；教民亦知众怒难犯，愿与绅民和息。民教双方均出结保证两不相欺滋事。

田秀栗督同委员并纸房溪教堂司铎，查明两次团教互斗，团民被难男妇1 487丁口，被焚房屋832 间；教民被难男妇 437 丁口，被焚房屋 415 间。[①] 川东道锡珮请求于川东道库提银8 000两，发交田秀栗，先将纸房溪极贫之户，按照勘明户口，无论民教，一律抚恤。酉阳州其余地方因民教冲突被难户口，待查明后再为抚恤。[②]

当纸房溪教堂乘团民解散肆行烧杀之时，同治七年十月又有先前打教人刘幅，招聚外省之民，假托教会名义，掳掠乡村，民情日益汹汹。崇实再派曾传道驰抵酉阳州，会同地方文武官员，募勇调团，连同崇实派拨的“裕”字营清军一起，先将外“匪”击退，再兜围刘幅。清军歼毙多人，刘幅被同伴缚献送官。刘幅供出系何彩纠众打教，但何彩已逃逸。经曾传道、都司范承先复率团勇并经前任知州胡圻协同，将打教最要首犯、逃逸在外的何彩拿获，解赴重庆，并获从犯多名。

最终审理结果为：何彩虽因教民欺陵，但纠众入城毁堂，致毙法国教士李国及教民多人，实属法无可贷，照例拟以斩立决，十一月三十日经讯明正法，以儆效尤。杨桢庭系下手正凶，业已病故，应毋庸议。刘幅随同打教后又与教民马国应仇杀，拟以绞监候，毋庸归入秋审，随时酌办。曾占敖系何彩从犯，拟以流二千里。赵三、简弗祥随同助势，龙秀元捆辱何彩之母，勒逼朱永泰退婚，致激众忿，均拟满徒。[③]

总署和四川官员在办理案件时，有几条一贯强调和坚持的原则。一是“持平办理”。总署奏报清廷时认为：“此案若再过事迁就，教士教民必将更事鸱张。且恐民间积怨已深，万一以诛杀教民为名，势必至衔恨之人群

① 《教务教案档》第二辑第 2 册，第 1117、1118 页。

② 同上书，第 1118 页。

③ 同上书，第 1200 页。

起而应。彼时事变既成，臣等无术羁縻，必至决裂。尤可虑者，民心既已煽动，后患不可胜言。臣等再四思维，实无两全善策，惟有请旨饬下成都将军崇实等，迅将此案妥速持平办结。”①

二是“按照中国律例办理”。同治八年正月二十一日，“骄悍异常”的法使罗淑亚给总署的照会中开列四条，作为法国不派员办案的条件。这四条为：“一、应将该处犯人按照中国律例惩办。其应得之罪，即在犯事地方当时发落，旋在（再）奏闻。二、凡范主教所指积惯作恶不法之徒，应定发遣离境。三、天主堂及教民等所失之物，均令赔补。四、应将和约条款按范主教所管教务之处，俱要张贴。”②

正月二十四日，总署给法方照会，对这四条一一予以驳斥，强调的就是按中国律例办理。

> 本王大臣查第一条所称，应将该处犯人按照中国律例惩办二语，不但载在条约，亦且万国皆然，自当如此办理。至该犯应得之罪，即在犯事地方发落后，再奏闻各语。查中国办理罪犯，除军营谋反大逆各犯外，从无先行发落，再行奏闻之例。况此案系奏明办理，亦应奏明完结，自当一律按照中国律例。
>
> 第二条所云，积惯作恶不法之徒一节。查该处果有作恶不法之徒，经范主教指出实据，地方官查讯属实，仍应查明所犯何罪，按照中国律例分别办理。
>
> 第三条所云，赔补一节。查民人滋事，各国难免，原非国家官吏愿有之事。赔补一节，中国办事只有照例治罪，并无于治罪之外再令赔补之条。盖因赔补即不便另行治罪，治罪即不便另行赔补，理难兼行。今酉阳州天主堂被毁，司铎被杀，该处官员自必斟酌妥办。若案尚未办，先由本衙门定议专讲赔补，特恐该处民人以非中国定例，心中不服，别起争端。如从前办理冯弼乐等案治罪之外，又令不滋事之人代为滋事之人摊赔银两巨万，以致众心愤怒不平，积久酿成现在仇杀巨案。此事只可由本衙门行文办事之员斟酌情形，临时妥为核断，务期两造允服，不必先行定议如何赔补，庶乎案可速结。

① 《清末教案》第一册，第653—654页。

② 同上书，第656页。

第四条所云，张贴和约条款一节。查和约条款前由本衙门早经通行在案，现在不妨饬令再行张贴。至来函又欲以本年六月为期。查此案如果办理得手，无须六月之期，即可早为完结。若案中人数甚多，查办未易，或愈激愈众，或拼命拒捕，均属意中之事。倘追以限期，更恐激成变外之变，此所以不能定期完案也。以上各节，均经再三审度，可行者，自当速办，有碍者实难预允。所以然者，缘从前办理此等案件未尽平允，以致又有此事，是以必须妥洽详慎，以期无枉无纵，既不欲目前再激众怒，又不欲日后再滋事端，方是保全大局之道。①

同治八年二月初七日，总署又致函法署使，告知中方办理酉阳教案的三原则："第一务须按照条约办理，不得于条约之内稍有参差。第二拿获为首正凶，即按中国律例科罪，不得稍涉宽纵。第三务令速为完案，毋许拖延时日，致久悬莫结。"② 对此三条，总署对崇实、吴棠如是解释："本处另拟三条办法，即以暗折该使之谬……想会心人自能操纵得宜。"③

四川政府在处理教案时，坚持以命偿命。崇实、吴棠认为："窃思杀害教民者，固应拿办正凶；而杀害团民者，岂得谓之无罪？以命偿命，是此案一大关键。"④ 因此，积极配合总署的要求，命人查清打教团民伤亡情况，"以凭与公使辩论"。若"团民之命，多于教民之命，持此议以折服彼教，前案或易了办"。⑤ 司铎覃辅臣是中国人，杀毙团民多命，应捉拿归案，照中国法律惩治。但主教梅西满多次为覃司铎辩解，说覃司铎是因被团民围困缺食，买粮教民被团民截阻，护粮情急，导致互有伤亡。湖广总督李鸿章奉命处理此案时，饬教方交出覃司铎质讯，梅西满又说覃司铎已奉教皇令跟随范若瑟七月间出洋议事，无从究诘。但对于参与打团的中国教民王学鼎、张添兴、易得扬、周得政、何奉祥、刘胜耀六人，李鸿章等援照约章及罗淑亚覆总理衙门原函，明白谕知梅西满，应由地方官设法查拿，照中国法律惩办。并饬川东道锡珮督同该州官员加紧密拿，讯明

① 《清末教案》第一册，第657—658页。

② 同上书，第662页。

③ 《教务教案档》第二辑第2册，第1103页。

④ 同上书，第1111页。

⑤ 同上。

后酌照此次办理何彩等罪名，分别重轻，立予惩办，以昭平允而服民心。

二　交涉焦点

这次教案历时一年才得议结，在处理教案的过程中，双方分歧较多。交涉主要集中于以下几个方面：一、事情的起因。关系到最终赔偿和对肇事者的处罚；二、谁是真凶？三、由谁来处理，中方还是法方？这是主权问题。四、赔偿办法和金额等。下面分别加以探讨。

一、对于案起缘由，双方各执一词。法国方面，据川东主教范若瑟陈称，同治七年十一月，酉阳州团在州属毛坝场杀死教民刘志荣等，并在苏家河地方掳杀教民九家；二十日夜聚集多人，将教堂烧毁，伤毙教民一百余人，并有李司铎在内。

同治八年正月十八日，酉阳教案又出现了新的版本。该日法署使罗淑亚照会奕䜣称，据四川吴教士函告，同治七年十一月十八日，法国传教士李国在酉阳州天主堂被一群土民攻击，毁门而入，各持枪刀，立将李传教士杀毙，并肢解其体，同时惨杀习教之男女计一百余名。是月二十一日，这群人又听从张北照唆使，于城厢内外及村落地方继续搜寻习教之家，杀害其人，焚毁其室，财物抢掠一空。这群人乃是从前随从冉老五杀毙教士冯弼乐漏网之土民。张北照即下文的张佩超，这时尚不知具体姓名。同治八年九月二十九日，在罗淑亚给总署的照会中，又说“张佩超聚集恶伙，用酉阳州地方官所借之炮并遵照该官所准，攻击教堂，抢掠财物，杀害念经之教民及二教士，一系法国李姓”。“张佩超恶伙在四川各处，围拿教民若捕兽然，烧房屋，村子之外强奸妇女。幸而教民拟定入一犯人无能站之炮台护身，地方官一看再无可行之害法，乃想与形同叛逆之指臂有可怕之处，是以拟定出来，而教民为推遵国命之心，迫不及待，缴还兵器。”①

而原署酉阳州知州胡圻则称，因同治七年十月内教民龙秀元逼勒朱永泰退婚，抢掠家财，烧毁民屋，一时激动公忿。该州团民遂于十月二十日纠众焚毁教堂，烧毙司铎李国安及教民多人，团丁亦有伤亡。双方为此纠缠不清。直到同治八年十一月，打教首犯何彩被擒获，供称因教民龙秀元捆殴其母，又逼勒朱永泰退婚，是以怀愤，起意纠众焚毁教堂。事情起因最终明了，法方再无疑议。

---

①《清末教案》第一册，第703页。

双方对谁是过错方争执不休的原因在于，过错方需要承担更大的责任，争执的结果关系到处罚和赔偿问题，特别是死者中又有一名法国传教士。中国的团民对传教士、教民越是凶残，法方所得到的最终赔偿金额也越大。因此，法方总是极力夸大中国团民的打教行为。而中方为了避免累及无辜，减少赔偿，当然不会听从法方的一面之词。

二、谁是正凶主犯？这也是双方反复争执了很久的问题。自教案发生后，法署使罗淑亚和总署便开始接触，法方急切要求的就是赶紧将杀死法国传教士李国的凶手缉拿归案。同治八年正月十八日，法署使罗淑亚为酉阳教案致弈䜣照会内称，系张北照主使从前随冉老五杀毙教士冯弼乐之漏网土民所为。九月二十九日罗淑亚又致奕䜣照会，称张佩超系此案中之正犯，将亲赴湖北、四川查办教案。十月初五日恭亲王奕䜣驳回法国照会，称"现据成都将军复称，确查此案为首之犯系属刘幅，业经拿获，供认不讳。而贵大臣谓张佩超为案中正犯。在本衙门所闻刘幅为此案首犯，系据川省大吏之言。在贵大臣以张佩超为案中正犯，系据川省主教之言。孰是孰非，本爵与贵大臣均未目睹"。① 但法使偏信教民之言，坚持"以张佩超为主谋，杨珍廷为下手，刘幅为顶凶"，也就是说刘幅等人皆非正凶。

张佩超之子张玉璞赴李鸿章行辕申诉其父怨由：其家素与教民张添兴等有隙。四年冯教士案内被教堂牵控，将其父张佩超、其兄张玉珧解往重庆羁押，经绅董劝令出钱脱累，其父认罚银二万两，分年缴清。七年四月正在筹缴，被张添兴等纠众来家以借索为名，强奸妇女，抢去银二万余两，并衣物等件，杀害雇工吴昌林等三人，并将张玉珧扭送重庆管押，至本年八月二十日毙命。张佩超现年七十七岁，忧愤成疾。去冬酉城打教，相离二百余里，实无主使。②

迨田秀栗履任后，八年五月拿获刘幅，供出系何彩纠众打教，而何彩已经逃逸。十一月十四日夜，何彩被擒获并起解重庆，供出纠众焚毁教堂，刘幅、曾占敖等亦均入伙，张佩超并未与谋。又提讯刘幅、曾占敖，赵三、简弗祥等，均供认随同何彩打教。此时，主犯正凶是谁已明了，暂代范若瑟任川东教区主教的梅西满才"意气稍平"。又查出杨桢庭即杨怔

① 《清末教案》第一册，第715页。

② 同上书，第724页。

亭，是下手正凶。原为已革武生，派充屯弁，与教民结讼被押。团民何彩等入城打教那天，将其放出，该犯乘乱入教堂报复下手，杀毙司铎李国。随后逃至贵州思南府所属黄泥坡，被官府派差拿获。没想到该犯病重身故，将尸棺起运回酉阳州，地方官带同尸亲邻约及教堂管事人等，验明填格，取结在卷。锡珮、田秀栗并告诉梅西满，法方称张佩超为主谋，既无证据，即何彩等供，也无主使之说，该主教才无异词。①

罗淑亚、梅西满等坚持张佩超是主谋，据李鸿章等推测，原因有二："一由张佩超系该州绅富，与教中仇衅素深。四年冯教士案诬攀勒罚二万金，除已缴八千两外，尚欠一万二千两。一由此案真正首犯未获，彼得任意妄指，以为挟制。"② 酉阳州绅民也认为："最不可解者，州中绅富张佩超，闭户畏事，毫不与闻。范教士因其殷富，必欲牵引案内，藉可勒令出钱。"③ 因为每次教案，赔款数目巨大，如从前重庆府教堂，赔至十五万两。酉阳州冯教士与冉老五口角互殴，致毙冯教士一案，既将冉老五一人抵命，又议赔银八万两，才结案。因此教中转欲处处寻事，以图事事得利，更希望牵扯富绅。

酉阳教案议结后，主教梅西满"于张佩超不肯甘心，既欲逐出酉境，仍要索五年罚赔有据之尾欠银一万二千两"。④ 李鸿章在重庆曾督同川东道锡珮、知州田秀栗，面谕张玉璞回家告诉其父张佩超，既与该处教堂积有仇怨，以后断难相安，不如设法迁移他所，以图两全。李鸿章并密嘱锡珮等随时谆饬酌办，只是没有明确告知该主教。张佩超所欠一万二千两，仍要如数付给。

三、由谁来处理此案？第二次酉阳教案发生后，法使罗淑亚与总署议明，先办李教士被杀之案。纵观整个交涉过程，法方屡次催促中方加紧查拿凶手，并扬言要派兵赴四川。清政府为此频发上谕，总署频频行文，催促四川地方政府急速查拿。

关于办案人员，同治八年正月十八日法方翻译吴伯尔赴总署，称法使坚决要求自行派员前往，毋庸中国保护。但总署以"恐致酿成意外之变"

---

① 《清末教案》第一册，第725页。

② 同上。

③ 《教务教案档》第二辑第2册，第1143页。

④ 《清末教案》第一册，第745页。

为由拒绝，坚持由中方派员办理。考虑到由总署派员前往办理外省之事，于体制未协；但若不派员，则又无法应付法方的要求。于是将四川政府派出的川东道锡珮另加总署一札，作为总署派出之员，以示“羁縻”。二十一日罗淑亚又提出四条，作为法方不派人办案的条件，并限六月半间完结教案。①

总署根据中国律例和中法和约，逐条辩论函复。但当日法方就将此函退回，并声言欲派该国汉口领事官葛领事前往会办。总署回复信件被退回的态度也挺幽默：“虽贵大臣未收原信，仍行送回，本衙门亦不肯因此不为认真办理，业已行文委员迅速切实查究，总期无枉无纵，不失两国和衷办事之道。”② 总署又约同法方翻译接谈解决办法，正欲谈时，罗淑亚带着由川省来京之传教士突然至总署，说川省民教仇杀，皆由该省官员暗中唆使，必须将地方官从重治罪。并声言如不照四条办理，不日要回法国，一切俱由该国水师提督自行主张。

二月初一日罗淑亚又致信总署，除了指责中方办理不速外，还说“屡经由贵衙门所出饬催各处妥速办理之文底，行于各处，皆不按照办理者，因各处官员似皆揣思贵衙门之隐衷，以为遵照反是违抗，违抗乃是遵照矣”。又另开五条要求：

一、钦派大员作为钦差前赴酉阳州特办此案，予以重权。于审理明确之候该犯应得之罪，即就地发落，毋庸先函来京商酌。

二、应将吴制台调其进京审问，如实有错误，即应予以重罪。

三、应将酉阳积惯助恶之民立予发遣，以靖地方。

四、所有天主堂被抢之财物，应照范主教所开之失单赔补。

五、应将范主教所理教务地方，即将和约条款张贴，因至今未贴，是以遗害。③

第一条就是对查案人员的资格提出要求，要“钦派大员”“特办此案，予以重权”。对该五条要求，总署不予理会，只去函告之现又行文查

---

① 《教务教案档》第二辑第2册，第1086页。

② 《清末教案》第一册，第661页。

③ 同上书，第652页。

办。对于法方指责外省官员“遵照反是违抗，违抗乃是遵照”二语，总署回答“是直疑本衙门愿其违抗，非本王大臣所乐闻也”。尽管如此，总署仍决定“无论贵大臣意见如何，本王大臣总以公事为重，仍当平心静气，秉公妥为处置，以期速结此案。缘两国友睦，遇事总应各尽其心，此案关系人命，如本王大臣办理稍有未协，不但无以慰贵大臣期望之意，亦无以副各国公论也。一俟办理完结，再行详细知照。此时本王大臣若再以语言文字与贵大臣辩论，则是徒乖睦谊，枉延时日，而于办事仍无裨益”。[①] 总署的措辞真是幽默，似乎仍是玩弄文字，敷衍法方。

但法方并不甘心。二月初二日，罗淑亚又派翻译官吴伯尔至总署，以五款内有牵及总督吴棠情节，担心前派川东道锡珮官小，不敢认真查办，必须由法使另派洋员前往。弈䜣等坚词拒绝，并告以四川教案，前经奉旨派成都将军崇实专办，此案自可由崇实将军亲提审理，不用担心不能查办。

二月初七日，总署致函法署使，针对法方的指责，除列出查办酉阳教案的三条原则外，又再次声明成都将军崇实原系早经奉旨督办川省教务大员，较各地方官分位尤崇，此案令该将军亲提究讯，不致有不实不尽。

二月初八日，法国公使罗淑亚又致函总署，要求总署飞咨川省之文，内应注明“该将军亲赴酉阳州，亲提究讯，并将所指该省吴制台之劣款查明”。总署二月十一日给崇实咨文内遂加上“自应由贵将军亲自提究”[②]字样。三月初九日崇实致函总署说范若瑟须候京中派员来办。崇实说已由总理衙门专办川东道办理，即系大员。[③] 在锡珮出署之后，范若瑟又由重庆前往成都，要求崇实亲自前往酉阳办理，“察其情词，务在以势压民。凡彼教所不满意者，必尽诛之，而后快其心志”。对此崇实回复：“将军出省，惟有执法，断难稍示袒护。”[④]

为了应付法方派大员前去查办的要求，崇实又想出了一个办法。三月二十一日，崇实致函总署称：“惟范若瑟在省总欲川东镇道亲临该州，并恳先出告示，亦与该公使之欲得大员往办及张贴和约之意，如出一辙。实

① 《清末教案》第一册，第 661 页。

② 《教务教案档》第二辑第 2 册，第 1098 页。

③ 同上书，第 1103 页。

④ 同上书，第 1112 页。

镇守成都，现复会办各路军务，实费调停，固不能轻离省城。即锡道分巡川东，此事尚须兼顾彭、涪、秀山各教民，亦未便轻举妄动。再三筹划，适有调署川东镇联昌，将次赴任。该员为满洲大族，又兼子爵，官秩不为不崇，已由实札委该员以巡阅为名，驰往酉阳。既可弹压地方，亦以敷衍彼族，藉遂大员之请。并添派久充教案局委员熟识范若瑟之候补知县李鸿钧，前往川东，设法开导，为釜底抽薪之计。”① 但总署对此有顾虑：“川东锡道系作为本衙门专委饬令亲赴该州办理此事之员，曾经照会法使有案。此事虽已由尊处饬令调署川东联镇及知县李令等，前往弹压开导，但锡道不去，则彼族有辞。且先本有欲请台驾亲临之说，窃恐借此哓舌，有加无已矣。尚希再与仲宣妥商及之。”②

中国官员想尽办法敷衍法方，法方一催再催，似乎也等得不耐烦，又提出派汉口领事官前往四川查办。七月二十日，总署给法使照会内称：酉阳州一案，本衙门复行飞催四川速办。且该处地方虽属较前稍安，人心究未大定，贵大臣拟派汉口领事官前往访查详细根由之处，似可停止。③

八月，法使又要亲自赴川查办，被总署拒绝。八月十八日，奕䜣奏称：“法国翻译官德微理亚来署声称，近接该国以酉阳州一案，本国李教士被杀，何以并不缉凶究办，该使罗淑亚意欲前赴川省查办此案等语。臣等答以该处民情强悍，该使前往，恐酿衅端。如该使决欲自行办理，设或猝遇别故，毋怪言之不早。该翻译见臣等坚词拒绝，始允为转致该使暂且毋庸亲往，听候臣等衙门咨令催办。”④ 于是总署又请旨饬下成都将军崇实等，迅将杀死教士一案确查真正凶手，毋使漏网；民教互相杀伤及覃教士率匪杀死平民多命之案，亦应一并持平办理，勿稍枉纵。

适值湖广总督李鸿章奉旨赴川查办吴棠受贿案件。清廷遂谕令李鸿章到川后，会同崇实、吴棠一起查办酉阳教案，李鸿章遂成为钦差大臣专办此案。李鸿章九月十九日行抵成都。但法使并不满意，九月二十九日照会总署，认为派令李鸿章负责处理教案是“贵衙门想出甚好行动，密派仇恨教民及教士之李宫保查办”⑤。于是，罗淑亚照会总署，以四川、贵州

① 《教务教案档》第二辑第2册，第1104页。

② 同上书，第1109页。

③ 同上书，第1138—1139页。

④ 《清末教案》第一册，第680页。

⑤ 同上书，第704页。

等处教案日久未结，并罗列了湖北天门县、山西丰镇厅、河南南阳府及广东九龙司未结各案，声称会同本国提督前赴江西、湖北、四川，定于十月十八日离京向沪。在该口暂驻十天后，同三、四只兵船前往汉口，至十一月二十七日若无教士知照教案完结，该使臣即往四川。“所期之平允完结有三：一、参调四川总督及贵州巡抚。二、拿获杀李教士人人共知之凶犯严惩。三、传拿张佩超并审讯遵义之官羁收布林赵二教士，　人被伤殒命情节等因。”①

十月初五日，奕䜣又照会罗淑亚，称“李中堂由湖北前往，系事外之人，非本处地方官可比，无所用其回护，既经奉旨查办，自有水落石出，应行惩办之人，断不能含糊了事。乃李中堂尚未查覆办结，贵大臣遽有携带兵船前往之说。查两国和好办事，无所用其兵船。本爵总以睦谊为重，现在确切催嘱李中堂及崇将军迅速办理”②。

话虽如此，清廷还是很紧张，十月二十日，谕令李鸿章、崇实、吴棠、两江总督马新贻、署安徽巡抚英翰等将各处教案迅速查清办结，不给法使以带兵船赴川之口实。李鸿章接谕后与崇实、吴棠商议认为，法使带兵船由汉口以待入川等语，当然是虚声恫喝，以相胁制。四川、贵州山径崎岖，民情浮动，“该使兵船本不得到，亦断不敢带兵深入，且外洋水陆不能互用，法国并无陆兵在各海口，何从调集，若彼自行前来，不过一教士等耳！”③ 但也不敢怠慢，加紧查案步伐。十二月初二日，李鸿章、崇实、吴棠奏报酉阳教案拟议办结情形，十九日清廷同意。法使罗淑亚到汉口，在与李鸿章讨价还价多索赔偿后，终于不再坚持带兵船赴四川，定于二十八日由汉口起程取道樊城回北京了。

由谁来处理此案，关系到国家司法主权问题。在这个根本问题上，总署和地方官员都没有让步，一直坚持由中方派人办理。尽管对法方派大员、派钦差的要求一再满足，但最终坚持了由中方派员办理这一底线。可以看出，这时总署和四川地方政府对法方的要求尽管文字上一再满足，其实很大程度上是在敷衍。罗淑亚一再要求由法方派员查办，并要求中方派中央大员，是对四川地方官员乃至中方所有办案官员的不信任，显示了洋

---

① 《清末教案》第一册，第701页。

② 同上书，第715页。

③ 同上书，第726—727页。

教初入内地时双方的不习惯和互相猜忌。

四、赔偿金额。每次教案，皆免不了以赔偿息事宁人，这一次也不例外，区别只在于每次赔偿金额的不同、讨价还价的难易程度不同而已。

同治八年正月二十一日，法署使罗淑亚致函奕䜣，开出不派员会办酉阳教案的四条件，其中第三条就谈及赔偿，“天主堂及教民等所失之物，均令赔补”。总署对此予以驳斥：“中国办事只有照例治罪，并无于治罪之外再令赔补之条。盖因赔补即不便另行治罪，治罪即不便另行赔补，理难兼行。今酉阳州天主堂被毁，司铎被杀，该处官员自必斟酌妥办。若案尚未办，先由本衙门定议专讲赔补，特恐该处民人以非中国定例，心中不服，别起争端。如从前办理冯弼乐等案治罪之外，又令不滋事之人代为滋事之人摊赔银两巨万，以致众心愤怒不平，积久酿成现在仇杀巨案。此事只可由本衙门行文办事之员斟酌情形，临时妥为核断，务期两造允服，不必先行定议如何赔补，庶乎案可速结。”①

但罗淑亚对中国的反对不予理睬，不仅将总署的原信退回，而且再开列五条，第四条仍坚持“所有天主堂被抢之财物，应照范主教所开之失单赔补”②。总署致函罗淑亚，不再以语言文字与其辩论，对这五条明确表示不同意。同治八年二月初七日，总署为查办酉阳教案订立三条原则，并致函法署使，也没有提及赔偿。

李鸿章负责处理此案后，答应了法方的赔偿要求。同治八年十二月初二日、同治九年正月初二日两次向清廷汇报时，并引条约为依据：“至法国条约第三十六款，向应行追赃著赔者责偿，该教堂既被焚烧，若不议赔，必不甘服。”梅西满要求赔偿银五万两。李鸿章根据锡珮、田秀栗等说法，认为酉阳教堂看起来规制宏丽，非他处教堂可比，索赔银五万两“尚非甚多”。但为“裁抑”“彼族惟利是图”，只同意赔银一万八千两，另饬川东道筹一万二千两，先代张佩超还欠款，借资赔补，以期两案并了。梅西满同意收钱完案，但仍坚持张佩超旧欠难以抵算，须再与范若瑟商定。十一月二十九日，李鸿章将此案议结情形飞速札行汉口法领事，并转达法公使罗淑亚知照，然后才向清廷汇报。③

① 《清末教案》第一册，第658页。

② 同上书，第660页。

③ 同上书，第726、744页。

这里梅西满对张佩超的旧欠问题没有允诺。同治八年十二月二十日，罗淑亚驶抵汉口，李鸿章二十六日也到湖北。罗淑亚派法国副领事狄隆和主教梅西满坐轮船溯江迎接李鸿章并重新谈判。因梅西满到汉口后，将酉阳教案在渝议办各节禀告罗淑亚，“意见微有参差”。罗淑亚对酉阳教案办理结果“尚未足意，必须请示定夺。如不见允，仍要入川另议”[①]。该使所拟条件有四条，涉及对张佩超和其他人的处罚：

> 拟请将张佩超逐出酉阳，或移至成都，或移至重庆，交地方官管束，以免滋事。倘再滋生事端，其责任则在地方官矣。
>
> 张潮珍一名，系迭次被控统匪之犯。讯明之后，应即办以聚众打教之罪，拟以充军，不必展转。
>
> 刘慎发、谢代受二人均系酉阳书吏，据控打教知情，应饬州革去书役，遣逐出境。或交成都，或交重庆，交地方官管束，不准滋事。倘再滋生事端，责在地方官矣。
>
> 再，议赔给银三万两，系因损毁酉阳州教堂之案。查张佩超前欠赔项一万二千两，仍应如数交出。此项一万二千两系在三万两以外，应请中堂咨明四川总督转饬地方官，仍催张佩超缴出前项一万二千两。[②]

据李鸿章说，这四条中，对打教者的处罚没有异议，但对张佩超赔款有异议，“仍要索五年罚赔有据之尾欠银一万二千两”。[③] 李鸿章料到是梅西满赴汉，怂恿公使出头索账。当即告以前次断给银票两项共 3 万两，“今罗使必将已收票银专为赔堂及抚恤被害教民之用，而张佩超旧案尾欠另行著追，只能照约由地方官随时代催，断不能由官筹垫。该公使远道来此，本为川黔两案起见，既相谆嘱，应咨商川省转咨妥办”。得此保证，罗淑亚才同意照会完案，不再入川。李鸿章在给清廷的汇报中认为“事关大局，未便因此琐事致生枝节，故将该使续拟四条装入照会，并转咨川

① 《清末教案》第一册，第 744 页。

② 同上书，第 747—748 页。

③ 同上书，第 745 页。

省"，"以便该使迅速折回，免致另生枝节"。[①] 这次赔款总数加起来4.2万两，差不多有5万两了。清廷同意照办。

自同治八年十二月十六日起至十年六月二十一日止，四川政府分次交清赔款银3万两，并将前发银票陆续收回。至于张佩超旧案尾欠银1.2万两，因一时实无此巨款现银，吴棠认为"似未便任其藉故羁留，另生枝节，只得以田产作抵，俾速迁移"。吴棠"又恐民教杂居，争界抢割之事后患滋多，批饬该司道将田产丈量归公，由道库先行筹垫银两"。道库如数动支，由经理教务局绅金含章当面弹兑，于同治十一年五月初三日领交范若瑟查收，并索取收清字条备查。官府清丈田亩时，吴棠又饬令酉阳州迅速劝谕张佩超徙居出境，张佩超被迫于同治九年九月望间携子搬移到湖北咸丰州地方居住。[②]

对于赔款1.8万两，加以张佩超筹补上年尾欠银1.2万两，梅西满开始并不满意，但因急着拿办凶手，所以勉强答应。迨何彩拿获，川东道锡珮、知州田秀栗"且喜且惧。喜李国之冤可伸，惧谿壑之欲难饱"。李鸿章则认为"罪人既得，赔钱可免，即赔亦不能多。只可由我酌断"。梅西满索银5万余两，"田秀栗暗令教民从中探询，伊但望断得一半"。于是李鸿章遂断赔偿1.8万两，令张佩超将上次欠银付清，计3万两，以求"一了百了"。对于这个数目，李鸿章认为，"比他省已较多，比川省旧例则太少。查冯弼乐案，除办凶犯外，赔修教堂公款银八万。又勒张佩超二万，冯世瀛一万。所以教势愈张，民心愈忿。而法人所欲愈奢也"。同时期发生、也由李鸿章负责查办的贵州遵义教案，据遵义主教云："中国伤教士一名，近例赔银四千两；伤教民一名，赔银四百两。"[③] 这个例价，李鸿章不知从何而起，但知"若辈重在渔利，不约皆同"。因此为了不招来兵端，不惜多赔钱以期早日结案。

清廷被船坚炮利吓怕了，因此，只要能结案，不要再起衅端，赔多少都同意。并未参与打教的张佩超被迫倾家荡产搬迁，法主教拿了钱又翻脸不认账，四川政府被迫多赔偿1.2万两。李鸿章为了使法使罗淑亚尽早离开湖北，不再多事，很爽快地同意了。这种赔款以求案件速结的做法带来

① 《清末教案》第一册，第745、746页。

② 《清末教案》第二册，中华书局1998年版，第16页。

③ 《教务教案档》第二辑第2册，第1199—1200页。

不良后果，常常使得可以速结的教案延宕多时不能结。如光绪二年发生的江北教案，延续多月未结，川东道姚觐元认为："范若瑟之意，专在要钱。而团民之意，则唯恐一次出钱，下便为例。人情汹汹，数月来所以不能了结者，正在于此。为今之计，惟有先行就案办案，以免久延滋累。"①而且先发生的教案办结情况往往成为处理后发生教案的参照。如后任四川总督刘秉璋在办理重庆教案的赔款时，就参考了酉阳教案赔款约 20 万两的例子。认为"川东酉阳一案几二十万两，彼乃一州一邑，非该教荟萃之区。此次渝城乡教堂、医馆，各处教民房屋以及铜梁、大足等县所毁，实非酉阳州赔情形可比"。②

除了主教的因素外，在这次酉阳教案的处理过程中，还有一个因素也对教案的处理及其进程有影响，即新闻报道。法方、总署和四川地方政府都很重视新闻报道。同治八年五月二十八日总署抄录新闻报道：

> 数月前，本馆所报四川省土民滋扰教门一事。查四川东南之酉阳地方，土民与习教华人，结怨甚深。初因田产或银钱交涉事情，土民与教门互斗。而教门寡，屡被土民凌虐，教门禀官，地方官又不秉公办理。滋事怨益深，致教门持械互斗。忽一日土民于夜间将礼拜堂焚烧，教门正在礼拜，并未提防，以致烧毙三十九命，外国里俄尔教士，亦在其中。此洋正月，即中国去年十二月间事也。及省城大宪闻知，委重庆道台驰赴弹压，是时两造复斗，致毙四五十名。嗣有住四川之法国大教士，偕道台诣省，禀请大宪作主办理。闻两造复斗之后，其新入教之华人，约有一万人。土民愈加怨恨，若不及早了结，将来贻祸，恐有不可胜言。③

这则新闻报道不仅严重失实，而且有明显的袒教倾向，并且涉及"大宪"，即总督。

法方显然也注意到了新闻报道，七月给总署照会内称，"今日四川、贵州新闻不好，未见中国如何办理。及前者酉阳地方打死李教士一案。该

① 《教务教案档》第二辑第 2 册，第 1179 页。

② 《清末教案》第二册，第 450 页。

③ 《教务教案档》第二辑第 2 册，第 1115 页。

凶犯必应治罪，或者未将该犯治罪，抑已将该犯治罪，未曾见覆。请饬速办。并希将饬催贵州等处文稿，掷交本馆，以备查核。"① 法国翻译德微理亚并亲赴总署面述情由，而且还说要派汉口领事官亲往四川查案。总署以地方不靖为由拒绝，并再次行文四川要求加紧查办。

九月二十六日，成都将军崇实等致函总署称："伏查酉阳城内传教之司铎，只有李国安一人，前经署酉阳州胡圻禀报……是李国安即李国，毫无疑异。李国安之外，并无烧杀洋人多命之事，尤属共闻共见，其新闻纸所称，自系讹传。"②

由此可见，对于一则严重失实的新闻报道，不仅法方十分重视，中方也不敢不重视，总署赶紧行文四川，四川赶紧查办，直到弄清真相，澄清新闻报道的不实，清廷中央和地方官员才最终踏实。新闻报道对教案的处理进程起了推动作用。

三　教案之影响

酉阳教案虽然结案，但是其中交涉的周折令钦差大臣李鸿章和总署都有感触。为了避免在处理教案处理中出现不公平现象，同治八年十二月，李鸿章办结酉阳教案后，出具告示，称："民教争斗案件，殴伤致毙者，中国人由中国官严拿，照中国律例治罪。法国人由领事官拘拿，照法国律例治罪。凡我百姓，皆国家赤子，皆当遵守国家法令。教民虽习外国之教，仍是中国之人，应归地方官管理。外洋教士，只管传教，不能干预一切别项公事。教民与平民涉讼，应照中国定例一体讯办，地方官必不因入教而苛求之，亦不因入教而宽纵之。"③ 范若瑟回到四川，意图翻案，遭总署和四川地方官抵制而未果。事后，总署致函成都将军，就州县官员猜测的范若瑟的报复动机作出指示道："嗣后遇有交涉事件，故不可稍存芥蒂，特与为难，亦不可预存疑畏，苟且迁就，总须不激不随，持平办理，始能于事有济。"④

同治九年二月二十日，总署上奏清廷，请求饬令各省督抚将军等持平

① 《教务教案档》第二辑第2册，第1138页。

② 同上书，第1154页。

③ 同上书，第1199页。

④ 同上书，第935页。

迅结各处中外交涉事件，其实主要就是教案。首先论述了“持平”“迅结”的重要：“设有非情非理之事，尚可责备其非。若外间地方官遇事不能持平先为妥办完结，甚至平日置之不闻不问，一旦有事，仓猝料理，非失之太过，即失之不及，并有一味迁延观望，退缩不前，听其起灭者。待之洋人有所借口，外则怂恿领事官与地方官滋闹，而内则呼吁于各该住京使臣，向臣衙门饶舌。臣等揆度事理，分别奏咨，或加以函尚，行令办理，而业已瞠乎在后，维持不及。且有拖延日久，洋人借端讹索，内地奸民，从中勾串，不能遽然议结，复生别衅者。”特别指出外国公使携带兵船威胁结案的后果：“法国住京使臣罗淑亚，于上年因四川酉阳教案，节次与臣衙门争执不已。后遂自行出京，借四川、贵州、湖北、江西、安徽及广东、河南、山西等省教案未结，先往安徽、江西、湖北等省，携带兵船，逐一催办。现在四川等处教案，俱以多半议结，罗淑亚亦于二月初七日回京。该使臣此行，指挥如志（意），未尝不自鸣得意。各国使臣闻之，亦必谓赖有兵船同往，方能如斯迅速。设令尤而校之，刁风一长，隐患伊于胡底。倘伊本国惑于此事，更属非宜。”动用兵船催办既有如此恶果，推究其源，仍归结为各处不能妥结教案。“惟擅用兵船催办，总因教案不先妥结所致。而教案不先妥结，总各地方官因循玩泄所致。臣等明知各省教案情形不一，及教案外别事亦情形不一，就中种种掣肘之处，原属为难。第办外国事，与办中国事不同。且洋人情性，急躁居多，一任迟延，则彼先有词，讹诈之风大起。而奸民乘机簸弄，变幻日生，臣衙门徒以笔舌相争，于事何补。”因此请求清廷“相应请旨饬下各省督抚将军，及南北洋通商大臣等，切饬所属，遇有中外交涉事件，务即认真查办，持平迅结，毋得稍任偏倚拖延，以遏患萌而维大局”。①

同日，总署为了减少教案的发生频率和提高地方官处理教案的效率，又奏请清廷密饬地方官遵照前此通行成案办理教案。所谓“通行成案”，是指咸丰十一年二月间，总署商令法国使臣哥士耆，酌定谕单，声明传教人丝毫不得干涉别项公私事件，令其发交传教人收执。并由总署“奏请通行各省一体遵照”。总署认为地方官平日熟悉办案成案很重要，“如果各省地方官于无事之日，先已留心经理，则自有基址可借，条理可寻，何至遇事张皇，一无就绪？况外国教士无几，其从中簸弄怂恿生事者，大抵

① 《清末教案》第一册，第759—760页。

皆系入教之奸民。而从教之愚民，又从而附和之。地方官若不未雨绸缪，临时为绅民所挟持，未有不偾事者。臣等核办教案，与各疆吏咨函商办，其要固在乎速结，在乎持平，而所以能速结持平，则尤在预筹于平日。”因此，总署认为“应由各省督抚等，再行密饬地方官，遵照前此通行成案，凡传教之人，毋得丝毫干预别项公私事件。至其如何方能不来干预，则在地方官之经权互用，先事防维。总须视为至要至急之图，令其就我范围，不徒以奉行文书，习为故套”，并建议“各该督抚、将军、大臣，亦当以此等事件能否预筹妥协，办理得当，按察所属，于催科抚字，一例考成，庶乎人知振兴而事可逐渐就理，实于中外交涉有裨”。① 也就是说，地方官应该平日多留心处理教案的成案办法，这样遇到实情时才能有理有据、持平速结，不致临事张皇，为人挟制。

在处理酉阳教案结束后总署提出这样的要求、建议，其实是委婉地批评了各地方政府不能未雨绸缪，尤其是四川地方政府。但是，从后来的情况来看，教案仍是层见叠出，并不因为地方官做了充足的防备，教案就得以避免。光绪二年八月二十日，法使白罗呢直谓四川民人“欲全灭教民，焚毁房屋”“欲将教民之男妇老幼全行诛戮”。② 只要引起教案的原因还在，教案就不会真正泯迹。

所谓麻雀虽小，五脏俱全，第二次酉阳教案的发生和议结的过程可以看出，双方为了在交涉中占有主动权，都寻找有利于己方的证据。在交涉过程中，法方紧紧抓住被打死的法国教士一事不放，要求办人赔偿。在办人的过程中，多次要求由法方派人，遭中方抵制后就提出要求，最后动用武力相威胁。而中方面对法方的要求，开始时尚以条约为据，据理力争，后来在兵威的胁迫下，只求速结，对于法方索求赔偿的无赖行为只好接受，但对于要求查办总督吴棠的这一明显的干涉中国内政的行为仍予以坚决抵制，表明在中外关于教案交涉的初起阶段清廷还是坚持了自己的原则和底线的。新闻舆论对教案的处理也有一定程度的影响。不管报道真实与否，因涉及中外交涉，都促使地方官认真对待，对报道的事情作出解释和说明。第二次酉阳教案的处理正体现了教方的步步紧逼和中国官员的步步退让。

---

① 《清末教案》第一册，第 761 页。

② 《清末教案》第二册，第 105 页。

吴棠在教案中的表现比较保守，对传教士采取敬而远之的态度，因查办教案的权力不操己手，所以在教案的处理中也就是听命于总署，尊重祟实，只是被动的查办，被动的解决，没有积极的改进现状的措施。

四　范若瑟翻案

历经千辛万苦，终于求得教案的完结，清廷、总署和四川地方官终于松了口气。李鸿章也放心地回湖广总督任了。但他们还是高兴得太早了，此事并没完结。在教案谈判过程中范若瑟离川回国，由代理主教梅西满接着谈判，最终教案是由梅西满与李鸿章议结的。范若瑟再回中国后，就思谋为酉阳教案翻案。

同治十一年九月二十三日，法国公使热福理致函总署，云四川主教范若瑟请赴署面谈，“为从前有诬告该省教堂等情，特来质证，以分皂白”。[①] 范若瑟于二十七日赴署后，面述酉阳教案各节，并“拟折求递”。总署“据理折服，将拟折当面掷还”。[②] 酉阳教案已于同治八年底议结，所议赔付银两也于同治十一年六月二十四日交清，吴棠等并上奏清廷知晓。十月初七日，法国公使热福理又致函总理衙门称，四川范主教携来从前旧案文卷多件，其中所言系从前四川“教堂与教民被诬之事，有应再为详察之处，真伪早白，不难立判，且洗中国教民及法国教士被疑之羞”。[③]

总署得知范若瑟欲翻案很生气。十三日，总署回函热福理称，该教案已经李鸿章会同罗淑亚断结在案，“乃中国民人既遵李中堂断结，而贵国主教反代中国教民向中国官员翻控，揆诸事理，岂可谓顺！况教民可藉主教代为申诉，而平民安能保无心怀屈抑不思申诉者。川省平民，前受教民之累甚深，而教民中应办之人又未交出，至今积忿，岂能尽平，幸地方官深明既往不咎之义，于此案结后极力调护，以期民教常保相安。今范主教反以已结之案，代中国教民出头，赴本衙门翻控。窃恐川省民人闻知此事，愈不甘心。倘再激而生变，致方官有难于保护之处，则川省教士、教民与事外平民势将反受范主教申诉之累，亦于中外交涉之事，办理更难。

① 《教务教案档》第三辑第2册，第908页。

② 同上书，第911页。

③ 同上书，第909页。

想贵大臣当亦深悉此中情形也。即希转嘱范主教务遵前此李中堂会同罗大臣原断，勿再琐渎，以免生事为要”。[1] 不料十月十九日，热福理又致函总署，说派汉口领事官巴世栋前往四川酉阳州。总署担心是为翻案事，或借修约之机借端生事，赶紧密函成都将军魁玉、四川总督吴棠，告知此情及前与热福理交涉情况，嘱咐二人“于巴世栋到川后，务须时常侦察，并饬川东道查看情形，详加防范，密谕各属，转嘱绅耆，劝令商民等各安本分，切勿借端起衅，致堕彼族术中。如巴世栋到署谒见，以礼相接之外，谈及前此教案各节，可照本处函复热使并答德翻译之意，妥为开导。俾不至再行生事，以免纠缠为要”。[2]

四川地方官接信后也大为紧张，全力戒备。十二月初一、二日魁玉、吴棠复函总署，称已照办，并饬署酉阳州知州罗亨奎密选妥人，改装易服，前往湖南边界暗探巴世栋行踪，一有入川消息，即行专差告知。巴世栋入川后，罗亨奎一面招待备至，一面探询进川意图，但巴世栋的真实意图却无法测度，只言“所见与所闻大异，此时实无办理事件。但奉命而来，须到重庆一转，以便彼此熟悉”。[3] 待巴世栋平安出酉后，吴棠等人不禁松了口气。二月初五日，巴世栋在考察了重庆的情况后，到川东道署向姚觐元辞行，对酉阳教案“仅微露办事之人从前未能脚踏实地，此后当不分民教，秉公办理，即教民二字亦可不必”。[4] 据说对于酉阳教案，范若瑟日日求翻，巴世栋层层驳转，似不致为范若瑟所愚弄。但吴棠等仍担心巴世栋回京转复热福礼的措辞。[5] 直到四月十八日，热福理照会总署，称“巴署领事经行，处处均臻妥善，故本大臣心感无似，即便于贵亲王暨贵衙门诸位大臣道谢，并希代为与湖广制台、汉口道台及伴送之州牧致谢，为此照会”。[6] 直到此时，总署及四川地方官悬着的心才放下来。

但范若瑟并不息事宁人，于巴世栋离开后，对川东道姚觐元“百计刁难，今日递一呈，明日递一信，不知其意欲何为”。又致函吴棠，欲翻昔年重庆和酉阳教案，洗刷自己“勒赔之名”。因此，吴棠认为范若瑟

---

① 《教务教案档》第三辑第2册，第910页。

② 同上。

③ 同上书，第925页。

④ 同上书，第928页。

⑤ 同上书，第929页。

⑥ 同上书，第936页。

“日求有事，是其本心”[①]。

由此可见，教案是否容易完结，赔款的多少，与川东教区的主教范若瑟有很大关系。从同治初年到光绪二年，范若瑟一直担任法国天主教川东教区主教。其间经历重庆教案、两次酉阳教案、黔江教案、江北教案等大案。因其“诡诈异常”[②]，“川省官员绅民于范若瑟，畏之至极，怨之至深”[③]。“川省官民之畏范若瑟甚于豺虎”[④]。“范主教转喜传教习教之人生事，即可勒赔巨款。如从前之重庆府教堂，赔至十五万两。酉阳州冯教士，与冉老五口角互殴致毙，冯教士一案，即将冉老五一犯抵命，复议赔银八万两，始能结案。最不可解者，州中绅富张佩超，闭户畏事，毫不与闻，范教士因其殷富，必欲牵引案内，藉可勒令出钱。”[⑤] 相比于其他主教，比如，曾代理他任川东教区主教的白德理，他干预词讼，多索钱财的本性更明显了。重庆知府沈铉称白德理“履任年余，民教相安”[⑥]。光绪四年二月二十九日，成都将军恒讯给总署的信中这样评价：“白主教即明德理，向住城外教堂多年，从不干预地方词讼。上年范主教回国曾经代理两年之久，民教极其相安”，“惟常闻教民私议，川中民教本属相安。自范若瑟主教以来，收聚流亡。凡曾犯命盗案件者，皆以从教即可匿迹，藉为逋薮，衅端迭起。甚至遇事拖累旧教，并旧教愿结，而新教不愿，欲图磕诈者。每遇民教之案，各受其害。范若瑟以恤赏为名，得银自数万至十数万不等。于受害教民，不过略加点缀。主教独享其利，坐拥厚资，多方营运。教民多有不服，间有出教，诉之于官，以鸣其不平者。是以平民、教民望范若瑟之去，唯恐不速”。[⑦] 而川东道姚觐元则称，所有川南、川北各起教案，无不持平了结。“固由委员之得力，民心之转移，实亦主教洪广化和平受商，不从中渔利，不遇事生风，用能次第议结，至今各得安生。”对此，“川东民教亦颇闻而慕之”。[⑧] 由此可见，范若瑟干涉词讼，

① 《教务教案档》第三辑第2册，第933页。

② 《教务教案档》第二辑第2册，第1111页。

③ 《教务教案档》第三辑第2册，第1278页。

④ 同上书，第1315页。

⑤ 《教务教案档》第二辑第2册，第1143页。

⑥ 《教务教案档》第四辑第2册，第767页。

⑦ 《教务教案档》第三辑第2册，第1321—1322页。

⑧ 同上书，第1321页。

多索钱财，在同行中也是显得过分的。法方也知道四川官民畏惧范若瑟，在以后处理川省教案时，有意识地加以利用。光绪五年，法国使馆汉文正使德微理亚与总署交涉白德理所言教民复业修堂等情时，有“若各案办理不好，只怕范若瑟又要回来”之语。时任四川总督丁宝桢等即密饬重庆知府沈铉慎密确查，并派委员到渝城会同查办各处教案。[①]

范若瑟索赔这么多钱财作何生理？在四川做生意。光绪五年六月，总署致函川省称，“至范若瑟，闻其前在渝城贸易，私事颇多，田产亦复不少。现据传闻，渠有潜行回渝之说”[②]。“范若瑟住渝最久，（在）渝城及川东各属存放银钱置买田产颇多。刻下均归各处司铎经理，从旁询问，只言教堂公项，其实俱系范之私业。”因此，范若瑟对四川留恋极深，在四川则屡屡惹事生非。

光绪二年，丁宝桢任四川总督后，想方设法，通过教皇，将范若瑟撤换回国。但范若瑟并不愿回国，屡次传言他要回川，令总署和川省官员都很紧张，“所虑者，蜀中百姓与范仇恨甚深。范果重来，决不肯安分守己，经理私事。或致唆使教民翻腾教案，万一激成事端，所关殊非浅鲜”。[③] 四川官员的担心并非多余，范若瑟为酉阳教案翻案就是教训。

李鸿章对范若瑟也反感，曾说：“若范若瑟可不再回，川东教务必渐整肃。”[④] 也必欲去之。光绪十七年六月二十三日，时任北洋大臣的李鸿章行文总署，论及撤换大足法国教士彭若瑟时，有“前在四川传教之范若瑟，滋扰地方，多行不义。曾经本大臣会商法使转致罗马，逐出中国，不准复回传教有案”[⑤] 之语。据此，李鸿章亦参与过撤换范若瑟，只不过走的是上层路线，由法使转致罗马，不同于丁宝桢的由山东传教士转致罗马，但二人的方法可谓殊途同归。范若瑟的撤换对后来的教案处理确实有一定的积极作用。

五　吴棠与其他官员的比较

第二次酉阳教案发生后，吴棠莅任四川总督时间不到半年。不仅法署

① 《教务教案档》第四辑第2册，第763页。

② 同上。

③ 《教务教案档》第四辑第2册，第767页。

④ 《教务教案档》第二辑第2册，第1201页。

⑤ 《教务教案档》第五辑第3册，第1510页。

使欲去之而后快，同僚成都将军崇实对其也很有怨言。

法署使对吴棠意见很大，源于罗淑亚听信该省赴京教士之言，认为“川省民教仇杀，皆由该省官员暗中唆使”，因此“必须将地方官从重治罪”。[①] 同治八年二月初一日罗淑亚致函总署，指责吴棠在处理这起教案中的“错处”：“如此案未起之先，范主教即将欲乱之情形写具信函，送请其早为消弭，原期防患未然，乃竟坐视不收。并有教人及不习教之富贵商人恐事起致累，皆亲赴总督衙门仰求察办，仍复不理，一味偏护张北照等同类之人。迨其谋议既成，伊等由省回州，颇形勇敢，显然暗中得有护符。况酉阳州牧曾向教士李国面言，当日冯弼乐一案，而董牧关系在内，现仍有知府之官，汝当记念不忘。且此案未起之先，曾经重庆道闻有风声，恐致成乱，是以即派该处镇台前往弹压，以遏乱萌，允为极善之举，而恶众定敛心知惧。乃该督闻知，即飞咨该道：‘若该镇已行，著即撤回；未行，著即停止。’”罗淑亚函内还称“恶首张北照于从前杀害冯弼乐案内已定其死罪，而刑章不加其身者，因其系该处巨富，地方大宪皆巧为开脱耳。且据该处范主教及可靠之人来函，均称张北照与川省吴制台相好”。[②] 罗淑亚并诘问道：“所有该教民等赴省呈控酉阳州济、彭水被害之情，自问于心，其地方官及制台大宪，果知与否！”并将吴棠与骆秉章比较：“从前托姓与该处扶姓争雄不睦，苻姓纠约贵州豪棍，意将用压服，而制军闻风立时派委道台弹压，并令托、扶两姓彼此和好，以防豪棍。”[③]

二月初八日罗淑亚接到总署处理教案的三原则后，又致函总署，要求总署“飞咨川省之文，内应注明该将军亲赴酉阳州，亲提究讯，并将所指该省吴制台之劣款查明”。并将吴棠之“劣款”概括为四条：“一系该督一味偏护张北照等同类之人，以致酿成事端。二系范主教知事将起，先为送函，以遏乱萌，该督坐视不理。三系该处富商恐事起有累身家，于未然之顷，赴辕求救，该督坐视不理。四系该处道台闻有欲乱风声，即派镇台前往弹压，实为善举，该督竟饬令停止。”[④] 认为正是吴棠的这些“错处”“劣款”，才“酿成巨案”，因此在所开五条办法内第二条即是“应

① 《教务教案档》第二辑第2册，第1095页。

② 同上书，第1091—1092页。

③ 同上书，第1106、1107页。

④ 同上书，第1097页。

将吴制台调其进京审问，如实有错误，即应予以重罪”。[1]

九月二十九日，罗淑亚照会总署，称将亲赴湖北、四川查办教案，又将张佩超的“恶行”大肆渲染，称他“聚集恶伙，用酉阳州地方官所借之炮并遵照该官所准，攻击教堂，抢掠财物，杀害念经之教民及二教士，一系法国李姓”。“张佩超恶伙在四川各处，围拿教民若捕兽然，烧房屋，村子之外强奸妇女，幸而教民拟定入一犯人无能站之炮台护身。地方官一看再无可行之害法，乃想与形同叛逆之指臂有可怕之处，是以拟定出来，而教民为推遵国命之心，迫不及待，缴还兵器。”攻击完张佩超后，随即大肆指责吴棠等地方官，“吴制台、锡道台……乃捏造谣言，以穷凶极恶之徒，当受屈得理之原告，以张佩超变为闭门畏事毫不与闻之居士”。这些就是罗淑亚要带兵船亲赴四川，以期速结教案的理由。如果中方满足他的三个“平允完结”之条件，他就可以不带兵船赴川，而这三条中首条即是“参调四川总督吴及贵州巡抚曾”。[2]“曾”指的是贵州巡抚曾璧光。

成都将军崇实对吴棠也有不满，觉得吴棠措置失当，对传教士太冷淡。崇实私下对总署埋怨：“此次法国公使因酉阳之案，而必欲与川督为难，其所称与张北照密谋等款，固属虚讹，然亦非无因而至。”然后将这些“因”——吴棠莅任后容易引起教方怀疑的做法一一列举：“当仲宣制军莅任时，有以红呈告教民者，本系从前审结之案，辄据一面之词，纷纷批准，似欲为之翻案。此彼族之所以怀疑者一也；张贴告示有‘严拿灯花等教’字样。无知人等，辄指‘等教’两字，有天主教在内，于是幸灾乐祸者，遂有制台灭天主教之谣。此彼族之所以怀疑者二也；酉阳一带，向有‘英’字营五百人，在彼驻扎，已历数年，原因其镇抚乱民。下车未久，先将此军裁去，而酉阳之变遂生。此彼族之所以怀疑者，又其一也。”吴棠对传教士的态度也让崇实看不惯：“迨祸机已发，禀报到省，持论未能缜密。缘带来武弁太多，每每不知轻重，张扬于外，有杀得狠好之说。范若瑟于前月上旬，自川东来省请谒。实正患肝气作痛，犹复力疾接见两次，慰以好言，而告以利害，使知众怒难犯。制军若肯与之会晤，犹可解释前疑。乃再四求见，始终拒而弗纳。以执拗多疑之人，而故予以种种可疑之事。实虽舌敝唇焦，何能剖白一二。”又表明自己的态度：

① 《清末教案》第一册，第660页。

② 同上书，第703—705页。

“从前与骆中堂共事有年，无不和衷共济。即现在会办军务，亦无不遇事婉商，以求有济，何敢稍存意见！”并解释了自己不得不如此汇报的苦衷：“以上各情，不能不详细布闻，则以事关中外大局，彼族议论，反轻酉阳之事，而重与制军为难；特恐别生枝节，将来上烦宸廑，诚不如此事先达钧听，实有万不得已之苦衷，知之不敢不言，言之仍不能尽。”① 这是在汇报完正事后以夹单的形式言及的，相当于私下打小报告，总署回复也可，不回复也可。

四月初一日，总署同样以夹单的形式回复了崇实：“推及于彼族生疑之故，闻之实为悬虑。所述仲宣新政三端，逐条详揣，虽在我未必有心与彼族为难，而在彼挟杯影蛇弓之见，辄指为事事相凌。所赖阁下……即为剖诚开示，俾僻其疑。至仲宣初莅蜀中，于教务情形，或未熟悉，即希阁下详述源流，俾明端委，庶可权其轻重，以期至当。仲宣有地方之责，阁下有专办教务之任，而教务即在地方，地方正多教务。惟在阁下与仲宣和衷商榷，庶臻有济。”并以古名臣相期许：“昔富、范、韩、欧，同抱公忠，而在朝每有论列争执之言，退食仍无后说，亦以心在王室，祇期济事也，所望阁下与仲宣共励之。遇有交涉事件，或仲宣间有未熟情形之处，必为委屈详告，有裨于公。”② 总署的回复并未责怪吴棠，甚至处处为吴棠辩解，最后还希望崇实与吴棠妥商办理教案。

总署如此反应，崇实应是始料不及。五月初九日又致函总署，表示自己“曷胜愧汗”，“与仲宣毫无意见不合之处”，并解释说“况教案虽名为由敝处主政，其实数年来，无一事不会同督署而后行”，“何敢稍存己见”。“前函所言，特因彼族与仲宣为难，不止酉阳一案，亦不止范若瑟一人。恐其纷纷函达该国公使，频渎清聪。不敢不将召衅之由，密布以闻。”又大倒苦水，说出自己为难之处：“实受朝廷重寄，委屈调停，不惜独为其难，以期顾全大局。无如范若瑟此次来省，饶舌之事更多。竟谓现署酉阳游击范都司，乃从前闽省带来私人，遽令署此要地。三月纸房溪之乱，即该都司串通团民，沟通外匪，假祸彼教，皆秉上宪密谋。种种无理取闹，再三为之剖辨，而不能悟。实与仲宣同官为僚，敢不尽心相助，

① 《教务教案档》第二辑第2册，第1104—1105页。

② 同上书，第1109页。

然有可以尽言者，亦有不可以尽言者，此中为难情形，殊觉万分焦灼。”①也就是说范若瑟指责范都司是吴棠从闽浙总督任上带来的私人，得吴棠授意，挑起纸房溪民教冲突。崇实对此无法解释清楚。如果吴棠出面解释，可能打消范若瑟的疑虑，但吴棠对范若瑟拒绝不见，难怪引起范若瑟的诸多疑虑，导致教案很不好处理，令他这个受朝廷特旨负责处理教案的人很为难。总署面对崇实的埋怨，只是竭力调停，并未顺着崇实责怪吴棠，大概总署对传教士不断滋事也很烦。

总署对吴棠的态度与对骆秉章的不一样。同治元年，法国传教士不满于时任川督的骆秉章对传教士和传教的态度，对骆秉章大肆攻击，要求四川教务由成都将军崇实专办，骆秉章不得参与。清廷被迫于同治元年十一月间明发上谕：“四川、贵州两省教民案件，均著交成都将军崇实秉公办理，骆秉章著毋庸会办，以专责成。钦此。”② 也就是说，只要崇实担任成都将军，四川教务皆由他一人专管，不管四川总督是谁，对骆秉章的继任者吴棠也一样。既然吴棠可以不管教务，那吴棠不见传教士也是情有可原的，总署无法说什么，崇实也不应说什么。

吴棠对洋人传教的态度，从同治六年答复总署关于预筹修约之事中可以看得出来，其中有“议开拓传教一条”。吴棠认为，“洋人各处设立教堂，讲书劝善。惟穷苦愚民，听其讲说，稍有知识之人，鲜有受其愚弄者。该教士等偶有袒护，教民扛帮插讼，不过地方官稍有为难，尚无碍于大政。若如佛、道二家，设官以制之，既有人心风俗之尤，且亦未必肯受约束”，“惟有联络绅民，阳为抚循，而阴为化导，不禁而禁之一法也”。③从中可以看出吴棠深受传统文化熏陶，且固守传统文化，对传教士及其所传之教义，不以为然，不愿将其置于与佛、道二家平等的地位，因此，既然教务不是其管辖，拒绝接见传教士，自是出于其情理之中。

相比于崇实对吴棠的怨言不断，崇实的继任者魁玉似乎没有如许不满。同治十年，崇实任满回京后，成都将军一职由吴棠兼任。这是满人才能担任的职务，但竟然由汉人兼领，说明清廷对吴棠的信任和重视，丝毫

① 《教务教案档》第二辑第2册，第1113页。

② 《清末教案》第一册，第268页。

③ 《吴棠覆总理衙门条说》，沈云龙《近代中国史料丛刊》第62辑611（第10分册），《筹办夷务始末（同治朝）》，台北文海出版社1966年版，第5140—5141页。

未受吴棠对传教士的态度的影响。这除了因为吴棠这么多年来一直对清廷忠心耿耿，或许还要归功于李鸿章。在吴棠刚入川时，有人奏劾吴棠贪污荒谬、私受属员规礼。同治八年，清廷谕令时任湖广总督的李鸿章赴川详查。李鸿章查实后覆奏：吴棠到川后，整顿吏治，于“贪官猾吏不便，遂造言腾谤以倾之”。吴棠“善政宜民，可为川省造福”，“被参各款毫无证据”。[①] 并且在密奏中建议，对奏参不实的官员进行严词申饬，对吴棠进行抚慰。清廷完全照办，下旨对吴棠进行抚慰，传旨将奏参不实之词的云贵总督刘岳昭严行申饬。由此可见，清廷基于信任才放心地将成都将军和四川总督的职位都交给吴棠一人兼领，丝毫不担心他会地方权重，尾大不掉。

崇实离川后，其专办四川教务之权也随之结束。四川的教务教案清廷特旨令吴棠接办。同治十一年魁玉接任成都将军之职后，吴棠特意就魁玉是否应同办教案事请示清廷，清廷批复：“嗣后遇有民教案件，著吴棠会同魁玉办理。”[②] 此后办理教务教案的文件中可以看到这样的一个现象，就是总署给吴棠和魁玉的公文信函内容一样，吴棠和魁玉分别给总署回复的内容大同小异，只是措辞上稍微有些变化，在书法上似乎也出自同一人之手。这说明两个人虽独立处理公务，但意见相同，是经过商量的。崇实在任时，若总署给崇实和吴棠的公文信函内容一样，一般是崇实和吴棠两人联名回复，只是成都将军崇实名字在前，四川总督吴棠在后，体现的是崇实为主，吴棠协助。这也体现了在办理教案中吴棠地位的变化，以及清政府、总署对法国传教士要求的有意忽略，即四川总督开始管理教务，吴棠不仅未受惩罚，相反地位还得到提升，可以说远远高于骆秉章在川督任上的情况。

骆秉章官声卓著，李鸿章说“骆相政绩在民，独于教务，不肯著手，抑贤者之过”。[③] 李鸿章这样评价骆秉章，或许是有些冤枉无辜了，骆秉章不是不想管，而是不能管。是法国传教士不让管，清廷不让管。

骆秉章咸丰十一年以湖南巡抚迁四川总督，同治六年因病卒，由吴棠接任。骆秉章之前的川督由驻藏大臣崇实兼署，骆秉章到任后，崇实改任

---

① 《查覆吴棠参案折》（同治八年十月初三日），《李鸿章全集·奏议三》，第526—529页。

② 《教务教案档》第三辑第2册，第904页。

③ 《教务教案档》第二辑第2册，第1201页。

成都将军，直到同治十年。骆秉章接任之时，中法已换《天津条约》、《北京条约》，英、法等国人员可往内地游历、通商、自由传教，清廷同意退还以前没收的天主教堂财产，并“任法国传教士在各省租买田地，建造自便”。于是，僻处内地的四川越来越多地出现传教士的足迹。法国副使、有名的传教士艾嘉略开始持清政府函件堂而皇之地进入四川，一路要求地方官妥为保护。此前，艾嘉略已在四川二十余年，九年冬间，绕道回粤，后随船至天津，法国退兵后留京三人里就有他。他对四川非常熟悉，其言语与内地人无异。入川前，剃去头发，服中国衣冠。[①] 他到四川不久，就开始频繁地给法国公使德尔位呈文，埋怨四川官员对传教士的不恭敬，其中对四川总督骆秉章意见尤大。德尔位据此向总署告状，说骆秉章“自抵任后，极力务与现任三口通商大臣崇之兄、前任川督崇所行相反。复有臬司毛振寿、成都府知府杨重雅等，协同该督，拦阻习教人等。是以本国艾传教士修函，请该督将本国条约，遍为张贴。因该省所贴者，不过数县，余皆未经贴出，兼以该省原有旧建天主堂数处，经前督崇议拟赔还者，未及办竣，即迁任他去，故复请该督照办。并求其加意关照习教人等，严禁不肖官员及不习教人，凌辱欺侮教民等事。乃该督置之不问。及艾传教士欲面见该督，请其赐复。讵该督拒绝不见，致有别项人等将艾传教士凌辱殴打。该督并言此次所定条约，原无甚关系，稍迟必须复仇等语”[②]。总署将这些情况函致骆秉章，骆秉章一一解释。但此后法方的指责还是如雪片般飞向总署。总署不胜其烦，无奈致函骆秉章求证，“至于同仇敌忾，人人皆有此心，现在时事多艰，不能不暂行权变。况今日杭州、宁波相机失陷，海防吃重，建言者皆欲借外国兵船，亦防守南北各海口。现经本处与各国公使商议，借用洋兵协办海防，以资保卫。尤应示以羁縻，俾得抒诚效顺”。并且希望骆秉章以后言谈注意保密，“嗣后阁下遇有与司道会议事件，必须慎密。缘天主教现已弛禁，难免左右人等暗中习教，或将羁縻之事，互相传播，转致贻误大局。是为至要！”[③] 骆秉章对不停地解释也很烦，在一封信中将教案屡出的情况作了一个总的解释：

① 《教务教案档》第一辑第3册，第1127页。

② 同上书，第1128页。

③ 同上书，第1130页。

惟查川省传教之士，纷纷四出，所称欺负，未必事事皆真。缘该传教士，法国人十之二三，四川人十之七八。平时有相与往来者，亦有不相识者，偶因口角微嫌，眦睚细故，即起争端。如同是本土不习教之人，经邻右戚友劝解，即焕然冰释，不复芥蒂。惟习教者与不习教者，各存意见，每至涉讼到官。时事至今，地方官亦不敢动多拘泥，无不酌礼准情，持平判断，以求彼此相安。如果习教之人理直，自当将不习教之人惩处。如果习教之人事本不情，川省风俗，每逢州县审理词讼，观看者动辄百数十人，或千余人不等，亦不能不将习教之人，量予申饬，以示公允，而顺舆情。乃习教之人，以为不得赢面，遂朕诉于艾副使，以为川省欺负教民。其实此等细微之事，民间亦所常有，原不值到官申理，何足耸词以渎尊听乎！今接见外府州县，面禀习教之人，恃法国为其教主，常有赴衙门求见，干与公事，拒之则在外喧嚷，接见则日不暇给，此近日地方官难办之处。至艾副使自到川至今，屡次来谒，无不优以礼貌。即所求之事，苟可通融办理，亦必立见施行。而前此赔还田产之事，尤系委屈周旋，已尽友邦之谊，乃欲举十年前之田租，多番索取。迨未允所请，又欲在省城另给宽阔地方，建立教堂，殊觉苦人所难。①

总署接到骆秉章的函后，同治元年五月二十八日照会法国公使，说“四川骆制军公正廉明，办事认真，为中外所共信，谅必无饰词搪塞之事。川省地方官所办各节，原为抚绥地方，保全教士起见”。认为法使“应告知艾副使，嗣后不宜再听习教人捏词蒙蔽，致与地方官彼此寻衅，再有不协之事，实为至要”。②

骆秉章的解释和总署的照会让法使很恼火，要求撤换骆秉章，总署自然拒绝。法使哥士耆遂要求将四川、云南、贵州教案全归成都将军崇实办理，并给崇实钦差大臣头衔，使崇实地位尊崇于骆秉章。骆秉章不理教务，可以仍留四川。哥士耆还大肆攻击骆秉章，称骆秉章为“巨蠹”，“以庸才滥厕高位”，认为“为督抚者，如不欲遵守和约，则无论他事如

---

① 《教务教案档》第一辑第3册，第1136—1137页。

② 同上书，第1137页。

何干济，总不得为识时务之贤员”。①

对于由崇实专门办理四川教案，骆秉章毋庸会办一事，“法国公使哥士耆以未奉上谕，其意未肯深信”。因此，最后，清廷不得不明降谕旨，“四川、贵州两省教民案件，均著交成都将军崇实秉公办理。骆秉章著毋庸会同办理，以专责成”。②

法国人以船坚炮利相威胁，公然干涉中国内政。清政府为了不启衅端，步步退让，这让法国人尝到了甜头。在看吴棠不顺眼后，也欲去之而后快。但总署对吴棠似乎优待一些，没有像规劝骆秉章那样地规劝吴棠对传教士应该如何如何，对要求撤换吴棠的照会也不予理睬，对崇实的小报告不以为意，反而劝导崇实，要与吴棠同心为公。为了与吴棠对比，再看一下崇实办理教案的情况。

崇实的一些办案原则尚称公正。同治二年，崇实针对教民恃教“自居显贵”，引致“道途侧目，诽谤横生”的情形，请旨严定章程，规定中国习教之人，“无论主教、传教，但无官职，俱属齐民。不得假该教之民，妄自尊大，与地方官相抗”。③

但说归说，在实际处理教案的过程中，还是出现袒护教民的倾向，引起总署的不满。譬如，对于灌县戴高氏案，总署称，川省的判决，对戴高氏“轻纵”，对张家兄弟“更非平允”。且关系人命。因此，“戴高氏应收禁招解，由臬司议定罪名，将军衙门未便准结。且系华民人命之案，法国主教尤其不应干预”。“其人命一案，应由将军衙门移明四川总督，通饬缉拿正凶高世华。务获照例议抵，以申国法而惩凶顽。”④

对于射洪县吴泳清案，总署批评称，“地方词讼，无论教民平民，均应照例办理……似此偏袒教民，屈抑平民，势必至尽使蓄怨。一旦横决，群起与教民为仇，是欲保全教民，反致有害教民也”。并责备奉旨专门办理川黔教务的成都将军崇实称，“该委员一味袒庇，贵将军应亟申明例案，严加驳斥”。况口角争讼案件，本系末节，应即批县审办，详由将军衙门核结。一经提省，必致拖累平民倾覆家产。是天主教本系劝人为善，

① 《教务教案档》第一辑第3册，第1141页。

② 《清末教案》第一册，第268页。

③ 同上书，第337页。

④ 《教务教案档》第一辑第3册，第1200页。

反致破人家产，亦与该教好善之意不合。[①] 总署的反应可以解释为什么崇实对吴棠不满时，总署并未责怪吴棠。

李鸿章似乎对崇实办理教案的方式也不赞同。因李鸿章在负责办理酉阳教案时，见到酉阳绅士送呈民教纪事一本，以及梅西满多次呈送函件的节略，认为“皆系讼师手笔，未必尽确，然可见教之为害，甚矣！前此地方官竟成聋聩……自今春田秀栗、曾传道二员往酉，乃见天日”。[②] 李鸿章又说：“大概川黔教案，皆由平时轻重不甚合法。界限不甚分明。教民应归地方官管理，遇有涉讼，任听教士嘱托。有罪亦不惩办，但务和息。此中冤抑良民不少，怨毒之深，一发而不可遏，故有毁堂逐教，戕害洋人之事。”[③] 这番话虽然没有明确指某人，但暗指导致这种局面的主要原因是崇实办理不善，因川黔教案是由崇实负责办理的。

但法国传教士对崇实、骆秉章的感觉倒好了起来。光绪三年十二月，范若瑟在将离开四川回国后，还致函成都将军恒训、川督丁宝桢等，说已将民教交涉事务交给副理川东主教白德理承办，请求丁宝桢等“后有吁恳事件，亦祈仰体怀柔之意，俯鉴向化之忱。仿前骆宫保、崇将军之体恤嘉矜，逾格相待。遇有公事谒见，仍祈容纳无拒。俾获躬聆椠训，庶于民教交涉事件有所遵循，不致陨越，责敝主教受惠良多，感恩无暨矣”。[④] 如此难缠之人这么怀念崇实、骆秉章，可以看出崇实的办案风格了，因为骆秉章是不管教案的，也就不难理解为什么四川的教案后来数量之多，名冠全国了。

其实，吴棠的办案风格也趋向保守和妥协，比起崇实，只是不愿和教士、教民多接触。同治十二年，黔江又发生民教冲突，法国传教士余克林、教民戴明卿被杀。法使罗淑亚派赫捷德赴四川负责处理黔江教案。据吴棠说，经“再三辩论，终难就我范围”，四月二十六日，赫捷德“忽来函道谢辞行，意似怫然而去”。经吴棠等“向委员等密授机宜，动之以利。于二十九日赫使等登舟后，甫得公同议定四条，各自画押。并盖用洋字图章，以昭信实”。这四条为：“一、黔江县桂衢亨前经赫参赞原议，

① 《教务教案档》第一辑第 3 册，第 1202 页。

② 《教务教案档》第二辑第 2 册，第 1201 页。

③ 同上书，第 1200 页。

④ 《教务教案档》第三辑第 2 册，第 1277 页。

有重罪，当受重罚。今范主教求宥，公同会议，拟请革职，永不叙用，委员伴送回籍，交地方官严加管束。一、局绅李渊树即李渊镜，又号李八老爷，杨万象，罪重该死。范主教求饶其命，公议改为充军。一、谢家俸、陈宗发、蔡从憘、郑双洤，均照例定罪。即将陈宗发斩，谢家俸绞。一、公同会议茔葬银一千五百两，又桂衢亨赎罪银三万八千五百两整。俱照渝平票色，定于五月赴渝结案后交银一万两。其余三万两议定本年十月，光绪二年八月、三年三月，如期分给。”①

这个结果是在法方威胁不谈判的情况下达成的，所以，城下之盟的色彩很重。当总署责备议单中的“拟罪、赎罪字样于制体有乖”时，吴棠解释道：“惟念此案定议时已在赫参赞登舟之后，又系该教自行缮写，事涉匆忙，未及细加检点。”可见在此案的议结过程中中方的让步程度之大！双方协定竟然能由法方“自行缮写”，而中方“未及细加检点”就签字画押！至于赔款数目，吴棠认为“稍巨”，但在“折内仅奏明酌给埋葬银一千五百两，余款在外筹销”。这样处理是“缘上次议结酉阳教案，饬据川东道查覆，于议结银三万两之外，亦有在外筹销银两，是以仿照办理”。② 由此可见，吴棠处理教案的态度偏向保守、妥协，只求尽早结案，不但愿意多赔银两，连议单措辞都不管了。之所以如此，是因为“此案延宕二十月之久，中外均望速结”，作为地方大员，承担了来自法方、教方、总署、民众的多重压力，希望快点结案，所以当赫捷德以离开相要挟时，再也顾不上是否有悖条约、民心，是否公正合理了，只求能够结案。

其实骆秉章和吴棠都是传统的官僚士大夫，对挟坚船利炮而来的天主教以及传教士都很反感，难免礼数不周，态度不恭。两人都为传教士所憎恶，都必去之而后快。但清廷对法方要求撤查总督的要求一直予以抵制，既未查处，也未调离，最后两人都病死于四川总督的任上。对不满意的官吏要求撤换是法方的惯用伎俩，例如同第二次酉阳教案同时发生的还有贵州遵义教案，法使罗淑亚也多次照会总署要求撤换查办贵州巡抚曾璧光，总署同样未予理睬。

吴棠的继任者是丁宝桢。这是一个能干的有魄力的官吏，在山东巡抚任上曾大胆设计杀了慈禧太后的宠监安德海，而慈禧却毫无办法，还得故

① 《教务教案档》第三辑第2册，第1066页。

② 同上书，第1071—1072页。

作大度褒奖丁宝桢。丁宝桢光绪二年九月上任后，就知道四川教案多，又以川东教案为最难结。为解决这一问题，对于难缠的川东主教范若瑟，“托山东顾立德将范若瑟一切不善传教情形转达该国教皇更换”[①]。最终范若瑟在光绪四年三月初五日离开四川，坐船回国。[②] 范若瑟劣迹也在行将离去之时被四川地方官告到法使那里。[③]

丁宝桢的办案风格也比较强硬。四月二十四日，丁宝桢入奏，谈他入川后访得之川省教案情形及办理情形，称“教民滋事之案，近惟川省为多。而案情纠葛之烦，亦惟川省为最……臣于入川后即经详细采访。大约教案滋事之初，多由教民恃教欺压平民。积渐既深，平民不胜其忿，遂群聚而仇杀。教民愈甚，则结怨愈深。今虽民教仍复相恃，而教民不敌平民之多，教民势亦稍衰。此时求欲结案，必先解散平民。第解平民，尚易为力，然必审察该教民实有结案之意，即可乘机办理。否则平民解散，而教民又复生枝节，致令散而复聚，则官不见信于民，以后有事，更难收拾”。因此，丁宝桢主张办理教案，必须“慎之于始”。[④]

范若瑟于丁宝桢到省时，即与另一传教士洪广化一起由重庆前往拜见，颇为恭谨。丁宝桢“责以川东教案日多，且较他省枝节繁冗，时行溃决。总系地方官与渠办理不善，并谕以此时别无他说，只好将从前各案彼此赶为办结以后，另作办法。以冀民教永远相安。地方官固不任照前因循，渠亦不可照前固执”。范若瑟“亦俯首无词”、“唯唯听命，无可置辩”。时洪广化在侧，亦以为然。丁宝桢有说：“若洪主教亦在川省传教，何以别无他议。可见教案不尽由平民滋事也。”范若瑟此时“甚觉敛迹”。[⑤] 丁宝桢在上奏清廷的奏折中则是如是叙述范若瑟的这次“禀谒”的：“臣于接见之际，即责其在川传教，不能与百姓相安。致令教案叠出，殊不成事。并与言，以前各案为日遏久，民教均有不合，即应赶紧清结，不可再事悬宕。”不管措辞如何，总之范若瑟在丁宝桢的严厉态度下，不像从前那么嚣张了。丁宝桢遂催令川东道姚觐元等将内江、涪州、

---

① 《教务教案档》第三辑第2册，第1218页。

② 同上书，第1331、1332页。

③ 同上书，第1320—1330页。

④ 同上书，第1215页。

⑤ 同上书，第1218页。

江北各案，速为设法了案。“但不宜操之过急，转滋他虑。”[①]

范若瑟离川后，成都将军恒训、川督丁宝桢等多次饬令办案委员设法寻觅继任主教白德理，与之会商办理江北教案。“而白始终不愿见面。即偶然一见，片刻即走。且皆张大其词，不惟望索多金，且多要挟不情之事。延之两月，茫无头绪。并涪州一案，亦遂因之反复。”丁宝桢“愤懑殊深”，乃亲赴重庆，“拟亲为议结”。到渝后，接见办案委员。据称：“该主教挟制多端，事难就议。”丁宝桢察看情形，认为：“非破釜沉舟与白德（理）直截讲说，终不能了事。”于是，“将委员等严行申饬，勒限三日必行完结”。

适白德理来见，丁宝桢“即为厉色相待，严切与谈。亦定限三日内会同委员议结回复。并明白告知该主教，以其身旁所带唆弄之辈颇多，令查明禁止，不准再行从中阻挠干预，以坏大局”。“殊该主教经此开导，颇觉知儆。即于二日内会同委员三面议结。一切京控各案，悉予注销。并立时亲笔书押为据。其前索银八九万两之处，亦不言及。惟求酌给修造教堂及抚恤失业教民，并垫发留养之资，约共实需银二万九千两。”丁宝桢“以所求各款，于理于情实系应给，当经谕令照准办理。并将涪州之案催令一同速结”。[②] 大概相持近一天一夜后，涪州教案以赔银一万两议结。延宕已久的江北、涪州二案在范若瑟离川后，在丁宝桢的亲自干预下，由此结案。

由此看出，丁宝桢对前后两任主教范若瑟、白德理，在办理教案交涉上，态度都颇强硬，敢“责”“厉色相待”。而范若瑟与白德理对此也是“唯唯听命”“颇觉知儆”，对比以前法国主教对于中国地方官横加指责、肆意攻击的态度已是大相径庭。而江北教案也在丁宝桢亲自出马、限期办结的命令下如期办结了，赔款只有2.9万两不到，比此前的两次酉阳教案都要少许多。

丁宝桢能如此快速结案，其原因可以分析为，教方失去了崇实这样的办案官员，无可恃其淫威。崇实对法国传教士向来行“羁縻”态度。境内若有民教冲突，一定派兵弹压，以保安靖，不给洋人以滋事借口。崇实一直如此维持民教相安的结果就是民教冲突愈演愈烈，教民愈来愈恃教逞

---

① 《教务教案档》第三辑第2册，第1215页。

② 同上书，第1336页。

强，民众积聚的不满愈来愈多。最终，四川以民教冲突多、解决难闻名。

为了改变这种状况，丁宝桢撤换了范若瑟。到了再任川督刘秉璋那里，则是不顾各方反对，坚决将教民之首罗元义斩首枭示。[①]

刘秉璋进士出身，原是淮军将领，从浙江巡抚调任四川总督，光绪十二年十月一日接印任事。教绅罗元义是重庆教民之首，祖辈即奉天主教，向在该县内开设书铺、药铺，与教中关系密切，势力很大。光绪十二年五月三十日，罗元义因闻渝城百姓打毁各处教堂洋房，自知平日奉教，与地方绅民蓄冤已久，担心打教人来家寻仇滋事。遂雇一百多人，每日每人给钱三百文，在家防守。六月初一日早饭后，渝民纠众一齐拥至罗元义门首，寻衅喊闹，毁物伤人。罗元义气愤，遂喝令所雇人出外砍杀，声言闹出事来，由他承当。结果伤毙三十多人。六月半间，渝民石汇等挟忿纠集五十余团三千余人，二十四日至白果树教堂滋事，与该教堂主教所请营勇互斗，杀勇烧房，酿成命案，是为重庆教案。刘秉璋审理后决定，将罗元义和石汇斩立决枭示。[②]"既足以戢教民之势，亦足以慑平民之心。"[③]事发后，以事出有因，法使两度致函总署为罗元义求情，总署向四川方面转达法使之意，也希望能从轻处置。李鸿章也劝他从轻发落。但刘秉璋顶住各方压力，硬是将罗元义斩首，并将罗氏之首悬挂于巴县城头一个多月。在法使的一再抗议和总署的一再催促下，才取下掩埋。刘秉璋因此与教中及洋人结怨。光绪二十一年，成都教案时，洋人遂强烈要求将刘秉璋处以革职永不叙用之处分。清廷不得不允从。而刘秉璋终其一生，对此事始终无悔。[④]值得注意的是处理此案时，每次奏报都是刘秉璋在前奏陈，奏完后附上一句"谨会同成都将军臣岐元附片具陈"。说明这时处理教案主要以督抚刘秉璋为主。

纵观各任督抚对教案处理的态度，再对比吴棠，可以看出，崇实离开四川后，成都将军处理教案之权凌驾于总督之上的特殊情况不再存在。吴棠兼署成都将军，负责处理教案。后来崇实的继任者魁玉也没有获得崇实的特权，魁玉也并非如崇实那样对待传教士，在处理教案上而是与吴棠同

① 《教务教案档》第五辑第3册，第1408—1411页。

② 《清末教案》第2册，第446—448页。

③ 同上书，第451页。

④ 同上书，第604页。

步。吴棠离任后，继任者丁宝桢在处理教案的过程中扮演了主要角色，作风果断强势，雷厉风行，“以其人之道还治其人本身”，撤换范若瑟后，了结了多起延宕未结的教案，并对民教冲突定下约定。办案中，一改以往大吏的做法，不再仅仅是派代表前去办案，由将军、总督在幕后操纵，而是亲自走到台前，亲为议结，减少了很多不必要的延宕和周转。他的带有强烈个性色彩的办事风格，加快了办案的效率和权威性。而刘秉璋敢于顶住各方高压，坚持斩首枭示教绅罗元义，无疑起到了杀鸡儆猴的作用，他的铁腕政策对教方也有震慑作用。因此，教案的发生以及是否容易完结，与总督等地方大员的办事风格有很大关系。

吴棠在处理教案中的态度，既有骆秉章的保守，也有崇实的妥协，没有丁宝桢的干练和智谋，没有刘秉璋的坚决和果敢，也就是他自己所说的“阳为抚循，阴为化导”。这也导致了他在处理教案上无功无过的平庸表现。

第二节　停修圆明园的催化剂

同治帝亲政以后，将重修圆明园提上议事日程。诏令各省贡献木植，号召王大臣们积极捐款，但应者寥寥。吴棠虽未明确反对，但在奏请延缓进贡木植的时间，又查出李光昭假贡木植，对圆明园最终停修起了催化作用。

一　清廷重修圆明园

圆明园自咸丰十年被英法联军焚毁后，清廷一直有重修的打算，但因内忧外患和财政压力，无法实现。随着太平天国、捻军的先后平定及陕甘回民起义的肃清，重修圆明园之议遂起。同治七年，满洲御史德泰在慈禧宠监安德海的授意下，根据内务府库守贵祥所拟按户亩鳞次收捐的建议，奏请筹钱修复圆明园。但却遭到奕䜣等人的强烈反对，并痛斥德泰所奏是动摇邦本，最后慈禧不得不下令将德泰革职，将库守贵祥发往黑龙江给披甲人为奴。

但修复圆明园的动议并未因此而停，相反，暗中倒是被更加积极地酝酿着。同治帝亲政后，内务府郎中贵宝、文锡及侍读学士王庆琪等人，便不断劝说同治帝修复圆明园。同治帝亲政初想在政事上有所作为，不愿事事商之于慈禧太后，慈禧为此很不高兴。加之翌年便是慈禧四十寿辰，同治帝想通过修缮圆明园讨慈禧欢心，同时让慈禧远离紫禁城，退归园廷，尽少干政。于是，便积极筹划修缮圆明园。

同治十二年九月二十八日，同治帝以颐养太后为名，颁布了重修圆明园的朱笔上谕，称亲政以来未奉两宫太后在园安居，于心不安。因为无钱全部修理，仅修安佑宫供奉列圣圣容之所，及两宫皇太后所居之殿，并皇帝驻跸听政之处，其余概不修。又以钱无所出，要求王公以下京外大小官员量力报效捐修。①

上谕发出三天，御史沈淮便上疏力请缓修圆明园。同治帝大怒，立即召见沈淮，责以大孝养志之义。李鸿藻以帝师身份向同治帝苦谏无效。御史游百川上疏再请缓修又遭革职。臣下并被警告，再请缓修，定行惩办。十月初二日，同治帝再次颁布修园上谕，同时慈禧也就园内的装修等屡屡提出意见。

奕䜣见同治帝修园心切，那拉氏热情高涨，知道无法阻止，便带头报效二万两银。但随之应者除满族官员外，汉族官员寥寥无几，因此所得甚微，自同治十三年一月十九日正式开工，至四月初二日，仅筹银两三十万不到，至被迫停工时，总计收入四十万五千余两。② 如此微薄的收入，与所需的一二千万两比起，差距太大。

大臣们不愿捐款，因为正值内忧外患之际，修园之举实在不得人心。就在正式开工前三十几天，新疆发生阿古柏叛乱，俄国企图借机染指新疆，清廷派左宗棠去平叛。八天之后，法国又强迫越南接受保护，企图以越南为跳板侵略中国；二十多天后，日本又派舰队发动侵台战争。列强环伺，清廷不谋自强，却要把宝贵的金钱用于兴修圆明园，怎能不引起愤慨！

但慈禧和同治帝修园决心已定，慈禧太后并亲自参与天地一家春的修复设计。此次修复的范围已远远超出同治帝当初上谕所说的范围。此次打算重修的部分包括圆明园的南部大宫门、出入贤良门、正大光明殿、勤政殿及附近朝房值所，这些地方是朝观治事的地方；还有九州清晏殿、慎德堂等历代帝后的寝宫，其余的殿宇亭榭，酌量修理或者仅清除渣土。福海

① 吴相湘：《晚清宫廷实记》，台湾正中书局 1982 年版，第 206—207 页。

② 李宗侗、刘凤瀚：《李鸿藻先生年谱》上册，第 200 页。

以西以北一带修理明春园一处。长春园修理大宫门、天地一家春、蔚藻塘、清夏堂数处，作为两宫太后临幸之所。计划修复的除了殿宇和亭榭，道路、桥梁、船只、河道、泊岸、码头、围墙、门楼等附庸工程也将择要兴修。[①] 如此工程，所需银两和建材自是浩大。

自同治十二年十月初八日开始，内务府便赶忙督雇民工，将安佑宫、天地一家春、正大光明殿等二千余间的断壁残垣拆除。为了弥补材料不足，同治十二年十一月，内务府奏请将圆明园藏舟坞，并近春园空闲园寓、房间、游廊及清漪园、静明园、静宜园坍塌殿宇、值房等处的木料、椽子、瓦片拆卸，量材使用。同治十三年正月十九日辰时开工，饬令派出司员人等督饬各商，即将去岁未能运完之渣土一律出运。其殿宇、房间仍照旧式者，拟先将底盘修理妥协，以备大木到时，即行竖柱，不至有误工作。清夏堂、天地一家春、慎德堂等处均有添盖、改盖殿宇，地脚均需另行筑打，此时先行刨槽，硪下椿丁，筑打灰土，成做底盘，一有木植，亦可立架兴修。其现存木料为数无多，拟就现在应盖殿宇房间尺寸相符者，随时修盖。[②]

即便如此，所需木植缺口仍很大。据内务府奏，安佑宫、清夏堂、天地一家春、正大光明殿等处，应修殿宇房间不下三千余间，即以现在所拆堪用木植尽数选用，亦不抵十分之一。工程还“需用楠、柏、陈黄松木，径四尺至七寸、长四丈八尺至一丈五尺不等，共大件木植三千根。又需用杉木，大径一尺五寸、小径七寸、长六丈桅木五百根；大径一尺三寸、小径七寸、长三丈原截木五百根”。[③] 砖、瓦、石料、小件木植京中就近尚可采办，惟大件松木柁、檩、柱暨楠、柏、杉木，自上年在京设法采办，因木植缺少，实在无从购觅。若专由产木各省购觅，恐往返行文有需时日，致误要工。因此，内务府一面行文两湖、两广、四川、闽、浙采办大件木料，每省各三千件，作正开销，饬令将能否采办何项木植若干件，先将丈尺根件务于同治十三年三月内报明，迅即运京应用；一面由京内招商

---

① 刘敦桢：《中国营造学社汇刊》第4卷第2期，京城印书局1933年版，第126页。

② 同上。

③ 《吴棠奏为采办木植展期折》（同治十三年四月初四日），《圆明园》（上），上海古籍出版社1983年版，第700页。

前往产木之区，赶紧设法采买，以期迅速而求实济。①

内务府将采办木植的要求行文有关各省，各省陆续都有回文。最先回奏的是湖广总督李瀚章，李瀚章称："两湖所产木植多系杉、柏、油松，其近水者兵燹时砍伐不少，民间起造屋宇概用小材，是以各商贩运木植径尺以外者并不多见。其册开各项大料径约三四尺，围圆须一丈一二尺。查此项巨材非深山穷谷历经千余年及数百年之久不能轻易长养成就。臣等督同司道遍加咨访，闻贵州老林之中或有此等大件，现由臣瀚章、臣柏荫会委湖北补用知府伍继勋，臣文韶檄委湖南候补知府王述恩等分赴黔省，并各派员弁至湖北之郧阳、宜昌、施南，湖南之永州、永顺、靖州等府属产木之区，遵照册内大小木植采访寻觅。如能照式觅获，即行设法起运赴京，以济要工。"② 待所派委员禀覆采觅、购办木植结果后，再详细奏报。其实就是说两湖现在并没有此等合适的木植可供使用，需要到临近的贵州采觅，能购办何项木植尚不明确。

浙江巡抚杨昌濬直接回奏所派木植无从采办。因为以前浙江就未承担过大型木植的采办，"检查工部例开，每年江苏、江西、湖南、浙江四省办运例木，江苏、江西、湖南皆饬采办桅木、杉木等项大件木植，独浙省谨办架木，小则围圆一尺五分，至大亦不过围圆一尺五寸，是浙省向无大木，例不责令办解，此其明证"。现据藩司庐定勋详称，内务府册内所开"采办楠、柏、黄松大件木植三千根，又桅木原截各五百根，系为钦工要用，自应赶紧设法办运。惟四处采访楠木、柏木、黄松等木，浙省向不出产，不特可充栋梁之用者无此大材，即细小不合丈尺者亦所罕见……况被兵后，焚毁砍伐几无遗种，现虽培养数年，而生者难以骤长，用者日见其多，虽细小杂木亦较从前为少。即如本年试办年例架木，不过解备工程搭架之用，此等小件，本省已难觅购，若奉饬办楠、柏、黄松，暨桅木原截等木，浙地向不出产，且至小者径亦七寸，以径一围三而计，须围圆二尺一寸，无论何项杂木，浙省已无此大料。其径至四尺、长至六丈者，尤属

① 《总管内务府奏查看园工木植折》（同治十三年正月十四日），《圆明园》（上），上海古籍出版社 1983 年版，第 667 页。

② 《李瀚章等奏遵旨采办木植折》（同治十三年三月初三日），《圆明园》（上），第 675—676 页。

素所未有，实属无从采办”。[①] 请求敕下内务府另行设法办理。

来自广东的消息稍让同治帝欣慰。两广总督瑞麟与广东巡抚张兆栋联衔奏称，已督同藩、臬、运司妥筹采办，一面遴委干员分赴香港、澳门、汕头等处，及省河内地各路逐一详细访询各项木料情形。据各委员查覆，“询之各木商，皆称楠木、柏木、陈黄松木三项广东并无出产，亦无外路运到，实难购觅。广东所出杉木质甚松浮，不堪经久，只有外洋运来柚木、铁抄木、黄抄木，及坤电、六坤、卡兰义铁梢，东京铁梨、黄梢各项格木，质性尚属坚实，惟所存仅有径七寸至径一尺八寸，长一丈五尺至四丈八尺零不等，其径三尺及四尺大料木植，实所罕见。至各项格木内惟把麻一种较为长大，如须径三尺、四尺木植，或把麻有此大料，仍须往外洋采询，但把麻质性不及坤电等木坚实，未知能否合用等语。经该委员等饬令该木商专人前往外洋访询，海道往返约须本年秋间始能回粤禀覆。”瑞麟并将木样解到内务府，经查验可以“酌量尺寸建盖小殿座，抵对使用”[②]，于是要求瑞麟将木植解送到京以备工用。但一直到停止修园，也未见瑞麟将木植解运到京。

二　李光昭案

当清廷内外为木植四处筹措的时候，同治十二年十一月二十三日内务府的奏折带来一个令同治帝精神一振的好消息。有候补知府李光昭于同治十二年十一月初七日，向内务府表示愿意报效木植。李光昭自称广东嘉应直隶州人，时年五十二岁，由监生于同治元年在皖省报捐知府。从上谕得知修圆明园的消息，赴禀宪台，情愿报效修园木料，运至通州，限十年运足十万两银木植，以备上用。不敢邀恩奖励，只请通饬沿途各关卡免税放行。并问可否劝谕亲友踊跃乐输银木，恳求颁发字样，雕刻木质关防，以便备文报运。但内务府以十年太久，恐缓不济用，宜早运解，以备园工之需。李光昭答以山路崎岖，恐木料过大，急难出山，如能三、五、七年运完，则更出诚恳，万不能过以迅速，断不敢逾十年之限。至砍伐木料陆续

① 《杨昌濬奏奉派木植无从采办折》（同治十三年三月十日），《圆明园》（上），第678—679页。

② 《总管内务府奏两广总督妥筹采办洋木折》（附片一）（同治十三年五月二十日），《圆明园》（上），第710—711页。

出山，自必报明该处地方官，点明根数，详请督抚给照免税放行，以杜一切私带之弊。如有假公济私，愿甘治罪，断不敢故意稽延，亦不敢稍涉徇私，以干罪戾。内务府询问所有木植系由何省起程？李光昭称系由湖南、湖北、四川、贵州、福建、广东各省起运。内务府认为李光昭所禀“颁发木质关防，派员同运，会明督抚，劝谕亲朋等款，政体攸关，诸多窒碍，均不可行”。[①] 但准其将所运木植根数、长短、径大尺寸报明地方官，详请督抚验明。如果树木相符，即可发给护照，每遇关卡，认真查验，免税放行，倘稍有夹带私货，或根件不符，一经查出，从严惩办。俟该员将木植解京交纳后，再由内务府奏请恩施，以昭激励。李光昭自称不求回报地报效，清廷未经核实，连忙同意。

同治十三年六月初十日，内务府又奏称，据李光昭禀覆，亲自航海购运洋木计1 050余根，洋木板550余块，大小尺寸不一，约共洋尺5.55万余尺，价值30万两。现陆续将抵天津大沽，请奏明派员点数查收，恭备上用，并将木样一件呈递前来。经各工详认，称木质坚实，尚堪应用。内务府又接到直隶总督李鸿章咨文称，李光昭报称运解木植，请免税放行。应否照免，咨行内务府查核咨覆。内务府认为李光昭所运木植系报效修理园庭之用，自应准其免税，遂行文李鸿章遵照办理。并且考虑到由内务府派人赴天津验收，往返需时，转费周折，请求饬下直隶总督就近派员，按照李光昭所禀木植根件数目、尺寸详细验收，造册咨送内务府；一面由该督派员，迅速设法运赴圆明园工程处查收，务期木植干洁，不得潮湿，以便应用。俟木植运到工后，经内务府查验，是否与该员所报根件数目、尺寸相符，再行核实估计价值，奏明请旨，格外恩施，以昭激励。[②]

李鸿章遂札委署津海关道孙士达，会同天津道丁寿昌，遴派候补同知宋宝华、候补县丞马宗武，前赴新关验收运到木植。就在这时，出问题了。六月二十日，美国署领事官毕德格申称，美国旗昌行商人禀称，在福州与李光昭议买法商木植三载，一抵天津，一抵上海，一仍在外国，共议定价值洋银5.425万元，言明到津付价取货，若有耽延，每日加船价费用洋银50元。现到一船在津耽延33日，应加洋银1 650元，除收过李光昭

① 《总管内务府奏李光昭报效木植请旨免税放行折》（附禀文二件）（同治十二年十一月二十三日），《圆明园》（上），第643—647页。

② 同上书，第644—645页。

定银 10 元，此船尚欠洋 1.5086 万元。李光昭尚未付价，未便付给木植，并抄呈原定合同。李鸿章遂转行该关道孙士达等速催李光昭与洋商清算账目。但李光昭到津赴道禀称，洋商运到木植尺寸与原议不符，请照会领事饬该商将大木尺寸呈出底单，具限速运来津。二十六日接美国领事申称，李光昭不肯收木付价，因木商系法国人，令其前往法领事处控告，日后此案即归法领事办理。是日又据法国领事官狄隆照会该关道，以该法商与李光昭交手事件未清，唯恐李光昭逃走，禀请设法拘留。复经孙士达照复法领事，谓李光昭定购法商播威利木植，立有合同，该商未照合同将各项载明码数木植运到，以致不合工需，属将后载木单给阅，彼此公平成交。二十八日法领事照会孙士达，以此案本拟秉公会审，但关道据李光昭一面之词即以法人理短，胸有成见，只可另行控办。孙士达对此详晰辩驳。

七月初二日通永道英良由京到津，传同治帝面谕，饬李鸿章将运到木植赶紧解京应用。李鸿章调查后认为此案有纠纷，暂不能运木进京。现李光昭与法、美领事各执一词，李光昭谓现到之木尺寸短小，与原议不符，未便收木付价，致不合用；法商坚称木料尺寸与合同相符，李光昭借词措价，控请领事会审，仍欲另行控办。其中轇轕甚多，必须关道与领事官秉公会审明确，方能定谳。且李光昭与洋商原立合同内仅付过定洋 10 元，并据美领事申称洋木三载共只洋银 5.4 万余元，又耽延加银1 600余元，而李光昭在内务府呈称购运洋木报效值银 30 万两。木价既浮开太多，银两亦分毫未付，所谓报效者何在。而且，五月间赴津关报称木船两载，迄今只到一船，种种虚浮实难凭信。事关洋商控案，各领事从中把持，应俟木船到齐，李光昭与之清算了结，始能详细验收，设法解运。①

李鸿章将此情况禀告清廷后，清廷十分生气，认为李光昭“胆大妄为，欺罔朝廷，不法已极”。同治十三年七月初六日谕令将李光昭先行革职，交李鸿章严行审究，照例惩办。并饬内务府将李光昭报效木植之案，即行注销。

同日又令军机大臣寄谕李鸿章，表示李光昭“以五万余元之木价捏报三十万两，已属荒唐，且面求美领事代瞒价值；法领事照会关道，请拘留李光昭，无使逃走。无耻已极，尤堪痛恨。该督即称李光昭在外招摇，

---

① 《李光昭报效木植结讼折》（同治十三年七月初三日），《李鸿章全集·奏议六》，第 95—96 页。

出言不慎，且恐有别项情节，即著李鸿章迅速确切根究，按律严办，不得稍涉轻纵”。初八日李鸿章奉到此旨，即着手查办。

一个月过去了，还未见李鸿章汇报查处结果，清廷有点着急，八月十二日又发上谕催促：“前将李光昭革职，交李鸿章严行惩办，时逾一月有余，尚未据该督复奏，著将此案迅速严讯，即行奏结，毋再迟延。”

八月十六日李鸿章奉到此谕时，正在缮折覆奏查处结果。李鸿章奏道，自七月初六日奉旨后，即分饬署津海关道孙士达、天津道丁寿昌及天津府县将李光昭拿获。经孙士达与法领事狄隆迅速会审，知李光昭定买法商播威利木植三船，第一船已抵天津，其余两船一抵上海，一在外洋。所有后船木单李光昭已经见过，唯所到木植尺寸短小不合工需，而播威利则谓原议如此，李光昭废弃合同，有意诓骗，致该商重洋跋涉守候多时，大受亏折，求令李光昭赔洋银 1.5 万元，以偿该商耽搁资本及船价耗费，方肯了事。而李光昭既无钱买木，亦无力认赔，该领事与洋商因此屡渎不已。经查明，所到木植尺寸本不合柁梁檩柱之用，若配修海防炮架等项尚属相宜。遂饬孙士达与法领事商办，将已到木植由天津机器局权宜收买，李光昭赔款即作罢论。播威利势难久候增累，亦即遵允，其余两船木植由该洋商止令勿来，自行另售，以符注销报效之旨。

将李光昭与洋商的纠纷办理完结后，李鸿章又督饬孙士达、丁寿昌并天津府知府马绳武，连日查究李光昭捏报木价、欺罔招摇各事。据李光昭供系广东嘉应州人，寄居湖北汉阳县，向贩木植、茶叶维持生计。同治元年在临淮军营报捐双月知府，仅领实收，未得部照，实收旋亦焚毁，前在汉镇挑筑堤工被人控告未结。十二年六月进京贩卖花板，与前任内务府大臣诚明、前署内务府堂郎中贵宝、内务府候补笔帖式成麟认识。正逢兴修圆明园，诚明等问其采买大木情形。李光昭想若到四川等省进山伐木，用工本银三千两可报效值银一万两，旋向贵宝说愿报效十万两银木植，分十年呈交。经贵宝带见堂官，允令呈请核办，随即出京与成麟偕行。嗣至湖北，探知进山伐木非三年不能出山，工本太重，复至广东、香港改购洋木。本年三月定买洋商庵忌吕宋木洋尺三万二千尺，当付定洋十元，写立合同，后庵忌病故，原定木植被其债主分散，事遂罢议。时法商播威利亦有木植出卖，李光昭因无钱，初尚游移，成麟欲借此补缺，据云可向其亲戚借凑，遂向定买。成麟先取木样回京，李光昭至福州与播威利议定买木三船，共洋尺三万五千尺，每尺价一元五角五尖，统合木价洋银五万四千二百五十元。言明到津付价交木，若有耽延，每日加给船价洋银五十元，先付定洋十元，写立合同。李光昭于五月至津，播威利将第一船木植运到，李光昭即赴京在内务府呈报木植数目，捏开洋尺五万五千五百余尺，价值银三十万两。但李光昭并无钱买木报效，家中仅有五十石粮之地，从前做生意时尚可通融银钱，今向各处告贷未获，成麟亦未借得银两，运到木植又不合用，遂与洋商互控。

在审讯中还得知李光昭曾刻有奉旨采运圆明园木植李衔条，并制有奉旨采办旗号，与洋商庵忌所订买木植洋文合同内有圆明园李监督代大清皇帝与阿多富庵忌香港商人立约字样。李光昭捏报木价已属胆大妄为，欺罔不法。该犯呈请报效木植仅经内务府批准，并奏明由地方官查验，如有夹带或根件不符，查出从严惩办等。因此该革员并无专奉采办之谕旨，其自行报效与特奉采办名义悬殊，乃敢捏造奉旨采办衔条旗号，肆意招摇，煽惑中外，实属诈传诏旨。圆明园为圣驾巡幸重地，凡执事人员皆系内使近臣，该犯冒充园工监督到处诳骗，致洋商写入合同，适足贻笑取侮。

李鸿章认为：

> 李光昭素行无赖，并无家资，实借报效为名肆其欺罔之计，本无存木而妄称数十年购留，本无银钱而骗惑洋商到津付价，本止定价五万余元而浮报银至三十万两之多，且犹虑不足以耸人听闻，捏为奉旨采办及园工监督名目，是以洋商竟有称其为李钦使者，足见招摇谬妄并非一端。迨回津后恶迹渐露，复面求美领事代瞒木价，致法领事照请关道将其拘留，无耻已极，尤堪痛恨。此等险诈之徒只图奸计得行，不顾国家体统，其欺罔朝廷、煽惑商民种种罪恶，实为众所共愤，本非寻常例案所能比拟，若不从严惩创，何以肃纲纪而正人心！

因此建议将李光昭依诈传诏旨者斩监候律，拟斩监候，秋后处决。因李光昭未与贵宝交通舞弊，但内务府笔帖式成麟擅自出京，偕李光昭潜往各省，请旨将成麟革职。[①] 清廷同意判李光昭斩监候，秋后处决，将成麟革职。此外，贵宝革职，已革总管内务府大臣崇纶、明善、春佑，均改为

① 《李鸿章全集·奏议六》，第115—116页。

革职留任。①

李光昭招摇欺骗的结果，就是掀起了新一轮的反对修园的风潮。恭亲王奕䜣、醇亲王奕譞等人便联衔上疏，提出六条谏阻意见，认为“现在急宜停止者，乃在园工一事”。帝师李鸿藻又上疏慈禧太后，建议“及早停工，以安天下人心”。御史们也纷纷上折，参奏内务府大臣及司员肆行欺君罔上，才致李光昭的阴谋得逞，应该予以严惩。其时木植仍然极度缺乏，慈禧太后和同治帝被迫接受王大臣们的停止修园之请，改为只修三海。②

三　吴棠的作用

吴棠其时任四川总督，也奉命采办木植。同治十三年二月二十九日，吴棠接到内务府咨文，认真调查情况后，于四月初四日回奏。折中不仅将川省现有木植情况上奏，并以道路险远，请将所办木植展限。吴棠查阅了以前川省采办木植情况：“道光初年奉文采办楠柏木植四百十七根，又六百七十三块，系在距省十数站之打箭炉越嶲厅老林开厂砍伐，离水甚远，中隔崇山峻岭，连年缒幽凿险，疏通道路，始能盘运出山，极费人工，中途间有损折，复添换足数，自奉文以至起运，前后时阅数载，是从前采购已属不易。”而当时采办更属不易，“自咸丰九年以后，滇发各匪相继窜扰，边腹各地所有成材巨木多被毁伐，近年新种树木材料短小，不能合式。此次需用楠、柏等木三千根，较前多至数倍，内地无从购觅，必须多派干员分赴夷地，带同土人、樵夫越岭翻山，深入老林寻觅。”运输也是一大问题。“如采获合式堪用之木，又须履勘经过道路。或遇悬岩深涧，阻隔不通，人力难施，不得不另开僻径，预为绕道拖运地步，然后雇匠入山，锯伐成材，募夫起运。蜀中跬步皆山，素称崎岖，引重致远其难倍于他省，此陆路之情形也。及抵水次，又多巨石险滩横亘中流，其自嘉定、雅州以上，尽属山溪小河，舟楫不通，木植尤难札筏，必须逐根飘放，至嘉定大河，始能札筏东下，此水路之情形也。”虽然有这些困难，吴棠仍努力采办。“已督饬藩司，拣委能耐劳苦之员，并分饬产木州县，上紧采觅。何处能获何项木植若干，如果合式，逐根丈量明确，据实开报，早为

① 《清穆宗实录》卷369，同治十三年七月己巳。

② 《翁同龢日记》（排印本），第2册，中华书局2006年版，第753页。

采办。惟道路险远，纵委员等多方购觅，而挽运难计时日，若照内务府原咨，限于今春三月报明丈尺根数，迅速起运，为时太促，万难依限办理。”因此请求展缓限期，“一俟办有端倪，先将所得木植丈尺根数详细具奏，一面采伐起运，不敢过迟”。吴棠并请求免解杉木，“川省杉木，亦曾于道光初年奉文采办，因查验木质松浮，一经水泡日晒，概多损裂，不适于用，经原任督臣戴三锡奏请免解，奉旨允准在案。此次应办杉木一千根，可否援案免解，以省冗费”。[①] 清政府同意其缓解木植并免解杉木请求。

吴棠在汇报四川采办木植情况的同时，也附片将调查所得李光昭的情形汇报清廷。因内务府折中说李光昭愿将数十年商贩各省购留香楠、梓、柏等项巨木，价值十数万金，斫伐运京，报效上用，由两湖、四川等六省起运。因此，吴棠认为，李光昭既称购留巨木十数万金，以历数十年之久，则购于何厅州县、何处存留若干、商贩系何姓名，所在地方商民断无不知之理。当即分檄各巡道，督饬各地方官确查。但据永宁、川东、川北各道陆续具禀，遍访各属山厂木商及地方耆老，皆称数十年来未闻有外来李姓客商在川购办木料存留未运之事。近年亦无李光昭其人采办木植。李光昭所说实属毫无凭据。且川省自滇、发各匪窜扰，边腹州县即使购有木植，数十年中迭遭兵燹，亦未必独存，所有李光昭报捐木植之事，系属空言无稽。请旨饬下内务府将该员原呈注销，毋庸置议，仍由各省委员采购，以杜纷扰而期实济。朱批：“著照所请。”[②]

其实之前李瀚章也在奏片中汇报了李光昭的情况。[③] 说已查明李光昭寄居汉镇多年，向未贩运木植，家道并不殷实，素行不端，现有被控盘踞扰害案件未结，其人其言均属难恃。因此，李瀚章认为，各省既奉旨采办修园木植，自无不设法多方购觅，似不必令市侩报捐，致伤大体。且李光昭报捐之数，核价不过十万两，于大工无甚裨益，而推之六省之广，期诸十年之久，其欺罔情形已可概见。将来借端骚扰，影射流弊滋多。因此，

---

① 《吴棠奏为采办木植展期折》，同治十三年四月初四日，《圆明园》（上），第700—702页。

② 吴语亭编注：《越缦堂国事日记》，沈云龙编《近代中国史料丛刊》续编60辑第596册，第1145—1146页。

③ 参劾李光昭的奏折，收录在中国第一历史档案馆编的史料集《圆明园》中的王家璧的奏折和李瀚章的后人编的《合肥李勤恪公政书》中收录的李瀚章的奏折是一样的，不知为何？

建议将此项木植专归官办，免其报效，以崇体制，而杜弊端。同治帝批示："知道了。片留中。"[①] 并未采纳李瀚章的意见。

同治十三年五月二十一日，吴语亭在日记中评论："自去年园工之兴，上疏者沈、游两御史，大臣惟李尚书力争之，外间则两江李总督宗羲及袁阁学保恒、谢麐伯学使而已。其参劾李光昭者王少卿家璧、两湖李总督瀚章，皆据其在湖北时诡险无藉、控案甚多言之。其力陈时弊者，今年春邓铁香、陈六舟两御史先后有疏，近日李尚书及侍讲宝廷亦言之甚切，皆留中不报。"[②]

其余人的折片皆留中不报，但吴棠的奏折和附片没有留中不发，并登在了《邸钞》上。因此吴棠的奏片就显得尤为稀奇，吴语亭将之抄进了日记中。为何吴棠的奏片就登在了《邸抄》上？比较一下李瀚章和吴棠的折片可见，前折对李光昭的人品多有否定，对李光昭报效的举动可能引起的不良后果估计较重，为清廷不乐见不乐闻；后者只是就事论事，用调查结果证明李光昭在四川购木存木之说毫无实据，请求将其原呈注销，不动声色地揭露了李光昭的欺骗行为。比较容易为清廷接受。因此同是反对李光昭报效的折片，在清政府这里收到的回应态度却不一样。但吴棠的奏折随《邸抄》传播，对停修圆明园起了一定的舆论造势作用，使得后来的反对者有了更充分的论据要求停止修园。

陈庆年在年谱中也记述了这件事，"同治十三年四月……时饬四川采办修理圆明园木料。公疏请展限，又奏劾奸人李光昭献木植助工之伪。诏下直隶总督李鸿章究问得实，光昭坐欺罔伏诛。各工旋罢。论者以是韪公。"[③] 可见吴棠的奏折在当时确实引起了关注并得到了好评。

后人论道："就中吴棠一折，缕陈采木困难诸点，最称恺切，遂邀免解之谕。"究其原因，"良以太平天国之役后，封疆大吏，事权寖大，清廷威信，亦非康乾盛时可比。内府诸郎，欲于大乱之后，以一纸咨文，驱

---

① 李瀚章：《查明李光昭家道并不殷实片》（同治十三年三月初三日），《合肥李勤恪公（瀚章）政书》，《近代中国史料丛刊》第15辑，台北文海出版社1973年影印本，第537—538页。

② 吴语亭编注：《越缦堂国事日记》，沈云龙编《近代中国史料丛刊》续编60辑第596册，第1152—1153页。

③ 陈庆年：《吴棠年谱》，《近代史资料》总75号，第130页。

各督抚朘削小民膏脂，供不急之务，宜其遭李、吴诸人之反对”。[①]

吴棠在重修圆明园的事件中，表现仍是一贯的不温不火，但却收到了别人没有收到的效果，对圆明园的停修，对四川环境的保护，贡献颇大。

第三节　又遇曾国藩、李鸿章

吴棠调离漕运总督后，与曾国藩、李鸿章在公事上的交集很少，如前所述，主要的联系就是例行协饷和过年过节时的礼节问候。但在四川总督任上，因为受贿案和李鸿章再次重逢，因为淮盐引地之争也和曾国藩有了交集。

一　受贿案

对于李鸿章密请清廷让吴棠速赴闽浙总督新任之事，吴棠或许并不知晓，或者有所感觉但并不计较。吴棠奏请陛见，于同治七年五月初六日辰刻蒙召见。这次召见情况，据《吴棠年谱》记载，慈禧太后询其病状，又询问李鸿章剿捻事。“是时，西捻张总愚由山右直趋河朔，蹂躏东、直间。鸿章建就地圈贼之议，而直、东平原千里，无险可扼，屡奉严旨诘责。斯时，中外危疑成局将隳。”吴棠奏言：“李鸿章必能办贼。第时方盛夏，粱秫正茂，贼易潜匿，兵合则不足备贼溃窜，兵分则不足制贼死命。见兵力已疲，而贼势正盛，倘皇上能假以时日，蓄养兵力，转瞬秋获登场，效野清静，则贼技无所逞，大兵四合，蹙贼于黄、运之间，必可肃清。上嘉纳。”[②] 后未两月，捻军败，如吴棠言。这段话表明吴棠对李鸿章的欣赏和对其军事能力的肯定，并不以李鸿章曾与其争权而介怀。

同治八年五月二十日，军机处寄谕湖广总督李鸿章，命其前往四川。因有人奏参新任四川总督吴棠荒谬贪污，物议沸腾等。参折内说，吴棠眷属抵川时，需用夫轿甚多。到任后收受属员规礼，不下十余万金。其余卖缺卖差，甚至索及夷人。并因需索不遂，将提督胡中和驻防一军撤散，而以所带副将张祖云另募之勇为边防。名为节省，实则过之，用以调剂私

---

① 刘敦桢：《同治重修圆明园史料》，《刘敦桢文集》（一），中国建筑工业出版社 1982 年版，第 354—355 页。

② 陈庆年：《吴棠年谱》，《近代史资料》总 75 号，第 124 页。

人。又数月以来，云南巡抚岑毓英差官入川，计七八次。每次必有馈遗，为数甚巨。清廷以此关涉“大员婪赃，并边防要务，亟应彻底根究”。命李鸿章按照原参各款，“秉公确查，据实具奏”。不准因二人系同乡就“稍涉徇隐，自干咎戾”。[①]

事先李鸿章给哥哥李瀚章的信中曾透露过这件事：“二十八日奉二十日密寄（切勿宣播为要），有人参仲仙贪劣各款，颇赏崇公笃守骆相旧章、信用楚军。着即驰驲前往川省查办，内有虽系同乡，不准稍涉徇隐，自干咎戾等语……唯原文均系空话，无实在证据。如收受属员规礼、司道折银、卖缺卖差及岑毓英馈贻等项，均非亲至川省查询不可……因系密件，不便抄行。仲翁小出入处或所不免，似不至如此之甚，必有人想夺此席，媒孽而成，将来只有据实具复。”[②]

李鸿章在复奏中称，二十八日接清廷密信后，“方深骇诧，尤不敢不认真查办”。[③] 九月十八日到成都，督同随带委员按照原参各款逐细研查，彻底根究。十月初三日，将调查结果逐条上奏。[④]

原奏所称吴棠家眷来时用夫3 000余名，四轿100余顶，酒水门包任情需索，每过一站非二三千金不办。李鸿章即提讯吴棠家丁盛贵，据供称，吴棠于上年九月由京赴四川，家眷另由扬州溯江来川，行至四川云阳县之龙洞滩，碰坏船只，即由云阳登陆，行李仍雇船装运进省，随行亲丁仆从总共只有50余人，雇用大轿24乘，内多篾扎行轿，又雇用小轿27乘，连挑抬夫共雇用580余名，均自行给价。只因蜀道崎岖，沿途过岭向由州县加备牵夫拉送，约共用牵夫170余名，仍另行给赏。总共只50余人，何至用四轿100余顶？行李辎重由船运至四川省城亦无须夫役3 000余名。至州县致送酒席概未收受，何敢需索门包？李鸿章反复严诘，家丁矢口不移。

李鸿章又亲自沿途查访，访得吴棠眷属过境并无扰索情事。据称上下仅50余人，所用夫轿必不甚多。只因四川州县向来设有夫马捐局，经费由绅董经手收支，常有劣绅役借口官差，浮开侵蚀，控案累累，传言之讹

① 《清穆宗实录》卷259，同治八年五月辛卯。

② 《致李瀚章》（同治八年六月初八日），《李鸿章全集·信函二》，第22—23页。

③ 《密陈查办吴棠参案片》（同治八年十月初三日），《李鸿章全集·奏议三》，第529页。

④ 《查覆吴棠参案折》（同治八年十月初三日），《李鸿章全集·奏议三》，第526—528页。

或由此而起。

原奏所称吴棠到任时收受各属员规礼不下十余万金，司道中有送以币帛食物者，辄令折银，多至二三千金。李鸿章于是饬令在省司道逐条明白禀覆。据藩司蒋志章、署臬司傅庆贻、署盐茶道孙濂、成绵龙茂道钟峻会禀："川省历来总督到任，司道及各属从无应送规礼。吴督宪到任，司道及各属从无应送规礼。吴督宪到任，并未闻有各属致送规礼之事，司道等亦未敢致送币帛食物，更无从听折银两。窃思收受规礼，例禁綦严。司道等各有考成，虽至愚昧，奚敢故违功令，致蹈愆尤。所有奉查收受规礼十余万及折银二三千两一层，实属并无其事。"① 李鸿章又传集该司道当面驳诘，皆坚称实无其事。又传督署巡捕府经历韩贻善再三研讯，据供，吴棠到任时，司道并无折送银两，其余各属亦无致送规礼，只有藩司备具文批申解公项银两。李鸿章查督署本有应解廉俸及文案薪水、书吏、辛工、饭食等银，与规礼不同，众证确凿似无疑义。

原奏称，该督饬令首县造具木桶数十为收银之用，声言所受银两留为办公，闻已陆续汇兑回籍一节。就此蒋玉章等人会禀："查上年九月，吴督宪到任之时，成都知县系李玉宣、华阳知县系霍为叶在任。该二员如有制造木桶数十具之多，呈送督辕装银，诚不能掩人耳目。据称千人共见、百口一词，司道等实各毫无闻见。"李鸿章又分别讯问了提督署巡捕韩贻善、吴昶等，据称到任所用器具系历任移交，桌椅、水桶间有添置，并无谕令首县备办别项桶只。至票号不但无汇兑之事，且无往来之人。李鸿章又提问首县办差家丁，据称上年冬天，不记日期，督署谕令购办水桶十二只，此外实无饬送装银木桶等情。就此李鸿章判断，"似因署内饬办水桶，外间遂妄称为收银之用"。

原奏称吴棠卖缺卖差甚至索及夷人一节。据藩司蒋志章、署臬司傅庆贻等禀称："川省补署各缺历有定例成章，其委署章程系经前院司核定，有酌委、轮委、遴委三项。酌委则概用劳绩人员，轮委则按班序委，遴委则系边苦要缺，以实缺、候补两项并用，均由两司秉公商酌，详请委署。"吴棠到任后，因查劳绩人员委数过多，委署转形壅滞，因此札司将前已详定各案"核其劳绩轻重，分别减改归并，另为厘定章程，并将正

① 《禀为奉札查明四川总督吴棠到任并无收受礼规卖缺卖差等情形事》（同治八年九月二十日），国家清史工程网站录副奏折，档案号03—4649—060，缩微号336—1105。

途、劳绩、捐纳分列班次，俾渐疏通”。至各项差使择其勤干耐劳者充办，多由两司会详请示，卖缺固已无从，卖差尤无是理等语。至夷人嗜利，动辄勒索官民，川省尤甚未闻有能索及夷人者，遍查并无此说。

原奏称吴棠到任未久，因需索不遂，睚眦之仇，竟将提督胡中和驻防一军全行撤散，而以所带副将张祖云另募之勇为边防，名为节省，实则过之一节。李鸿章讯问了川省防剿局司道各员，据称胡中和所统湘勇七年十二月、八年二月两次裁撤二千五百名，实因饷需支绌，现尚存中、左、右、后四营二千人分防叙南一带，并非全行撤散，如有需索睚眦情事，胡中和必直言不讳。又据提督胡中和覆称，前议裁时均与督臣往返筹商，无人通传，并无须索情事，亦无睚眦仇隙。至胡中和湘勇口粮每名月支银五两六钱八分，张祖云新募川勇每名月支银三两九钱，裁去湘勇二千五百名，只令张祖云另募一千名，人数既少，口粮又减，显为节省起见，所云名为节省实则过之，殆不足凭。李鸿章又咨询吴棠，吴棠回覆称，张祖云向在清、淮、徐、宿屡立战功，是以奏来川半载以来，协同胡中和裁剩四营扼扎边防，尚属稳固。李鸿章专门为此派员覆查，并无异议。

原奏称，崇实派道员刘岳曙管带楚军二千八百人赴滇助剿。川中月饷积欠已多，误信云南巡抚岑毓英之言，楚军不能得力，竟将月饷停止不解。本年已逾四月，仅收到月饷一次，又不移此与彼一节。李鸿章咨询吴棠因何停解？四月至今曾否续解几次？吴棠覆称，刘岳昭前统楚勇五千三百名，迨升任滇抚，分二千八百人交其弟刘岳曙管带，均由川省供支。前督臣骆秉章任内已欠该营饷七个月，该督上年九月到任后，十月、十一月、十二月，本年二月共解过刘岳昭营饷四次，计银五万六千余两。上年十月、十二月，本年正月、三月，共解过刘岳曙月饷四次，计银六万三千余两。惟上年十二月杪刘岳昭所部寻甸溃退后，游勇土匪勾结，边境不靖，委员领解未能克期前进，并非误信岑毓英之言，停止不解。四月至今，又解过刘岳昭月饷三次，刘岳曙月饷两次。是即就本年四月以前而论，并不止解过一次，其收到较迟亦属有因。刘岳曙一军，调往滇省助剿溃逃八百余人，续经吴棠等筹拨银五万两奏令遣撤，是该军不能得力，已可概见。至滇抚岑毓英需饷紧急，据吴棠覆称本年三次饬藩司先后另拨银六万两交来员领解，此系奉旨饬拨云南协饷，与刘岳昭楚军月饷系属两事，不得谓为移此就彼，是川省之于滇饷尚属竭力筹济，何至有欲害滇之心？

原奏称，数月以来，岑毓英差官入川计七八次，每次必有馈贻，为数甚巨一节。李鸿章咨询吴棠并阅看了岑毓英前后来函，皆求饷诉苦之词，计岑毓英委员来川催饷共有三次，一系上年十二月派曲靖府知府苏长丰；一系本年四月派安宁州知州郭时郁；一系六月间派候补同知方桂芳。只有苏长丰初次带到土产，茯苓两块，普洱茶十斤，吴棠当答以官燕一匣，岑毓英函内均经叙及。李鸿章认为，原参或因此误会，此外并无差官馈贻之说。邻封督抚，彼此馈送土宜借以联络通好，例所不禁，亦礼所常有。滇省困穷万状，岑毓英苦战解围，恐亦无余力巨款以馈贻他人也。

李鸿章将参劾奏折细细解读，认为除胡中和需索，岑毓英馈贻尚有可以指证，此外并未举一人一事以证实。而胡中和自称并无需索，岑毓英来函亦无巨数，其他空言似可类推。折内称吴棠“到任时收受各属规礼十余万，司道送以币帛食物辄令折银多至二三千金及卖缺卖差等情尤属贪谬重款，骇人听闻，为此案最要关键”。于是李鸿章对此特加留意，在湖北未赴川时，遇有川中人至，即留意采访。所访之人只称吴棠忠厚廉谨，未有议其婪赃者。及入川，沿路接见府州县官，探问督臣，实未收过属员规礼。又因司道为全省领袖，如藩司蒋志章、署臬司傅庆贻人均朴实，李鸿章又数次面诘，绝无异词。至于卖缺差，虽至庸下犹不肯为。吴棠自为江苏州县，有循吏之目，迨荐擢封圻，易历数省，官声尚好，僚属皆知，何至一旦有此悖谬之举？李鸿章又“先后接晤在籍绅士，前任侍郎薛焕，提督鲍超，前藩司严树森等，佥称吴棠善政宜民，可为川省造福，亟求扶持正人以伸公道”。因此，李鸿章认为参劾吴棠的这些款目皆不可信，“想在圣明烛照之中”。

所谓“事出有因，查无实据”。李鸿章认为“然浮言之所由兴则亦有故”，因此对浮言背后的原因在奏折中又作了分析：“近年川省官场习气颇尚钻营，遇有大吏新任，多方尝试，稍不如意，则编造竹枝词等私行散布以讹传讹，使人莫测，其从来远处闻之，或因他故微嫌，遂至摭拾入告。臣访闻吴棠履任后，广收呈词，严批痛斥，派员分赴各属查禁私设班馆，饬裁州县。夫马局捐费多用正途而少用捐班，此皆应行整顿之事，殊于贪官猾吏不便，遂造言腾谤以倾之。此等风气最为地方人心之患。若非朝廷知人善任，力为主持，虽忠贤亦将自危，而奸人转为得计。”经过“详查事实，密察舆论”，李鸿章断定吴棠“被参各款毫无证据，断不敢稍涉徇隐，自干咎戾，亦不敢误信谣言，紊乱是非”。

为什么会有人将风闻之事言之凿凿地向皇帝奏报？李鸿章另在密奏中作了分析："循绎原参词意，似由索饷起衅，遂摭拾道路无稽之言，冀以摇惑圣听。"在密奏中，李鸿章认为吴棠"性情朴厚，品行端悫，忠主爱民，出于至诚"。对吴棠和岑毓英的作为也作了评价："胡中和湘军因饷缺仅裁一半，刘岳曙湘军因自行哗溃而资遣，均目前应办之事。其余楚勇在川及援滇援黔尚二万六千余人，吴棠曲意拊循，竭力筹济，实未稍存意见。惟饷需竭蹶，兵力渐疲，亦应随时汰弱留强，岂得以此等浮言预行胁制。至岑毓英用滇人办滇贼，苦战解围，连复数城，较为得力。吴棠分济饷银，仍随时筹解刘岳昭月饷，均甚公道。"对于此事如何处理，李鸿章也给出了建议。对于诬告者，"至称如有虚伪，愿伏三尺之条等语。向来风闻言事，无此体裁。其识量褊陋，心术险躁，固已于所言征之矣。伏念边陲未靖，时事多艰，朝廷用人不过节取其长。各疆臣皆仰体宵旰焦劳，和衷共济，断不可稍挟偏私，互相攻讦，致误大局……可否请旨严加申饬，故免追究，以戒诬罔而示优容"。这里李鸿章给湘军将领留了脸面。对于受了委屈的吴棠，李鸿章"更祈圣恩随时训饬吴棠，振刷精神，整顿地方及各营防军，勿稍瞻顾贻误"。本人则"拟拜折后会晤吴棠，谆属其嗣后军事饷事一秉至公，勿存嫌疑。原参各情，查无实据，自由传闻之误"。①

清廷接到李鸿章的奏折和密奏后，听从了李鸿章的建议，在谕旨中发表了对此事的处理意见：对于吴棠，"被参各款，既据李鸿章查明均无其事，即著毋庸置议。川省吏治、防务，均关紧要，吴棠务当振刷精神，力筹整顿，勿稍瞻顾贻误"。对于风闻言事的云贵总督刘岳昭，"于所参吴棠各节，并未详查虚实，辄以传闻无据之词，率行入奏，实属不合，著传旨严行申饬。该督现已驰抵云南省城，著将应办各事，与岑毓英和衷商榷，不得稍涉偏私，致干咎戾"。②

但同日吴棠还是受到了处罚，因其所聘幕友彭汝琮"目中不知有君，奉谕旨而不遵；心中不知有母，有重服而不守。不忠不孝之罪，百喙奚辞"。于是清廷将盐运使衔四川候补道彭汝琮，即行革职，勒令回籍，不准投效各路军营，再图开复，以为钻营者戒。彭汝琮入幕，其实也非吴棠

① 《密陈查办吴棠参案片》（同治八年十月初三日），《李鸿章全集·奏议三》，第529页。

② 《清穆宗实录》卷269，同治八年十月甲寅。

所聘。因成都将军崇实兼署四川总督时，以军需紧要，委令彭汝琮办理总局，及留办济甘军米。后来彭汝琮因奉旨饬令回籍守制，曾在同治七年七月间请咨崇实，当时崇实没有饬催速回，却乃留充军幕。吴棠九月莅任后，与崇实刚见面，崇实即嘱“公同关聘彭汝琮办理军务章疏”。吴棠“其时意在和衷，当即允行。嗣后察知，该员貌似有才，访之人言，多云心术不可问，是以不肯假以重任。不过因系崇实公请，仍以公同幕友之礼待之”。李鸿章认为，吴棠“未能拒止，虽为和衷起见，亦未加以重任，究属均有不合”。[①] 建议将吴棠和崇实交部照例分别议处。吏部核议后给出处理结果：崇实、吴棠均照“上司滥邀属员充当幕友进署办事私罪例革职”。上谕令加恩改为革职留任。[②] 吴棠的受贿案也就此结束。

李鸿章的推测“必有人想夺此席，媒孽而成”得到了证实，据李慈铭在同治十三年正月二十七日的日记中记载：“刘岳昭少以捕鱼为业，其劾川督吴棠及岑毓英也，因粮储道彭瑞毓为刘主章奏，急欲得巡抚。而其兄子彭汝琮，以四川候补道入将军崇实幕，又为崇谋去吴而代其位，遂为刘草奏而强请上之，瑞毓又为刘附片保己可大用。边裔虫沙，鬼域变幻，固无所不至也。”[③]

可见，吴棠的受贿案其实就是人为制造的冤假错案，有人想趁其刚上任时，地位不稳，劾罢他，为己谋利。李鸿章毕竟和吴棠有过交往，相知较深，不相信吴棠会有如此出格之举，因此行前就决定如实查办，还吴棠一个清白。李慈铭的日记进一步证明了吴棠并非传闻中的巨贪。但后人常以吴棠的这起受控案为据，将吴棠演义成参奏中所说的巨贪，并煞有介事地编出为官者戒之类的文章，都是不符合历史事实的。

二　抵制收回淮盐引地

清代食盐实行分区销售制度，“盖盐质有优劣，成本有轻重，运道有难易，地方有远近。不为之制，则有竞争之累，有趋避之患，小厂不能

---

① 《查覆钟峻彭汝琮参案折》（同治八年十月初三日），《李鸿章全集·奏议三》，第532页。

② 《清穆宗实录》卷269，同治八年十月甲寅。

③ 金梁辑：《近世人物志》，北京图书馆出版社2007年版，第198—199页。

存，远者不得盐也”。[①] 因此，各地所产食盐皆有固定的销售引地，不得越界，否则，则被视为私盐而被官府缉捕。

淮南是清代最大的盐场，盐销区亦广，含江苏、安徽、江西、湖北、湖南、河南等省的全部或大部分地区。川盐销区包括四川、湖北、贵州、云南等地。川盐行于楚地仅为靠近四川的施南一府六县及宜昌府属之鹤峰、长乐二州县，称为计岸八州县。其余州县例食淮盐，并非大量销往湖广。楚地向为两淮引地，“两湖额销淮盐七十七万六千六百余引，内毗连四川之湖北额引五十五万三千五百余道”。[②]

但是，太平天国战争及随后的捻军起义，使得清朝固定多年的引地划分体制发生了动摇。川盐济楚的施行，使得向为淮引的两湖地区充斥了大量川盐。在不同的时期，围绕着川盐的去留，两江总督、湖广总督和四川总督在各自利益的驱动下，展开了一场旷日持久的博弈。而吴棠作为四川总督，也身历其中。

太平天国战事起后，两淮通向湖广的运道被阻，楚民有淡食之虞。咸丰三年，时署任湖广总督的张亮基在考察了湖广周围的盐场，以及盐场通向两湖的运道后，向清廷提请“川盐济楚”。因为川盐由船装运，从长江上游顺流下驶，由沙市、汉口分运各府州县口岸，水路处处可通，盐色洁白，盐质也符合两湖消费者的习惯。济楚的具体方案就是借川盐陆引二千引，每引460斤，官借官运官收。“盐茶道借拨川盐二千引，迅速解赴湖北，以济急需。俟江路廓清，淮引通畅，仍照旧章办理。”[③] 后来因为军情变化，又实行“私商运贩，经川省之夔关、楚省之宜昌、沙市抽提课税后，即准作为官盐，任其所之。约计入楚之盐斤，固未定有额数，亦未给有引票，唯视楚省盐价之长落，以卜来盐之旺衰”。后来湖广总督官文、湖北巡抚胡林翼认为食盐“利权下移，无此政体，万一奸商欲操奇赢，相率一月不前，民间即虞鲜食，一旦相随麇集，先行者倍蓰获利，后到者又复壅滞堪虞……再四筹商，拟仍援张亮基借拨川引之案，而稍变通其法，改为官运官销，仍不夺商贩之利。以每月销盐九百引计算，拟按月

① 《四川盐政史》卷五，转引自鲁子健《清代四川财政史料》下，四川省社会科学出版社1988年版，第148页。

② 鲁子健：《清代四川财政史料》下，第150页。

③ 《文宗显皇帝圣训》卷102，盐法，第3页。

官运川盐水引二百张，余七百引仍听商贩自运”。[1]

后来随着淮军在江南军事的顺利推进，两江总督曾国藩筹划恢复淮盐在湖广的引地。咸丰十一年曾小规模地试行过一次淮盐运楚，结果250引盐费时一月余也未到楚省。同治二年，江路打通后，曾国藩再次考虑恢复淮盐在湖广的引地。但他深知，“盐务之难，不在源头之不疏通，而在江、鄂之无销路”。“楚岸、西岸已被川私、粤私占尽，上游盐价大减，淮引厘卡太多，成本太轻，不特商运有亏本之虞，即官运票盐亦必无利可图。若不于江西、湖北力堵邻私，淮盐竟无售处。”“欲盐务之兴旺，在争还上游楚西引地之销路，而不在力除下游场栈之积弊。”他感叹：“目下欲禁湘、鄂、江西之不食川私、粤私，余实无此手段。奈何！”[2]

经过一段时间的考虑，他提出“今欲规复旧章，惟减淮盐之成本，加邻私之厘税，庶使私盐价贵，不禁自绝，渐可收回引地”。[3] 但这一措施因为“川贩巧于迁避，百计漏厘，每运两引之盐，仅完一引之税”[4]，并未取得实际效果。同治三年正月，曾国藩向清廷正式提出“疏销、轻本、保价、杜私”四种措施，以恢复淮盐引地[5]，取得了短期的效果。到了同治六年，淮盐销路因邻私挤兑，又形壅滞。其实，淮盐壅滞、川盐畅销也有官方因素。为保证重税邻私，曾国藩曾派委员至宜昌会同楚省委员公同掣验，该年又减淮盐之厘，以期收敌私之效，虽多方补救仍收效甚微。推原其故，曾国藩毫不讳言是川、鄂官方庇护：“总由鄂省利食川盐，虽有掣验之名而明让斤两。近闻宜昌抽收川税，仍不过六七折，以致川贩成本大轻，来源愈旺。是前此绕越而偷行者，今更肆行而无忌。川、

① 王延熙、王树敏编辑：《皇朝道咸同光奏议》卷35下，户政类·盐课，清光绪二十八年上海久敬斋刻本，第22页。

② 《致沅弟》（同治二年六月初十日、六月二十七日、七月初五日），《曾国藩全集·家书一》，岳麓书社1985年版，第999、1005、1007页。

③ 《复李瀚章》（同治二年八月十九日），《曾国藩全集·书信六》，岳麓书社1994年版，第3971页。

④ 《请禁川盐私行楚省收复淮南销盐引地折》（同治七年十月初五日），《曾国藩全集·奏稿十》，岳麓书社1993年版，第6120页。

⑤ 《淮南盐运畅通力筹整顿折》（同治三年正月十二日），《曾国藩全集·奏稿七》，第3915页。

鄂官、商几忘引地之应属何省。”[1]

曾国藩不得不再筹新法。此时，吴棠已由闽浙总督调任四川总督，曾国藩的新办法不可避免地要和吴棠发生关联。

同治七年十月，曾国藩上奏清廷，列举“淮之受害于川者数端”，即“川盐运程短，运道便捷；盐色白，盐质干；淮盐定章以五百引起票，川盐则计斤不计引，来去自由；淮盐保价整轮，川盐则到处可售，得价即卖”。因此，“川盐一日不停，淮盐一日无畅销之望”。“相应请旨敕下四川、湖广各督、抚停止川私行楚，以复昔年之旧制而收经久之利权。”否则，“二百余年之宪典，自臣而隳，其拂逆商情，敛一时之怨，厥咎尚轻。败坏成法，贻后世之讥，厥咎更重”。[2] 上完此奏，曾国藩就赴直隶总督新任了，将余后之事交由继任两江总督马新贻办理。

清廷认为，“曾国藩所陈川私病淮各节，自系实在情形。著吴棠、李鸿章、郭柏荫、何璟即将川盐行楚章程，妥筹停止。宜昌、沙市等处，应如何撤局停税并稽查偷越之处，著李鸿章、郭柏荫、何璟饬属妥办。并将裁停川税日期，截清报部，毋滋弊混……惟川盐行楚既久，井灶增多，现在既经禁销，自应酌量封禁，并著吴棠妥为筹办”。[3] 清廷要求“撤局停税”、“封禁井灶”，无疑是断了湖北、四川等地的盐税来源。李鸿章私下与吴棠言及此事，认为：“蜀中兼筹南北军饷，川盐、厘税为大宗，曾相堵川之奏，即奉部准，似目前断难遵办。”[4] 因此，出于鄂、川两省利益考虑，李鸿章、吴棠都提出了异议。

同治八年七月二十九日，湖广总督李鸿章上奏清廷，提出“川盐行楚，不可遽禁”的六条理由[5]：

一、湖北宜昌一带，未经兵乱以前，向为川私充斥。虽自巴东以下沿江设卡，而无从堵截。荆、宜名为淮岸，百余年来，从未有食淮盐者。自咸丰初年设局收税，化私为官，商民称便，悉就范围。若明

① 《请禁川盐私行楚省收复淮南销盐引地折》（同治七年十月初五日），《曾国藩全集·奏稿十》，第6120页。

② 同上。

③ 《钦定大清会典事例》卷223《户部》。

④ 《复川督吴制军》（同治七年十一月十五日），《李鸿章全集·信函一》，第707页。

⑤ 李鸿章：《川盐分成派销折》，《李鸿章全集·奏议三》，第500—501页。

示截停，川盐既无可榷之税，成本愈轻，奸贩愈多，势必遍地皆私，不可收拾，无益于淮，而有损于鄂！

二、鄂省施南一府及长乐、鹤峰两州县，向系川盐引地；归州、巴东又有借食川盐之例，本不得尽谓之私；川省犍为厂盐专行贵州，近因黔边不靖，绕由湖南常、沅、永、绥入黔。若禁川盐入楚，岂能并向例行楚及应由楚运黔者概禁之耶？既不得一并禁止，则官私牵混，势将不可究诘。官府堵缉北私潞私，而地痞枭贩往往纠众拒捕，酿成大案。若再堵川盐，川、淮并行已久，必更哗然滋事，利未睹而害先见。

三、盐有川、淮之分，地有淮、楚之别，天下大同，总归于筹饷。淮盐公费钱一串八百文，其数不相轩轾。若禁川盐，而川私不可尽堵，从前所收川税，又不能取偿于淮盐，国家每岁徒弃百余万之饷。争引地之虚名，受亏帑之隐患，殊为不值。

四、鄂省财赋，以盐厘为大宗。川盐课费，其指款坐拨者：每年荆州满营二十一万两有奇，户部十万，内务府五万，固本京饷六万，荆、宜留防水师二万数千两，皆丝毫不容短缺；此外甘省协饷，本省军饷，大半取给。即停川盐，而淮销果畅，淮厘分给数省，现拟每引协鄂约及四两，较之川税收数，仍必大减。而本省待用，又无可稍减，倘淮销竟无把握，届时另请改拨，部臣亦有为难。

五、川引额派各州县行销，自行楚后，始不至积压。且于完课外，加捐加厘，每引一张，银钱并计约六十余两。每年改配运楚，川省可多得银七十万两，为接济邻饷大宗。况闻川盐行楚，井灶捆载增至数万人，重庆肩贩，川河纤夫，又不下数万人。此辈皆无业游民，易聚难散，猝议封禁，则失业太多，后患难言。想吴棠等亦未敢遵办。

六、凡民可与乐成，难以图始。鄂省借销川引将二十年，沿江上游，食惯川盐，市价较淮盐每斤多钱十数文或二十文不等，而民皆利之。盖由川盐色味俱优，价钱随市起跌，故行销甚畅，淮盐色味俱劣，价钱定有额数，行销甚滞。小民好恶，本有恒情，势难以日用细故强所不欲，若加迫胁，必多扰累！

在摆出这无可辩驳的六条理由后，李鸿章提出“设法迁就”之法。

此法是与马新贻商量的结果，即派员在荆州、沙市设局配销，暂定为川盐八成，淮盐二成，试行筹办，以期渐减渐复。

同治八年十月初九日，四川总督吴棠上奏，提出川盐难以遽停的四条理由[①]：

> 一、川商行盐之地，除本省外，向惟滇、黔两边。咸丰四年以后，“黔匪”猖狂，“滇匪”相继煽乱，两省边地人民流亡，引岸全失，川省井灶亦遭“滇匪”蹂躏，商号不行，积年引滞税悬，始改代济楚。旋因川、鄂军糈支绌，俱各设局，添收厘税。商人本重利微，办理仍形竭蹶，不但旧引尚未销竣，新引亦多停滞，综计积欠税羡数百万，此时旧岸未复，若又停止济楚，边商苦无销路，所欠新旧税羡势难责令空赔。
>
> 二、川省本年京饷，两次指拨盐厘共二十三万两，此外如援黔勇粮、陕甘协饷，均取给于盐厘，年以数十万计。如停止济楚，各局厘源顿绝，京外要需无款可以改拨，深恐贻误大局。
>
> 三、楚民喜食川盐，由来已久，官商纵停，私贩势难禁绝。盖利之所在，众所必趋，如欲严塞漏卮，必须于水陆要隘多派丁役，四出拦截。而川楚交界地方，绵亘数千里，处处可通，不但难以悉堵，且恐办理稍有未善，既易滋生事端，复虑扰累行旅。况鄂省鹤峰、来凤八州县，本系川省引岸，官私影射，界限难清。
>
> 四、两淮煮海为盐，其本甚轻。川省取盐于井，井眼之深浅，自数十丈至二、三百丈不等，锥凿甚属费力，须十余年或数十年始能见卤。凿井之费，盈千累万，井户类多鬻产借债，以待取给，一旦饬令封禁，恐难甘服……况附厂人夫丁役以数十万计，一经失业，难保不流而为匪，致贻隐患。

这第四条正和李鸿章的第五条遥相呼应。“无业游民，易聚难散”“流而为匪”是清廷最担心的事情，经历了十多年的战争，耗帑无数，朝廷财权、人事权下移，以如此大的代价，换来湘淮军将太平天国和捻军剿灭，清廷岂敢再冒激民为“匪”的风险？因此，清廷无法强制废除川盐

① 丁宝桢：《四川盐法志》卷11《济楚上》，光绪八年版，第23—24页。

济楚章程。只好令各方大员妥筹协商，务必兼顾各方利益。于是，实行李鸿章的“八二配售”方案。

但此方案实施了两年后，曾国藩重又调任两江总督，发现“八二配销”方案实则有名无实。川盐每包350斤以上，八成则近3 000斤。淮盐每包86斤，二成仅172斤，“名为淮占二成，实不及一成”。因此他建议，“纵不能全禁川私入楚，亦当使淮多于川”，或“淮八成而川二成，或淮七而川三。川虽极多，亦不得满四成”。①

为了达到这个目的，曾国藩提出淮川分界行销的方案。经三方协商，达成共识。同治十一年正月，曾国藩与湖广总督李瀚章、四川总督吴棠、湖南巡抚王文韶等共同就此事上奏朝廷：

> 查行盐各有引界，今以川淮两省之盐同行湖北一界之内，此畅则彼滞，势有必然。近年淮南销数日疲，存盐壅积，无术疏通，皆由川盐到处洒卖，遂使淮引之界几被川盐占尽。……臣等函牍往来，筹商再四，就湖北九府一州计之，现定将武昌、汉阳、黄州、德安四府先行归还淮南，专销淮盐，其安陆、襄阳、郧阳、荆州、宜昌、荆门五府一州，仍准川盐暂行借销。议定淮分之界，不准川盐侵入分寸，而川分之界，仍可由淮商就中酌设子店，拨售零引，以明本系淮引地方，不可喧宾而夺主，一割而永弃……若其军事大利，滇、黔肃清，川盐自有本管之引地，则今日分割之五府一州仍当归还淮纲……现查湘省只有岳州、常德、澧州三属行销川盐。岳州系达省会之门户，常德系入辰、沅之要津，均为淮盐紧要口岸，亦经议定专归淮销，惟澧州与荆州相近，川盐运往路捷价轻，应暂分与川销。②

于是川盐行楚最终取得了一个各方暂时都能接受的方案。此后，淮盐多次想规复旧制，收复借出的引地，如光绪二年五月御史周声澍就奏请将淮盐借出的引地收回。他指出楚界川枭日益横行，“湖南借销，名虽澧州

① 曾国藩：《议复楚省淮南引地折》（同治十年三月十九日），《曾国藩全集·奏稿十二》，岳麓书社1994年版，第7277—7278页。

② 曾国藩：《会商鄂湘淮盐引地折》（同治十一年正月二十八日），《曾国藩全集·奏稿十二》，第7492页。

一属，而南连常德，东接岳州，旁及鄂省州县，川私路路可通，湖北名虽荆、宜、襄、安、郧、荆五府一州，而樊岸分销局既被挤撤，川私直达沔阳州境，乃嘉、蒲、崇、通、通山各属委员，惧遭参撤，莫可谁何！川贩结党横行，非仅偷漏而已。此近来川强淮弱之实在情形也”。指责湖广总督偏袒川枭、川私，“不知川盐自有引地”，“鄂督袒川大意，大约因川贩太多，禁之则恐失业之民因而滋事”。因此，要求收回淮盐引地，“前因黔边未靖，无本岸可销，故作权宜之计。今全黔肃清，川盐引地既复，贩徒亦有所归，岂容复占淮地？”“相应请旨饬部妥议……收回湖北荆、襄等府州及湖南澧州一属，归还原地。”[①] 但是，终清一代，两淮借出的这些引地始终无法收回，“川盐济楚无法结束”。[②]

吴棠于同治六年十二月十八日奉上谕调补四川总督，其后奉命觐见，一直到同治七年八月才正式接篆视事，于光绪元年十二月因病吁请开缺回籍，二年正月二十六日卸总督篆，三月起程回籍，闰五月卒。他接任的时候，正是川盐、淮盐争夺楚地最激烈的时候，曾国藩刚给清廷上折请求禁川复淮。同治十年，曾国藩再次上奏，要求淮盐、川盐确定销售比例，最后议定淮川分界行销，上奏朝廷。吴棠在川言川，从四川的实际情况出发，抵制了曾国藩全面复淮的要求，给川盐留出一定的销路，为日后的川盐继续畅销楚地留下了出口。就两淮盐政来说，这不是一件好事；但就四川盐政来说，这却是一件好事。

---

① 《东华续录》，光绪 9，第 13—14 页，转引自《清代四川财政史料》下，第 161—162 页。

② 倪玉平：《权宜的妥协——“川盐济楚”研究》，《盐业史研究》2009 年第 3 期。

第七章

儒家文化的践行者

吴棠自小接受儒家文化教育，将学好儒家文化视为安身立命之本。为官后，一方面通过建设书院、刊刻书籍鼓励士子学习儒家文化，重建战后的文化秩序；另一方面，关注民生，积极实践儒家文化倡导的种种为民思想。

第一节　倡导书院建设

咸同年间地方官员复兴书院的举动对于晚清学术的发展流变产生了重要影响，但目前学术界研究较多的是曾国藩、左宗棠等“中兴名臣”的行为，对于吴棠这样名望不是很大的地方官员则涉及不多。实际上，这种状况与吴棠在书院建设史上的重要地位很不相称。作为一个深受传统文化熏陶的官僚，吴棠每到一处都很重视当地的书院建设，修复旧有书院，建设新书院，聘请山长，资助膏火，并给书院提供经史书籍，以满足士子读书的要求，对当地的文风、士风都有重要影响，所建四川少城书院也是第一所由汉族官员建设的旗人书院。

一　重视书院建设的原因

吴棠重视书院建设有两个方面的原因：

（一）个人成长经历的影响

吴棠六岁开始读书，塾师是自己亲族中的庠生或贡生，并不固定。15岁时，将自己所写文章拿去向举人族兄吴次山请教。22岁时，又向定远举人陶琴坡请教。这是大挑之前仅有的两次提高学业的机会，特地列在年谱里。道光十五年八月，吴棠中式第62名举人。二十四年，第5次赴礼部试，仍不售。遇大挑，以一等赴部引见，掣签以知县分发南河，从此开始了仕宦生涯。

刘禺生在《世载堂杂忆》里说："当时中国社会，读书风气各别，非如今之学校，无论贫富雅俗，小学课本，教法一致也。曰书香世家，曰崛起，曰俗学，童蒙教法不同，成人所学亦异。所同者，欲取科名，习八股试贴，同一程式耳。世家所教，儿童入学，识字由《说文》入手，长而读书为文，不拘泥于八股试贴，所习者多经史百家之学，童而习之，长而博通，所谓不在高头讲章中求生活。崛起则学无渊源，俗学则钻研时艺。春秋所以重世家，六朝所以重门第，唐宋以来，重家学、家训，不仅教其读书，实教其为人，此洒扫应对进退之外，而教以六艺之遗意也。"① 吴棠所受的是俗学教育，钻研时艺，应举子业，但多年苦学的效果不太理想。原因有两个：一无可读之书，二无可教之师。书籍既缺乏，又无名师指点，如何能高中！当时读书人应试必须熟记《四书五经》，《四书》还是应试出题范围。时文和试贴诗的写作也有一套规范，写好时文却不是熟读《四书五经》就能解决的，还必须通史。吴棠诵习程课尤为刻苦用功，寒暑皆随鸡声起。采择前贤名言，将窗楹几榻皆粘贴殆遍。曾说："第少时，以此浇灌，胸次满则善根固，仕与否，皆有所成。"② 可见，吴棠对程朱理学是怀着敬畏和虔诚之心的。多年后，他还说道："士人读书必以研求性理为本，亦博通经史为先，庶可明体达用，不致徒骛词章。"但少年求学时连最基本的书籍都缺乏，更遑论博通经史了。只有道光二十年在京时得以住在杨殿邦家，有机会读到以前没有接触过的大量经史书籍，又得杨殿邦亲自指点，"以真西山《大学衍义》、王伯厚《困学纪闻》、顾亭林《日知录》为宗"，眼界有所扩大，于学"稍知准的"。这些书并非全为读书应试而作。真西山，名德秀，南宋著名理学家，是朱子学术思想最典型的秉承者，所撰《大学衍义》中的治国之道、民生之理和廉政文化很为后世所推崇。王伯厚，名应麟，南宋著名学者，所著《困学纪闻》是著名的笔记体考证学著作，以论述经学为重点，兼涉传统学术的各个方面。书中敢于辩证朱子之舛误，在我国古文献学史上具有卓越地位。顾亭

① 刘禺生：《世载堂杂忆》，中华书局 1960 年版，第 3 页。

② 黄云鹄：《诰封光禄大夫北山吴公传》，《望三益斋存稿·杂体文》卷 1，同治甲戌锓于成都使署，第 5—6 页。

林生于明末，喜谈经世之务，激于时事，慨然以复古为志。《日知录》中的经世思想十分丰富。这些经典书籍对吴棠的影响，表现在他注重实学和实事，也导致他后来重视刻书和书院建设，以弥补小时候只有私塾，没有书院可供求学的遗憾。

来自吴棠父母的影响。道光二十九年吴棠任桃源知县时，其母就常让他助益当地的淮滨书院膏火，增加课程。其母说，汝爱士，士即知自爱，士自爱，民俗变矣。果然，没过几个月，以诉讼解决问题的人渐渐少了。这也是后来吴棠自觉地重视书院建设，以改变士风、引导民风的一个重要起点。

（二）吴棠重视书院建设顺应了当时形势

太平天国兴起后，清政府在南方忙着对付太平军，在北方则忙着对付捻军和各地人民起义，原有的书院多毁于战火。战事稍靖后，清廷即着手重建文化秩序。同治二年，清廷颁谕："书院义学，亦培植人材之一助。乃近来风气，延请者多循私情，为师者止图修脯，陋习相沿，牢不可破，并著各省地方官力除积弊，毋徒迁就官绅，务各延请耆硕，以副敦崇实学至意。"[①] 同年又下令各省督抚设法保证书院经费："近来军务省分各府州县，竟将书院公项藉端挪移，以致肄业无人，月课废弛。嗣后由各督抚严饬各属，于事平之后，将书院膏火一项，凡从前置有公项田亩者，作速清理，其有原存经费无存者，亦当设法办理，使士子等聚处观摩，庶举业不致久废，而人心可以底定。"[②]

吴棠长期在江北为官，因那里遭受战火较少，开始书院建设的时间比清政府提倡的要早。据统计，同治年间，全国共新建书院 366 所，修复和重建前代书院 14 所。[③] 这些书院中，只有几所建于同治元年，绝大多数都建于同治三年后，而吴棠亲自择址新建的清江崇实书院即建于同治元年。

二　重视书院建设的实践

吴棠是实干多于理论的儒家文化的践行者，他对建设书院的思想是贯

---

① 《清穆宗实录》，中华书局 1986 年版，第 860 页。

② 《钦定大清会典事例》卷 395，《礼部·学校·各省书院》，转引自白新良《中国古代书院发展史》，天津大学出版社 1995 年版，第 235 页。

③ 白新良：《中国古代书院发展史》，第 236 页。

穿于行动中的。对于书院的功能，吴棠认为：“书院之设，所以作育人材，而举人一途，内则考取学正、中书，外则挑选知县、教职，必须平时加意甄培，俾之诵法儒，先讲求经济一登仕版，方能措理裕如，雪处士之虚声，收用人之实效。”① 即书院教育关系到科举应试、学术流传，也关系到士人教化、人心所向。这些想法，是吴棠重视书院建设的指导思想。

吴棠重视书院建设的行动主要体现在以下几个方面：修建书院，提供书院经费，精心挑选山长，提供书院书籍，关心书院士子学习。

（一）修建书院

清江旧有崇实书院，为江南河道总督课士之地，乾隆三十二年李湛亭创，嗣后各河督继行不废。咸丰十年，因捻军进攻清江浦，书院毁于兵火，经费田亦皆无存。同治元年九月，吴棠购运河北岸黄氏废园，重建崇实书院。新建成的崇实书院环境优美。山长钱振伦《崇实书院赋》记而赞曰：“既殄寇而字氓，乃培英之尤亟。有黄氏之废园，爰披榛而斩棘。与故址而相望，仅淮流之中隔。美投戈而讲艺，渐生徒之接迹。夙积书而为岩，又分贻于古册。向之舞榭歌台，绮窗瑶席，莫不湔余滓而重新，廓尘霾其如拭。若乃深堂洞辟，列庑毗连。杰阁孤标而高峙，游廊屈曲以回缘。翠柏凌冬而挺干，红药殿春而吐妍。”②

在闽浙总督任上，吴棠继续振兴书院建设。闽省为先贤讲学之乡，夙称海滨邹鲁，人文之盛，蔚然可观。省会原设有鳌峰、凤池两书院，甄录贡监生童，月给膏伙，俾资肄业。即使频岁军兴，也未常旷废。曾膺乡举者，不在与考之列。同治五年，御史范熙溥奏，军务肃清省分亟宜振兴文教，并以福建为榜样。经礼部议奏认为，各省军务渐次肃清，应由各该督抚通饬所属，妥为整顿，如经费不敷，应由督抚酌量情形设法筹措。同治六年正月二十五日署闽浙总督、福州将军英桂奉谕后遵照办理，于是就有了正谊书院。

正谊书院由正谊书局改造而来。同治五年，前原闽浙总督左宗棠为重刊先哲遗书，开设正谊书局，录选举贡百余人，月给膏伙，分班校核。迨

① 吴棠、李福泰：《奏为闽省建设正谊书院筹议章程并请颁赐匾额事》（同治六年六月初九日），国家清史工程网站的朱批奏折，档案号04-01-38-0186-005。

② 钱振伦：《崇实书院赋》，《示朴斋骈文续存》（未刊稿），钱仲联主编：《明清诗文研究资料辑丛》，吉林文史出版社1990年版。

十二月间书局工程将蒇之际，本地士绅前光禄寺卿杨庆琛、前江西巡抚沈葆桢等请设立举贡书院为海邦广育人材，经原署闽浙总督英桂批司，议定章程，在厘金项下筹拨银五万两，发交殷实当商，每月完息一分一厘以资经费。将正谊书局改为正谊书院，凡福建举人及恩、拔、副、岁、优五贡概准与考，于每年二月望前由督抚亲临甄别，照依章程考取内课五十名，每名月给银四两，外课五十名，每名月给银三两，礼聘院长职掌教事，该举贡等果能敦品积学，三年后当择其材器尤异者量予奏奖，以示鼓励。吴棠到任后，首先奏请御赐书院匾额。因鳌峰书院于康熙年间创立时，康熙皇帝颁赐“三山养秀”御书匾额；凤池书院于道光年间创立时，道光皇帝颁赐“正学昌明”御书匾额。同治六年六月初九日，吴棠与福建巡抚李福泰奏请仿照鳌峰、凤池两书院旧例，由同治帝颁给正谊书院御书匾额，“悬挂中堂，藉资观感，从此海甸文风蒸蒸日上，皆出自圣教之熏陶矣”①。吴棠亲自课正谊书院举贡，“手自校阅”，各予优奖。②

在四川总督任上，吴棠又会同学政张之洞奏请捐建尊经书院。同治十三年，在籍候补经堂薛焕、翰林院编修伍肇龄等呈称：“书院之设原为国家培养人才，士子在院读书必期经明行修。我朝文治独隆，经学之盛超轶前代。惟川省介在边隅，士子苦鲜师资，且无经史善本，致根柢之学未能实在讲求。绅民等公同集议，请于省城觅购基地，另建尊经书院，远延名师，讲习经学，并镌刻经史诸书，以资研究而育真才。惟建院镌板及预筹束脩膏火等费非集有巨款不敷办理，愿由合省绅民公同捐助，通力合作，俾易蒇事。”经吴棠札令署布政使英祥、署盐茶道黄云鹄议复，称：

> 川省地方省内向建有锦江书院，省外各府厅州县亦各分建书院，均系专课诗文，其经义古学阙焉未讲，是以各属士子能文者多，专精者少。今合省绅民以经学素乏师承，考订亦鲜依据，议于省城另建尊经书院讲习经义并镌刻经史善本，用资考证，所有一切经费议由合省绅粮公捐，分属措筹，尚属众擎易举。已据该绅等觅得城南基址一处，地尚宽敞，足敷修建，似应如请办理并声明收支监修等事，均系

① 吴棠、李福泰：《奏为闽省建设正谊书院筹议章程并请颁赐匾额事》（同治六年六月初九日），国家清史工程档案朱批奏折，档案号04－01－38－0186－005。

② 《附录林勿村中丞和作》，吴棠：《望三益斋存稿·公余吟》卷2，第7页。

民捐民办，将来工竣，请免造报。[①]

吴棠认为："经术为政事之根柢，经学实文艺之本源。蜀省虽僻处西陲，向为人文渊薮，近因叠覯兵燹，典籍罕存，师承日尠，虽有聪明之士，寡闻鲜见，不免贻诮空疏。""该绅等所请系为讲求实学、造就真才起见，有裨作人，雅化其修，院刊书经费既由民捐民办，不动官帑，应请免其报销，且书院肄业各生，该绅等议请均由学臣按试各郡，随时拔取，咨送住院，尤足以昭慎重。"[②] 八月初五日，朱批允准。

学术界提到尊经书院的创建者时，常只说张之洞，而忽略吴棠，这是不客观的。对于尊经书院的创建，张之洞在《四川省城尊经书院记》中有详细说明："同治十三年四月，兴文薛侍郎偕通省荐绅先生十五人投牒于总督、学政，请建书院，以通经学古课蜀士。光绪元年春，书院成，择诸生百人肄业其中。督部盱眙吴公与薛侍郎使之洞议其章程，事属草创，未能画一，有所商略，或未施行。比之洞将受代，始草具其稿，商榷定议。"[③] 吴棠说："张香涛学使、薛覲堂侍郎首议建尊经书院，由甲戌至乙亥落成，鄙人与赞助焉。"[④] 也就是说，尊经书院是由薛焕等人呈请总督、学政，经吴棠会同张之洞联衔奏请清廷同意后，才得以兴建，即张之洞所谓"诸荐绅之公牒，吴公之奏牍"，章程由吴棠、薛焕等委托张之洞订立，但直到张之洞正式任四川学政后才拟就定稿。因吴棠在光绪二年初就因病致仕，张之洞作为学政，对书院的发展贡献颇多，因此后世论及张之洞对教育的贡献或者尊经书院的时候，常常说张之洞创设尊经书院，而忽视四川士绅上书于前、吴棠奏建于后的事实，单纯强调了张之洞的作用，这是不客观的，吴棠对尊经书院的建立功不可没。即使后来为张之洞撰写《书目答问》的缪荃孙，原也是吴棠的幕僚，在成都书局为吴棠校勘书

---

① 吴棠：《奏为四川绅民公请捐建尊经书院并刊刻经史事》（同治十三年七月十八日），国家清史工程网站的朱批奏折，档案号 04 - 01 - 38 - 0186 - 023。

② 同上。朱批时间据台湾故宫博物院所藏录副奏折补。吴棠：《奏报绅民请捐建书院并刊刷经史事》（同治十三年七月十八日），档案号 116395。

③ 成都市地方志编纂委员会、四川大学历史地理研究所整理：《成都旧志·专志类》，成都时代出版社 2007 年版，第 1 页。

④ 吴棠：《望三益斋存稿·归田诗草一卷》，第 2 页。

籍，光绪元年八月才拜张之洞为师，协助张之洞撰写《书目答问》的。①

吴棠在四川省城还建了少城书院，专供八旗子弟学习。同治十年二月，吴棠兼署成都将军后，在训练官兵之余，即思振兴文教。成都驻防八旗子弟向有官学二所，分为上下四旗，延师教读清文，屡应国家考试，乡、会各科取中举人、进士虽为外省之冠，但学习经学、制义的生童一直都附入官学肄业，并无专设书院延订山长，也无经费。吴棠认为，人材应由多课造就，必得肄业之所，朝夕观摩，庶可日有进境，似此不足以宏教育而培根本。于是筹划新建书院。仍令八旗子弟于上四旗官学就学，肄业清文，学习翻译。下四旗官学因已荒废，吴棠遂谕协领相度地势，在旗营宽闲之处，度地庀材，移官学旧屋材料，又捐廉八百两并倡捐二百两共一千两，捐建少城书院，专课八旗生童经书制义。同治十年四月兴工，九月建成。择品学兼优之士延订主讲，率诸生于十月初一日入院肄业。书院建成一年后，吴棠即奉命回籍养病，在途中仍“惓惓诸生不能已”，作诗留赠以志敦勉。②

吴棠告病辞官返滁州后的第二天，拟立储英乡塾课士，部署甫定，以卒中止。论者咸为可惜。

（二）提供书院经费

吴棠认为：“书院为广育人材之地，经费应得宽筹。”③ 因此，很重视书院经费的筹措，常用的办法就是想方设法筹措一笔资金，交信誉可靠之商生息，每年提取息银做书院经费。修建清江崇实书院时，河督已裁，书院经费短缺，原有学田若干顷，因岁久多欺隐，于是吴棠将其“以次清厘，归其半于学而以其余入书院，又拨宝应、阜宁滩租及淮北盐斤余款岁息若干，凡束脩、膏火与夫考试供顿、校官薪水、吏役饭食咸取给于是，而岁修不与焉”。除了学田的收入外，吴棠并拨存银一千两、钱二千千置钱铺生息以充书院经费。④

福州原设有鳌峰、凤池两书院，甄录贡监生童，月给膏伙，俾资肄业。即使频岁军兴，也未常旷废。原来两院应需馆师修金、生童膏伙等

---

① 缪荃孙：《艺风老人年谱》，北平文禄堂刊本1936年刻本，第10页。

② 吴棠：《留别书院诸生》，《望三益斋存稿·归田诗草一卷》，第2页。

③ 吴棠、李福泰：《奏报闽省酌提厘金交商生息以作书院经费事》（同治六年六月初九日），国家清史工程网站的朱批奏折，档案号04-01-35-0971-076。

④ 光绪《清河县志》卷10《学校》，第13—14页。

项，鳌峰书院每年于司库存公项下提给，并提盐、当二商生息银暨各属额解地租归并凑支；凤池书院则专赖盐、当二商生息银两。后因两书院肄业生童日众，膏伙名额亦增，而各属屡经战乱，商多歇业，佃复逃亡，以致每岁所收不敷支用，议在各官养廉内递年摊捐银2080两，拨补两书院经费。后来各官摊捐奏明停止，两书院不敷经费，遂改在厘金项下提支。吴棠认为："书院为广育人材之地，经费应得宽筹。厘金乃暂济军饷之需，动支难以持久"，遂饬署藩司夏献伦会同粮道傅观海、盐道海钟妥议。三方商议后认为："每年提支银2080两，以八年核计，该银16600余两，如在百货厘金项下拨银16000两发交殷实当商营运，每两按月完息一分一厘，每年可得息银2112两，遇闰照算，随时催缴拨归两书院分支，则经费可冀宽舒，不必再动公项。"吴棠认为"所议与现准礼部咨书院经费不敷，应行设法筹措之语，尚属相符"[①]，令依此办理。原来东拼西凑的书院经费终于有了长期固定的来源。

吴棠在奉命巡阅川境情况时，还自捐廉银为书院经费，以期该处士习文风蒸蒸日上。到保宁郡时，见该地民风勤朴，士习端良，十分欣慰。又见该郡城锦屏书院膏火无资，应课士子寥寥，急应加以鼓励，遂筹捐银1000两解交保宁府知府发交典商生息，每日一分行息，每岁可得银120两，闰月照算。该书院旧章每月道府县课试，仍照旧遵行。所有新增膏火每月增课一次，由道府县按月轮试，分别等第，发增奖银十两，计每岁十课，用银100两。余银20两，作为山长增添脩金之用。如果典商能将行息按照二分或一分五厘，士子更可从优奖励，酌量增添。[②]

汶川地方瘠苦，筹措维艰，以致汶川书院经费时行掣肘。吴棠巡阅至此，接汶川各绅禀告，知书院膏火无出，为振兴学校，鼓励人材，即捐廉银若干两，发交该县知县，由该绅等置买田亩，若有定议，即行具领取用。将各田界址确切注明，申详总督衙门备案。后各绅禀称书院从前置有崇灌等处田亩，吴棠要求知县察看应拨归书院者，妥为拨还，以资实用，不得有名无实。此后经费如有不敷，要求该知县仍当督饬该绅等悉心筹划，以补不足。此次所捐经费永为书院膏火、束修之资，概不准借辞别

---

① 吴棠、李福泰：《奏报闽省酌提厘金交商生息以作书院经费事》（同治六年六月初九日），国家清史工程档案朱批奏折，档案号04－01－35－0971－076。

② 吴棠：《筹捐锦屏书院膏火札》，《望三益斋存稿·杂体文》卷2，第37页。

项，轻行挪移，致干查究，丕振儒风，永垂久远。[1]

对于少城书院的经费，考虑到每年教习束脩、诸生膏火必应为长久之计，吴棠复率同司道府厅州县公捐廉银5200两作为书院经费，札发成都府知府转交典商按月一分生息，每年计得息银620两。同治十年九月分起每月将息银50余两移送固札两协领收支，仍将各典商姓名、领银数目先行详请立案，永远遵行。吴棠又制定支款章程，责成该协领经管，按季呈报成都将军衙门查核。[2]

（三）精心挑选山长

吴棠认为："士习为民风所系，教育首重师儒；武备与文事相须，弦歌能消戎马。考昔日王彦方里中讲学，盗畏知名；郑康成车下横经，寇皆罗拜。盖鸮林之音，能革实鳣堂之望，是资矣。"[3] 即山长的学识名望对士风、民风都有重要影响，所以吴棠很重视书院山长的人选。吴棠聘请骈文大家钱振伦为清江崇实书院的山长。钱振伦，浙江归安人，道光十五年举人，与吴棠同年。十八年中进士时，在京师已"文鸣一时"，与曾国藩交游甚密。为京官十一年后，即以丁母忧去职，不再入仕。因太平天国影响，寓居江北泰州，同治元年被吴棠聘为崇实书院山长。吴棠对其十分欣赏，称其"循循善诱，条晰其良楛而殿最之，不及期年，士风丕变。公余之暇，朝夕过从，饫闻绪论，益叹君之才有不尽于是者。而夷然冲澹，奖掖后学，为尤不可及也"[4]。可见钱振伦对江北文教的振兴功不可没。

吴棠任四川总督后，又聘请牛树梅为锦江书院山长。牛树梅，甘肃通渭人，道光二十一年进士，累官至四川按察使，被百姓称为"牛青天"，入《清史稿》之《循吏传》。牛树梅除了是循吏外，还是河东学派的传承人，研究程朱理学的大儒。同治三年，因与时任四川总督骆秉章发生矛盾，清廷调其入京供职，但牛树梅以老病辞。因甘肃正发生回民起义，无法回乡，遂寓居成都。受吴棠礼聘，于同治七年至十二年掌锦江书院，以"敦品勤学"训育锦江书院诸生，培育了不少人才。他死后，锦江书院送

---

① 吴棠：《批汶川书院各绅禀》，《望三益斋存稿·杂体文》卷2，第39页。

② 吴棠：《奏为捐建旗营书院落成事》（同治十年十二月初二日军机大臣奉旨），国家清史工程网上档案录副奏折，档案号03－5005－021。又见陈庆年《吴棠年谱》，《近代史资料》总75号，第129页。吴棠：《改建少城书院札》，《望三益斋存稿·杂体文》卷2，第35页。

③ 吴棠：《重建崇实书院谕期考课示》，《望三益斋存稿·杂体文》卷2，第26页。

④ 吴棠：《樊南文集补编叙》，《望三益斋存稿·杂体文》卷3，第24页。

了一副挽联，题曰："巴蜀颂名臣，斯人不负苍生望；关西传道统，夫子堪称汉儒贤。"①

（四）为书院提供书籍

吴棠既重视书院建设，也重视院内的图书置备。首先积极捐书。清江崇实书院建成后，吴棠又购经史书籍于院中，俾诸生以时肄习。吴棠去蜀时，"犹出所得旧钞《魏鹤山集刊》存蜀中，以遗学者"。②

又大量刊刻经史。同治十年设成都书局，刊刻了朱子全书、《汉书》《后汉书》《史记》《三国志》等大量的经史小学类书，刊刷齐全后发交通省各书院，供士子阅读，并准书肆刷印，务期流传日广，使更多士子咸敦实学。③ 同治十二年，吴棠和学政夏子鎺颁赠巴川书院《九经》《汉史》等书800余卷，藏院内退省轩。④ 井研县来凤书院钦颁书籍久已散佚，只有同治年间吴棠檄发的各种书籍还在。黔江县墨香书院由吴棠颁发的经史各集因时间久远，至光绪初年皆散失无存。⑤ 十三年，薛焕等请建尊经书院并刊刻经史善本，用资考证。学院所用书籍中就有望三益斋刻《归方评点史记合笔》。随着书院的建成，大量的经史善本书籍也得以刊刻颁行，比如重刊《杨伦杜诗镜铨》《张溍杜文注解》，藏板浣花草堂。

（五）关心书院士子学习

吴棠任清河知县时，就重视士子学习。于军书旁午之际，犹校勘朱子《小学》《近思录》公诸士林，"诚知无所心得，庶几取先贤成榘以为作圣之阶梯，而异时成就则视其所自为焉"。⑥

崇实书院建成后，吴棠为书院亲定考课，同治二年正月十八日甄别文生，十九日甄别文童，鼓励各方士子前往，"凡近在一方之萃处，固宜橐笔而来，或远为五郡之分居，亦许怀铅而集，且即他乡流寓，何妨一体观光"。其后"每岁漕督甄别而道府县与海州分司、运判月递课焉"。⑦ 任闽

① 《通渭人物志》编纂委员会编：《通渭人物志》，2005年印刷，第18页。

② 陈庆年：《吴棠年谱》，《近代史资料》总75号，第132页。

③ 吴棠：《奏为川省刊刻书籍颁发各属以广流传由》（同治十年五月二十八日），台湾故宫藏录副奏折，档案号108377。

④ 《重庆百科全书》编纂委员会编：《重庆百科全书》，重庆出版社1999年版，第5页。

⑤ 转引自胡昭曦《四川书院的藏书事业》，《四川图书馆学报》2000年第1期。

⑥ 吴棠：《重修清河县文庙碑记》，《望三益斋杂体文》卷4，第19页。

⑦ 吴棠：《重建崇实书院谕期考课示》，《望三益斋存稿·杂体文》卷2，第26页。

浙总督后，奏请仿照鳌峰、凤池两书院旧例，由御赐正谊书院匾额，“悬挂中堂，藉资观感”，期望“从此海甸文风蒸蒸日上，皆出自圣教之熏陶”。[①] 吴棠并亲自课正谊书院举贡，“手自校阅”，各予优奖。[②] 四川少城书院建成一年后，吴棠因病致仕，回籍途中仍“惓惓诸生不能已”，作诗留赠以志敦勉。[③]

在经世思潮的影响下，吴棠改变了原来单纯重视科举的做法，强调从经史入手，培养书院生徒深厚的实学根底和致用才能。吴棠认为：“经术为政事之根柢，经学实文艺之本源。”“士人读书必以研求性理为本，亦博通经史为先，庶可明体达用，不致徒骛词章。”[④]“培植士林之道既有经学以养其心性，尤须有史学以增其识力。”[⑤] 以此为教学方针，成效甚显。崇实书院因钱振伦“勤于启迪，士之来归者日多，自同治二年正月至岁杪已得佳艺若干篇”[⑥]，吴棠将这些文章刊发为士学之倡。钱振伦评价道：“袁浦自河督驻节，承其流者率以靡丽相尚比者，疮痍初起，物力耗减，而士之举于乡者转多于曩日。论者谓物莫两大，其即崇实之见端欤。”吴棠任四川总督九年，大力倡导、扶持书院建设，大量刊发经史小学书籍，认真督课，后来张之洞又扩而大之，使书籍流布坊间，资人学习，终使得四川文教“翘然为西南各省最”[⑦]。

对于书院士子，吴棠在为学之外，还要求士子们尊师重道。锦江书院本为四川省城唯一官方书院，以科举应试为目的，年久懈怠，造就不广，士子礼节不周。针对这一问题，吴棠特牌示警告：“照得书院作育人材，既贵品学兼优并宜衣冠整肃。当书院应课之日，官长以礼待诸生，诸生岂可不以礼自待！合行牌示，为此示仰应课诸生知悉，此后书院点名，无论官课院课，如有不衣冠而来，科头便服应名者，即是自外名教，应由监院

① 吴棠、李福泰：《奏为闽省建设正谊书院筹议章程并请颁赐匾额事》（同治六年六月初九日），国家清史工程网站的朱批奏折，档案号04－01－38－0186－005。

② 吴棠：《望三益斋存稿·公余吟》卷2，第7页。

③ 吴棠：《留别书院诸生》，《望三益斋存稿·归田诗草一卷》，第2页。

④ 吴棠：《奏为四川绅民公请捐建尊经书院并刊刻经史事》（同治十三年七月十八日），国家清史工程网站的朱批奏折，档案号04－01－38－0186－023。

⑤ 吴棠：《刊前后汉书札》，《望三益斋存稿·杂体文》卷2，第32页。

⑥ 吴棠：《崇实书院课艺叙》，《望三益斋存稿·杂体文》卷2，第16页。

⑦ 苑书义等主编：《张之洞全集》第12册，河北人民出版社1998年版，第10653页。

将该生名次扣除以示儆戒，诸生其各勉旃。”①

吴棠作为传统文人，小时只有私塾，为求学辗转流离，导致其在各地为官时，很重视建设书院，端正士风，培养学子，振兴文教，为各地的文化发展作出了贡献。

三　与同期左宗棠、曾国藩、李鸿章等人的比较

吴棠对书院建设的贡献可和左宗棠作比较。左宗棠任陕甘总督期间，重视甘肃地区的教育发展，鼓励各府、州、县官员修复和创建书院。平叛回民起义后，为了推广汉文化，沟通汉回联系，减少汉回隔膜和冲突，又鼓励回民学习汉文。化平川为左宗棠安插陕西回民之所，向无书院，左宗棠令有司速为筹办。有司呈称：“初开草昧，安用诗书？况在花门识字者少。书院之设，请俟他日。”② 被左宗棠大加申斥，限三月内将书院修理完竣。同治十二年十一月，提督喻胜荣建成书院，左宗棠亲为大门题额“归儒”，并让幕僚施补华记其事。同样是推广汉文化，吴棠建少城书院希望加强满汉联系，左宗棠希望弥补汉回隔膜。一个是国家层面，一个有地域特色。吴棠建设少城书院具有更深远的政治意义。

以前的旗人书院，皆由满蒙官员建立。清政权民族政策的基本方针是“修其教不易其俗，齐其政不易其宜”。一方面它惧怕被汉族文化同化，对在八旗满洲子弟聚集地区创办为旗人而设的书院态度谨慎；另一方面又必须要利用儒家文化来加强其统治，这就使得它不得不鼓动八旗子弟和其他少数民族尊崇儒学。顺治元年，从汉官之请设立八旗官学，于“满洲八旗地方各觅空房一所，立为书院”，教八旗子弟。③ 为满族子弟而设的书院屈指可数，著名的有龙城书院，康熙十五年由宁古塔（今黑龙江宁安）将军哈达奉命设立，专收八旗贵族子弟，以满汉教习教之；白山书院，嘉庆十九年由将军富俊创建于吉林，供八旗及民籍子弟肄业。光绪七年增设满汉教习，教八旗子弟学习汉文；长白书院，清同治十一年由绥远城将军安定督劝八旗官兵捐建，收旗籍子弟为生徒；少城书院，同治十年由总督吴棠于成都为八旗子弟设；辅文书院，光绪四年，由将军西元建于

① 吴棠：《谕锦江书院诸生牌示》，《望三益斋存稿·杂体文》卷 2，第 38 页。

② 秦翰才：《左宗棠逸事汇编》，岳麓书社 1986 年版，第 208 页。

③ 《清世祖实录》卷 11 顺治元年十一月庚戌；《八旗通志》卷 47《学校志二》，第 1 页。

湖北荆州，收八旗子弟，兼习骑射，以图文武并进。[①] 少城书院是第一所由汉族官员建设的旗人书院，而且是汉人总督兼任将军后建设的，这就凸显了吴棠和少城书院的特殊性，它是晚清满汉关系变化在书院领域的一个反映。

同一时期，曾国藩在江南积极修复书院，李鸿章在苏州恢复被毁的正谊书院。但曾、李二人除了关注传统书院外，还开新式学堂学习西文和西方科技，如曾国藩在江南制造局内设翻译馆，李鸿章创上海广方言馆，又支持格致书院的创办和教学。曾、李在传播西学方面的贡献是吴棠所不及的，吴棠重视的仍是传统的科举应试和经史研究，对西文和西方先进科技并未开设专门的学校去教习。其原因一方面缘于四川僻处内陆，与西人接触相对较少，另一方面也跟个人的眼界有关系。吴棠在四川也采用西法练兵，用洋枪装备军队，但在学习西方上没有曾、李等人行得早、行得远。

地方官重视书院建设乃是份内之事，但是在百废待兴的咸同年间，地方官赋予书院建设以更大的期望和更重要的意义。书院不仅仅是培养科举人才之所，更是学术传承和经世思想传播的重要场所，也是开风气之先、学习西方先进科技的一个重要渠道。吴棠重视传统书院建设的行为顺应了当时收拾人心、恢复文教、振兴士林的大潮，与当时的中兴之臣曾国藩、李鸿章、左宗棠等人的行为是一致的，为人才的培养、学术的繁荣做出了重要贡献，但在西学的传播上则不及曾国藩、李鸿章等人用力之多，贡献之大，这是他在书院建设上的一大缺憾。

第二节　望三益斋刻书

19世纪中叶，清政府和太平天国、捻军、回民起义军的战争，使得东南至西北文字毁坏大半，士人读书无从购觅。地方官员遂自行设局，刊刻经史等各种书籍以振兴文教、重建和恢复文化秩序。吴棠的望三益斋刻书局就是其中重要的一份子，望三益斋所刻书在当时被称为善本，在版本学和学术史上都有其重要地位。吴棠还创办了成都书局并刊刻了大量书

① 丁钢、刘琪：《书院与中国文化》，上海教育出版社1992年版，第67页。

籍，他的刻书活动是值得研究的。[①]

一　刻书活动

吴棠刻书分为两种，私家刻书和官方刻书。私家刻书即望三益斋刻书，开始于咸丰五年。这年十月，吴棠丁母忧，携所购经籍回籍终制，署其藏书室曰“望三益斋”，私人刻书局即得名于此。吴棠开始刻书比胡林翼、曾国藩都要早。咸丰九年，胡林翼在湖北开书局，刊刻《读史兵略》《弟子箴言》。[②] 同治二年，曾国藩才在安庆开局刊刻《船山遗书》。

根据国家图书馆和北京大学图书馆藏望三益斋刻书的目录，可知望三益斋刻书的部分内容。根据馆藏书目，国家图书馆藏望三益斋刻书有20种，具体书目如下：

经部

韩婴：《韩诗外传》，光绪元年

邹季友：《书传音释》，同治五年

《礼经通论残帙》，同治三年

魏了翁：《周礼折衷》，同治十三年

史部

丁晏：《四史余论》

杨伦编：《杜工部年谱》，同治十一年

钱振伦：《玉溪生年谱订误》，咸丰十一年

子部

方东树：《汉学商兑》，同治十年

江永：《考订朱子世家》，同治五年

集部

杨伦：《杜诗镜铨》，同治十一年

杜甫：《读书堂杜工部文集注解》，同治十一年

① 目前可见的对望三益斋所刻书的研究有李爽《〈钱注杜诗〉决定性突破清廷禁毁令考述》，《杜甫研究学刊》2009年第4期。

② 方宗诚：《柏堂师友言行记》，台湾文海出版社1968年影印本，第72页。

谢枋得：《迭山先生注解章泉涧泉二先生选唐诗》，同治二年

钱振伦、钱振常：《樊南文集补编》，咸丰十一年

《邵位西遗文》，同治四年

王效成：《伊蒿室文集》，咸丰五年

魏了翁：《师友雅言》，同治十三年

魏了翁：《鹤山文钞》，同治十三年

张弨：《张亟斋遗集》[1]，同治四年

吴棠：《望三益斋诗文钞》，同治十三年

吴棠：《望三益斋杂体文》，同治十三年

但国家图书馆在编目时将《杜诗镜铨》和《读书堂杜工部文集注解》作为两种书处理，这是不合适的，因为《读书堂杜工部文集注解》是附刻在《杜诗镜铨》之后的，应作为一种书处理，若作为两种书处理，则不能体现望三益斋本《杜诗镜铨》在学术史上的地位和价值。因此国家图书馆藏望三益斋刻书应为19种。该书的作者也应为杜甫著、张溍注。

北京大学图书馆藏望三益斋所刻书有31种：

经部

《韩诗外传》10卷，附赵本补逸

《周易传义音训》8卷（卷首，卷末）

《四书经注集证》3卷

《书传音释》

史部

《明史列传》

《宋史列传》

子部

《朱子近思录》14卷

《汉学商兑》3卷

① 共六卷：《济州学碑释文》一卷，《瘞鹤铭辨》一卷，《唐昭陵六骏赞辨》一卷，《栈行图诗》一卷，《汉隶字源校本》一卷，《附录》一卷。

《书林扬觯》
《小学集注》6卷
《小学集注校勘记》6卷
《小学校语》
《小学总论》

集部

《古文约选》
《归方评点史记合笔》
《圣祖仁皇帝庭训格言》
《张敬堂太史遗书》
《伊蒿室集》（文集、诗集）
《樊南文集补编》12卷
《济州学碑释文》
《瘗鹤铭辨》
《唐昭陵六骏赞辨：附栈行图诗》
《娄机汉隶字原》（校本）
《学治臆说》2卷
《学治续说》
《学治说赘》
《佐治药言》
《续佐治药言》
《病榻梦痕录》
《梦痕余录》
《双节堂庸训》

以上北大图书馆所藏张弨的《济州学碑释文》《瘗鹤铭辨》《唐昭陵六骏赞辨》（附栈行图诗）、《娄机汉隶字原（校本）》，四种是《张亟斋遗集》中的书目，按1种算；所藏汪辉祖的《学治臆说》《学治续说》《学治说赘》《佐治药言》《续佐治药言》《病榻梦痕录》《梦痕余录》《双节堂庸训》，八种是《汪龙庄先生遗书》中的书目，按1种算，则北大图书馆收录了21种望三益斋刻书。去掉重复的部分，两个图书馆共收有望三益斋刻书35种。

据陈庆年所撰吴棠年谱记载，望三益斋刻书有：

经部

《合刻程子朱子》

吕祖谦：《周易传义音训》

邹季友：《书传音释》

吴昌宗：《四书经注集证》

张锡嵘：《孝经章句读》

朱就：《正录读》

《正录续编》

《孝经问答》

合刻赵怀玉、周廷寀校：《韩诗外传》

子部

陈选：《小学集注》

江永：《近思录集注》

《圣祖仁皇帝庭训格言》

方东树：《书林扬觯》

《汉学商兑》

集部①

钱振伦、钱振常笺注：《樊南文集补编》

张弨：《张弨遗集》

王效成：《伊蒿室文集》

《诗集》

谢枋得：《文章轨范》

《注解选唐诗》

果亲王刻本：《古文约选》

王拯辑：《归方评点史记合笔》

---

① 集部所收藏的书，可谓“海内称善椠焉”。陈庆年：《近代史资料》总75号，第111页。文中错将谢枋得的两部书《文章轨范》、《注解选唐诗》断句为《文章轨范注解选》、《唐诗》，本文径改。

这其中包括国家图书馆和北大图书馆未收藏的书5种：《合刻程子朱子》、《文章轨范》、朱就《正录读》、《正录续编》、《孝经问答》。

又根据《望三益斋杂体文》中吴棠写的序跋，可知望三益斋刻书还有隋汝龄《辽海志略》、孙衣言《逊学斋诗钞》、孙钟元《孝友堂家规》、谢金銮《泉漳治法论》、《教谕语》、袁易斋《图民录》以及《诂经精舍文续集》等。这是国家图书馆和北大图书馆都未收录的7种书。所以，就笔者所见书目，望三益斋刻书至少有47种。

望三益斋刻书可分为三个阶段：第一阶段，吴棠在清淮为官时，自咸丰五年至同治五年，共十一年。咸丰五年，望三益斋刻了王效成的《伊蒿室集》九卷，这应该是望三益斋所刻的时间最早的书。王效成，江苏盱眙人，道光十六年恩贡生，性情急躁，与世不合，二十六年自沉淮水死，年仅五十余。吴棠得王荫樾钞本及初稿共九册，编为《伊蒿室集》，刊刻行世，共文六卷、诗二卷、诗余一卷。

同治元年望三益斋又刻了《汪龙庄先生遗书》。该套书具体内容包括汪辉祖一生所著的《学治臆说》等8种。这是清代最有名的官箴书，这些书被嘉庆后的官僚视为枕中宝，为官为幕必读，各种各样的版本很多，望三益斋本是其中比较早的版本。

这阶段还刻了钱振伦、钱振常笺注的《樊南文集补编》。

第二阶段是在闽浙总督任上，同治六年三月到七年元月，不到一年时间，又刻了谢金銮《泉漳治法论》、《教谕语》。谢金銮，福建人，素知泉漳械斗掳禁之风盛行，民悍难治，特撰《泉漳治法论》论述如何治理泉漳。其一生为教谕，所作《教谕语》总结了自己多年为官的经验，对读书作文、教学著述、立身行己、居官致用等方面都有论述，体用兼备，对吴棠治理闽浙很有帮助，对为官者特别是为教谕者也很有启迪。吴棠将该书刊刻重印，“以训官训士，冀吏治士习之益进也”①。又完成左宗棠任上即已开始刊刻的正谊书局版《张清恪正谊堂全书》。

第三阶段是在四川总督任上，从同治七年到光绪二年，约九年时间。这一段时间，是吴棠一生中刻书最多的时期。所刻大量经史小学诸书，分发四川省内的各地书院供士子阅读。因为吴棠的大力倡导、扶持，认真督课，后来张之洞又扩而大之，使书籍流布坊间，资人学习，终使得四川文

① 吴棠：《重刊教谕语叙》，《望三益斋存稿·杂体文》卷3，第26页。

教“翘然为西南各省最”[①]。

根据所刻书目可以分析望三益斋刻书的特点：

第一，经史书籍占有一定比例。经史书籍不仅是科举需要，也是经世实学的一个重要源头。吴棠认为：“士人读书必以研求性理为本，亦博通经史为先，庶可明体达用，不致徒骛词章。”因此，所刻书中程朱理学、小学类书和史书占了很多。

为了给士子提供示范，望三益斋还刻了吴棠求学时期的制艺、塾课，即为应举业而学作的八股文。首刻于咸丰年间，因原版损毁，同治三年又重刻制艺，四年重刻塾课。钱振伦评价吴棠的制艺“雄伟博硕，牢笼万有，大江以北，几于家制一编”[②]，“大率以浩瀚之气，达真切之理。……时漕帅重建崇实书院，可悬此为士林圭臬”。[③] 吴棠又辗转搜辑旧日课徒时所作小题文若干首，以供家塾课子以为初学津梁。钱振伦谓这些塾课“超腾之致，足以翔蹑乎空虚；隽曲之情，足以刻画乎纤琐”。制艺刻成后，又掇拾试贴诗若干首付刊。制艺和试贴诗是读书应举必须要学会的。吴棠将自己的这些诗文刊刻，一方面彰显自信，为士子作榜样，另一方面也反映了他对儒家典籍、程朱理学的推重和对科举应试的重视。

第二，官箴书占了较大比例。在每一阶段，吴棠都刻官箴书。除了原来刻的《汪龙庄先生遗书》、谢金銮的书外，在四川总督任上，又刻了袁易斋的《图民录》。《图民录》可与汪辉祖的书互相印证。这些书刊成后分发各州县官吏，俾有资于行政行事。这也反映了吴棠希望自己和属僚能成为讲实学、办实事的地方官的愿望。

第三，集部书、丛书以乡人、宦游地人的著作为多。如《伊嵩室集》《樊南文集补编》《张敬堂太史遗书》、谢金銮和魏了翁的书。可见乡谊仍是很重要的人际交往的纽带，也是刻书人表彰先贤、激励后进的手段。

吴棠主持的官方刻书时间上要早于望三益斋刻书。咸丰四年清河县署刻《清河县志》应是其官方刻书的开始；同治十年四月吴棠商同在省司道，捐廉设局，创成都书局；又同治十三年与张之洞创尊经书院并设局刻

---

① 赵尔巽：《已故大学士兴学育材成效卓著请宣付史馆折》，见苑书义等主编《张之洞全集》第12册，河北人民出版社1998年版，第10653页。

② 《钱振伦序》，《望三益斋存稿·望三益斋塾课》，第1页。

③ 《钱振伦跋》，《望三益斋存稿·望三益斋制艺》，第1页。

书，皆是官方刻书。吴棠主持的官刻书籍主要是成都书局成立后刻的书。

成都书局刻书所遇困难比望三益斋为多。主要表现在书源上，望三益斋刻书因是私人刻书，随意性较大，书源并无压力，有什么书就刻什么书，官方书局刻书则不能如此随意。因四川僻处西陲，各学旧存书籍既多散失，闾里藏书之家亦不多见，坊间偶有大部经史均系购自江浙等省，军兴以后，这些书很难勾求。只有以前刻过的御纂钦定九经，板存省内锦江书院，尚易刷印流传，余多阙如，吴棠因此决定重刊钦定朱子全书。先行发给书局省平银若干两，于同治八年开工，由候补县丞顾复初任校堪，九年冬竣工，印好后颁发通省府、厅、州、县书院以资讲习。吴棠认为只有经学以养心性还不够，尤须有史学以增重识力，因此又捐筹款项，访延宿学，刊刻殿本《汉书》《后汉书》，由江苏举人缪荃荪、贵州举人张人瑞任校勘，同治十年上半年次第告竣。随又筹款接刊《史记》《三国志》两书，校刊二员薪水每月七十两仍由吴棠捐给，其余费用在司、盐两库酌筹，不报部，加上盐厘公费等项共凑拨银四千两，转发局员钱宝宣等接续梓行。前后共刊成“四史”，以便潜心史学之士于蜀汉以前治乱始末得以周览无遗。刊刷齐全后分发各书院并准书肆刷印，使流传日广，令更多士子咸敦实学。[①] 后来又刊印了《五代史》《文选》《经典释文》等书。[②]

尊经书院建成后也设局刊刷经史善本书籍。但在吴棠任期，尊经书院刊刻书籍很少，士子所用书籍主要由成都书局刊刻，但为后来书院大量刻书奠定了基础。

二　刻书原因

吴棠自咸丰四年开始刻书，终其一生，坚持不懈。其原因可以分析为以下几点。

首先，和他年少时的求学经历有关。吴棠小时候家境贫寒，常“写书自诵”。长大后忆及“就外傅家无书，太恭人以针黹所积易纸笔，俾钞读焉”。[③] 张之洞在《书目答问略例》中开篇即论道：“读书不知要领，

① 吴棠：《奏为川省刊刻书籍颁发各属以广流传由》（同治十年五月二十八日），台湾故宫博物院藏录副奏折，档案号 108377。

② 《近代史资料》总 75 号，第 128 页。

③ 吴棠等：《先妣述略》，《望三益斋存稿·杂体文》卷 1，第 15 页。

劳而无功；知某书宜读而不得精校精注本，事倍功半。”[①] 吴棠当时的处境，连书籍都没有，更遑论读书要领和精校精注本了。

旧时没有公共图书馆，学者治学靠私家藏书，童蒙入学所受教育、所接触书籍也和家庭有很大关系。渴求读书却无书可读的经历，应是吴棠热衷于刻书的一个重要原因。至清淮为官后，尚购经籍归；告病回乡后，犹拟立储英乡塾课士；设局刻书后，大量刊印经史书籍。这些行为，应该都是吴棠弥补小时候遗憾的一种表现。

其次，吴棠刻书应和他为官后的交游有关。吴棠在做清河知县的时候，颇得漕运总督杨以增赏识。杨以增为清代著名的藏书家，字益之，号至堂，别号东樵，山东聊城人。出身诗书世家，道光二年进士，二十九年升为江南河道总督兼漕运总督，咸丰五年卒于清江浦任所，计在清淮为官七年。杨以增一生酷爱藏书。道光十八年丁父忧家居，开始建“海源阁”藏书楼。所藏书多宋元精椠，在中国藏书史上与江南常熟瞿氏“铁琴铜剑搂”并峙，时称“南瞿北杨”。其“四经四史之斋”藏有宋版《诗经》《尚书》《春秋》《仪礼》《史记》《汉书》《后汉书》《三国志》。杨以增也以海源阁为名刊刻书籍，据现代学者保守估计，海源阁刻书有 39 种，其中 34 种由杨以增主持刊刻，24 种刻于清江浦。[②] 也就是说杨以增在清淮的七年时间里刻了 24 种书，这对吴棠应有巨大的影响。吴棠自道光二十四年开始分发南河以知县用，至咸丰五年杨以增去世，已在清淮为官 12 年，其间屡得杨以增保奏。吴棠丁忧回籍后开始以“望三益斋”命名书室，并开始刊刻书籍，终身不懈，与杨以增的做法极为相似。海源阁刊刻了淮安府山阳人丁晏的《仪礼释注》二卷，吴棠所到之处，也刊刻当地文人的书籍，这也似乎能看到杨以增的影响。

吴棠为官清淮后，开始接触到当时一些颇有影响的学者。如丁晏，著名的校勘学家；鲁一同，著名古文家、诗人；钱振伦，骈文大家，对唐诗很有研究。吴棠与他们交游甚密。丁晏曾主讲丽正书院，因协助剿捻有功，得吴棠保举；鲁一同曾在吴棠幕府做事，深得吴棠父亲欢心；钱振伦被吴棠聘为崇实书院山长；高均儒治三礼主郑氏，尤服膺宋儒，负责吴棠望三益斋刻书的校勘；缪荃孙，江阴人。太平军进江阴，避居淮安，由吴

① 赵德馨主编：《张之洞全集》第 12 册，武汉出版社 2008 年版，第 223 页。

② 丁延峰：《海源阁刻书考》，《文献》2005 年第 2 期。

棠选进丽正书院学习，后又举家迁居成都，习文史、考订文字。应四川乡试中举后，被吴棠延入幕府，负责书籍校勘，后成为著名的目录版本学家。这些人都有时人推重的学问，但都很有个性，不太易于相处。如高均儒，性狷介，见文士行为不检点者则绝之如雠，人苦其难近。但吴棠都能和他们融洽相处，他们也都能为吴棠所用，他们对吴棠的学问、行政都有不同程度的影响，对吴棠的刻书也有不同程度的帮助。

第三，吴棠刻书还有一个得天独厚的条件。江北，尤其是清淮一带，在咸同年间相对安全，太平军和捻军的兵锋甚少到达，里下河一带因而相对富足，这为吴棠刻书提供了资金保障。

战争使得江南社会动荡不安，昔日金陵写刻各匠纷纷寓居相对安静的江北。同治二年曾国藩刊刻《船山遗书》时，尚致信吴棠，请吴棠幕下负责校勘书籍的高均儒帮忙挑选写刻高手，前往安庆开工，并请吴棠垫付川资。高均儒复信称写手、刻手须在泰州、东台等处添觅多人。同治三年正月，曾国藩致信吴棠告之梓人抵皖，并谢其垫发各款。[①] 也就是说，江北多有写刻高手，足以为吴棠所用，这对吴棠刻书无疑是极大的方便。

第四，吴棠刻书是适应大环境的要求。同治六年五月，江苏学政鲍源深以江苏等省自遭兵燹以后，各府州县学中旧藏书籍，大半散佚，经史板片，亦皆毁失无存。现在地方已就肃清，亟应振兴文教，士子有志读书，而载籍难于购觅，无以资讲习而惠艺林。因此奏请将旧存学中书籍广为购补，并将列圣御纂钦定经史各书，先行重刊，颁发各学；并准书肆刷印，以广流传，俾各省士子得所研求，同敦实学。清廷照准。[②] 此后，各地官书局大量建立，成都书局的建立也源于此。但吴棠的私人刻书，则远远早于鲍源深的奏请，这是吴棠自觉地恢复礼法文教秩序的表现。

三　影响

吴棠所刻书，因校勘精详，刻写精美，被誉为“善椠”。吴棠所聘请的任校勘的人如高均儒、缪荃孙等都是名重一时的人物，金陵刻写好手也为其所用，到四川后著名的书局经理人周达三又为其监刻书籍，如《韩

---

① 《曾国藩全集·书信六》，岳麓书社 1994 年版，第 4077、4159、4322 页。

② 《清穆宗实录》卷 202 同治六年五月戊午。

诗外传》和《杜诗镜铨》等①，这就保证了所刊书籍的质量。

吴棠所刻书，其在版本学上的地位自不待言，有的书在学术史上具有重大突破，其中最典型的就是重刊杨伦《杜诗镜铨》并在书后第一次附上张溍所著《读书堂杜工部诗集注解》。吴棠对杨伦《杜诗镜铨》十分推崇，认为“《杜诗镜铨》二十卷，杨西龢先生撮合各家笺注，爬罗抉剔，博采而得所折衷。俾杜公惓惓忠爱之隐，节解章疏，洗发呈露，秋帆尚书以为少陵功臣，洵非虚语，余诵之心折久矣”。因此吴棠决定将其刊印，“念东南兵燹以后，公集板毁无存，爰觅善本付梓，并取张上若先生《工部文集注解》二卷附后。读诗者息众说之纷拏，仰光焰之万丈，而杜公真切深厚之旨，益昭然若揭焉”。②

望三益斋版本的《杜诗镜铨》的价值主要体现在书后所附的张溍著述。张溍，明末清初人，顺治六年进士。其在书中采明清以来诸家包括钱谦益等对杜诗的笺注，尤其大量明确引用钱谦益《杜诗笺注》中对杜甫诗的笺注，表达了他对钱注“学术创见的核心成果的深刻认同”。钱谦益为明末清初散文家、诗人，明万历三十八年（1610）进士，官至礼部尚书，降清后为礼部侍郎管秘书院事，充《明史》馆副总裁。钱谦益学问渊博，泛览子、史、文籍与佛藏，诗文颇负盛名，被奉为“文宗”。因其所著《初学集》《有学集》中有诋毁清政权之处，乾隆帝钦定其为贰臣，著述也被乾隆帝屡下严旨责令销毁。销毁令扩大到最后，凡载有钱谦益所作序、跋、题词、批语的书，一概遭禁，后世所见很多书缺页、少页、少字多由此而起。但钱谦益的书禁而不绝，仍然在很多学者中暗中流传。其《杜诗笺注》“注重深入考察唐史隐曲面之真相以注释杜诗……其学术性格极具锋芒锐感，不仅远超出宋代千家注杜局限于抄书注杜的层面，而且也超过清代注杜往往局限于无关宏旨的琐细考证的水平”；其最重要的“《洗兵马》笺注是《钱注杜诗》学术创见的核心成果，是钱谦益注杜最重大之发明所在。钱氏使用了大量史料，借注释《洗兵马》一诗不仅揭示了杜甫此诗的微言大义，而且更重要的是揭示出了作为杜诗背景的相关唐史的隐曲面。这一段唐史真相的了解关系到杜甫后半生的命运及大半部杜诗内容之了解，意义重大，不只是注释一首诗而已”。乾嘉之后的

---

① 张其中：《周达三与成都志古堂刻书》，《四川图书馆学报》1994 年第 6 期。

② 吴棠：《重刊杜诗镜铨序》，《望三益斋存稿·杂体文》卷 3，第 40 页。

学者在个人著作中也常常暗自征引钱谦益的笺注。杨伦《杜诗镜铨》初刻本为乾隆五十七年九柏山房刻本，书中对钱注稍加修改，只暗用钱注之意而不注明出处，张著则明确征引。吴棠首次将二人的书合二为一公开刊刻，“将载有钱谦益学术思想核心内容的成果首次公诸于众”，[①]冲破了清廷的禁毁令，在刻书史和学术史上是一次重要突破。其后二年，才有曾国藩编选、传忠书局刊刻的《十八家诗抄》公开采用了钱谦益的笺注。

吴棠所刻《韩诗外传》也有较高的学术成就。《韩诗外传》是西汉初年韩婴所著的一部汇集古代的故事和诗说的书，共 10 卷 310 章，是由 360 条轶事、道德说教、伦理规范以及实际忠告等不同内容组成的杂编，一般每条都以一句恰当的《诗经》引文作结论，以支持政事或论辩中的观点。针对书中的疑难段落，后世学者多有疏证。乾隆前通行本以虞山毛氏刻本最善，然其书讹脱甚多，并将《韩诗》异文，悉改从毛，“古义古音，大惧迷晦”。乾隆五十二年，武进赵怀玉有校本，第二年，新安周廷寀有注本。二书刊刻行世，前后相差一年，两不相见，故所校各有异同，也各有得失。“周氏以《大戴记》、《吕览》、《列女传》、《说苑》、《新序》等书校本文，间用已意疏之。赵氏复刺《选注》、《初学记》、《御览》援引本文各条，补其阙略，正其讹谬，扑尘扫叶之功，诚有过于周氏。然如顾氏千里据元椠本辨改‘白’为‘伯’之失，则径改旧本，亦不能无流弊也。”吴棠所刊《韩诗外传》以周氏本为主，将赵氏校语胪列于下，两种刊本“字句之异同，考证详略，均两载之，不加论断，在学者善读之而已”[②]。吴棠尊重原文，批评了赵怀玉径改原文的做法，梁启超在《中国近三百年学术史》中评价：“吴棠汇合赵、周二本刻行，此书遂易读了。”[③]

望三益斋所刻王拯纂辑的《归方评点史记合笔》也有其重要价值。《史记》以其文学和史学上无法超越的高度一直为后人所模仿、景仰，评注者尤多。明朝归有光评点《史记》凡数十种，清朝望溪方苞所评较归

① 参见李爽《清代〈钱注杜诗〉暗中流传与突破禁毁考述》，首都师范大学 2007 年硕士学位论文，第 1—2 页。

② 吴棠：《韩诗外传序》，王达津主编：《清代经部序跋选》，天津古籍出版社 1991 年版，第 127 页。

③ 梁启超：《中国近三百年学术史》，东方出版社 2004 年版，第 264 页。

氏犹多，因未有专刻，学者只能辗转抄录。同治初王拯始辑两家评点创意纂录，别为篇、卷、序而刊之，题曰《归方评点史记合笔》。犹于两家评点之后，取诸家史评有与两家相印证者参互考订，作为案语，并夹有自己的评点。但该书首次在广州出版，四川购求很不易，于是吴棠取王氏刻本，校其伪字，其余一仍其旧，由望三益斋重新刊印，[①] 质量比原书更上一层，这无疑是嘉惠士林的事。

在咸同之际创办书局的大潮中，吴棠创立的官书局因僻处西南，经费不充，不如江南的官书局如曾国藩创办的金陵书局规模之大，刻书之多，种类之丰富。据学者统计，金陵书局在同治年间的刻书有57种：

经部

《周易本义》《周易程传》《毛诗传笺》《诗经集传》《书经集传》《礼记集说》《仪礼郑注句读》《周礼郑注》《春秋左传杜注》《春秋公羊传》《春秋穀梁传》《孝经》《四书章句集注》《尔雅正义》《佩文广韵》《说文解字》《说文斠诠》《字音指误》

史部

《史记索隐集解正义》《史记札记》《汉书》《后汉书》《续汉书》《三国志》《晋书》《宋书》《南齐书》《梁书》《陈书》《魏书》《北齐书》《周书》《南史》《北史》《读史镜古编》

子部

《家范》《小学集注》《大学衍义》《四礼翼》《圆锥三曲线》《天算或问》《重学》《几何原本》《则古昔斋算学》《读书杂志》《老子章义》

集部

《曹集铨评》《楚辞》《文选》《唐人万首绝句选》《古诗选》《今体诗钞》

丛书

《船山遗书》

---

① 吴棠：《叙》，王拯纂辑：《归方评点史记合笔》，光绪元年仲冬刊于锦城节署，第1页。

其他：

《金陵杂感诗》《金陵书局章程》《长江水师章程》《忠义录》①

根据以上所列可知，曾国藩刻书与吴棠刻书的相同点都是刻了大量的经史书籍，两者书目有相同、也有互补的地方，曾国藩的《五经》刊刻较多，史学书目更广泛。区别在子部、集部两部分。曾国藩除了刊刻小学类书外，还刻了算学、几何学等方面的书，并对历代经典诗词关注颇多，吴棠的子部仍和经学、小学有关，集部则以私人文集为主，对历代诗词刊刻较少。之所以出现这种差别，除了经费原因外，还因曾国藩幕府有李善兰这样的算学人才，这也反映出曾国藩的关注兴趣更广泛，除了传统的经史之学，对其他有用之学如自然、科技等也主动涉及，这或许能部分解释为什么在洋务运动中曾国藩能走在前列的原因，他所刊刻的自然科技书籍鼓励了更多的学子走上科技、实业兴国之路。对于诗词，吴棠认为士子读书，首重经史实学，不能徒务辞章，或许这是他的刻书中鲜有历代诗词的原因。曾国藩的学识较吴棠渊博深厚，在理学、古文和诗词方面都有造诣，他们学识修养的不同、个人旨趣的不同，导致他们刻书内容的不同，对当时的士风、学风也有不同的导向作用。

对于吴棠十分看重的官箴书，曾国藩则没有涉及。不是说曾国藩不注重官员的人品才能，而是因为官箴书的作者、读者多是知县、教谕等基层官员。曾国藩没有做过基层官员，为京官时，常以理学标准要求自己；任地方大吏后，属员多由自己保荐，认为不合适的直接弹劾换人，似乎没有足够的耐心循循善诱下级基层官员；吴棠则从知县一步步升到总督，没有曾国藩如此强势，在多年的知县生涯中，深知父母官的操守品行和行政能力对民众的影响，刊刻官箴书既为勉励自己，也为劝诫他人。

综观以上的论述可见，吴棠在为官生涯中，私家刻书和官方刻书都达到了一定的成就，对咸同年间清淮地区和福建、四川的文教恢复和学术繁荣都有不可忽视的影响。吴棠刻书，既是战后恢复文教的大环境要求，也有个人内心的自觉。他和曾国藩刻书内容的不同，反映了他们不同的思想旨趣，对士风、文风也有不同的导向作用。

① 李志茗：《从倡节义到兴文教——曾国藩幕府刻书考论》，《社会科学》2010年第10期。

第三节　关注民生

“居庙堂之高则忧其民。”民生思想是中国传统文化中很重要的一部分，内涵丰富，包含以民为本的重民贵民思想，如孟子的“民为贵，社稷次之，君为轻”，亲民爱民思想如韩愈的“休养生息”“与民休息”，还有自先秦开始形成的“藏富于民”的富民思想。受此影响，关注民生就成了每个地方官的应有之事，只是不同的人专注度不一样。吴棠关注民生主要表现为关注民生疾苦，既在思想上有体现，也在行动上有落实。

吴棠民生思想的来源之一是实践，也就是他的亲身经历。吴棠出身贫寒，父亲在外授馆训蒙，尚不能养家糊口，还需母亲做女红、酒浆、豆腐等贴补家用，兄长学做生意，日子仍过得艰难，兄弟俩读书常付不起脩金。这种贫穷的生活给吴棠留下了深刻的印象，对他以后富民思想的形成很有影响。

吴棠自己督兵剿捻，他的家人也在经历战争，因此他对战争的影响体会尤深。咸丰八年三月二十八日，滁州被捻军攻陷，三界震动，吴棠举家迁徙。五月又警徙，七月二十五日捻众大至，吴棠夫人携家人“仓皇徒步，夜走至津里始得船，而湖中风狂浪涌，船小人众，几濒于死，乃达清河”。至九月，三河告警，复迁阜宁海岸。九年三月回清河，十年正月清河又遭捻军进攻，因先得信，二十七日吴棠夫人已携亲众同回海岸，“人多家窘，谷价昂贵，艰苦几于不支”。“忆自八年贼突至三界，亲族骤失所依，茹苦相投，家虽窘，不忍不顾也。同苦数年，幸俱存活，究莫告慰，迨履藩任，各谋位置而时亦甚艰矣。噫，五年之中，流离转徙，固无日不心摧胆裂也。”① 这种经历，对他后来与民休息思想的形成也有很大关系。

除了实践，吴棠民生思想的另一来源就是先贤之书。吴棠父亲以训蒙为业，有时也亲自课兄弟俩读书，授以朱子《小学》，将《陈文恭五种遗规》视作处事居家之要。《陈文恭五种遗规》由乾隆时陈宏谋摘辑，分为《养正遗规》《教女遗规》《训俗遗规》《从仕遗规》《在官法戒录》五种，

① 吴棠：《题流民图》，《望三益斋存稿·杂体文》卷4，第10页。

书中的思想潜移默化中影响了吴棠。为官后，吴棠的父母对吴棠处理民事案件也常提意见。如吴棠任桃源知县时，将其父母迎养在署。其母常看吴棠如何决断民讼，有时说："此可训而化也。"吴棠被大挑后，其母又训曰："吾闻古之君子，不以仕而废学，汝宜以学治，万勿以官自居。且朝廷设官以为民也，常记吾家之辛苦，则百姓之疾苦可知矣。"①

吴棠的父亲还向吴棠推荐汪辉祖的书籍。"棠为诸生时，先大夫馆于胡心斋姻伯家，得左仲甫中丞所刊汪龙庄先生《治说汇纂》一书，授棠曰，小子识之，非独做官宜然，做人亦宜。"汪辉祖字焕曾，号龙庄，浙江萧山人。清代乾嘉时期的良吏。早岁游幕，乾隆四十年（1775）进士，官湖南永州府宁远知县、新田知县，署道州知州，以廉洁见称，后以足疾引退。归家闭户读书，专事著述。所著有《元史本证》《二十四史同姓名录》《学治臆说》《佐治药言》《续佐治药言》《学治续说》《晚庐归稿》等20余种，尤以《学治臆说》《佐治药言》《病榻梦痕录》行世甚广。汪辉祖一生所解疑难杂案甚多，为清朝"一代名幕"。

吴棠自述为牧令后，日以汪龙庄所著为课程，"于汪先生所言不能尽其万一，然幸不为百姓所怨恶"。"甲辰大挑南河，初摄砀山篆，即以汪先生之书试之。甫三十五日而去。"② 就这短短的三十五日，吴棠"清积案百数十起"。③ 任清河县知县期间，以无积狱被百姓称为"吴青天"。④ 此外，吴棠为诸生时，又以《谢金銮教谕语》一书，置案头，时时诵习。为牧令时，尤其服膺该书中的"论亲民之旨"。⑤ "尝闻其大书明臣王守仁'愿闻己过，求通民情'二语为座右铭。暇则手不释卷，校刊经史善本以嘉惠后进。是其学有根柢，故能治行之纯如此也。"⑥

除了先贤之书，吴棠民生思想的另一重要理论源头是儒家典籍，尤其是《诗经》。"诵诗三百，授之以政。诗也者，政事之书也。"吴棠为清河县令时，将读《诗经》的感想辑为《读诗一得》，其中很多是关于民生

① 吴检、吴棠：《先妣程太恭人述略》，《望三益斋存稿·杂体文》卷1，第17页。

② 吴棠：《重刊汪龙庄先生遗书叙》，《望三益斋存稿·杂体文》卷3，第9页。

③ 光绪《盱眙县志稿》卷9《人物·吴棠》，第70页。

④ 陈庆年：《吴棠年谱》，《近代史资料》总75号，第109页。

⑤ 吴棠：《重刊教谕语叙》，《望三益斋杂体文》卷3，第26页。

⑥ 《安徽巡抚臣裕禄跪奏为前任四川督臣在籍病故循例代递遗折恭折仰祈圣鉴事》，《望三益斋存稿·诗文钞》，第4页。

的。如讲农事重要，“不稼穑不知农事之艰，不刈濩不知女功之苦，故常习奢侈即华靡，而未餍骄情，常习辛勤，虽织悉而必思物力”。“田野不治，土地荒芜，则有让稼穑匪懈，所以勿予祸，适三代重农若此，宜享国之长也。”[1] 又如论民与兵的关系，“天下初定之后，则重偃武，民久苦兵，宜与之休息。天下承平之久，则重讲武，民不知兵，宜振其玩弛也”。“必比闾族党州乡不失其业而伍两卒旅师军之众，乃给也；必井邑郊甸县都各安其居，而戎马甲士步卒之赋乃充也。”[2] 时人评价说：“其于保民御寇之道，盖拳拳三致意焉。信夫，仲宣以得于心者，施于政而其说之平实，诚所谓通经致用者也。”[3]

吴棠对民生的关注在他的诗词中多有体现。吴棠的诗词，黄云鹄称为“蕴抱宏深，宅衷悱恻”，鲁通甫则谓其“以沉郁跌宕之怀，处家国艰难之会。由中之言，伫兴而动，非徒以词采声律见长可比”。王揖唐认为二人的评论“亦笃论也”，在其《今传是楼诗话》中收录了吴棠的三首诗。《听雨》云：“兵燹西南唤奈何，东南画舫自笙歌。金阊蓬背萧萧雨，不及江南涕泪多。”《自提报经图》云：“卅年宦辙苦奔驰，蠹简陈编是我师。安顿此心无别法，一经手到去官时。”《别泛月舫》云：“绕郭江流走白沙，一航安稳出三巴。朱鱼孔翠增留念，何况穷檐十万家。”[4] 这三首诗反映的也主要是民生疾苦。

徐世昌主持编修的《晚晴簃诗汇》也收录了吴棠的三首诗。《留别王味兰学博》云：“饥乌堕水寒雁飞，雪花冻涩游子衣。主人有约留十日，消寒高会红炉围。我思寒士之寒消不得，庆厦何处遮荆扉？高堂已极倚闾望，债帅况有旁人讥。猪肝那屑累安邑，湖风猎猎催人归。我归我贫岂能逐，菽水为乐亲心怡。男儿抑郁困乡里，有泪不肯穷途挥。高歌一曲谢知己，萧然衦被行骖騑。”《堂堂》：“堂堂白日去如何，搔首西风客感多。尺地寸天今版籍，披荆斩棘古关河。雪山轻重关严武，粤国兴衰问赵佗。莫漫请缨谈壮志，登坛三十已蹉跎。”《翟坝闻雁》云：“北响闻南雁，依然结阵飞。初春横塞冷，晓月入云微。粱稻谋原悔，关山路岂违。莫嫌中

① 吴棠：《读诗一得》，同治三年六月高行笃署，第1、52页。

② 吴棠：《读诗一得》，第31、22—23页。

③ 丁晏：《读诗一得·序》，第1页。

④ 王揖唐：《吴棠成就甚夥》，王揖唐著、张金耀校点：《今传是楼诗话》，辽宁教育出版社2003年版，第186页。

泽苦，羡尔有家归。”① 这三首诗除了反映民生，还有壮志未酬、不能归乡的感慨。

清人刘履芬《旅窗怀旧诗》中也有对吴棠其人其诗的评论。刘履芬(1827—1879)，字彦清，一字泖生，号沤梦，祖籍浙江江山，随父客居江苏苏州。幼承家教，又从名儒王韫斋学文，工诗词，通音律，为文渊雅深厚。其诗云：“士民夹道拥征骖，元气重苏草木含。回忆当年多伟绩，居然一令障东南。”其注曰：“盱眙吴仲仙廉访，癸丑岁作令清河，举行团练，南北冲衢，一时安堵。丰功伟略，不待以词章名。”刘履芬又录吴棠《灵壁道中书愤》云：“燎原烽火万家惊，听诉疮痍涕泪横。天醉乾坤余战搏，市荒人鬼不分明。橐囊已罄犹征税，盗贼才过又苦兵。闻道征南诸将帅，红旂昼卷自专城。”《听雨》云：“兵燹西南唤奈何，东南画舫自笙歌。金阊篷背潇潇雨，不及江淮涕泪多。”又偶见其题家弟词稿《贺新凉·题紫藤花馆诗余》用集中韵：“华发催人急，瞥十年、胥江一棹，荻枫瑟瑟。忆到莎厅勤课读，回首已非畴昔。喜到眼、花腾五色。二陆双丁争炫映，谱云和羡说江郎笔。休惆怅，桓伊笛。飘零我是无家客。问故巢、而今安在，劫灰凄恻。猿鹤虫沙成幻梦，填海冤禽何益？叹窈渺、天心莫必。起舞中宵鸡腷膊，拨铜琶呜咽江声涪。缄愁思，素书尺。”② 既不以词章名，这些诗词的感人之处应在于其中蕴涵的巨大的家国情怀、忧民之思。

除了他人编辑的诗集中收录了吴棠的有特色的诗句，吴棠的诗集中反映民生的诗句更是比比皆是。如署砀山县丞时作：“昔闻古芒砀，于役此经过。大泽虹堤绕，饥民鹄面多。草芜怜野旷，麦熟盼时和。吴豫岩疆接，持权在斧柯。”③《灵壁道中书愤》云：“燎原烽火万家惊，听诉疮痍涕泗横，天醉乾坤余战搏，市荒人鬼不分明，橐囊已罄犹征税，盗贼才过又苦兵。闻道征南诸将帅，红旗昼卷自专城。”④

同治十一年八月十七日，以四川总督身份出省至川北、川东阅兵，九月二十六日回署。所至问疾苦，民免捐输，士助膏火，有《奉命校阅川

① 徐世昌：《晚晴簃诗汇》卷138，中华书局1990年版，第5994—5995页。

② 严迪昌编著：《近现代词纪事会评》，黄山书社1995年版，第126页。

③ 吴棠：《望三益斋存稿·归田诗草一卷》，第9页。

④ 吴棠：《望三益斋存稿·公余吟》卷1，第2页。

北川东山行杂咏》二十首，大多是有关民生之诗，其中写资阳民窘之句“去年荒歉今年熟，痛定归来尚带尤。正似早春原上草，生机虽转烧痕留”①，为蜀人传诵。其他还有“廿年杼柚困难支，鹄面鹑衣夹道随。西蜀富饶天下羡，那知山县久啼饥”，“市无华屋知民困，野有饥民愧岁丰，生吃众多生计少，只应旸雨仗天公”，“蹙额终年垦石田，茂汶生计太萧然。边民竟似流民苦，敢怨苍苍覆载偏”。②

由上可见，吴棠的民生思想可归纳为官不扰民，为民着想，民治民安。

其实践中首先重视对州县官员民生思想的培养。在江北任职时，将讲求民生的书籍发给州县官员。“为牧令时，以《汪龙庄遗书》为课程，所至皆分致僚属。”③ 同治四年，将刊发的《广惠编》发给各州县参考。“照得江北各州县，去岁秋冬米价昂贵，迭经札饬各州县劝行赈恤在案。查核各州县禀报，实力举办者固多，玩泄从事者亦所不免。腊杪阅朱文端公集内载《广惠编》一册，相应摘录刊刻札发，为此札仰该州县并传谕绅董，现值春初各处待哺者尚众，务即努力为善，已举行者勉思有终，未举行者即时赶办，务各勉力毋忽。”④ 为了尽快恢复生产，咸丰十年，吴棠命候补道台尹绍烈在清淮设蚕桑局，推广栽桑。又从吴兴购买蚕种，在清淮试养，并编印《蚕桑辑要合编》二卷，在清淮一带农村中散发。⑤

在闽浙总督任内，吴棠为了减轻民众负担，不惜得罪左宗棠等人，换掉藩司周开锡。会同李福泰奏请酌减厘金、酌裁厘卡，“于五月初一日起将百货厘金减抽二成，渔网杂捐、肩挑小贩概行停抽，并将偏僻地方无碍大局之小卡酌量裁撤，稍顺商情，兼节靡费”。⑥ 可见，吴棠等裁厘后，藩库收入减少，但民困应大有纾缓。

在四川总督任内，吴棠考虑到灶民生计，坚决抵制曾国藩的盐务改革。“川省取盐于井，井眼之深浅，自数十丈至二、三百丈不等，锥凿甚

---

① 吴棠：《望三益斋存稿·公余吟》卷2，第13页。

② 同上书，卷2，第12、16页。

③ 陈庆年：《吴棠年谱》，《近代史资料》总75号，第132页。

④ 吴棠：《刊发广惠编札（乙丑）》，《望三益斋存稿·杂体文》卷2，第28页。

⑤ 章楷：《十九世纪后期江苏蚕业的兴起和发展》，《江苏蚕业》1996年第2期。

⑥ 吴棠、李福泰：《奏报闽省酌减厘金酌裁厘卡缘由事》（同治六年七月十三日），国家清史工程网站朱批奏折，档案号04－01－35－0561－090。

属费力，须十余年或数十年始能见卤。凿井之费，盈千累万，井户类多鬻产借债，以待取给，一旦饬令封禁，恐难甘服。……况附厂人夫丁役以数十万计，一经失业，难保不流而为匪，致贻隐患。"① 最后清廷无法强行禁止川盐行楚。同治十三年四月，在同治帝重修圆明园时，吴棠又请求延缓四川进贡木植的时间，后来圆明园停修，四川也就不用进贡木植了。十月，吴棠以藏香由川至藏购办，番商居奇，运费亦繁，奏请罢之。

其实，吴棠卖力剿捻，一方面因为他是朝廷命官，自然处在起义军的对立面，应该为清廷的存在和安全效力；另一方面，也是他经历了战乱，希望国泰民安的思想体现。他一方面为民困苦而忧心忡忡，另一方面为筹集战争资金却又多方罗掘，无法做到不扰民，无法做到富民，反映出其理想与现实的矛盾。处在战争的环境之中，吴棠作为地方官，虽想努力改善民生，做一些有益于民生的事情，但因为条件所限，心有余而力不足，缺少可以大肆称道的成绩。

① 丁宝桢：《四川盐法志》卷11《济楚上》，光绪八年版，第23—24页。

第八章

有恩于慈禧？

吴棠一生官运亨通。其为官江北22年，权力几与曾、李抗衡；总督四川9年直至告病还乡。至今这两个地方还流传着种种关于吴棠的传说，最为著名的一则传说是吴棠的发迹以及顺利升迁和慈禧太后关系密切。

四川的传说是这样的："公由举人官知县，洊升督抚。相传官直隶清苑县时，有座师某公，满人也，典试于京，宿清苑。公谒师回署，命人以四百金赆之。适孝钦之父，送孝钦入都备选，卒于途。孝钦与母及弟扶棺北行，是夕亦宿清苑。满人例以名内上一字代姓。孝钦父姓，与公之座师同。使者赍金误送孝钦家。值在途窘于资，得此甚喜，遂以弟名书谢帖付之。公查知误送，甚怒。使者惧，请往索回。既而公闻悉孤孀扶柩状，心为恻然。亟命使者勿索，另具四百金馈其师。然公之姓名，孝钦从此刻骨矣。迨显帝升遐，两宫听政，公遂膺不次之迁，数年晋跻封圻。说者谓公谥之得'惠'字，亦实所以示报云。"①

清淮地区的传说大致相同，只是事情发生地为河下。大意说吴棠筹二百金致奠于河下业师灵柩，结果公差误投那拉氏柩船。吴棠前往一探究竟，顺便致祭。那拉氏得一素不相识之地方官赠仪，几如雪中得炭，且承亲奠，感念不忘。②

这两则传说虽细节有出入，但大意都是说慈禧遭父丧后，与家人扶柩北上，经过知县吴棠辖区，得吴棠赠送赙金，心存感激。吴棠日后因此而发达。

四川离清淮山重水远，何以会有类似的传说？这些传说因何得来？是

---

① 周询著：《蜀海丛谈》卷3《吴勤惠公》，巴蜀书社1986年版，第187—188页。

② 戴文葆：《射水纪闻·书吴棠事》，河北教育出版社2005年版，第161—162页。

确有其事？还是凭空杜撰？[①] 而且，为何就是吴棠？

第一节　传说纷纷

相关传说最早见于恽毓鼎的《崇陵传信录》。在其正文之末，有这样一段文字：

> 孝钦父任湖南副将，卒于官。姊妹归丧，贫甚，几不能办装。舟过清江浦，时吴勤惠公棠宰清江。适有故人官副将者，丧舟亦舣河畔。勤惠致赙三百两（或传两千两，非也），将命者误送孝钦舟，覆命，勤惠怒，欲返璧。一幕客曰："闻舟中为满洲闺秀，入京选秀女，安知非贵人，姑结好焉，于公或有利。"勤惠从之，且登舟行吊。孝钦感之甚，以名刺置奁具中，语妹曰："吾姊妹他日倘得志，无忘此令也。"既而孝钦得入宫，被宠幸，诞穆宗；妹亦为醇贤亲王福晋，诞德宗。孝钦垂帘日，勤惠已任知府，累擢至方面，不数年督四川。勤惠实无他材能，言官屡劾之，皆不听。薨于位，易名曰惠，犹志前事也。或传副将尝系狱，孝钦以眷属入视。故沈少司寇家本召见，太后询狱中情状甚悉云。[②]

恽毓鼎此录写于宣统元年即1909年，1914年公开发表于天津《庸言》杂志。此记述后来被多处引用，如《清宫十三朝》记道："这那拉氏幼名兰儿，父亲叫作惠征，是安徽候补道员，穷苦得不可言状。死后遗下一妻二女，回京乏资，亏了个清江知县吴棠，送他赙仪三百两，方得发丧还京。"[③] 主要情节明显是恽毓鼎所录传说的简化版。

---

① 目前学术界已有学者关注这个问题。涉及论文中，首推俞炳坤的《慈禧身世》（收入论文集《西太后》，紫禁城出版社1985年版）。该文据中国第一历史档案馆所藏档案，对慈禧的身世进行考证，兼及一些与身世有关的传闻。其中对吴棠与慈禧的关系论述甚详，史料翔实，论证有力。此外论文还有朱树谦的《有关吴棠对慈禧太后微时有恩的传说不可信》（《扬州大学学报》2009年第1期），贡发芹的《吴棠与慈禧》（《滁州学院学报》2009年第1期）。

② 恽毓鼎著，史晓风整理：《恽毓鼎澄斋日记》附录一《崇陵传信录》，浙江古籍出版社2004年版。

③ 王皓沅：《清宫十三朝》（下），黑龙江人民出版社1983年据文业书局1948年版校订出版，第452页。

同在1909年，有两个外国人写了部书，名《慈禧外纪》，也提到这个传说："有一皇室亲支某郡王，尝言慈禧太后之父殁于安徽宁国府任，遗寡妇孤子女，贫甚，几无以自存。回京无资，势将行乞。忽有一官赠川资于其友者，误送于慈禧之舟。其人因见慈禧家人困苦流离之状，生怜悯之心，遂举以赠之。其后二十五年，慈禧太后当国垂帘。此官陛见时，慈禧太后忆及往年之事，命之起，称谢昔日之惠云云。此言实未可信。盖有一满员穷死于官守，因附会于慈禧太后之父。闻此满员死时，慈禧家属已入都矣。某郡王所以为此言者，因一千八百七十五年即同治十三年，冀立其子，为慈禧太后所抑，颇怀怨望之心耳。"① 这是外文中最早记录此事的文字。

比较中外文人的文字发现，二者文字有别，说明传说已流传很久，以至于在华外人都知道；这些传闻见诸于文字都在慈禧死后的同一时期，说明外国人的传说和恽毓鼎的传说有不同的来源，因此二者都只是传说的记录者，而不是编撰者。传闻应另有来源。

据说吴棠曾亲口向人说起过类似的事情：

> 吴勤惠公（棠）宰清河县，有父执刘某为湖南副将，卒于任。其眷属扶榇回籍，舟过清江，系河畔，使人报勤惠。同时有已故广东副将惠澄之丧，舟亦泊于此，姊妹二人护之行，一身而外无长物，勤惠致赙银三百两，命人送交刘氏眷属，将命者误送其舟。姊妹见吴棠名刺，不知何许人。来者以邑宰对。二女哀惋，致感谢之词。来者登岸，尚微闻姊妹相语曰："世间安有此轻财好义之宰官，真梦想不及也。"迨复命，勤惠大怒，掌其颊，必欲返璧。幕客程某止之曰："闻舟中二女，系满洲闺秀，此行虽护丧回旗，亦入都应选秀女，安知其将来不为贵人？姑将错就错以结好，或于公有利，亦未可知也。"勤惠以程言殊有理由，遂从之，复封银三百两致送刘舟，且于祭刘副将毕，登舟致祭，姊妹益泣感，藏名刺于绸帕，裹而置奁具中。姊语妹曰："吾姒娣他日若得志，万无忘此贤令尹也。"既而，

① ［英］濮兰德（John Otway Percy Bland，1863—1945）、白克好司（Sir Edmund Trelawny Backhouse，1873—1944）著，陈冷汰等译：《慈禧外纪》（*China under Empress Dowager*，*Being the Life and Times of Tz'u His*，1910），上海中华书局1917年版，第2页。

长女果被选入宫，封兰贵人，旋为贵妃，仁宗宠爱甚，诞穆宗，晋位为后，即慈禧也。妹以姊之撮合，为醇亲王奕𫍽福晋，生德宗。穆宗嗣位，慈禧以太后垂帘听政，累擢勤惠至四川总督。在任数年，薨于位，谥曰“勤惠”，盖犹不忘前事也。近人笔记记兹事者甚多，而言人人殊；即赙银一端，亦多寡不同，昔尝以此问杨味春表伯，公曰：“是皆隔靴搔痒之谈。”因为余述始末。公为勤惠东床，而亲闻诸勤惠者，其言之征信详尽，于此可见矣。①

此说是否属实，仍需辨析。如果此事为真，不管吴棠是否真对女婿说过，都可视为信史。如果没有此事，吴棠也没有说过，而是别人托言，则为无中生有。但是，即使是事实，吴棠是否会说也不确定。因为根据常理推断，吴棠在世时应该不会将自己的升迁归功于曾对慈禧有恩，否则显得自己无能；而且如果慈禧知道吴棠如此说，肯定会不高兴，甚至怨恨，因为那样等于是在卖弄交情，揭慈禧的短，而谁敢以那样的方式惹慈禧不高兴？因此，吴棠亲口说起此事的可能应该没有。所谓的“征信”也只能是传说。

还会有别的来源吗？正如上文所言，“近人笔记记兹事者甚多”。除了以上版本外，民国还有一些不同的版本。《近代名人小传》中这样记述：“吴棠，字仲轩，盱眙人。孝钦后父惠征官徽宁池太广道，棠居其幕中。征殁，亏榷款，棠为筹措，家属乃得行。后以举人大挑知县，数司河工，擢知府。后听政，感前惠，两岁间拔至漕督。督办清淮军务，移闽浙。以阻挠造船，为左宗棠、曾国藩所论；而棠亦苦闽缺瘠。后知意，遂调四川。时蜀乱新定，棠至，托言与民休息，百度尽费。蓄梨园，日演昆剧，其婢为伶人盗之去，不问也。日食鸭一，鱼翅鲜肉各一簋，体益痴肥，人称为一品肉。官蜀九年，富至三百万，珍異书画称是。穆宗恶之，而尼于后，无知如何也。后乞休去，卒谥勤惠。”② 此传闻存在很多明显的史实错误，留待下文辨析。从其所述来看，矛头主要针对吴棠，虽对吴棠的事迹有所知，但对吴棠的调转升迁恣意嘲弄。其叙述不可能别有所

① 陈灨一（甘簃）：《睇向斋谈往》之《睇向斋秘录·吴棠之奇遇》，上海书店出版社1998年版，第79页。

② 沃丘仲子：《近代名人小传》（中），崇文书局1919年版，第44页。

本，应是在原有传说的基础上加进了个人情感，进行了重新创作，因此不会是传说的来源。

小横香室主人辑录的《清宫遗闻》中除照录了恽毓鼎记录的传说外，还收录了另一个版本的传说："闻西后垂髫时，雅好修饰。其父为正黄旗参领，因事褫职，贫乏不能自存。惟与候补知县吴棠有金兰谊，恒赖其周恤焉。时西后发初覆额，伶俐过人，因拜吴棠为义父，欲其掷果饵脂粉费，借资河润。吴棠果破悭囊，时为干女儿点缀钗环衣履，故西后每一出游，道旁观者皆喃喃作欢喜赞，谓天仙化身，不是过也……吴棠后由知县开府四川，懿眷之隆，未有出其右者。"① 此则传说另起炉灶，内容明显不同于前述各则，当然不是前述传闻的来源。

《清代名人轶事》和《同光风云录》中记述的内容则更似小说，这里不作论述。②

从清末传说最早见诸于文字开始，到民国年间已经出现了面目繁多的版本。这些版本，都不是传说的来源。因此，根据现有的资料，已经无法考证出传说最初的来源了。

第二节　言之凿凿不可信

如此多的传说，皆言之凿凿，其内容是否为真，所述是否可信？

欲辩明传说的真伪，必先从其中的细节入手。将前述种种传闻的细节，归纳成表 8－1：

表 8－1　传说之细节

来源	吴棠	慈禧	慈禧父	扶柩者
崇陵传信录	孝钦垂帘日，勤惠已任知府；无他才能，屡被劾。功利	任人唯亲不信言官	湖南副将	姊妹
清宫遗闻	候补知县，与慈禧父有金兰谊，为慈禧义父，周恤慈禧家	知恩图报	正黄旗参领，因事褫职	

① 小横香室主人编：《清朝野史大观·清宫遗闻卷 2·记满洲姑奶奶》，上海书店 1981 年影印版，第 33 页。

② 邵镜人：《同光风云录》，自由出版社 1957 年版；王瀛洲：《清代名人轶事》，交通书馆 1917 年版。

续表

来源	吴棠	慈禧	慈禧父	扶柩者
近代名人小传	棠先居惠征幕，为筹措亏欠；后大挑知县，两岁间官至漕督；督四川，腐败至极	袒护吴棠	宁池太广道，亏榷款	家属
睇向斋秘录	功利	知恩图报	广东副将惠澄	姊妹
同光风云录	急公好义，两劾两升。光绪十五年举人	知恩图报		母女三人
清代名人轶事	昏聩，先屡劾屡升，后终被咸丰帝罢官。升某藩后，曾陛见。纵容仆从需索门包			
蜀海丛谈	官直隶清苑，有同情心		送孝钦人都备选途中即卒	孝钦与母、弟
射水纪闻	慷慨大度，重情谊			孝女二人

从表8－1可以看出，每则传闻的细节各异，人物形象也不同。《睇向斋秘录》中的吴棠吝才、功利、贪婪，本欲索回误赠之银，经幕僚劝说才将错就错。《清代名人轶事》还说其纵容部下胡作非为。《蜀海丛谈》将吴棠塑造为有同情心的人。《同光风云录》中的吴棠则是慷慨大度、乐善好施的形象。记录者们写作时所依何处已不可知，内容之真伪、文字褒贬之含义也须进一步分析。

传闻中的细节涉及吴棠的履历、惠征的履历，慈禧进宫前和吴棠是否见过面等问题。下文即对这些问题进行分析。

一　由吴棠的履历看传闻的不可信

先看看吴棠的身世际遇。根据前引中国第一历史档案馆所藏军机处全宗档案中的已很清楚。

由此履历可见，吴棠的官运是亨通的。即使两次服阕，也未妨碍其继续升官。他升官的原因有两个：咸丰三年（含三年）以前因河工出力，咸丰三年以后因剿捻出力。因此，吴棠的官运亨通与其自身努力是分不开的。这在咸同军兴的时候也是常态。曾国藩曾一次性保举文武一千多人，且无须事迹陈述，朝廷皆准。[①]

以此履历与前面各种关于吴棠的传说对照，可以发现各种传说都存在细节上的错误：

其一，吴棠从未入过惠征的幕府，亦未帮惠征筹措过亏空，更未做过河北清苑县知县，这可从其履历简册得知。其二，吴棠并非在惠征死后大挑。吴棠于道光二十四年大挑一等，而惠征死于咸丰三年。如果惠征故后吴棠才被大挑，那吴棠岂不是咸丰三年以后才被大挑？或者惠征早于道光二十四年前就已病故？其三，咸丰十一年九月“祺祥政变”后，慈禧垂帘听政，其时吴棠已官至江宁布政使兼署漕运总督，而不是知府。从大挑知县升至正式漕督，历时十九年而不是只用二年时间。且从未被咸丰帝罢过官。其四，《同光风云录》中更有两处明显的时间上的错误：“光绪十五年”系道光十五年之误。吴棠光绪二年已去世，光绪十五年岂能再中举？“同治末叶”系咸丰末叶之误。同治末叶吴棠已官川督多年了。吴棠陛见的机会只有一次，即官四川总督以后，进京陛见一次，而不是升某藩后。[②] 既然在事实上有如此多的错误，前列传闻的可信度自然要大打折扣。

前述传闻中有几则涉及吴棠的才能。有说他“昏聩”“实无他才能”，沃丘仲子甚至称其为“一品肉”。只有邵镜人、周询给他树立的是正面形象。吴棠之才到底如何？

其实这个问题不需过多笔墨。前引吴棠的履历已经回答了这一问题，即吴棠在河工和剿捻上都做出了比较突出的成绩，在中兴将帅中是有其地位的。光绪十五年，慈禧在“归政之始，追念劳臣”时给了很多已故大臣“赐祭一坛”的待遇，其中就有吴棠。[③] 吴棠以漕督掌握江北军政大权，李鸿章在奏及江北的剿捻形势时提及吴棠：“都兴阿、吴棠果能力堵淮扬，不使贼窜入里下河，则剿办较易，可幸者一。”[④] 暗含对其能力的肯定，否则，应是“可虑”而不是“可幸”了。在四川总督任上，吴棠又抵制了朝廷的重修圆明园之举。“盱眙吴清惠公（棠）为四川总督时，

① 陈义杰整理：《翁同龢日记》第一册，中华书局1989年版，第305、347页。

② 陈庆年：《吴棠年谱》，《近代史资料》总75号，第109页。

③ 《清德宗实录》卷265，光绪十五年正月戊辰。

④ 李鸿章：《分路归取苏州折》（同治二年五月十一日），《李鸿章全集·奏稿一》，第294页，又见第37册附录《国史本传》，第414页。

闻皇太后有修宫殿之举，上疏切谏，以为天下元气尚未复，若汲汲于此，遐迩闻之，将议朝廷有逸乐心，无忧勤意。太后动容称叹。"① 不管吴棠在淮还是在川，都颇优待士子，先后建崇实书院、尊经书院等，并令四川八旗子弟学习汉文。吴棠在川督任内还查出了李光昭假贡木植案。因此说吴棠无才能是不符合历史事实的。

传闻吴棠是超擢升迁，当然也是错误的。吴棠从道光二十四年大挑知县到同治二年正式任漕督，已历时十九年。比起同时代的左宗棠，已算是速度很慢了。同是举人出身，左宗棠咸丰四年入骆秉章幕，至咸丰十一年已累功升至浙江巡抚，只用了七年时间。还有刘蓉，湖南附生，咸丰四年因军功以训导归部即选，同治三年七月初二日已补授陕西巡抚，只用了十年。快慢之间的差别在于左宗棠、刘蓉皆为湘系出身，参与镇压太平军，升迁得曾国藩之力；而吴棠不属于湘系，一直在江北做知县，只在后来镇压捻军后，才因军功升迁。曾李剿捻时欲江北军政饷权而不可得，吴棠被任命为闽浙总督后，李鸿章曾急切上疏催吴棠快点赴任，以便早日接替江北之权。后终借清水潭溃决吴棠有责任，将其赶离江北。之后，曾国藩建议新任漕督张之万将兵权直接交由李鸿章，勿管兵事。因此，吴棠离开漕督赴闽督任并不是超擢升迁，乃被挤走。据说吴棠任川督也是赫德提议②，并非慈禧善解人意。

吴棠被劾时，慈禧也并没有不信弹官之词。同治五年，清水潭决口，吴棠因负有督率之责而被下部议处。后来在四川总督任上因任用黜革之人为幕友，又被议处。在沃丘仲子和王瀛洲的笔下，吴棠腐败、贪婪透顶，纵容仆从需索门包。这大概源于同治八年，云贵总督刘岳昭疏劾吴棠眷属抵川时，役夫三千余名，仆从需索门包，属员致送规礼，荒谬贪污、物议沸腾一事。该事经李鸿章查明并无其事，起因在于吴棠整顿四川吏治，得罪人而遭谤。所谓"事出有因，查无实据"。可见，慈禧对吴棠的信任也并没有到"言官劾之，皆不听"的地步。

二　由惠征的履历再看各种传说在史实上的错误

吴棠官运亨通不假，但有恩于慈禧这件事经过考证，可能性很小。吴

① 姚永朴：《旧闻随笔》，黄山书社 1989 年版，第 153 页。"吴清惠公"系"吴勤惠公"之误。

② 马士：《中华帝国对外关系史》卷 3，第 425 页注（1）。

棠是否救济过惠征，还得看惠征的履历。[①] 关于惠征的经历，俞炳坤借助中国第一历史档案馆所藏的档案，考证后认为：惠征生于嘉庆十年。原系镶蓝旗满洲人，咸丰十一年十二月因慈禧缘故抬至镶黄旗。监生出身。道光八年到二十六年一直任吏部笔帖式。其后又任过吏部文选司主事、吏部验封司员外郎等职。二十九年二月京察一等，军机处记名，以道府用；闰四月任郎中，兼工部保源局监督，同月十七日外任山西归绥道。咸丰二年二月初六日调任安徽宁池太广道，八月二十八日到任，驻芜湖。三年三月被开缺查处，六月初三日病死在江苏镇江府。

惠征由山西归绥道调任更为重要的安徽宁池太广道，说明咸丰帝对他能力的肯定和信任，也是战时粮饷缺乏的情况下对他寄予厚望的结果。咸丰三年，太平军攻克安庆，芜湖很快失守。惠征自芜湖失守，就一直马不停蹄地辗转在梁山、镇江、丹徒等地，受命处理粮饷调拨事务。刑部左侍郎李嘉端担任安徽巡抚后，受命查拿逃跑官员，附片参奏惠征："惠征分巡江南六属，地方一切事务责无旁贷，何以所属被贼蹂躏，该道竟置之不理？即使护饷东下，而两月之久大江南北并非文报不通，乃迄今并无片纸禀函，其为避居别境已可概见。除由臣另行查办外，所有芜湖道员缺紧要，相应请旨迅赐简放，以重职守。"[②] 三月二十六日的上谕中，言"惠征业已开缺，著即饬令听候查办"。[③] 惠征得知遭皇上撤职查办，忧愤之余，一病不起，于这年六月初三日病故。经巡抚李嘉端证实，此案遂不了了之。

将上述惠征的经历与传闻对照可知，惠征并不是湖南或广东副将，也不是在参领任上被褫职，旗籍更不是正黄旗。

惠征病故后，家属是否贫至不能扶柩北上，要将错就错接受吴棠误送的赙银才至情况好转？答案是：不太可能。据档案，惠征死后，其家属并不缺盘缠。前述安徽巡抚奏报惠征病故一折中所称，"该道有银五千余两，于家属避贼过泾县时寄存县库"，其中"一千三百零五两赔还芜湖被劫关税尾项，余悉提出"。[④] 病故后，或许还有同僚致送赙金。因此，惠

① 惠征的经历参见俞炳坤《慈禧家世》，《西太后》，紫禁城出版社 1985 年版，第 13—22 页。

② 军机处《录副奏折》农民运动类，卷 581，转引自《西太后》第 18 页。

③ 《清文宗实录》卷 89，咸丰三年三月庚午（廿六）。

④ 俞炳坤：《慈禧家世》，《西太后》，第 21 页。

征在世时尚有至少3 700多两银子可用。即使生病需钱医治，以当时的医疗水平以及战时的医疗条件，并且结合传闻中的300两银可以由清江浦到达京师的物价水平，可以推测出3 700多两银子的购买力。因此，惠征并未因“亏榷款”导致死后家属贫不能行，或需“幕僚”吴棠筹措盘费，或受知县吴棠误赠赙金300两而终身感激。

惠征和吴棠有否结谊？咸丰初惠征和吴棠各官大江南北，一个在苏北忙着河工、剿捻，一个在江南忙着征税、筹饷，相遇结谊的可能性很小。咸丰二年惠征官皖南前，吴棠与之相遇结谊的可能性就更小了。经俞炳坤考证，慈禧祖上三代为官，不缺花销，不会如传闻这般贫乏。[①] 那拉氏于二年五月初九日入宫，受封“兰贵人”。[②] 三年六月惠征死时，那拉氏肯定不在现场，因此不会遇到吴棠。所谓“金兰谊”“义父”之说根本不能成立。

通过以上诸多细节的考证，证明吴棠对慈禧微时有恩的传说并不可信。

第三节　传闻之撰写

既然这些传说如此不可信，为何后人还不厌其烦地、以类似于小说的笔法对传闻进行或褒或贬的重新塑造，意欲为何？

据笔者分析，这些传闻的褒贬不一与撰写者的态度有关系。以下主要分析两篇笔记。

一　恽毓鼎和《崇陵传信录》

恽毓鼎（1863—1918），字薇孙，顺天府大兴人，原籍江苏常州。光绪八年举人，光绪十五年己丑科进士，曾任职翰林院、国史馆、功臣馆等，充日讲起居注官十多年，为光绪帝近臣。宣统三年三月二十四日以病开缺。写作《崇陵传信录》时的身份为“资政大夫日讲起居注官翰林院

① 俞炳坤：《慈禧家世》，《西太后》，第39页。

② 《内务府》奏销档，咸丰二年一至三月，转引自俞炳坤的《慈禧身世》，《西太后》，第15页。

侍读学士国史馆提调”，这是他最终的头衔。[①]

《崇陵传信录》的手稿影印本收于《续修四库全书》中。手稿本修改处很多，比如书名原为《崇陵圣政纪录》。因是稿本，有时内容不是十分连贯，想起一则逸闻，即录之，但加眉批表示此则轶闻应书于何处。如文末“玉昆，木厂商”一节，即加眉批曰：“接第六页，此条在第六页。”由此可见，作者写完后未及重新誊写。手稿正文前有作者《自序》，正文末有《跋》，为饶智元作于民国二年八月二十四日。此书1914年5月由天津《庸言》杂志首先刊行。[②] 1926年，左舜生将其收入《中国近百年史资料（初编）》，遂作为史料被多方征引。

写作的具体时间，据文末《跋》，为宣统纪元。作者对《跋》作了眉批，但并未对此时间有异议。正文最后有句“逾年三月十二日奉移梓宫，于去陵六里之梁格庄暂安殿，以时致祭焉”。说明写作时间已在宣统元年三月十二日之后。成书时间应在民国二年八月二十四日即《跋》写作之前，从《自序》的内容看，很可能就是宣统三年四月。

关于写作缘由，恽毓鼎在《崇陵传信录自序》中作了说明：

> （先帝）弃臣民之后半月，冲主御法驾，升正殿，行即位礼。毓鼎侍班御座前，默思先帝生平遭际困厄，心酸鼻辛，欲制泪不禁涔涔被面矣。后之人……庸讵知天挺英明，豁达大度，奋发欲有所为，处万难之会，遵养时晦，以求自全，有大不得已之苦衷哉！监国醇亲王以河间东平之亲，居明堂负扆之重，窃谓继志述事，为先帝吐气，此其时矣。荏苒二年，东海逋臣，交章荐之而不召；西市沉冤，遗孤言之而不雪，毓鼎知其无意于先帝矣。乃始反袂吮毫，举十九年所见所闻，纂为此录。

此段自序反映了作者对慈禧隐怀怨恨，对光绪帝的生平遭遇深表同情和不平，所谓“以世家乔木之思，豫故君杜宇之戚”。作者曾将继承光绪

① 曹允源：《诰授资政大夫赠头品顶戴原任日讲起居注官二品衔翰林院侍读学士恽府君墓志铭》，恽毓鼎著，史晓风整理《恽毓鼎澄斋日记》附录三，第808页。

② 《庸言》为梁启超1912年在天津创办的刊物。1914年6月停刊，共出30期，每期大概10万字。在当时社会上有较大的影响。

帝遗志，继续维新变法以及为光绪帝伸冤“吐气”的希望寄托于新君，备感失望后才动笔写作此录。初未肯示人，不想清朝很快就亡了，此录遂很快得以公诸于世，实现了自己不愧“先帝”、将光绪朝政事大白于天下的愿望。

作者将光绪朝三十四年的政事记录完后，在将结尾处插入这一段传闻，明显含有对慈禧怨恨不恭之意，这种感情是经历过慈禧专政时代的大臣、文人的一种普遍的情感。因此，有几则传说中表现的都是一种普遍的嘲讽慈禧及其宠臣的态度。

与此相反，《慈禧外纪》的作者对慈禧充满景仰、钦佩，因此对有关吴棠与慈禧的传闻断然否认，并立即交代了传闻的可能来源，以作为传闻不成立的依据。

二　沃丘仲子和《近代名人小传》

沃丘仲子原名费行简、费敬仲、黄仲丘，江苏武进人，晚清湘乡文豪王闿运的弟子。王闿运拿着曾国荃的高薪，撰写的《湘军志》以笔为口，对中兴将帅尤其是曾氏兄弟颇多讥屑，因而名谤满天下。虽不能说有其师必有其徒，但沃丘仲子在文字中流露的确实是不洽舆情的狂傲。他在出版了《慈禧传信录》后，随即应时所需将《近代名人小传》书稿送交崇文书局。可见他希望自己所著传诸后世。崇文书局于民国七年十二月二十五日初版，次年又再版。该传中的传主行为大多有悖常态。之所以如此为前人立传，作者在序中言自己虽“谫陋而狷傲”，但不愿学官书之“以虚誉奉人”，因此将三十年来“撰杖乎耆硕之侧，事必问，问必记”得来的资料，辑录成卷，命名小传。初稿被火，凭记忆辑出今稿，只有原稿的十分之一。由此可见，作者文中流露出的恣意贬损和作者的性格有关系，不太关乎人物本身。

其他传说中如周询的《蜀海丛谈》对吴棠持论尚公允，因周询父亲曾在吴棠手下做过知县、知州等官，颇得吴棠善待。[①] 因此，不愿附从别人之意贬损吴棠也可以理解的。可见，传说在不同性格的记录者笔下也会面目各异，褒贬不一。

传说以文字形式见诸于世都在什么时候？为了便于分析、比较，将以

---

① 周询：《蜀海丛谈》，第262页。

上各种传闻出现的最早版本汇成表8－2：

表8－2　　各种传闻的最早版本概要

作者	生卒年	身份	著作	初版
濮兰德 白克好司	1863—1945 1873—1944	在华英国人	慈禧外纪	上海中华书局，1917
恽毓鼎	1863—1918	日讲起居注官，光绪十五年进士	崇陵传信录	《庸言》杂志，1914
沃丘仲子	不详	王闿运弟子	近代名人小传	崇文书局，1918
陈灨一	1882—?	民国政客，1928年后教学写作	睇向斋秘录	上海文明书局，1922
邵镜人	1899—1972	民国政客，1948年后教学写作	同光风云录	自由出版社，1957
王瀛洲	不详	光绪二十三年举人	清代名人轶事	交通书馆，1917
周询	1868—1950	光绪十七年举人	蜀海丛谈	重庆大公报馆，1948
戴文葆	1923—?	编审	射水纪闻	河北教育出版社，2005

由表8－2可见，诸多传闻的记述者中，除了外国人，有生卒年的有五人，其中以恽毓鼎和周询的年龄最长，但事实证明他们没有机会接触到吴棠本人；身份上，恽毓鼎、周询和沃丘仲子最有可能接触到吴棠的生平事迹，但他们根本没读过国史馆编写的传记，记述的也只是错误连篇的传闻。传闻见诸文字以恽毓鼎的为最早，广泛见世也以恽毓鼎的最早，其余的传闻出版时间则以民国早期较集中。

传闻集中在民国早期广泛传播与清末民初的大环境有关系。分析其原因有二：一、慈禧死后政治环境相对宽松，清朝灭亡后文人学子受禁锢的思想彻底放松。慈禧生前应该不会有人胆敢公开散布这类传闻，所以传闻行诸笔端只能是在慈禧死后。前述《崇陵传信录》和《慈禧外纪》都写作于宣统年间。尽管慈禧死了，但清朝还在，公开出版这样的传说也是不可能的。比如《崇陵传信录》原只想“扃之箧笥，传诸子孙”，希望“他日陵谷变迁，函开心史”，并没打算清朝存在的时候出版。民国建立后，这些思想上的顾忌彻底打消了，因此，各种关于清代王侯将相的传说纷纷出炉。二、民国初期是笔记小说、稗官野史盛行的一个时期。在男权社会，位居高位的女性的生活很容易成为男性关注的目标；某些官吏文人痛恨慈禧专权祸国，逼死光绪帝，因而对慈禧加以丑化；人们普遍具有的对帝王、官员生活的猎奇心理；以及后来的维新党和革命党人为使革命合理化，又推波助澜，不遗余力。诸多因素使得清末民初的稗官野史如雨后春笋，争相涌现，奇谈怪论遂触目皆是；出版机构为赢利也十分愿意为此类传闻提供媒介，津津乐道。最终导致此类传闻甚嚣尘上，经久不衰。

第四节　“查无实据，事出有因”

既然这些传闻很多细节都不确，那么这些传闻因何而起？即使惠征病故后，家属真的需要别人帮助。那么为何传闻都指向吴棠？比如恽毓鼎，对慈禧心怀怨恨、借机贬低慈禧当然可以理解。可是，他对吴棠并不了解，素无怨仇，为何要贬损吴棠，而不是针对别的什么李棠、张棠之人？以往的研究虽力求证明吴棠对慈禧有恩不可信，但从未解释为什么传闻要牵涉吴棠，甚至从未提出过这个问题。笔者不揣浅陋，提出这一问题并试图作出回答。

传闻的形成之始定有特定原因，所谓“查无实据，事出有因”。其中的“因”，有以下几个方面。

一　履历上，吴棠有机会对惠征有恩

分析二人的履历得知，时间上有这个可能。惠征于咸丰二年二月奉调安徽时，因长女那拉氏时年十七岁，遵制应选秀女。全家先自山西归绥道卸任返回京城备选，然后惠征才率家人前往安徽任所上任。那拉氏获选并于二年五月初九日入宫，受封“兰贵人”。① 惠征死时，那拉氏肯定不在现场，因此不会遇到吴棠。慈禧还有一个妹妹，两个兄弟，即桂祥和兆祥。② 吴棠如果要赠赙银，只能是慈禧母亲及她的妹妹和兄弟在场接受，而不会只是“姊妹”或“母女三人”。《蜀海丛谈》中虽说到“以弟名书谢贴”，但隐含慈禧出面接受之意。因此，前述传闻显然故意提及日后显达的女性而有意忽略男性，以为日后慈禧报恩作铺垫。但是，慈禧不在现场接受银两，并不能说明慈禧就不知道吴棠赠银之事。因此，吴棠对慈禧家人有恩而间接对慈禧有恩也是可能的。因为，惠征病死于咸丰三年六月

---

① 《内务府》奏销档，咸丰二年一至三月，转引自俞炳坤的《慈禧身世》，《西太后》，第15页。

② 胡思敬：《国闻备乘》，上海书店出版社1997年版，第36页。

初三日，距吴棠咸丰四年六月丁忧服阙有一年时间。因此，惠征家属扶柩北上经过清江浦时吴棠正好还在任上。所以，也不能完全否定吴棠对慈禧间接有恩的可能。但是，清江浦一带除了驻有清河知县外，还有河道总督、漕运总督等官员；在扶柩北上的途中，除了吴棠在清江浦有机会，还有很多人在不同的地方可以对惠征家属有恩。既然查无实据，为何就是吴棠？

二　地域上，吴棠是安徽盱眙人，惠征也在安徽任过职

吴棠任职的清淮离惠征任职的芜湖不远，二人算有地缘关系；吴棠所在的清江浦是大运河沿线的重要城市，南船北马必经的交通要道。因此，作为知县，吴棠有机会接触各种人物，这也为传闻增添了想象空间。

三　吴棠的影响有限

科举制度下，一人的影响力的辐射范围涉及三个层次：一是家族的交往圈子，包括亲朋故旧等；二是读书应试过程中的师友圈子，包括座师、房师、同年等；三是为官后的宦海圈子，包括上下左右的官员、幕僚，等等。吴棠出身寒门，仅为举人大挑，在人际关系的圈子上首先就比世家子、进士等人缩小了很多。为官后长期驻在一地，朝廷内外缺少奥援，因此，与同时代的曾、左、李相比，吴棠人脉没他们广，名气没他们大，影响也没他们广，世人对他的了解比之于对曾、左、李三位，就少得多了。且吴棠死的早，身后缺乏有影响力的群体支撑。一个明显的例子就是曾、左、李死后，都有人为其编辑全集、专集，而吴棠死后，却无人做此事，导致吴棠的书信和奏稿散失很多。作为从底层攀上高位的官员，比较容易成为别人中伤的靶子。

四　吴棠的谥号引发联想

吴棠谥“勤惠”，慈禧父名“惠征”，由此将两者拉到一起。再加上前面的几种可能，遂敷衍出一段传闻。下面着重对这一点加以分析。

“勤”，《汉语大辞典》中有“为某人某事尽力、帮助”之解。前面的传闻中也屡次提到吴棠谥号，“易名曰惠，犹志前事也”“谥曰‘勤惠’，盖犹不忘前事也”“说者谓公谥之得‘惠’字，亦实所以示报也”。而且晚清获此谥号的只有吴棠一个人，如果有十个八个“勤惠”，估计就

不会有这些传闻了。

终清一代谥“勤惠”的只有两个人。另一个，就是清朝开国前的满人将领佟养性（？—1632）。原为明朝子民，且有家人为明朝官。后来归顺努尔哈赤，所统兵为汉军八旗的基础。因对清朝开国有功，顺治帝追谥为“勤惠”。①

其实清代大臣谥号所用的字是一定的，有70多个，每字都有特定的含义。据清《内阁鸿称策·群臣谥》解释：夙夜匪懈曰勤，宣劳中外曰勤；抚字心殷曰惠，兴利裕民曰惠。此二字皆为上谥。② 可见，“勤惠”二字并非传闻中的意思。清代大臣一品以上例得谥字，死后由礼部具奏请谥，获得批准后，由内阁拟4字或8字，恭候钦定。而内阁也不是凭空拟定，因大臣死后都要有遗疏上奏朝廷，朝廷得遗疏后都会有谕文，内阁大臣即据此谕拟谥。若皇帝不用内阁所拟谥，而另外赐谥，则为特旨。文官唯有翰林授职之员，始得冠以“文”字；若官至大学士，则虽不由科目，亦得谥“文”。当年左宗棠任陕甘总督，已功成名就，还要参加会试。后朝廷以“陕甘接近边疆，地关重要，该督未便擅离。着赏给贡士，准其一体殿试，并将试卷试题驰寄督署，勿庸来京。寻点授翰林院检讨”。③ 死后得谥“文襄”。左宗棠并未被点翰林，但同治十二年在陕甘总督任上被授为协办大学士，死后照大学士例赐恤。由此可见，科举时代文人对科举功名以及死后谥号是否有“文”字的重视。这是规定如此，也有特殊。比如周天爵，嘉庆十六年进士。由知县升至漕运总督、湖广总督，既非翰林也非大学士，按例不能得“文”谥。但因咸丰帝对其十分欣赏，将其“加恩赐谥文忠，无庸俟内阁照例拟请”。④ 吴棠与周天爵经历相似，若对慈禧有恩在先，光绪二年特赐他一个文人都想要的“文”谥应该没有问题。

光绪二年七月二十一日，朝廷发布谕旨，此即大臣据以拟谥字的谕文：

---

① 王钟翰点校：《清史列传》卷4，中华书局1987年版，第192—193页。

② 汪受宽：《谥法研究》，上海古籍出版社1995年版，第416、425页。

③ 蔡云万：《蛰存斋笔记·左宗棠》，上海书店出版社1997年版，第26页。

④ 《清文宗实录》卷107，咸丰三年九月己巳。

> 前任四川总督吴棠，老成练达，办事勤能。由大挑知县洊擢监司，循声卓著。嗣在漕运总督任内，带兵剿贼，保卫地方。历任闽浙、四川总督，克尽厥职……吴棠著加恩照总督例赐恤……应得恤典该衙门察例具奏。①

此谕旨中已蕴含“勤”字，“惠”当为概况其一生劳绩。当天，皇帝即圈定谥号“勤惠”。② 御制碑文中对谥号也有解释：“沛饰终之优渥，举考行之彝章。表厥生平，谥曰勤惠。”③ 由此可见，吴棠的谥号只是大臣所拟，皇帝圈定而已，乃循例所得。既非出自特旨，也无特别含义。俞樾在挽吴棠的联中这样写道：“由牧令起家，不十载简在帝心，而监司，而开府，卅年来勤政惠民，允推柱石勋名，岂仅偏隅资保障。从成都返旆，只九日身骑箕尾，若闽浙，若江淮，千里外报功崇德，何况葭莩戚谊，曾陪下座在门墙。”④ 俞樾将“勤惠”理解为“勤政惠民”应更符合实际。且当时谕旨中并未要求将吴棠生平事迹宣附史馆，后吴棠生平事迹虽被宣附史馆，乃是光绪三年出于漕运总督文彬的奏请。⑤ 由此可见，吴棠在死后也并未得到特别的优待。如果吴棠确实有功于慈禧，让其事迹宣附史馆使其清史留名这点恩惠何至于死后一年才由大臣另外奏请。因为常有大臣死后直接谕令将其生平事迹宣附史馆的。

根据这一分析，那么吴棠对慈禧微时有恩的传闻应形成于吴棠得谥之后，即光绪二年七月二十一日以后。

根据以上的分析可见，吴棠对慈禧微时有恩的传说，最先由恽毓鼎掇拾成篇，后又经若干加工，最终由简单的几句话演绎成有名有姓、有血有

---

① 吴棠：《望三益斋存稿·诗文钞》，第6页；王钟翰点校：《清史列传》卷53，第4208页。

② 《清德宗实录》卷37，光绪二年七月己卯：“予前任四川总督吴棠恤典如例。寻予谥‘勤惠’。”并未说此谥得自特旨。

③ 吴棠：《望三益斋存稿·诗文钞》，第2页。

④ 张俊、郑奇腾、李萍等选编：另类对联系列《长联雅藏》，中州古籍出版社2002年版，第203页。

⑤ 《清德宗实录》卷50，光绪三年四月戊子。“谕内阁：文彬奏，已故总督功德在民，请将事实宣付史馆，并建专祠一折。原任四川总督吴棠，业经赐恤予谥。兹据文彬奏称该故督前在江北，历任州县以至漕运总督，治行最著，舆论翕然，办团剿匪亦多勋绩。著照所请，即将吴棠事实宣付史馆，并准于清淮徐州各建专祠，以彰忠荩。”

肉、或褒或贬的传奇故事。以此可以看出传闻是如何代代口笔相传，最终鲁鱼亥豕的。此传说并不可信，之所以会有这一传说，有种种可能，其中主要的一个可能就是因为吴棠死后谥号“勤惠”。

虽然传说并不可信，但是传说如此广泛存在，当有其特定的时代背景。由此可以反映出在晚清的官场中，人际关系对于个人升迁的重要性。

结 语

“中兴名臣”吴棠

作为“中兴名臣”，吴棠在咸同政局中的地位如何？这个地位依何得来？对吴棠的一生又该如何评价？

第一节 “吴仲宣殊愦愦”？

“愦愦”，这里指“昏庸、糊涂”。“吴仲宣殊愦愦”是曾国藩评价吴棠的话，是否有当？吴棠在咸同政局中的地位和作用到底如何？

咸同政局的关键因素是中央和地方权力的变化，就是中央向地方督抚让权。能享受到这些权力的督抚自非等闲之辈，后人称之为中兴有功之臣，还有一些人被称为中兴名臣。

中兴之臣都有些什么人？按通常的说法，“咸同中兴”的时间段指的是咸丰十年中外缔结条约后，到同治朝中国出现的相对安静和谐的时期。这期间出现的督抚将帅都有资格被称为中兴有功之臣，但能成为中兴名臣的并不多。为了说明“中兴”名臣都有些什么人，有必要做一下列举。

列举的资料来源之一是清廷得知湘军攻下金陵后，对“有功”之臣的封赏名单。先是曾国藩、曾国荃及“单开平逆首功之总兵李臣典等”。曾国藩赏加太子太保衔，赐封一等侯爵，世袭罔替，并赏戴双眼花翎。浙江巡抚曾国荃，赏加太子少保衔，赐封一等伯爵，并赏戴双眼花翎。记名提督李臣典，于枪炮丛中，抢挖地道，从倒口首先冲入，众军随之，因而得手。实属谋勇过人，赐封一等子爵，并赏穿黄马褂，赏戴双眼花翎。萧孚泗督办炮台，首先夺门而入，并获李秀成、洪仁达，赐封一等男爵，并赏戴双眼花翎。①

其后念及“各路统率疆臣，公忠体国，共济时艰，督饬各军，埽穴捡渠。将各路逆氛，次第埽荡。江宁贼势日孤，卒就殄灭。现在红旗奏捷，东南军务，即可从此底定。良由各该统率疆臣，不分畛域，同心剿贼，调度有方，允宜特加异数，以昭恩渥”。其后开列的有功人员名单及功绩如下：

钦差大臣科尔沁博多勒噶台亲王僧格林沁，功绩是在直隶、山东“歼除”太平天国林凤祥、李开芳等，带兵剿除捻军，“肃清”直隶、山东、河南全境，并督师皖北，剿灭张洛行、苗沛霖等，又移扎豫、皖之交，扼剿太平军的东进援军。僧格林沁已晋封亲王世袭罔替，再施恩加赏一贝勒，令其子伯彦诺谟祜受封。

钦差大臣大学士湖广总督官文，征兵筹饷，推贤让能，克复楚北郡县多处，肃清全境，并筹办东征军务，接济饷需，不分畛域，实属荩勤卓著。赐封一等伯爵，世袭罔替，并加恩将其本支无庸仍隶内务府旗籍，抬入正白旗满洲，赏戴双眼花翎。

江苏巡抚李鸿章，统领中外水陆各军，由上海一隅，转战而前，连克苏常府县，并派兵出境，攻拔嘉兴等处。现复协剿湖郡，扼守高溧一带，使江宁“逆匪”，进无援兵，退无窜路，实属谋勇兼优。著加恩赐封一等伯爵，并赏戴双眼花翎。

陕甘总督杨岳斌，统带曾国藩所立水师，自九江克复东流、建德，协克安庆府城，并攻拔池州、无为、铜陵等处，扼守江路，断太平军接济，实属勋绩懋著。著加恩赏给一等轻车都尉世职，并赏加太子少保衔。

兵部右侍郎彭玉麟，前在江楚等省，屡著战功，及与杨岳斌同领水师，叠克鲁港、南陵、芜湖、金柱关、铜城牐、东西梁山等要隘，招抚高淳、溧水降众，克复东坝，肃清江面，实属勇敢有为。著加恩赏给一等轻车都尉世职，并赏加太子少保衔。

四川总督骆秉章，前在湖南巡抚任内，荐贤使能，创办团练，克复城池。其于楚师饷项，尽心筹划，不遗余力。擢任四川总督后，又督饬官兵，歼灭石达开等“逆首”。洵属老成持重，懋著公忠，著加恩赏给一等轻车都尉世职，并赏戴双眼花翎。

① 《清穆宗实录》卷107，同治三年六月戊戌。

署浙江提督鲍超，前在江楚，屡克名城，肃清江西辖境，及随征东下，叠克宁国府石埭、太平、泾县及河西等隘，并复江浦、浦口、九洑洲。本年复克东坝、句容、金坛等处，使江宁苏常之“贼”，不能联为一气，厥功甚伟。著加恩赏给一等轻车都尉世职。

西安将军都兴阿，前在扬州督兵，屡歼悍“贼”，扫除天长、六合各路窜“匪”，督率水师，严扼江面。现虽督师甘肃，而从前所立之功，自不可泯。江宁将军富明阿，前在蒙城，力除苗匪，现在接办江北防务，力遏窜贼，并派兵渡江，协克丹阳，均著加恩赏给骑都尉世职。

广西提督冯子材督办镇江军务，数年以来，固守名城，剿除窜“贼”，本年复会同江北官军，克复丹阳，并著加恩赏给骑都尉世职。

署京口副都统魁玉，帮办镇江军务，协同守御甚为得力，著加恩赏给云骑尉世职。

漕运总督吴棠剿办清淮一带窜匪，并扫除徐宿捻“逆”，地方赖以安谧，著赏给头品顶戴，仍交部从优议叙。

闽浙总督兼署浙江巡抚左宗棠，前在湖南军营，运谋决胜。迨抵浙江后，统领各军，将各该郡县及杭州省城次第克复。现惟湖州府城未克，指日全浙廓清，再当渥加懋赏。

杭州将军国瑞，在僧格林沁军营，帮办军务，打仗得力，杀贼甚多。江西巡抚沈葆桢，筹解曾国藩饷需，源源接济，均无贻误。现在剿办福建等处贼匪，调度得宜，劳勋卓著，均著俟江、皖、浙等省军务平定，再行加恩。至杨岳斌、鲍超，此次虽已加恩，仍俟江、皖肃清，同膺上赏。①

可见，在这一张名单里，吴棠尚排在左宗棠、沈葆桢之前。

左宗棠攻下杭州后，清廷赏加太子少保衔，并赏穿黄马褂。浙江布政使蒋益澧再赏穿黄马褂。② 幼天王洪天贵福被抓获后，清廷又封赏了沈葆桢、左宗棠等人。沈葆桢赏给一等轻车都尉世职，并赏给头品顶戴。署浙江提督鲍超，赐封一等子爵。左宗棠赐封一等伯爵。浙江布政使蒋益澧赏给骑都尉世职。③ 经过这两次封赏，吴棠又排在了左宗棠、沈葆桢、鲍超等人之后。

① 《清穆宗实录》卷107，同治三年六月戊戌。

② 《清穆宗实录》卷97，同治三年三月壬子。

③ 《清穆宗实录》卷118，同治三年十月戊寅。

列举资料来源之二是光绪十五年慈禧归政之始，追念劳臣时赏给赐祭一坛待遇的人员名单，内有：

原任大学士官文、大学士两江总督曾国藩、协办大学士四川总督骆秉章、盛京将军都兴阿、吉林将军富明阿、荆州将军巴扬阿、福州将军穆图善、福州将军善庆、伊犁将军金顺、四川总督吴棠、漕运总督袁甲三、四川总督丁宝桢、两广总督张树声、云贵总督刘长佑、镶黄旗蒙古都统穆腾阿、镶黄旗蒙古都统明庆、察哈尔都统西凌阿、察哈尔都统色尔固善、湖北巡抚胡林翼、安徽巡抚李续宜、贵州巡抚曾璧光、浙江提督郑魁士、直隶提督郭松林、湖北提督傅振邦、云南提督胡中和、广东水师提督吴长庆、福建水师提督吴全美、署湖南提督周盛传、湖南提督鲍超、福建陆路提督唐定奎、湖南提督周宽世、湖南提督周盛波、甘肃宁夏镇总兵谭拔萃、福建建甯镇总兵张得胜，均著赐祭一坛。乌鲁木齐都统英翰，著开复总督。[①] 这一名单里的人都是在慈禧懿旨下达之前就已去世的，所以与前一张名单里的人员组成不同，但吴棠仍列在劳臣之列。

由以上的资料可见，中兴之臣主要是为中兴出过力的督抚将帅。中兴之臣的排序，当然也按照为中兴贡献的多少及个人在全国的声望和在清廷心中的地位，是综合文武各方面能力的考虑。如果按照平定太平天国的个人功绩，清廷的那份赏赐名单就是最好的排序。曾国藩、曾国荃、僧格林沁、官文、李鸿章、杨岳彬、彭玉麟、骆秉章、左宗棠、沈葆桢、吴棠等；如果按照咸同时期整体的个人能力和声望，则又以曾国藩、左宗棠、李鸿章、胡林翼等人排在第一列，以骆秉章、曾国荃、刘长佑、沈葆桢、吴棠、杨岳彬、官文、马新贻、丁宝桢等督抚排在第二列，以都兴阿、富明阿等满汉武职统兵大员排在第三列……第一列有前后排序，第二列、第三列的人员名单没有依次排序，就是第二列、第三列而已。也就是说除了第一列的人员外，第二列的督抚各有各的贡献，没必要非要分个前后顺序来。第一列和第二列都可以称之为“中兴名臣”，只是第一列的名望更大。

但以上只是笔者作为研究者的一个排序。当时人心目中如何认为？当江南大营崩溃后，胡林翼、曾国藩、李瀚章、李鸿章、左宗棠、李元度等人曾在宿松畅谈大局，“以为大局日坏，吾辈不可不竭力支持，做一分算

① 《清德宗实录》卷265，光绪十五年正月戊辰。

一分，在一日撑一日，庶几挽回于万一”。曾国藩就此判断：“东南大局一旦瓦裂，皖北各军必有分援江浙之命，非胡润帅移督两江，即余往视师苏州。二者苟有其一，则目下此间三路进兵之局不能不变。”[①] 太平天国失败后，曾国藩又开始受命剿捻，他曾另请简员督办。李鸿章给曾国藩的一封信中曾这样说：“至另请简员督办，必不邀准，目下非函丈督师，将及小子。窃以后路筹饷、南路筹防及长江洋务，鸿章虽才力不逮，或冀竭蹶支持。”[②] 可见曾国藩和李鸿章对自己的能量和位置非常清楚，知道自己是当时能受命剿太平军或捻军的不二人选。这是中兴之臣对自己的认识。

曾国藩和李鸿章等人对别人又如何看？同治五年，曾国藩评论吴棠“有服善受言之雅，而其自处亦无护前争胜之心”；同治六年五月十八日，曾国藩和赵烈文谈话，“遍及时贤”，说“刘印渠极长厚谦下，故做直督数年甚稳，其心地亦端正，性能下人，而非为保位之计。官秀峰城府甚深，当胡文忠在时，面子极推让，然有占其地步处必力争，彼此不过敷衍而已，非诚交也。其心亦止容身保位，尚无险诐，外间传言胡死后，官封提其案卷，则又言之过甚。左季高喜出格恭维，凡人能屈体已甚者，多蒙不次之赏，此中素叵测而又善受人欺如此。李小荃血性不如弟而深稳过之。吴仲宣殊愦愦。沈幼丹自三年以前争饷后，至今未通信，其人大抵窄狭。彭雪芹光明俊伟，而本事不及杨厚庵，杨厚庵颇狠。恽次山精核，而非独当一面之才，实亦好藩司，心地亦苦窄。老九去年诘官不胜，极悔，亟思退，事事请教老兄”。[③] 这里曾国藩的评论对象有刘长佑、官文、胡林翼、左宗棠、李瀚章、李鸿章、吴棠、沈葆桢、彭玉麟、杨岳彬、恽世临、曾国荃等人。在曾国藩的名单中，吴棠也被算作中兴之臣，但才力不足。李鸿章对吴棠的评论也颇多，其中不乏自相矛盾之处，如同治四年四月给吴棠的一封信中如是说：“此次捻氛东窜，意在乘虚窥袭里下河完区，经我兄运筹周密，调度得宜，遂伐贼谋，力保门户，感佩曷任。”[④] 但不久后又对曾国藩如此说：“师门以徐州为老营之说，足征先见，惟转入兖、沂、海、沭，则仲翁必将乱调，阑入皖豫，乔、吴诸师更将呼吁

① 转引自朱东安《曾国藩集团与晚清政局》，华文出版社 2003 年版，第 157 页。

② 《致曾节相》（同治四年五月十三日午刻），《李鸿章全集·信函一》，第 387 页。

③ 赵烈文：《能静居日记》（同治六年五月十八日），罗尔纲、王庆成主编《中国近代史资料丛刊》续编，《太平天国》七，广西师范大学出版社 2004 年版，第 321 页。

④ 《复吴漕帅》（同治四年四月二十九日午刻），《李鸿章全集·信函一》，第 383 页。

耳。各省饷源已涸，乃徒养无用之兵将。”[①] 同治八年又说他“性情朴厚，品行端悫”。可见，尽管李鸿章当面恭维吴棠力保里下河的功绩，但私下仍认为他是“无用之兵将”，也就是吴棠的能力没有达到让他欣赏的程度，但对其为人则予肯定。左宗棠一向自负，对吴棠也颇不以为然。因此，在中兴名臣中，排在第一列的曾国藩、李鸿章对吴棠的个人修养尚有称道，才能则评价不高。

还有一条资料来自芮玛丽的《同治中兴》一书。对于中兴之臣，她在书中列举了曾国藩、左宗棠、李鸿章、胡林翼、骆秉章、马新贻、郭嵩焘、蒋益澧、丁宝桢等人，还有一段评论：“虽然我们对中兴官僚的了解所知甚少，但似乎清楚的是，有一些忠诚、有才能、受人尊敬的儒家官员与吴棠和官文之类趋炎附势者相对。”[②] 作者并无资料证明吴棠是“趋炎附势者”，事实也证明吴棠并无“势”可附。但这句话证明，在她的书中，吴棠也是当时的中兴之臣。

不管什么样的排序，什么样的评价，有一点可以肯定，就是吴棠在中兴名臣中有他自己的地位，褒或贬都是肯定了他的存在。曾国藩等人的“贬”只是说明评论者不愿意与之并肩为伍的态度，并不能说明此人就微不足道或毫无可取之处，用“愦愦”来评论吴棠也并不恰当。

吴棠在咸同政局中的地位主要是通过他对江北的贡献得来的。对江北的贡献，可分为前后两期。前期，以河工得到保举；后期，以对付起义军得到提升。吴棠对江北民生的关注，也为他博得“循吏”之名。里下河不仅是北上通道，也是少见的完善之区。同治二年，赵烈文由邵伯放舟经运河北上，见邵伯“以北至淮安皆未被兵燹，井树依然……市中百物繁会”。[③] 因此湘淮军、临淮军等都从这里抽厘助饷，江北地方团练也依赖这里供应粮饷。吴棠力保里下河这一地区不为起义军所得，对起义军的粮饷获得、迅速北上都造成了阻扰。因此，吴棠才得连连提升，三次清河之危也说明了吴棠在江北的重要。若选一个合适的词来评价吴棠的话，那些

---

① 《致曾中堂》（同治四年五月十八日夜），《李鸿章全集·信函一》，第389页。

② 芮玛丽：《同治中兴——中国保守主义的最后抵抗（1862—1874）》，房德邻、郑师渠、郑大华等译，中国社会科学出版社2002年版，第97页。英文版在这句话下并无注释解释为什么吴棠是“趋炎附势”者。

③ 赵烈文：《能静居日记》（同治二年十二月廿九日），罗尔纲、王庆成编《太平天国》七，第220页。

保举中的用语“干练有为”应是可以用的。相比于那些无所作为、闻风逃遁的官员，吴棠作为清朝的守土官，为清朝统治的稳固，尽了他自己的一份力。他对洋务的看法，在四川总督任上尝试用洋枪洋法练兵，也证明他并非因循守旧之辈。

如果用儒家的“用行舍藏”的标准来评价，吴棠与曾国藩、左宗棠、李鸿章等人又有不同。曾国藩有条件地施展自己的才能，为了集团的利益，不时地与清廷讨价还价，更老谋深算一些；李鸿章稍微直接，对清廷也更服从一些；左宗棠则是清廷的一颗螺丝钉，清廷让他去哪他就去哪，能放下自己筹备已久的船政局去西北任陕甘总督也无怨无悔，仍全力经营。相比于曾国藩的牢牢控制两江，清廷显然对左宗棠更放心。清政府采取抑湘扬淮、抑曾扬左的做法，也是源于清廷不满曾国藩为集团利益计算，进而怀疑他是否对清廷绝对效忠。对于吴棠，清廷就没有这方面的怀疑。吴棠在“用行舍藏”方面更谨慎小心，清廷赋予他类似于“江北巡抚”之权的时候，他就充分使用这个权力。当李鸿章赤裸裸地想控制江北时，他就屡次奏请清廷将他所掌握的节制江北文武等权交给两江总督、江苏巡抚，并未像曾国藩、沈葆桢一样去争去抢。在同治七年陛见时，还肯定李鸿章“必能办贼”；清廷任用他为闽浙总督时，他就坚持按照自己的想法行事，不惜得罪左宗棠、沈葆桢等人；任四川总督时，无管理教案之权就不主动去管。代理成都将军时，抓住时机建了少城书院，教满人子弟学习经学；新成都将军魁玉到任后，仍不忘分教案处理权于地位似乎更尊崇的成都将军。他这样四平八稳的为官态度，使他所受非议相对较少，也应是他被曾国藩批为“愦愦”的原因。

第二节　对吴棠一生的评价

吴棠在籍病故后，安徽巡抚裕禄如此评价他：“受朝廷特达之知，膺时事艰难之任，其忠勤之恳挚，识力之坚卓迈绝等伦……综计服官三十年，励己之清勤，爱民之肫切，有如一日，至于临大事决大计，毅然任之，不为众挠。”①

---

①《安徽巡抚臣裕禄跪奏为前任四川督臣在籍病故循例代递遗折恭折仰祈圣鉴事》，《望三益斋存稿·诗文钞》，第4页。

吴棠从道光朝以大挑一等而任知县，直到咸丰末年升任漕运总督，一直在清淮一带任职。这是他一生中最为辉煌的二十年。他出身贫寒，深知下层民众的疾苦；为官后实心办事，也深得地方百姓的爱戴。从知县到总督，离不开他个人的努力奋斗。

但吴棠能从知县升任至总督，更是时势造英雄的结果。清淮地处黄、淮、运交汇之地，是漕运总督和江南河道总督的驻地，也是重要的食盐中转地。太平盛世时，河工、漕运、盐政等“三大政”事关清廷的命脉。太平天国战争爆发后，尤其是太平军占领南京，并将其定为自己的首都天京之后，清淮一带成为清王朝对抗太平天国的一个重要阵地，以清淮为中心的徐、淮、海三府州对清王朝的半壁江山起着重要的屏障作用，也使得吴棠最终成为权倾一时的地方大员。吴棠任职期间的漕运总督，可以说是晚清一代权势最重的漕运总督。曾国藩和李鸿章的湘淮军集团平定太平天国后，江南数省重入清王朝版图，实际是被曾、李湘淮集团严密操控。而被吴棠一手掌控军政财权的江北地区，其作用和地位也开始有了微妙的变化，成为清廷平衡地方势力的一个地带。清廷在东南大定后，试图以吴棠取代李鸿章任江苏巡抚和两江总督，以便收回在战争时期被迫让渡给地方督抚的权力，重新由清廷直接控制这一财赋重区，但因为曾国藩和李鸿章的抵制，清廷仍需借重湘淮军平捻，只好放弃。吴棠署理江苏巡抚、两江总督虽然都没有成功，但两江总督易人风波反映了湘淮集团与其他地方派系、湘淮集团与朝廷中枢之间错综复杂的关系。

在闽浙总督任上，吴棠为了舒缓战后民困，坚持不用左宗棠推荐的周开锡等人，得罪了左宗棠和沈葆桢，被攻击为不支持船政，而吴棠并未出言相抗。后世在研究这一段历史时，皆以左宗棠、沈葆桢的奏折为据，将吴棠归为掣肘船政的保守派或反对派。但事实并非如此，吴棠希望舒缓民困，与民休息，周开锡任藩司则无法做到这一点。吴棠不用周开锡等人，对船政并无任何不利影响。左宗棠、沈葆桢等人对他的指责带有强烈的私人感情色彩，是偏颇的。

在四川总督任上，吴棠参与或负责处理教案，他的行为显得保守妥协，没有后来丁宝桢等人的果断、敢作敢为。吴棠虽未明确反对清廷重修圆明园，但延缓进贡木植，并查明李光昭假贡木植，其奏折态度客观平和，被刊于《邸报》上，客观上对圆明园最终停修起了推动作用。他积极刻书，参与创立尊经书院，对蜀学的发展有重要的引导作用。

吴棠没有像曾国藩、左宗棠、李鸿章等人那样显赫一时，也没有过多的人脉关系，但他在中兴名臣中仍有自己的一席之地。虽然与慈禧的关系纯属子虚乌有，为后人根据他的谥号“勤惠”揣度而来，但从传言仍可以看出他在那个时代的地位和影响。他对清廷忠心耿耿，做事认真负责，有一定的能力，但尚不及曾、左、李那样被清廷倚为长城、栋梁。他有自己的抱负，也想作出自己的贡献，在行政、用人、文化上都有自己的见解。在中兴之臣中，就人品、能力来说，应归于中等偏上的人物。吴棠在江北的种种措施，保住里下河不被起义军占领的种种努力，对保境安民有一定的积极意义，但只是延缓了大局在江北的崩溃，本质上和曾国藩、李鸿章等人的做法一样，只是在一定程度上延缓了清王朝的灭亡，并不能阻止清王朝的灭亡。清政府的很多做法毕竟不得人心，农民起义有其合理的一面，下层民众反抗的目的就是要推翻不合理的封建制度，重建符合社会发展规律的新的制度，辛亥革命是历史发展的必然结果，清王朝的灭亡是不可抗拒的历史潮流。从这一点来说，吴棠对付起义军的种种努力虽得到清廷的肯定，但是不符合历史潮流。他只是一个传统的官僚士大夫。

主要征引书目

一　档案资料

《清实录》（咸丰、同治、光绪），中华书局1986—1987年影印版。

《钦定剿平捻匪方略》，（清）奕䜣等撰，同治11年刻。

陈子龙：《明经世文编》第5册，中华书局1962年影印版。

朱寿朋：《光绪朝东华录》，中华书局1958年版。

中国第一历史档案馆编：《光绪朝朱批奏折》，中华书局1995年版。

中国第一历史档案馆编：《咸丰同治两朝上谕档》，广西师范大学出版社1998年版。

中国第一历史档案馆编：《光绪宣统两朝上谕档》，广西师范大学出版社1996年版。

中国第一历史档案馆编：《光绪朝朱批奏折》，中华书局1995年版。

台北中研院近代史研究所编：《海防档》乙，《福州船政》一，台湾艺文印书馆1957年版。

中国第一历史档案馆编：《圆明园》（上），上海古籍出版社1983年版。

中国第一历史档案馆编：《清政府镇压太平天国档案史料》，社会科学文献出版社1992—2001年版。

中国第一历史档案馆、福建师范大学历史系合编：《清末教案》（一、二），中华书局1996、1998年版。

张贵永主编：《教务教案档》（1—3），台北中研院近代史研究所1974—1975年版。

吴棠等：《游蜀疏稿》，线装书局2003年影印版。

陈庆年：《吴棠年谱》，《近代史资料》总75号，中国社会科学出版社1989年版。

吴焘：《重修盱眙吴氏族谱》，同治十三年成都使署刊，南京图书馆古籍部藏。

《两淮盐法志》，北京图书馆古籍出版编辑组编《北京图书馆古籍珍本丛刊》58，北京书目文献出版社1988年影印版。

丁宝桢等纂修：《四川盐法志》，《续修四库全书842史部政书类》，上海古籍出版社1996年版。

王雷鸣编注：《历代食货志注释》第5册，农业出版社1991年版。

《筹办夷务始末》（同治朝），《近代中国史料丛刊》611第9分册，台北文海出版社1966年影印。

宝鋆修、文庆等纂辑：《筹办夷务始末》（咸丰、同治朝），上海古籍出版社2008年影印版。

《文宗显皇帝圣训》，台北文海出版社2005年影印版。

王延熙、王樹敏编辑：《皇朝道咸同光奏议》，光绪二十八年上海久敬斋刻本。

中国史学会：《中国近代史资料丛刊》，《捻军》1—6，上海人民出版社1957年版。

罗尔纲、王庆成编：《太平天国》七，广西师范大学出版社2004年版。

王子英、孙翊刚、门志注释：《中国历代食货志汇编简注（下册）》，中国财政经济出版社1985年版。

鲁子健：《清代四川财政史料》下，四川省社会科学出版社1988年版。

叶志如、丁进军：《同治年间海运漕粮史料》（上），《历史档案》1996年第2期。

丁进军：《同治初年各省督抚藩臬履历》（上），《历史档案》1995年第4期。

江庆柏：《清代人物生卒年表》，人民文学出版社2005年版。

陈玉莹：《中国近现代人物名号大辞典（全编增订本）》，浙江古籍出版社2005年版。

张剑编：《莫友芝年谱长编》，中华书局2008年版。

管劲丞：《南通军山农民起义史料》，江苏人民出版社1956年版。

吴相湘：《晚清宫廷实记》，台湾正中书局1982年版。

《福州文史资料》19，纪念沈葆桢诞辰一百八十周年特辑。

江苏省地方志编纂委员会办公室：《江苏省通志稿》第2册《方域志　都水志　建置志》，江苏古籍出版社1993年版。

张煦侯著，方宏伟、王信波整理：《淮阴风土记》，方志出版社 2008 年版。
席书、张煦侯、冒广生编著，荀德麟等点校：《漕船志　王家营志　钵池山志》，方志出版社 2006 年版。
荀德麟等点校：光绪《淮安府志》，方志出版社 2010 年版。
冒广生著，荀德麟等点校：《淮关小志》，方志出版社 2006 年版。
光绪《清河县志》。
民国《睢宁县志》。
光绪《滁州志》。
光绪《盱眙县志稿》。
民国《泗阳县志》。
中国第一历史档案馆所藏军机处录副奏折、朱批奏折。
台湾故宫博物院所藏档案。
国家清史工程网站清史档案。
《申报》第 16 册，上海书店 1983 年影印版。

二　传记

金梁辑：《近世人物志》，北京图书馆出版社 2007 年版。
王钟翰点校：《清史列传》，中华书局 1987 年版。
赵尔巽：《清史稿》，中华书局 1976—1977 年版。
赵尔巽：《清史稿》，中华书局 1997 年版。
陶湘：《昭代名人尺牍小传续集》，沈云龙主编《近代中国史料丛刊》747，台北文海出版社 1966 年版。
吴昆田：《四川总督吴公事略》、黄云鹄：《吴勤惠公传》，缪荃孙：《续碑传集》卷 26，《清代碑传全集》下册，上海古籍出版社 1987 年版。
梁启超：《李鸿章传》，江西人民出版社 2003 年版。
黎庶昌：《曾国藩年谱》，岳麓书社 1986 年版。
蔡冠洛：《清代七百名人传》，中国书店 1984 年版。

三　私人文集、笔记、信函等

刘体智：《异辞录》，沈云龙主编《近代中国史料丛刊》第 18 辑 0177，台北文海出版社 1973 年影印版。

吴语亭编注：《越缦堂国事日记》，沈云龙编《近代中国史料丛刊续编》第60辑第596册。

吴元炳辑：《沈文肃公政书》卷四，沈云龙主编《近代中国史料丛刊》第6辑，台北文海出版社1967年影印。

朱华主编：《沈葆桢文集》（船政文化研究第6辑），内部发版物，2008年版。

中国社会科学院近代史研究所资料室编：《曾国藩未刊往来函稿》，岳麓书社1986年版。

江世荣编：《曾国藩未刊信稿》，中华书局1959年版。

《曾国藩全集》，岳麓书社1990年版，1995年重印。

《李鸿章全集》，安徽教育出版社2007年版。

《左宗棠全集》，岳麓书社1987、1996年版。

任光亮、朱仲岳整理：《左宗棠未刊书牍》，岳麓书社1989年版。

中国第一历史档案馆、湖南《左宗棠全集》整理组编：《左宗棠未刊奏折》，岳麓书社1987年版。

罗正钧编：《左文襄公年谱》，清光绪二十三年刻本，北京图书馆编《北京图书馆藏珍本年谱丛刊》第159册。

太平天国历史博物馆：《清咸同年间名人函札》，档案出版社1992年版。

翁同龢著，陈义杰整理：《翁同龢日记》，中华书局1989年版。

王闿运：《湘绮楼日记》，岳麓书社1997年版。

吴棠：《望三益斋存稿》，同治甲戌锓于成都使署。

鲁一同：《通甫类稿》，沈云龙主编《近代中国史料丛刊》第37辑，台北文海出版社1966年版。

黄钧宰：《金壶七墨》，同治癸酉萧隆盛刻。

吴炳仁：《约园存稿》（上、下），吴绍坪编，2003年10月编。

吴炳仁：《约园存稿》附件，吴绍坪编，2003年10月刊印。

刘恩：《醒予山房文存》，同治元年至四年（1862—1865）何氏刻本。

邵镜人：《同光风云录》，台北明文书局1985年版。

王茂荫：《王少宰奏议》，台湾学生书局1965年影印本。

王茂荫撰，张新旭等点校：《王侍郎奏议》，黄山书社1991年版。

王茂荫撰，曹天生点校整理：《王茂荫集》，中国档案出版社2005版。

谭其骧编：《清人文集地理类汇编》第二册，浙江人民出版社1986年版。

秦翰才编：《左宗棠逸事汇编》，岳麓书社 1986 年版。
梁恭辰：《楹联四话》卷六，《楹联丛话全编》，北京出版社 1996 年版。
薛福成著，南山点校：《庸庵笔记》，江苏古籍出版社 2000 年版。
恽毓鼎著，史晓风整理：《恽毓鼎澄斋日记》，浙江古籍出版社 2004 年版。
天台野叟著，许朝元点校：《大清见闻录》之《史料遗闻》，中州古籍出版社 2000 年版。
小横香室主人：《清宫遗闻》，上海书店 1981 年影印版。
沃丘仲子：《近代名人小传》，崇文书局 1919 年版。
沃丘仲子：《近代名人小传》，中国书店 1988 年影印本。
朱彭寿等：《旧典备征·安乐康平室随笔》，中华书局 1982 年版。
陈灨一：《睇向斋秘录　附二种》，中华书局 2007 年版。
平步青：《霞外攟屑》，上海古籍出版社 1982 年版。
陈灨一：《睇向斋谈往》，上海书店 1998 年版。
邵镜人：《同光风云录》，台北明文书局 1985 年版。
王瀛洲：《清代名人轶事》，交通书馆 1917 年版。
周询：《蜀海丛谈》，巴蜀书社 1986 年版。
戴文葆：《射水纪闻》，河北教育出版社 2005 年。
胡思敬：《国闻备乘》，上海书店出版社 1997 年版。
姚永朴：《旧闻随笔》，黄山书社 1989 年版。
蔡云万：《蛰存斋笔记》，上海书店出版社 1997 年版。
王揖唐、张金耀点校：《今传是楼诗话》，辽宁教育出版社 2003 年版。
邓之诚：《骨董琐记》，中国书店 1991 年版。
邓之诚、邓瑞：《五石斋读书笔记》，《中国典籍与文化》2001 年第 1 期。
许宝蘅：《夬庐杂记》（上），《历史档案》2005 年第 4 期。
蔡东藩：《慈禧演义》，辽沈书社 1994 年版。
蔡东藩：《清史演义》（下），江苏人民出版社 1980 年版。
王皓沅：《清宫艳史》（下），中州古籍出版社 1993 年版。（按：《清宫艳史》，又名《清宫十三朝》《清宫秘闻》等。）
辜鸿铭、孟森：《清代野史》（二），巴蜀书社 1998 年版。
［英］濮兰德（John Otway Percy Bland，1863—1945）、白克好司（Sir Edmund Trelawny Backhouse，1873—1944）著，陈冷汰等译：《慈禧外纪》

（*China under Empress Dowager*，*Being the Life and Times of Tz'u His*，1910），上海中华书局1915年版。

四　其他著作

林言椒、苑书义：《清代人物传稿》（下），辽宁人民出版社1985年版。

何一民：《四川近现代人物传》第六辑，四川省社会科学院出版社1990年版。

贡发芹：《"天下治平第一人"——晚清封疆大吏吴棠传略》，《皖东文史》第三辑，滁州市政协文史委1998年刊印。

马昌华主编：《淮系人物列传：李鸿章家族成员·武职》，黄山书社1995年版。

汪受宽：《谥法研究》，上海古籍出版社1995年版。

任桂园：《从远古走向现代：长江三峡地区盐业发展史研究》，巴蜀书社2006年版。

王笛：《跨出封闭的世界：长江上游区域社会研究：1644—1911》，中华书局2001年版。

徐彻：《一个真实的慈禧太后》，团结出版社2007年版。

丁燕石：《正说慈禧》，上海古籍出版社2005年版。

郦纯：《太平天国军事史概述》，中华书局1982年版。

祁美琴：《清代榷关制度研究》，内蒙古大学出版社2004年版。

李洪甫、刘怀玉等：《淮北食盐集散中心淮安》，中国书籍出版社2008年版。

倪玉平：《博弈与均衡：清代两淮盐政改革》，福建人民出版社2006年版。

倪玉平、荀德麟：《明清时期的全国漕运中枢淮安》，中国书籍出版社2008年版。

倪玉平：《清朝嘉道关税研究》，北京师范大学出版社2010年版。

朱东安：《曾国藩传》，百花文艺出版社2001年版。

朱东安：《曾国藩幕府研究》，四川人民出版社1994年版。

江苏省地方志编纂委员会编：《江苏人民革命斗争纪略》，江苏人民出版社2008年版。

马士：《中华帝国对外关系史》卷3，三联书店1960年版。

林崇墉：《沈葆桢与福州船政》，台北联经出版事业公司 1987 年版。

林庆元：《福建船政局史稿》（增补本），福建人民出版社 1999 年版。

李国钧主编：《中国书院史》，湖南教育出版社 1994 年版。

丁钢、刘琪：《书院与中国文化》，上海教育出版社 1992 年版。

梁启超：《中国近三百年学术史》，东方出版社 2004 年版。

罗耀九：《福建船政局兴衰论》，《近代史研究》1993 年第 6 期。

沈吕宁：《吴棠反对船政始末》，《船政文化研究》第五辑，海潮艺术出版社 2008 年版。

庆祝罗尔纲学术研究六十周年编委会：《罗尔纲与太平天国史》，四川省社会科学院出版社 1987 年版。

［美］A. W. 恒慕义主编，中国人民大学清史研究所《清代名人传略》翻译组译：《清代名人传略》下，青海人民出版社 1990 年版。

［美］费正清、［美］刘广京编：《剑桥中国晚清史（1800—1911）》上卷，中国社会科学院历史研究所编译室译，中国社会科学出版社 1985 年版。

［美］庞百腾（David Pong）撰：《沈葆桢评传 中国近代化的尝试》，陈俱译，上海古籍出版社 2000 年版。（David Pong：*Shen Pao-chen and China's Modernization in the Nineteenth Century*，Cambridge University Press，1994。）

五 论文

姜涛：《清代江南省分治问题——立足于〈清实录〉的考察》，《清史研究》2009 年第 2 期。

穆万娟：《道光朝两次漕粮海运》，东北师范大学硕士学位论文，2009 年。

邓常春：《晚清教务教案视野中的官绅民教及其互动（1860—1911）》，博士学位论文，四川大学历史文化学院，2005 年。

李爽：《清代〈钱注杜诗〉暗中流传与突破禁毁考述》，硕士学位论文，首都师范大学，2007 年。

李爽：《〈钱注杜诗〉决定性突破清廷禁毁令考述》，《杜甫研究学刊》2009 年第 4 期。

李国祁：《李鸿章的家世与人际关系》，中研院近代史研究所编辑《近世家族与政治比较历史论文集》（上、下），中研院近代史研究所 1992 年版。

董龙凯:《1855—1874 年黄河漫流与山东人口迁移》,《文史哲》1998 年第 3 期。

罗益章:《川盐济楚运道概略》,《盐业史研究》1992 年第 3 期。

倪玉平:《权宜的妥协——“川盐济楚”研究》,《盐业史研究》2009 年第 3 期。

黄国信:《从“川盐济楚”到“淮川分界”——中国近代盐政史的一个侧面》,《中山大学学报》2001 年第 2 期。

沈涛:《第一次川盐济楚与楚岸之争》,曾凡英主编《盐文化研究论丛》第 3 辑,巴蜀书社 2009 年版。

池子华:《剿捻统帅的更迭与捻军的兴亡》,《安徽师范大学学报》(哲社版)1988 年第 2 期。

刘捷:《明清清江浦的变迁与大运河》,《华中建筑》2005 年第 3 期。

任恒俊:《钱编〈清代职官年表〉咸同督抚年表校勘》,《近代史研究》1994 年第 6 期。

吕一群:《清末私盐对湖广市场的争夺与政府的缉剿》,《湖北大学学报》(哲社版)2006 年第 6 期。

倪玉平:《试论晚清漕运官制变革》,中国社会科学院近代史研究所政治史研究室、苏州大学社会学院编《首届“晚清国家与社会”国际学术讨论会论文集》,社会科学文献出版社 2007 年版。

朱宗宙:《试论曾国藩对两淮盐法的整顿》,《盐业史研究》1992 年第 2 期。

朱东安:《太平天国与咸同政局》,《近代史研究》1999 年第 2 期。

顾建娣:《咸同年间河南的圩寨》,《近代史研究》2004 年第 1 期。

谢世诚:《晚清“江淮省”立废始末》,《史林》2003 年第 3 期。

张福运:《意识共同体与土客冲突——晚清湖团案再诠释》,《中国农史》2007 年第 2 期。

徐彦玲:《曾国藩规复淮盐引地思想探析》,《新学术》2008 年第 5 期。

祁美琴:《关于清代榷关额税的考察》,《清史研究》2004 年第 2 期。

廖声丰、胡晓红:《鸦片战争前的淮安关及其商品流通》,《历史档案》2010 年第 1 期。

杨木庆、贡发芹:《吴棠与捻军》,《四川理工学院学报》(社会科学版)2006 年第 21 卷。

顾建娣：《吴棠在清淮》，《晚清国家与社会》论文集，中国社会科学出版社 2007 年版。

贡发芹：《吴棠与慈禧》，《滁州学院学报》2009 年第 1 期。

朱树谦：《有关吴棠对慈禧微时有恩的传说不可信》，《扬州大学学报》（人文社科版）2009 年第 1 期。

贡发芹：《吴棠与王茂荫》，《吴棠史料》，珠江文艺出版社 2006 年版。

贡发芹：《天下治平第一人——晚清封疆大吏吴棠》，《吴棠史料》，珠江文艺出版社 2006 年版。

俞炳坤：《慈禧身世》，收入论文集《西太后》，紫禁城出版社 1985 年版。

朱士光：《论历史时期淮安在运河水运中的地位与作用》，《淮阴师范学院》（哲社版）2009 年第 3 期。

张荣仁：《总督河道与河道总督》，《济宁学院学报》2010 年第 2 期。

龚小锋：《两江总督的定制及职掌探述》，《史林》2007 年第 6 期。

巩立彬：《清代两淮盐区盐政与地方督抚的关系》，《盐业史研究》2011 年 1 期。

后　记

对吴棠这个人关注很久了。因为他在清淮为官二十年，官声还算不错，算是能为百姓办点实事的父母官。而清淮是我的故乡。在读博士之前，就已经搜集过他的资料，零星地写过几篇有关他的文章。但兴趣也仅于此，做成现在的规模有些出乎意料。原来导师希望我从事捻军另外一个专题的研究，但搜集了三年，却发现资料实在太少，无法构成一篇博士论文需要的分量。于是，只好放弃原来的研究计划，在第四年的时候将眼光转向吴棠。用了一年半的时间完成了对吴棠前半生的研究，是为博士论文。毕业后，又用了一年半的时间，完成了对他后半生的研究，是为博士后出站报告。所以本书是在博士论文和博士后出站报告的基础上修订而成。

《庄子·秋水》中有关于鱼和水的想象，我想学人和学问的关系，或许也可视为鱼和水的关系。鱼依水而生，水有鱼而活，鱼在水中游泳的感觉则是甘苦自知。在我学习游泳的过程中，有很多人给了我无私的关爱和帮助，这是我应该永远铭记的。

感谢博士生导师姜涛研究员，为我的论文写作花费了很多心血。从论文的选题、框架结构到具体写作，姜老师都给予了认真细致的指导。他多次通读书稿，从标题到行文措辞提出了许多修改意见，使我受益匪浅。

感谢博士后合作导师郑大华教授，不厌其烦地为我修改论文。郑老师的学识，让我钦佩；郑老师设身处地为学生考虑，让我感动。感谢博士后开题时导师们提出的意见和建议。

感谢开题时刘小萌研究员、李长莉研究员、马勇研究员、崔志海研究员、李细珠研究员对我的论文框架和写作方法提出的建设性意见。感谢答辩委员会的黄兴涛教授、夏春涛研究员、王开玺教授、崔志海研究员和李细珠研究员以及院外评审夏明方教授、迟云飞教授对我文章提出的修改意见。

本书的有些内容曾作为论文单独发表。感谢《近代史研究》编辑部的徐秀丽编审、谢维编审以及当时尚在编辑部的黄春生编审、杜继东编审、杜丽红副研究员不厌其烦地对我的论文提出的小到一个标点、一个字，大到篇章结构的修改意见。

感谢朱东安研究员。朱老师是研究室的长者、研究曾国藩的专家。我曾将论文拿去向朱老师请教，朱老师很认真地为我提出修改意见。在写作的过程中，朱老师更给我提供了资料上的方便。他的藏书允许我可以随便翻读、借阅。感谢研究室的老师、同人对我的热情鼓励和帮助。

感谢贾熟村先生认真地为我解答史料的问题。感谢张志勇副研究员，他将接触到的《赫德日记》中的吴棠史料无私地提供给我，使我获益良多。感谢戴东阳副研究员，她在日本访学时为我搜集了日本捻军史的研究概况。

感谢庄吉发先生。我在台湾故宫查资料时，与庄先生素不相识，但他却十分热情、耐心细致地向我介绍需要阅读、掌握的史料。

感谢在搜集资料的过程中，安徽捻军研究学会的任锋会长、胡智会长、任小锋副会长对我的大力帮助，感谢安徽滁州市政协原常委、捻军研究学会顾问吴腾凰先生的热情鼓励，感谢苏州大学池子华教授的帮助，感谢安徽明光市政协常委贡发芹先生在素不相识的时候仍慷慨惠赠《吴棠史料》。

特别感谢历次参加青年会时前辈、同人对我所提交论文的批评指正，感谢所里的赴台项目，使我有机会赴台搜集到了完成论文所必不可少的资料。感谢中国社会科学院近代史研究所图书馆、北京大学古籍特藏室和台湾故宫博物院图书文献馆为我搜集资料提供的方便。感谢科研处、人事处、办公室的老师、同仁在工作上对我的支持和帮助。

感谢我的同门师姐妹程朝云、朱薇、侯竹青和师兄弟卞修跃、周进、瞿宛林、刘强、杨海贵对我的帮助。感谢所有帮助我、关心我、支持我、陪伴我的朋友，你们的友谊，恬淡温馨，让人留念。

感谢中国社会科学院创新工程项目资助出版。感谢中国社会科学出版社的吴丽平编辑，认真细致地校对书稿，并提出修改意见。辛苦了！

最后要感谢我的父母亲人对我学业的鼓励和支持。每次打电话回家，父亲来不及听我的问候，就急急问我写作进度如何。博士第一学期快期末的时候，因为实在忙不过来，请母亲来帮忙了20天，结果父亲在家中风，留下后遗症。这是我永远亏欠父亲的。我只能以认真工作来回报父母的支持！谢谢你们！

顾建娣

2014. 2. 14